The Origin and Evolution of New Businesses

新企业的起源与演进

阿玛尔·毕海德（Amar V. Bhidé）/著
魏如山　马志英/译

中国人民大学出版社
·北京·

前　言

本书是想通过系统的研究来组织并阐明我们关于企业家的思想，它有着实践上的根源。本书起源于我对商业教育中存在的问题所进行的研究。随着越来越多的学生想要创办、建立属于自己的企业，有关企业家的课程变得十分流行。1979 年，我从哈佛商学院（Harvard Business School，HBS）MBA 课程毕业时，HBS 只有一门关于如何创办新企业的课程，而且 800 人的毕业班里只有不到 100 人选了这门课。到 1996 年，有九门原定 900 人的课程实际参加人数超过了 1 400 人。与此相似，斯坦福大学商学院也报告说，现在有九成以上的 MBA 学员选修至少一门有关企业家方面的课程。然而，关于这些课程我们仍然缺乏坚实的理论基础。在过去的半个世纪里，商学院投入了大量的资源用于研究大公司的企业家活动——默克（Merck）如何研制新药，英特尔（Intel）如何研制新的 CPU，迪士尼（Disney）如何制作、销售《小美人鱼》（*The Little Mermaid*），麦当劳（McDonald's）又是如何把巨无霸汉堡包介绍到中国的。而对于如何创办和发展新企业则没有投入什么精力进行系统研究。

出于某些原因，研究者所关注的焦点是大公司的创新活动。当美国的商学院及商业研究工作在 20 世纪五六十年代成熟起来的时候，大公司主宰着经济领域。据历史学家阿尔弗雷德·钱德勒（Alfred Chandler）称，一种“新型的资本主义”——“大型的经理式工商企业”出现于 19 世纪下半叶。①* 到第一次世界大战结束时，这种由各阶层职业经理人而不是所有者控制的新形式“主宰了美国的核心产业”。② 到了 20 世纪 60 年代，这更成为一种普遍现象。根据约翰·肯尼斯·加尔布雷斯（John Kenneth Galbraith）的观察，1967 年美国 500 家最大企业所提供的产品和服务占全国年提供量的近半数。他写道：“70 年前，公司仍然局限在这样一些行业——铁路、蒸汽轮船、制钢、石油开采和冶炼以及一些矿业。在这些行业中，生产似乎必须大规模地进行。而现在，大公司开始销售杂货、加工面粉、印刷报纸或是提供大众娱乐，总之，它们开始进入所有先前属于个体户或小公司的领域。”③

就像那些最初创建它们的企业家一样，大公司也曾经是充满活力的经济力量。经济学家约瑟夫·熊彼特（Joseph Schumpeter）认为大公司的兴起不可避免，还预言

* 本书注释内容、参考文献及附录可登录中国人民大学出版社官网：www.crup.com.cn，检索本书后免费下载获取。

说这种发展趋势最终将会扼杀企业家个人的“创新能量”，从而导致资本主义的毁灭。“完全官僚化的巨型产业组织，”熊彼特写道，“不仅驱逐了中小型厂商，剥夺了其所有者，而且最终会驱逐企业家，剥夺整个中产阶级——在这个过程中中产阶级不仅将失去收入，更为重要的是他们将失去职能。”[④]经济学家弗兰克·奈特（Frank Knight）——一位当代的熊彼特——也认为，在企业里不占大股份的经理们比起企业的奠基者来说要保守得多，他们更倾向于规避风险。事实上，大公司极为出色地承担起了企业家的创新职能。它们推出了喷气发动机、电视机、塑料、药品、大型计算机，还有其他大量的新产品。这些企业从国内发展到海外，进而演变成为跨国公司。它们还试验并采纳了非集权化的新型组织，以适应其日益增大的规模和范围。熊彼特所谓的“完全官僚化的巨型产业组织”，用钱德勒的话说就是，“为资本主义经济的变化提供了基本的活力或动力”，这一变化“带来了人类历史上最为快速的经济增长”[⑤]。

大公司的增长和活力似乎降低了企业家的实用性。加尔布雷斯在1967年写道，在20世纪的转折点上，“公司是所有者的工具，是所有者人格特征的投影。这些重要人物的大名——卡内基（Carnegie）、洛克菲勒（Rockefeller）、哈里曼（Harriman）、梅隆（Mellon）、古根海姆（Guggenheim）、福特（Ford）——传遍了整个地球”[⑥]。然而到加尔布雷斯写作的时候，大公司的首脑们变得不为人知了（“在底特律和汽车工业之外，整整一代人没人知道当时通用汽车的总裁是谁”[⑦]），并且他们在企业中不拥有显著的股份。这些“组织人”及其所控公司的重要性使得企业家个人成为不太引人注目的研究对象。

公司创新活动的日益**常规化**满足了商业学者研究的标准和渴望。弗兰克·奈特在1921年写道，创办新企业需要“一种出于本能的决策”。企业家如何做出决策，他写道，是一个“用科学解不开的谜。我们只能简单地依赖智能动物的一种‘能力’，来形成对事物多少有些正确的判断。这种判断乃是对价值的一种直觉”[⑧]。现代公司努力使这一过程不那么神秘。熊彼特在1942年写道，创新“正在被简化成一种常规。技术工序日渐成为经过训练的专家的工作，专家们使得技术工序有可能以一种可预计的方式工作”[⑨]。与威廉·J. 鲍莫尔（William J. Baumol）称为企业家“杂乱无章的决策过程”[⑩]相比，公司创新活动的常规化为系统研究提供了更大的可能。

一些研究者与他们各自的研究主题建立起了共生关系。大公司的创新过程可以由财务、营销、战略及其他商业学科内的学者记录下来并做出评价。反过来，学者们又为公司的决策者发展并提炼出新的工具。例如，财务管理教授可以帮助普及净现值分析的应用。当学者们发明出诸如期权分析等更加复杂的工具时，公司（比如默克）则会将其用于管理研发的投资组合。

学者们发现，关于大公司的可靠数据变得更容易获得。新企业的数量每年都有成百上千，又很容易在开办后不久就消失不见了。它们的财务记录是保密的，而且通常做得很差。大公司的数量则少得多，也稳定得多。经过审计的、标准化的公共会计数据使研究者可以通过公司间的比较与历史比较来验证其假说。股票市场价格为验证理论提供了又一客观准绳。例如，像R. P. 鲁梅尔特（R. P. Rumelt）这样的研究者，就可以通过考察大量有关美国最大500家工业企业中100家的多元化战略的数据，提出反对非相关多元化的建议。[11]

专门研究大公司的经济学更具有吸引力。大公司的兴起带来了对训练有素的职业经理人的大量需求，成倍增加的MBA和其他一些商业课程满足了这一需求。举例来说，1956年，美国共有138家机构为4 266人颁发了商业硕士学位。而1990年，共有668家机构为77 203人颁发了商业硕士学位。[12]同一时期内，商业学士的数量也从每年50 000人左右增加到250 000人左右。这些机构项目的课程以及相关的基础研究，自然以大公司的问题和实践为导向。

如今管理咨询公司的研究预算同那些一流商学院的研究预算旗鼓相当，这些公司也发现为大公司提供服务回报更大，同样的工作会为它们赢得更高的收益与声望。1939年，马文·鲍尔（Marvin Bower）和两位合伙人创办了麦肯锡咨询公司（McKinsey & Co.）。最初他们为一些小公司提供服务，但很快就转向培养收费更高的大客户。更高的收费使得麦肯锡可以雇用高质量的咨询师，并对人力资本进行投资，这又会为其带来更多的大客户。现在，麦肯锡拥有世界各地的知名客户，成为一流商学院中极为抢眼的招募者，每年花在知识管理方面的开支就高达5 000万美元，但它仍然坚持不为那些支付不起费用的新企业和小企业提供服务。

如今企业家又重新占据了大众的头脑。越来越多野心勃勃的青年男女梦想着日后创办自己的企业，而不是通过公司的阶梯晋升；政治家们则指望新企业带来就业增加和经济增长。这种重新兴起的兴趣使得人们很想系统了解企业家精神的显著特征。然而，有关新企业系统知识的供给还不能满足这种需求的增长。

企业家的复兴部分源自有关大公司的一些不现实的信条的破灭。用阿尔弗雷德·钱德勒的术语说，经理式的资本主义并没有消灭企业家式的资本主义。在第二次世界大战后退居幕后的所有者管理的公司，仍然占据整个经济活动的近1/2强。肯·奥尔逊（Ken Olsen）的数字设备公司（Digital Equipment Company，DEC）和埃德文·兰德（Edwin Land）的宝丽来公司（Polaroid）开发的新产品和新市场，与由职业经理人管理的IBM和柯达相比毫不逊色。一些新企业还开辟了新的行业，比如静电复印机和有线电视。哈佛商学院素来以“资本主义的西点军校”而著称，它所培养的企业家至少在数量上与大型商业企业的巨头一样多。1983年，霍华德·H. 斯蒂文森（Howard H. Stevenson）对MBA的调查表明，从1942年开始至1983年，哈佛商学院的校友中有多于1/3的人如今独立经营自己的事业。大约半数在不到500人的企业里工作，只有6%的校友在员工人数超过10 000的公司里工作。[13]

尽管学院为拥有福特汽车公司总裁罗伯特·麦克纳马拉（Robert McNamara）这样的毕业生感到庆幸，然而学生们对在大公司中的职业生涯则感到有些困惑。查尔斯·D. 奥斯（Charles D. Orth）在其1963年出版的《社会结构与学习气候：在哈佛商学院的第一年》(*Social Structure and Learning Climate: The First Year at the Harvard Business School*)一书中提到了哈佛商学院的目标和新录取的学生的渴望之间的矛盾。在奥斯看来,学生对成功的定义更像是"创业者/企业家型",而不是"商学院创造的职业标准所暗指的管理者/经理型。财务天才、税法专家、'精明的生意人'以及超级销售员的形象在某些学生眼里和商学院所重点培训的职业经理一样令人羡慕,甚至更好"。奥斯对将要入校的学生做了一项问卷调查,他发现只有55%的学生表示将来要投身于"管理生涯";而其余的要么"对企业家机会感兴趣",要么对毕业后要做什么还不确定。[14]

20世纪70年代发生的一些事动摇了人们对全能式大公司的信念。加尔布雷斯曾写到"大公司不会亏损"。他提到在1957年的衰退中,"美国最大的几家公司没有一家不盈利。最大的200家公司中只有一家年终有赤字"。然而后来大企业不再具有亏损免疫力了。宾州中部铁路公司(Penn Central)申请破产;洛克希德和克莱斯勒因为有联邦紧急援助才避免了同样的命运。工业企业在1982年的衰退中,最大的100家中有8家,最大的200家中有21家在年终时出现了亏损。大公司的就业也已经封顶饱和了。戴维·L.伯奇(David L. Birch)在1979年发表的一项研究报告中声称,小企业创造了美国新增就业的66%,然而,"中型和大型企业提供的就业加在一起仍相对较少"[15]。

到20世纪80年代,新企业和企业家又变得时髦起来。1979年,伯纳德·戈德赫什(Bernard Goldhirsh)创办了《有限公司》(*Inc.*)杂志,"该杂志是为那些正在成长的公司所办的"。到1996年,《有限公司》杂志在北美地区的发行量高达659 263份,而《商业周刊》(*Business Week*)的发行量为893 945份,《财富》(*Fortune*)为804 754份,《福布斯》(*Forbes*)为783 456份。[16]《有限公司》杂志的成长吸引了《企业家》(*Entrepreneur*)和《成功》(*Success*)杂志这样的竞争者的注意。商学院的校园里对企业家精神的兴趣大为高涨。根据杰罗姆·卡茨(Jerome Katz)于1991年汇集的数据,美国几十所认证的商学院开设了一些关于企业家精神的课程。1998年,有120所商学院开设这类主修课。"在校友和在校学生要求的驱使下,"伊桑·布朗纳(Ethan Bronner)在1998年的《纽约时报》(*New York Times*)中写道,"在今天的商业研究中,没有哪个领域比企业家精神更热门了。"[17]

然而,阻碍对企业家进行认真研究的因素仍然存在。从实践这方面看,可靠的数据仍然难以获得。为新企业和成长中的企业提供专家意见所得的财务收益仍然较低——与小公司相比,大公司仍然拥有较为雄厚的财力以支付专家咨询费用。理论上的问题也同样严重。长期的忽视使得该领域根本没有什么结构完善的假说,以供研究者论证或修正。

事实上,许多人认为企业家精神中非常关键的方面并不在学者的探究范畴之内。鲍莫尔提出"海森伯格原则适用于企业家行为"。如果对某一企业家行为描述得过于细致,"那么这种行为就不再富有企业家精神"[18]。有些人则认为新企业的业绩依赖于一些无法对其进行系统研究和传授的因素。菲利普·瑟斯顿（Philip Thurston）在一次学术研讨会上对企业家精神的传授发表了评论，他说在该领域从教十年之后，他发现，“商业管理教育对成功创办商业企业，充其量，只是一个次要的因素”[19]。在同一次研讨会上，另一位经验丰富的教师阿奇·杜利（Arch Dooley）肯定地说，学术界并不知道“教育活动是否能通过直接方式，对形成企业家成功所需的关键要素发挥重要作用”。杜利和一些成功的企业家进行了会谈，试图确定他们认为对其成功起决定性作用的因素。他们的回答大多与时机、勇气、决心、运气等因素有关，和学术研究涉及的主题则没有什么相似之处。[20]

据布朗纳称，现在商学院的校友们“捐赠了成卡车的美元用于建立企业家精神研究中心和资助教授职位，然而没有几个学者能达到这种要求”。有关企业家精神的教授职位的数量从1980年的18个增加到如今的200多个，但是其中的许多仍然是虚位以待，因为商学院很难找到具备必要学术背景的候选人。1998年9月，纽约大学商学院拥有4个受资助的企业家精神教授职位，其中2个仍然虚位以待。学院的主任乔治·戴利（George Daly）告诉布朗纳，他认为“企业家精神只是一个正在学术研究范围内找寻其意义的词汇”[21]。

对有关企业家精神课程的需求日益增长，这种需求经常通过雇用助手或兼职员工的方式得到满足。与其他学科相比，训练有素的新研究者的数量实在太少了。圣路易斯大学的杰瑞·卡茨（Jerry Katz）整理了一份北美和欧洲大学的名单，这些大学在企业家精神、小企业、家族企业、中小规模企业研究等领域拥有博士项目或博士研究生。根据卡茨的研究，1998年，只有五所商学院——沃顿（Wharton）、佐治亚（Georgia）、卡尔加里（Calgary）、欧洲企业家精神博士研究院（the European Doctoral Program in Entrepreneurship）、瑞士约翰戈平国际商学院（the Joenkoeping International Business School）——开设有关企业家精神的正规博士课程。另外有24所商学院虽然只在传统领域设立博士项目，但是“通过研究、课程、教员或基础设施等向专门从事企业家精神研究与教学的学生提供支持”[22]。在132所认证的商学院中总共只有29所有博士项目。同样显著的是一些一流商学院没有企业家精神博士项目或博士研究生。根据1998年《美国新闻与世界报道》（*U. S. News & World Report*）的排名，前20所商学院中只有5所——哈佛大学、纽约大学、北卡罗来纳大学、加利福尼亚大学洛杉矶分校和沃顿商学院——出现在卡茨的名单上。

虽然学术界普遍忽视对新企业的研究，但对风险资本（venture capital，VC）及由风险资本支持的企业的研究属于一个例外。这一课题很好地迎合了学术研究的标准。由风险资本支持的新企业代表了私人企业和职业经理阶层这样一种奇妙的结合。风险资本支持的模型需要有市场调查、商业计划、经验丰富的创办人，还要有能够提供意见、洞察力与重大财务支持的专业风险资本家。康柏电脑（Compaq Computer）就是一例成功遵循该模型的新企业。康柏的创始人罗德·凯宁（Rod Canion）、吉姆·哈里斯（Jim Harris）、比尔·默多（Bill Murto）都曾在德州仪器公司（Texas

Instruments）担任过高级经理，他们还制订了非常系统的计划，用技术上更优秀的产品挑战 IBM。资深投资家本·罗森（Ben Rosen）帮助罗德·凯宁筹措到 2 000 万美元的启动资金，这笔资金使得这个新企业可以从一开始就像大型、成熟的公司那样行事。凯宁可以通过提供慷慨的薪金和股票期权参与计划来吸引经验丰富的管理者。康柏还在一年内建立起自己的全国经销商网络，用来展示它生产的第一批产品原型，其第一年的销售总额就高达 1 亿美元。

像康柏这样的新企业和现代大型公司有着密切的联系。在很多方面，风险资本现象代表着经理式资本主义的变异，对它的研究也是商业研究的一种逻辑延伸。像大公司的决策者一样，风险资本家也试图使用系统程序和标准，在条款非常明确的情况下来进行投资并提供资本。他们支持像凯宁这样经验老到的企业家，因为他能为风险企业带来大公司的专业化管理实践。现代财务理论、组织行为学、战略学等则为分析风险企业的资本结构、契约和投资等提供了便利的框架。研究者能够获得风险资本行业的有关数据，并对其进行分析。像大企业一样，风险资本家是一个有限的、可以确认的范围。他们试图制定出进行投资的系统程序和客观标准，还试图在投资中使用完备的契约。对于风险资本家的投资额及其收益率，风险经济学家和其他一些组织都会发布其所研究的数据。

然而，尽管对风险资本的研究符合学术研究的现有标准和风格，但是它所提供的有关典型企业家和新企业的观点仍然极为有限。我们将会看到，风险资本家只对杰出的企业家和风险企业投资。能够达到风险资本要求的新企业少之又少。在美国每年新成立的近百万家企业中，风险资本只为几百家企业提供资金。康柏所代表的是新企业的特例而不是常规。以惠普（Hewlett-Packard，HP）、戴尔电脑（Dell Computer）和盖特威公司（Gateway）（这家公司现在在个人电脑市场上与康柏展开了针锋相对的竞争）为例，大多数企业创业时的资金、专业管理人员和计划都非常有限。在这个由资本短缺、刚成立的新企业所构成的关键领域内，我们的系统知识实在是太少了。

我是从 1988 年开始研究新企业的，当时我刚成为哈佛商学院的一名教员，开始教授一门关于企业家精神的课程。在这个领域里我没有什么背景。我有两次试图创办风险企业的失败经历，除此之外，我主要致力于用公司方法研究商业。我于 1979 年在哈佛大学获得 MBA 学位，当时创办新企业还没有成为时髦。公司范式的逻辑性与理性让我着迷。后来我在麦肯锡公司工作了五年，在那里我努力运用并不断提升自己在商学院学到的理论。接下来我获得了工商企业管理的博士学位，在这段时间里我研究了大型、多元化公司的敌意并购问题。现在，我面临的任务是教给学生如何创办、发展属于自己的、通常较小的商业企业。

要想适用于实际中的新企业，商学院的方法必须进行重大的调整，对于这一点我有所了解。在麦肯锡工作时我曾发现，商学院的理论是建立在对大型产业公司研究的基础上的，难以应用于金融和投资银行的自由天地。竞争战略的传统模型要求企业寻求压倒竞争对手的可持续优势，它们可以对诸如私有技术、品牌名称或者大规模厂房等资产抢先进行投资。正如我在1986年的一篇文章里描述为“抢夺战略”[23]的情况一样，在许多金融企业里，易模仿性和资源的可替代性使厂商无法建立起可持续的竞争优势。盈利性是一种有关战术和经营能力的职能（“抢夺”），而并非传统意义上的长期占优战略。随机观察表明，在新企业中，战略的实施也比战略本身更为重要。

我的博士论文也表明了个人（20世纪80年代的“入侵者”）进行的并购与公司并购之间的显著差异。大公司的首席执行官（chief executive officer，CEO）们很少发出敌意投标，他们宣称合并将会带来战略利益或者协同效应。敌意并购主要是由那些寻求迅速回报的企业家进行的，他们通常通过出售非关联资产来为交易进行融资；他们对协同作用或者长期商业战略根本不感兴趣。

在接下来的十年中，我系统地研究了个人和大企业之间在创新方面的差异，想借此对企业家精神的教育工作做一些贡献。我出版了课程笔记、案例研究，还在《哈佛商业评论》（*Harvard Business Review*）上发表了若干篇文章，所有这些都带有一种教学性或者说明性的倾向。我的目的是把以前发展的理论整合起来，以帮助个人创办、发展自己的商业企业，并在对一种重要现象进行系统观察的基础上提供一种连贯一致的解释。这种综合把几百位企业家的亲身经历汇集起来，在精心剔除了明显的解释性内容之后，将企业家的职责置身于更广阔的经济背景之中，集中考察了他们的所作所为。想从字里行间得到实际建议的读者最好参考一下我早期的文章。

这种主要从经济角度考察企业家的研究，是对现有经济理论的一种补充，而并非挑战。我所研究的是一些在经济上具有重要性的问题，在此之前它们不在该学科的传统边界之内。为了达到这个目的，我运用了从代理理论到实验心理学等若干领域的理论和概念。然而，很少有人能深入了解这些理论，并轻松运用那些专业术语。因此，我尽量只使用这些领域中标志性的、得到广泛认可的思想，而尽量少使用它们的专业术语。同时，我还要设法应对有关企业家成功的通俗解释，这些解释建立在“决心”和“毅力”这样的名词上。我并没有忽视这些看上去模棱两可的想法，而是试图根据企业家的特殊任务和职能来确定它们的精确含义。我希望这样的努力不会被人们看做是天真无知和晦涩难懂的想法的大杂烩，我只是努力利用目前最好的思想*去解释一种重要而又复杂的现象。

最后我要说的是，本书仅仅是对新商业企业的一些不成熟的想法，而不是确定

---

* 我希望对我所借鉴的那些领域也能有所回报。比如，研究非理性行为与决策问题的行为经济学家，他们通常将非理性行为同那些不好的结果联系起来，例如过度动荡的金融市场、投资过度，甚至包括从众心理。本书提出了新的思路，认为行为经济学家眼里的“认识错误”在具有社会意义的活动中扮演着重要的角色。类似地，对于刚成立的企业，我的分析为解释金融契约问题提供了一个不同的视角。现有理论强调问题在于资金供给者和使用者之间的信息不对称，在本书中我们将看到，由于关键信息缺乏导致的不可降低的不确定性，是对新企业进行融资的最主要约束。

无误的结论。尽管已在该领域内探索多年，但我还不能说已经确定了企业家精神的所有主要特征，更不用说那些细节问题了。我提供的是一些得自我本人研究的推测，而并不是肯定的结论。人们应该对我的推测提出挑战并做出修正，或者提出自己的假说。在这个重要舞台上进行的研究曾经因为类似“先有鸡还是先有蛋”的问题而受到抑制：学者们避开这个领域是因为其中没有一个明确的理论，但是没有学者的努力，这种理论是不会自发产生的。我希望本书提出的研究框架和种种假说有助于打破目前的僵局，促进对该课题应有的严谨的学术研究。

致　谢

对于霍华德·斯蒂文森（Howard Stevenson）的贡献，怎么说都不算言过其实，我甚至难以准确地描述他的贡献。霍华德对我的世界观产生了如此复杂的影响，以至本书中表达的大量观点很可能来自我潜意识中对他的智慧的一种复述。他还是一位杰出的导师，慷慨地将他的时间、信任和支持赋予我。

戴维·谢菲茨（David Chaffetz）在多次乘机旅途中做了大量的注解。除了为我的想法和观点提供深刻的参考意见之外，戴维事实上还充当了我的编辑和写作指导。与斯里坎特·达塔（Srikant Datar）的讨论帮助我形成了在第一部分使用的“投资—不确定性—利润”的分析框架。伊恩·科伯恩（Iain Cockburn）、潘凯·格姆瓦特（Pankaj Ghemawat）、迈拉·哈特（Myra Hart）、乔希·勒纳（Josh Lerner）、迈克·罗伯茨（Mike Roberts）、史蒂夫·卡普兰（Steve Kaplan）和汉克·赖灵（Hank Reiling）阅读了一部分草稿，挑出了一些疏漏和错误，帮我梳理了语言和逻辑，还提供了一些数据及参考资料。比尔·萨尔曼（Bill Sahlman）的意见有助于我思考本书的要旨及定位问题。布鲁斯·斯考特（Bruce Scott）对我早期草稿的建议及鼓励给了我做下去的动力。

哈佛商学院的几位同事也慷慨地给予了时间和专家意见，特别是克里斯·阿吉里斯（Chris Argyris）、乔·巴达拉科（Joe Badaracco）、卡里斯·鲍德温（Carliss Baldwin）、乔恩·比奥迪（Jon Biotti）、詹姆斯·赫斯科特（James Heskett）、琳达·希尔（Linda Hill）、赫米尼亚·伊巴拉（Herminia Ibarra）、罗伯特·卡普兰（Robert Kaplan）、戴维·科琛（David Kotchen）、沃尔特·库姆勒（Walter Kuemmerle）、沃伦·迈克法兰（Warren McFarlan）、理查德·特德罗（Richard Tedlow）和卡伦·鲁克（Karen Wruck）。与奥里维尔·布兰查德（Olivier Blanchard）、格伦·哈伯德（Glenn Hubbard）、安德瑞·施勒佛（Andrei Shleifer）、杰里米·斯坦（Jeremy Stein）和罗伯特·希勒（Robert Shiller）的午餐、电子邮件、信件往来可以说是宝贵的质量控制机制。锡德·巴勒尚德拉（Sid Balachandra）、约翰·戴顿（John Deighton）、阿希什·南达（Ashish Nanda）、V. G. 纳拉扬南（V. G. Narayanan）、格斯·斯图尔特（Gus Stuart）和乔治·吴（George Wu）花了很长时间来回答一些不同的技术问题。

迪佛·布朗（Deaver Brown）、约翰·凯斯（John Case）、保罗·德·罗莎（Paul De Rosa）、保罗·埃克伯（Paul Eckbo）、理查德·弗劳尔（Richard Floor）、乔治·詹

德隆（George Gendron）、阿兰·肯尼迪（Alan Kennedy）、罗杰·克兰（Roger Kline）、马西娅·拉多斯维奇（Marcia Radosevich）、戴维·鲁（David Roux）、苏珊·韦伯（Susan Webber）通过比较我的观察结果与他们实际的商业经验和知识，提供了现实性检查。

研究助理凯文·欣顿（Kevin Hinton）帮我组织并进行了对本书所研究的大多数企业家的访谈。劳拉·波科普（Laura Pochop）帮助完成了访谈和数据分析。《有限公司》杂志的查伦·奈尔斯（Charlene Niles）、麦肯锡公司的乔安妮·吉尼文（Joanne Guiniven）从他们的数据库中提供了一些信息。朱莉·姚（Julie Yao）在最后几个月中负责该项目，并且使得本书的完成非常顺利。我的 MBA 学生写了 200 多篇论文供我取材，还帮我检验、提炼了关于企业家的一些想法。牛津大学出版社（Oxford University Press）的肯·麦克劳德（Ken MacLeod）是一位反应积极、令人愉快的工作伙伴；丽贝卡·科恩（Rebecca Kohn）用灵巧、细致的双手编辑了手稿；罗伯塔·布朗（Roberta Brown）打印了大部分手稿，使我的职业生活秩序井然。

哈佛商学院前主任约翰·麦克阿瑟（John McArthur）是一位热心的支持者；他的继任者金·克拉克（Kim Clark）和我的研究指导特里萨·阿玛贝尔（Teresa Amabile）安排了完成本书所需要的资源。

像往常一样，我的姐姐高瑞（Gauri）提供了坚如磐石的支持和美味可口的饭菜；阿什利·伍德特克（Ashley Wodtke）的陪伴和她的理解帮助我开始写作并伴我度过了第一阶段的大部分时间；她的母亲卡罗尔·克罗斯·伍德特克（Carol Cross Wodtke）自告奋勇利用其艺术天分设计了本书的插图。在这本书的写作期间，我的女儿莱拉（Lila）也从蹒跚学步的小姑娘长成了安静稳重的等待进入幼儿园的小淑女，她为我的周末时光带来了欢笑。我母亲的爱与榜样帮我度过了一段艰难时光。遗憾的是，就在我完成最后草稿后的第十天，她去世了。

对你们所有的人，我献上诚挚的谢意。你们的帮助已经远远超越了职业道德与友谊的要求。我希望在将来的某一天能对你们有所回报。

目　　录

绪　论

创建新企业的企业家虽然广为人知，但却很少有人去仔细研究他们。在大众的想象中和某些学者的眼中，他们身上体现了“大胆、独创性、领袖魅力、坚毅和果断”①等美德。政策制定者把他们视为就业和生产率增长的重要源泉。然而，对于企业家是如何创办、发展他们的企业的，我们的系统知识仍然非常有限。在商业和经济学的研究中，他们的活动没有占据显著的位置。在有关羽翼未丰的新兴企业的讨论中，占主要地位的无非是一些陈词滥调和逸闻趣事——或者是对难以捉摸的企业家精神所表现出的惋惜之情。

本书考察了企业家追逐的机会的性质，他们面临的问题和任务，他们需要的品质和技能，以及他们对社会和经济做出的贡献。一方是我们对其知之甚少的、新的或者成长中的工商企业，另一方是已被系统研究过的大公司，通过对二者进行比较，本书确认了前者的一些与众不同的特征。新企业种类的纷繁杂芜使得本书也难以超越归纳概括的窠臼。把新企业的创新活动——如开发新产品、新工序、新市场——同现有公司进行比较，它们的共同特征就凸显出来了。

投资—不确定性—利润图（见图Ⅰ）阐明了本书研究的主要观点。我们将看到，新企业［如1975年的微软（Microsoft）］、进化或转型中的企业（20世纪80年代中期的微软）与大型完善的公司（20世纪90年代的微软），分别在不同的不确定性、投资需求和可能利润的水平上寻求发展机会。在初创阶段，像比尔·盖茨（Bill Gates）和保罗·艾伦（Paul Allen）（微软的共同创始人）这样的企业家从事的是一种具有高度不确定性的事业，不需要太多的先期投资，也不太可能带来大量的利润。为了发展，他们开始对规模更大、不确定性较小的项目进行投资。当微软这样的公司最终进入成熟期后，他们便着力于需要大量先期投资的创新活动，这时的项目可能利润相当庞大，而不确定性则相对较小。

机会性质的变化改变着企业家面临的问题和必须完成的任务。在面临重大的资本约束和不确定性时，新企业的创始人靠的只能是对无法预期的事件采取机会主义式的适应。随着企业的成长，企业会将更多的资源投入不确定性较低的创新（例如，风险和收益都更为固定的创新），这时，机会主义就让位给着眼于长远发展而进行预测和计划的系统性工作。新的任务要求新的品质和技能。起初，对不确定性的高度容忍、对变化的快速适应都极为重要；随后，企业的发展要求企业家具备制订并执

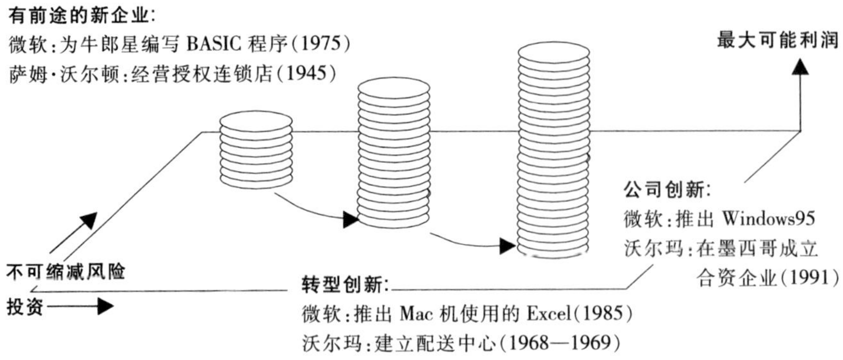

图 I　投资、不确定性与利润

行长期战略计划的能力；而且，在成熟的大型公司里，创新活动的成功有赖于一种分散化的组织能力，而不仅仅是最高决策层的智慧。

规模不同、成熟程度不同的企业倾向于专攻不同但又经常互补的创新活动，这一现象对社会利益有着重大意义。它影响了新技术和新市场的发展，以及二者同现存经济结构相互作用的方式。

以上只是我的观点的简略勾勒，人们对其理论渊源和论据支持会产生这样的疑问：这些观点与现存文献之间有什么样的联系？它们建立在什么样的调查上？绪论剩余的部分将对这些问题做出回答，并对以后章节做一大概介绍。

1. 经济理论

本书主要从经济学角度考察厂商的产生与演进，这使其大大依赖于来自经济学文献的术语和结论。然而经济理论并没有为此提供可供参考的基础性框架。正如我们将看到的，企业家创办企业的具体努力与当代经济学研究的核心问题之间存在着大量的脱节现象。本书研究的许多变量都不在现代经济学的范畴之内。

在现代经济理论中企业家们没能扮演突出的角色。经济学家威廉·J. 鲍莫尔（William J. Baumol）曾观察到，在古典经济学家的作品中企业家术语“经常出现，尽管有些模糊”，而如今，“事实上已经从理论文献中消失了”。[②]正统经济理论中有关企业家的参考文献“既数量少，又常常空洞无物”。理论假定：拥有管理团队的“无企业家”的厂商“对外部偶然发展带来的变化只是做出机械的反应”[③]。理论“没有提供任何能够描述、分析企业家职能的有效工具”[④]。

对于标准大学经济学教材中的理论为何把企业家排斥在外，鲍莫尔与其他一些经济学家的解释大体相似。在专栏文章《企业家的“消失”》中，亨伯托·巴雷托

(Humberto Barreto) 认为，古典经济学家赋予企业家的角色“完全无法在正统经济理论中立足”。根据他的研究，正统理论成立所必需的严格假设——如完全信息和理性决策——没有给协调、套利、创新和承担不确定性等古典企业家职能留下一席之地。

初级微观经济学做了一个折中。它精确地阐明了导致社会资源最优配置的均衡状态。大家熟知的价格—数量模型告诉我们，供给曲线和需求曲线相交的那一点代表了最符合社会利益的均衡。这一模型还预测，在众多完全理性、信息完备的买者和卖者的参与下，市场最终会达到均衡。然而，理论却没有解释均衡是如何变化的。模型没有考虑熊彼特所分析的企业家的创新活动，而正是这种创新活动导致了供给曲线和需求曲线的移动。

据巴雷托称，高级理论——就是经济学学子们在研究生阶段接触到的那些理论，而不是大学阶段的核心课程——的确对那些排斥企业家职能的假设做出了修改。代理理论、行为经济学、产业组织理论（IO）和其他一些类似的分支学科，分析了不完全或非对称信息、“有限”理性的决策者以及寡头垄断的产业结构造成的种种后果。但是修改后的假设虽然为企业家活动创造了可能，但并不必然带来企业家活动。许多理论仍然使用标准微观经济学的均衡导向，虽然也做了一些改变：他们预言的是资源的分配不当而不再是资源的最优配置。这些模型表明：信息不对称的市场（例如在二手车市场上，卖者的信息比买者的要充分）不会在最优价格时出清。非理性投资者对信息要么“反应过度”，要么“反应不足”，这都使得股票价格过度动荡。拥有市场力量的寡头会限制供给，并使价格高于完全竞争市场条件下的社会最优价格。

企业家的“消失”

巴雷托把企业家在经济思想史中扮演的角色划分为四类：协调、套利、创新与承担不确定性。作为**协调者**的企业家最早可追溯到让—巴普蒂斯特·萨伊(Jean-Baptiste Say)——一位19世纪早期的法国政治经济学家。根据萨伊的观点，企业家采（雇）用生产要素（如土地、资本和劳动力）并将其结合起来，在“不同生产者阶层”之间，在“生产者与消费者”之间，企业家充当了“沟通的纽带”。因此，企业家是“许多方位和关系的中心”[⑤]。

一些奥地利学派的经济学家赋予了企业家**套利者**的角色。根据伊斯雷尔·科茨纳（Israel Kirzner）的观点，“‘真正的’企业家总是能捕捉到高卖低买的机会”[⑥]。通过辨别套利的机会并按其行动，企业家将市场推向均衡。

另一些奥地利学派的学者把企业家视为打破现有秩序和市场均衡的**创新者**，约瑟夫·熊彼特推广了这一观点。据他所言，企业家采取了“生产工具的新组合”，创造了新产品、新工艺、新市场、新原料来源和新的组织形式。新组合是对旧秩序的“创造性破坏”，带来了经济变革和增长。然而，熊彼特笔下的企业家并不承担创新的风险：“风险显然总是落在生产工具所有者或为企业家付钱的货币资本所有者身上，因此永远不会落到企业家身上。”[⑦]

企业家**承担不确定性**的角色可追溯到18世纪法国经济学家理查德·坎蒂隆（Richard Cantillon）那里。坎蒂隆认为，企业家履行了重要的经济职能，他们在不知道消费者愿意为其最终产品付多少钱的情况下就承诺购买生产要素。举例来说，农场主为其生产要素支付了固定成本，希望能够以超过成本的价格出售；“运输者”购买了农场主的产品，把它们“运”到城市以尚不确定的价格卖给批发商；在批发商卖给零售商，零售商卖给消费者时，同样面临着不确定的价格。这一投机与风险承担（不是套利）的链条正是市场体系的关键所在。弗兰克·奈特（Frank Knight）提炼了风险承担的观点，他提出利润是对企业家承担的无法测度的风险的一种回报，他把这种风险称为“不确定性”。[⑧]

巴雷托认为，这些不同的理论具有一个共同的“基本特征”，即“赋予企业家职能以中心地位”。在所有这些理论中，“企业家的消失将导致市场体系的停顿”[⑨]。此外，巴雷托的分析还表明，在新古典的早期阶段（从1870年到1914年之间），所有这四项企业家职能都被融入了微观经济学的发展，至少在某种程度上是这样。例如，里昂·瓦尔拉斯（Léon Walras）（巴雷托称他为“新古典经济学”之父[⑩]）把协调和套利职能加入了他的理论。阿尔弗雷德·马歇尔（Alfred Marshall）的理论则是“折中的”，他认为“依据手边工作的不同”，企业家可以是协调者、套利者、创新者和风险承担者。[⑪]欧文·费雪（Irving Fisher）分析了企业家承担不确定性的角色；对约翰·贝茨·克拉克（John Bates Clark）而言，“作为套利者的企业家是进步的、充满活力的、经济中必不可少的要素”[⑫]。

根据巴雷托的观点，在新古典主义的成熟阶段（从1914年到20世纪30年代早期），“研究企业家精神的学者中最伟大的两位——约瑟夫·熊彼特和弗兰克·奈特获得了广泛的认可”[⑬]。在这一阶段，新古典理论开始成为“正统经济理论”，在解释市场制度时把企业家作为“一个关键性的动因”[⑭]保留下来。但是在起始于20世纪30年代早期的现代微观经济学中，企业家突然“消失不见”了。巴雷托写道：“在正统理论对市场制度的解释中，企业家不再扮演基础性的角色……人们贬低或者完全忽视了关于创新、承担不确定性、协调和套利的硕果累累的理论。”[⑮]

现代微观经济学的迅速发展导致了“拥有完全互联、完全自足模型的经济学的最终实现”[⑯]；早先的新古典理论还有前后不一的成分。但是这一精确模型的核心假设——精确定义了产出来自一整套投入的“生产函数”、完全信息和理性选择——把传统企业家的角色完全排除在外。在一个充斥着完全信息、完全理性等要素的世界里，协调、创新、套利和承担不确定性没有一席之地。[⑰]对核心假设的任何放松都会破坏模型的完整性和一致性；正如巴雷托所言，在一个其各部分“能完美地融合起来形成一个壮观的统一整体”的模型与企业家职能之间做出的选择，是一种“‘非此即彼’的选择；没有边际调整，没有令人愉快的中间道路”。正是这种僵硬的选择导致了“企业家被从正统理论体系中拿掉了”[18]。

至于它们试图扩展的基础微观经济学，许多高级理论并不着力研究决定市场结果的基础因素的变化。* 标准的产业组织模型假设，行业内竞争者的数量和规模（像基础微观经济学中的需求曲线和供给曲线）主要是由现有的技术和消费者偏好所决定。[19]模型可以预测当这些技术和偏好发生变化时的后果，但是却说不出为什么会发生这些变化。只有一小部分高级理论集中研究新技术、新需求的有目的性的发展。而且，与分析过企业家心智和动机的熊彼特和奈特相比，经济变化的现代理论对从事创新的个人和企业的分析在方法上更为程式化。企业家激励与能力的差异不会导致这些理论预测结果的差异。

我指出了一些经济学家通常将其排除在经济理论之外（或者视为外生因素）的变量，但并没有攻击现代经济研究的意思。所有的理论都会有所简化，并且都是从外生因素或已知条件开始的。任何预测性模型都依靠无法确定其状态的自变量来预测因变量的值。经济学家们选择不同的自变量和因变量来解决自己认为重要的问题，对这些问题他们可以用符合学科标准的技术进行研究。本书试图使用并完善他们的理论，而不是挑战他们的预测。本书把古典著作中有关企业家职能的观点、现代文献与案例研究的方式结合起来，虽然经济学家通常不使用案例。本书所研究的企业家的具体活动具有重要的经济意义，但是却没有被纳入规范经济分析的范畴之内。

2. 商业研究

尽管经济理论提供了许多可以用来研究这个问题的具体工具，但本书的组织框架却是来自商业或管理研究。正如我们将看到的，创新、承担风险等等这些“企业家”职能代表了商业或管理研究的核心问题。而且，尽管我们无法把其研究成

* 显然，高级模型为了不太确定的预测牺牲了更为现实的假设。例如，基础模型告诉我们在完全竞争条件下会有什么结果。根据经济学家费雪的说法，不完全竞争或垄断竞争模型只会给我们这样的结论：“可能发生的结果数量很多——结果如何依赖于垄断者使用何种变量，以及他们如何猜测彼此的行动”（Fisher, 1989, p. 117）。接下来费雪说，理论产生了“为数众多的故事，每一个都是描述某一特定情况下可能会发生什么的奇闻轶事”，而不是“告诉我们什么一定会发生的完整、连贯的正规理论，或者告诉我们结果依赖于定义准确的可度量变量的理论”（Fisher, 1989, p. 118）。

果——主要是解释大公司的创新行为——直接应用于个人企业家创办的企业，但这些研究仍然提供了非常重要的背景。

商业研究已经成为过去几十年里一种显著的经济研究形式。如今，商学院（与一些咨询公司）投入到研究经济现象的努力至少和经济学界一样多。伯克利（Berkeley）、芝加哥（Chicago）、哈佛、麻省理工（MIT）、西北（Northwestern）、宾夕法尼亚（Pennsylvania）、斯坦福（Stanford）和耶鲁（Yale）大学经济系的研究人员和预算同各校商学院的相比大体相当甚至略逊一筹。根据1997年古尔曼报告（Gourman Report）的排名，美国最负盛名的经济系所属的20所大学中，只有普林斯顿大学没有商学院。[20]现在，一流管理咨询公司的研究经费也大体与那些一流商学院的研究经费相当。

尽管没有被贴上这样的标签，但事实上所有商学院的教育和研究都有一个显著特征，那就是对企业家职能的强调。外部人士常常很难理解这种对企业家职能的普遍兴趣。根据经济学家鲍莫尔的观点，所谓提供企业家精神培训的商学院“一般只是成功地传授了做经理的技能”[21]。鲍莫尔把经理定义为“监督连续过程的运行效率的人”[22]，以与从事新奇、非常规事务的企业家形成对比。事实上，尽管商学院对一些既单调又空洞的管理活动授予学位，但是它们对维持现有的均衡没什么兴趣。商学院不是通过提供如何使事情维持原状的指导来获得客户的。相反，正如熊彼特式的企业家一样，商学院主要研究企业为了增加利润而采取的创新活动。

商学院的课程和研究项目着重于新产品、新工序和新组织形式的发展，着重于由此引发的对风险的管理以及不同职能部门和生产要素的协调等所有这些和企业家职能的传统定义沾边的活动。企业家导向超越了对技术和研发的研究兴趣，渗透到所有的商业学科。例如，市场营销研究新产品或者新型分销形式的发展；财务管理研究公司如何评估有风险的新项目并为其融资；甚至成本会计和转移定价这些看似与企业家活动相去甚远的领域，也会因公司产品组合的变化和多组织单位之间的协调问题而获得重要地位。

对企业家职能的强调经常会使商业研究与主流经济研究相比显得不那么精确，缺乏内在一致性。我们遇到许多理论，它们的出发点不同，使用的术语各异，提供的解决办法或许也是相互矛盾的。它们可能缺乏经济学家费雪所要求的好的理论*应该具备的“定义严谨、变量可度量”等特征。[23]［例如，迈克尔·波特（Michael Porter）认为“差异化”战略和“成本领先”战略优于“居中”的方法。］商业理论中的概念存在不精确性，我们不应当把这归因于理论消费者的轻信或者理论生产者的思维懒散，尽管这样做有时还挺诱人的。正如理论消费者似乎出于本能表示赞赏一样，在关注利润新来源而不是均衡条件分析的理论中，存在某些模糊之处是不可避

* 然而我们应该注意到，经济理论中的某些基本概念，比如消费曲线，我们也不能直接观察或衡量它。

免的。一个可靠的、定义精确的利润生产公式在逻辑上是根本不可能的，我们也不能期望得到被费雪称为“归纳理论”的“从宽泛假设到必然结论的推理过程”。[24]用费雪的话来说，商学院的理论必然是“实例理论”，“通过暗示揭示特定现象的可能性”。[25]也就是说，它们描述的是**可能**发生而不是一定发生的事件。

认为商学院着力研究的是如何维持现有秩序的想法，可能来自商学院对大公司的**常规化**创新而不是企业家创办新企业的兴趣。鲍莫尔在1993年写道，大公司已经把创新变成了一项“常规的、可预测的程序”，“使得自己屈从于有能力经理的平庸才能”[26]。鲍莫尔观察到，在一些行业中，经理们并不依赖于“新主意的偶然出现”。相反，他们“把新技术甚至新产品的产生视为经营中的一种**常规**要素，尽管这一要素非常重要，但它仍被融入企业的组织机构中，像任何其他活动一样被编入预算”。[27]

公司通常会准备“一份有可能成为发明的清单，然后按照同样常规化的程序从中做出选择”。鲍莫尔引用了伊斯特曼-柯达公司（Eastman Kodak）的例子，柯达利用计算机提供在对比度、亮度、色彩平衡等方面存在差异的“虚拟照片”。接下来柯达公司让几组消费者和职业摄影师投票决定“计算机提供的哪一张虚拟照片有望成为最畅销的产品，然后指定公司的实验室去发明能带来这种预期效果的胶卷”。[28]

关注常规化创新的研究取向使得很多商业研究无法直接应用于个人企业家的实践，因为这些人通常是以一种非常特别的方式开始他们的事业的。为了说明这一点，让我们回头看看1938年加利福尼亚帕洛阿尔托的两位年轻的工程师，他们筹集了538美元创办自己的企业。他们试图在一间租来的车库里手工生产一些电子产品，包括保龄球场踏步犯规指示器和一种口琴调音器。最后他们制成了一种声频振荡器，在没做任何市场调查的情况下，他们把它定价为54.40美元，因为一位创业者认为这会使他们联想起“54°40′或者战斗”，这是一句1844年在西北太平洋确立美国边界运动中使用的口号。但是他们很快就发现，54.40美元的定价根本无法支付制造机器所需的费用。幸运的是，与他们最接近的竞争对象是定价为400美元的振荡器，这给了他们提高价格的空间。[29]半个世纪后，这家企业成长为年收益超过100亿美元的世界性大企业，它的名字叫惠普（HP）。惠普继承了创建者研发新产品和新服务的兴趣。但是与威廉·休利特（William Hewlett）和戴维·帕卡德（David Packard）的早期工作相比，惠普现在的经理们是在系统地进行创新：如今，新产品的特征、价格和销售与消费者需求、竞争者产品、长期战略、财务收益等等的系统分析紧密相连。

尽管有关经理人员［如惠普目前的董事会主席和CEO刘易斯·普拉特（Lewis Platt）］面临的决策的研究并没有告诉我们诸多像休利特和帕卡德这样的个人是如何创办并发展自己的企业的，但这样的研究对我们还是有着相当大的间接帮助。我们积累的关于大规模企业的知识为研究个人企业家可能获得的结果提供了可靠的保证。许多经济模型把技术和需求的变化视为外生的、随机的事件，相反，商业研究则认为我们可以分析有特定目的的变化。有利可图的创新并不总是建立在偶然发现之上。即使机遇为创新提供了一个出发点，但是通常仍然需要大量有目的的工作将其变为一项有利可图的事业。关于如何创办有利可图的企业，我们不能期望（按照鲍莫尔的“海森伯格”原理）找到一个可靠的公式或一个“完整的”描述；但是，我们积累的关于大公司进行创新的知识显示，在我们已有的知识与可能获得的知识之间存在着巨大的差距。

对于新企业的实证研究而言，有关大公司的知识是一个非常有用的参照系。研究者不能“仅仅去观察”；他们还需要一种理论来指导对重要事实的筛选。作为对成熟理论的替代，我们可以从假设开始，可以假设企业家个人创办的企业与大公司采纳的创新活动别无二致。我们在实际中观察到的差异可以帮助我们形成更加精确的命题，比较分析将引导我们考察企业家使用的简易方法与他们所追逐的机会的性质之间的关系，它允许我们直面幸运与个性这样的问题。我们可以发问：是否以及为什么幸运在新企业中比在大公司的创新活动中扮演着更为重要的角色？我们可以考察企业家内在品质的相关性：是什么样显著的问题和任务使得决心、坚毅、愿意承担风险等因素对企业家而言比对大公司的经理人员更为重要？要想阐明这一现象需要回答很多诸如此类的问题。

除了阐明经济中一个重要但被隐藏起来的部分之外，比较分析还从整体上提供了一个新的视角。通过对 IBM 和宝洁（Procter & Gamble）这样的公司与新兴的、成长中的企业相比较，我们对其优势和局限性有了更广泛的理解，但如果我们只是研究大公司的几个例子是不会获得这种理解的。我们可以分析它们擅长的创新活动，分析在多大程度上它们可以——或者应该——采纳企业家那种随心所欲的创新方法。而且，通过考察新企业、转型企业、成熟企业的独特角色，我们能够对经济变化过程产生新的认识。

3. 研究方法

正如我在前言中提到的，我研究新企业是为了确定哈佛商学院一门关于新企业的选修课的授课内容。我试图确定绝大多数 MBA 企业家将来可能用得着的问题。然而，我无法使用优先逻辑或者几个深入的案例研究筛选出这些问题。商学院校友创办的企业所属的行业范围很广，从奶牛场到卫星发射公司；它们的规模也大小不一，从“生活型”小企业到诸如直觉软件公司（Intuit）这样几十亿美元的全球公司。因此，要想系统地确定对这些千差万别的企业都最为重要的问题，就有必要进行大量的抽样研究。但是对于本书的目标读者而言，完全从新企业或小企业样本中找到的问题不一定能引起他们的兴趣。

大多数新企业的创立都出于个人寻求自营职业的动机，而不是出于发展新产品、新市场、新技术等企业家式的冲动。举例来说，1992 年，美国约有 2 100 万家企业申报了应税收入。这些收入中的 71% 来自个人业主，只有 4% 的企业其上报收入超过了

100 万美元。显然，通常企业创办时规模都较小，而且后来的规模也不大。虽然在过去的 25 年中，私人部门的净增工作中有 2/3 产生于小企业，但那也只是由几个成长迅速的公司创造的。邓肯和汉德勒（Duncan and Handler）发现，创办于 1985 年并生存下来的企业中只有 24% 在 1994 年时增加了雇员。伯奇和麦多夫（Birch and Medoff）估计，在 1988 年和 1992 年之间，所有企业中的 4%——大约 350 000 个“活跃分子”——创造了美国经济新增总就业量的 60%。[30]由此我们可以推测，从每年约 700 000 家新创办企业中随机抽取的样本将被理发店、洗衣店等等边缘企业（marginal business）所淹没。这样一来，对那些想开公司而机会成本很高的学生来说，这产生不了什么有用的模型。当然，这样做也无助于增进我们对个人企业家的理解。

尽管伯奇和其他人收集了关于这些“活跃分子”的统计数据，但是对他们成功的方法和原因还没有多少可靠的研究。为了追求研究的广度（与单个案例研究法相比）和深度（与普查或调查数据分析相比），我对新企业进行了广泛的实地研究。在研究助理凯文·欣顿和劳拉·波科普的帮助下，我访问了 1989 年《有限公司》500 强企业中的 100 家企业的创办人。《有限公司》500 强企业汇集了当年美国私人公司中成长最快的那些公司。这 500 强企业 1988 年的平均收益为 1 500 万美元，平均雇员数为 135 名，5 年内平均销售增长率为 1 407%。（附录 1 介绍了详细资料，包括公司名单及样本的描述统计数字。）

我把预期的访谈对象缩小为在最近 8 年中创办的公司，因为老企业的创办历史现在较难获得。《有限公司》杂志要求名单上的企业必须有 5 年快速成长的记录，这一要求帮我剔除了那些边缘企业，我认为后者的故事对我的研究目标没有什么帮助。与此同时，通过从这 500 家公司中抽样，我避免了从少数几个价值几十亿美元的“知名公司”那里推出结论，比如微软和联邦快递等公司，它们的成功或许应该归功于创办者极高的天分或者绝佳的运气。我研究的公司——略举几例，如软件 2000 公司（Software 2000）、伽马联讯公司（Gammalink）和标准组件设备公司（Modular Instruments）——都是成功但并非家喻户晓的企业。

研究耗费了很多时间。为了得到错综复杂的创业故事，我进行了面对面的访谈。新企业的财务、营销战略、雇佣和控制系统联系密切，这种显著特征是难以通过结构化的邮件问卷捕捉到的。而且，成功企业的经理人员其周围的邮件问卷泛滥成灾，反馈比率通常都很低。尽管在联系企业家和安排约见时我们遇到了一些困难，但是只有很少一部分人拒绝接受访谈。每一次访谈时间长达一到三个小时不等。通常有两个研究员做笔录，然后再将笔录编辑成一份正式文本交给采访对象以供核实。

就我所知，这是迄今为止对新企业进行过的最广泛、最深入的研究之一。不过，其他实地研究都集中在有限的区域或行业内，而我们则访问了十几个州的二十多个城镇的企业家，他们所在的行业分布也很广。虽然有些研究也抽取了差不多与我们同样广泛的样本，但它们依靠的主要是邮件问卷调查。

我决定不去研究大量不成功的新企业。我故意只去比较好的“苹果”和好的“橘子”——使用大规模、成功公司的“已知”特性梳理出新企业的显著特征，这些新企业将被我在本书中称为**有前途的**新企业。我必须研究成功的案例，因为直到此项研究结束时，我还不知道如何对有前途的新企业给出一个定义。正如我们将看到的，《有限公司》所列的企业和我在研究过程中发现的那些普通的边缘企业在起源上有着重大差别。我不是在试图解释一个预定类别的变异，比如高技术新企业和风险资本投资的新企业。

此外，尽管我没有在本书中提到，但我的研究确实还有一个规范性的目的——我想从中得到创办新企业的实践教训。创办企业所涉及的技能较难整理，有鉴于此，我感到在孵化关于优秀实践的模型的第一个阶段，应该对“赢家”给予更多的关注。对成功实践者的关注也同样启迪着艺术、音乐、治国方略、外科手术及其他领域的研究，这些领域都需要非常高的技术水平。例如，埃里克·埃里克森（Eric Erikson）对领袖的分析来自对甘地这样的政治家的研究，而绝非来自对那些各选区头儿的生活的研究。[31]当网球选手想要提高技术时，他们会去揣摩冠军的录像，而不是去观察周末新手的打法。当然，了解一些错误的实践会为观察优秀的实践提供一个认识上的背景。因此，尽管我无法事先确定一个失败企业的恰当的控制组，但我还是对不成功企业做了研究并写了一些案例。事实上，在我讲课过程中使用的案例中，成功和失败的案例数量大体相当。

我意识到自己使用的研究方法只能产生似是而非的假说。正如我前面提到的，这是一项试验性的工作，其目的是提出供进一步研究修正或驳斥的观点。我的观察和分析也反映了我先前所熟悉的那些理论。接受不同训练的研究者，比如社会学家，可能会向《有限公司》所列企业的创办者提出完全不同的问题，并且从不同的角度观察同一现象。在此，我同样希望本研究会激起更广泛的调研，以产生更完整的解释。

完成对《有限公司》所列企业的访谈之后，我又通过其他一些工作来验证自己的结论，尽管这些工作有些粗糙。我对100名独立经营的哈佛商学院校友进行了邮件调查，以确定《有限公司》所列企业的创业者面临的问题是否与MBA企业家有密切关系。我们可以合理地推断出，基于其机会成本，哈佛商学院的校友们不会从事边缘产业。与我从《有限公司》所列企业挑选样本时不同，我没有根据有关成功的客观标准来挑选这次校友调查的对象。然而我事后发现，正如我在《熙攘之路》[32]（The Road Well Traveled）中描写的那样，这些调查对象的经历与《有限公司》所列企业创业者的经历极其相似。有几年，我让学生写了200多篇有关成功企业家的论文。我要求这些学生做的不是考察，而是写一份他们眼中成功企业的“关键发展史”：他们必须描述基本的故事，评估使用的战略以及取得的成果。我鼓励学生直接去访问调查对象，而不是依靠二手的数据资料；达到这个要求的学生（绝大部分学生）还要让被调查的企业家证实其论文叙事部分的准确性。可以预计到的是，这些论文涵盖的名人［有《滚石》杂志（*Rolling Stone*）的詹恩·温纳（Jann Wenner）和直觉软件公司的斯科特·库克（Scott Cook），还有卡尔文·克莱因（Calvin Klein）］比我在《有限公司》杂志和哈佛商学院校友录上找到的还要多（参见附录）。然而，这一伙人的经历和我研究过的其他企业家的经历非常相似，因此这有助于支持我先前那些访谈和调查的结论。

4. 对比与问题

我的研究表明，像惠普公司一样，许多声名显赫的企业其起点都非常普通，它们的创业者会面临严重的资金束缚。我所研究的《有限公司》上榜企业中有 80% 以上是通过个人储蓄、信用卡、二次抵押等手段筹集到一点资金自力更生发展起来的。他们的企业都非常简陋，大多数《有限公司》上榜企业的创办者，比如威廉·休利特和戴维·帕卡德，根本不费时间去寻找机会、进行市场调研或者编写商业计划；他们只是简单地重复先前工作中或者偶然中得到的想法，或者对其略作修改。他们缺乏建设长久企业的战略，有时甚至连一个目标也没有，对预料之外的机会和问题只能被动应付；大量的失误和弯路是这些企业成长的典型特征。《有限公司》上榜企业中并没有经验丰富、能执掌大权的职业经理人。相反，他们有的是充满激情但经验不足的创业者，这些创业者个人承担了企业绝大多数的关键职能，自己实在干不过来的工作才交给那些雇来的人。

关于成功企业家的学生论文，以及对哈佛商学院校友的邮件调查都证实，自力更生、因陋就简的新企业是普遍状况。如今一些著名的企业，如《滚石》杂志、卡尔文·克莱因公司（Calvin Klein，CK）、废品管理公司（Waste Management）和沃尔玛公司（Wal-Mart），在创业时并没有多少资本、调查数据、行业经验或者精英员工。这些企业并非在一夜之间就取得成功，它们花费了数十年的时间发展资产和组织，最终才成为各自领域内的领导者。

相对于一般的渐进成长模型而言，由职业风险资本家融资的新企业代表的是一种特例。正如在前言中提到的，风险资本支持的新企业（如康柏）代表的是一种例外现象。在仔细、适当的调查研究之后，风险资本会为企业家的精英团队提供资本。风险资本提供的资金、咨询和关系，创业团队的质量和深度，一项独一无二的技术或者概念，使这些企业得以在别人需要花费数年才能达到的高度开始创业。它们直接跃到了投资—不确定性—利润图的中部（见图 I）。萨姆·沃尔顿（Sam Walton）于 1969 年建立了一家配送中心，此时距他开办第一家商店已有 20 多年了。有风险资本支持的办公用品零售商斯特普尔斯公司（Staples）在开业第二年就投资建立了这样一个机构。微软公司花了 9 年的时间才达到年收益 5 000 万美元的水平；而有风险资本支持的莲花发展公司（Lotus Development Corporation）在第一年就卖掉了价值5 300万美元的Lotus 1-2-3电子表格软件。

风险资本支持的创业模型在某些领域占据着主导地位。例如在生物技术和超级计算机等行业内，新企业在实现任何收益之前必须先投入巨额资本。但是在大多数其他领域，资金充裕、计划周密的新企业代表的则是例外情况。即便是思科系统（Cisco System）这类公司的创业者，虽然最终转而依靠风险资本家获取了成长所需的资金和管理经验，但是在创业伊始依靠的还是信用卡借款和辛辛苦苦赚来的资产。

这些研究结果提出了几个问题。为什么大多数企业家会面临如此严重的资本束缚？风险资本支持的新企业数量如此之小，这是否在某种意义上表明了资本市场的失败？为什么大公司的决策制定者比企业家个人要更为广泛地分析创新活动？许多企业家对分析工作投入有限，这是否表示了一种非理性的“过度自信”？或者，正好相反，是大公司对系统分析工作投资过度？因陋就简的创业模型需要面对哪些特别的问题？还有，勇敢、想象力、毅力和其他类似的品质在解决这些问题上具有多大程度的重要性？

第二组问题与因陋就简的新企业的演进有关。风险资本支持的成功新企业，如康柏，在转变成大规模、成熟公司的过程中涉及相对较少的不连续性；其结构、战略和人员具有与生俱来的适应规模扩大的能力。但是，诸如休利特和帕卡德、迈克尔·戴尔、比尔·盖茨和保罗·艾伦等企业家早期的努力与“成熟的”、价值几十亿美元的惠普、戴尔电脑和微软公司的努力之间的强烈对比表明，由简陋的新企业转变为成熟的大公司涉及更为根本、更为全面的变革。这些变革的潜在因素和机制又是什么？在建设、发展企业的过程中，企业家会遇到哪些在创业过程中碰不到的独特问题？是否需要一套不同的技能和品质？

第三组问题涉及社会环境的前因后果。那些简陋的新企业的经济影响与大公司计划周密的创新活动的经济影响有何不同？什么样的环境条件影响了新企业和大公司活动的相对比例？与此相似，从新企业进化为成熟的公司具有什么显著的经济意义？哪些因素促进了变革的发生？

5. 综述

本书的三个部分分别与上述三组问题一一对应。

第一部分考察了新企业的起源。该部分讨论了关于有前途的新企业的一些命题（见图Ⅱ），具体如下：

初始条件（“天赋”）。大多数企业家是通过复制或者稍微修改他人想法的方式创办自己的企业的。通常，他们也不具备多少管理经验或行业经验。由于缺乏自己的

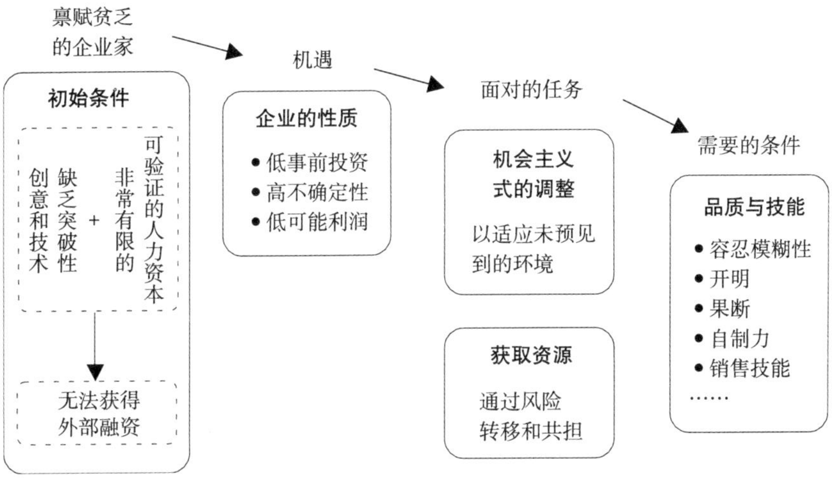

图Ⅱ　有关有前途的新企业的若干命题

想法和“可核实的”人力资本*（不是由于投资者的“近视”或者资金市场的“不完备”），大多数企业家无法筹集到太多的外部资金，这迫使他们使用少量的个人资金“自力更生”创办企业。风险资本支持的新企业数量相对较少，我认为，原因在于既想创办属于自己的企业，又具备能够吸引外部资金的想法和经验的个人的数量实在有限。

企业的性质。由那些既没有新奇想法、又没有巨额资金的企业家创办成功的新企业（如《有限公司》500强企业），大多聚集在不确定性—投资—利润图（见图Ⅰ）的左上角。对于未来有希望赢得巨额收益的项目，他们支付不起通常所需的先期投资。但是，高度不确定性（例如，由于技术变革或放松管制带来的）对资源有限的创业企业家确实起到了帮助作用，尽管对某些读者来说这似乎与直觉相违背。虽然他们可能得到的最大利润较低，但是对这些在不确定行业创业的非同一般、足智多谋、工作勤奋或者非常幸运的企业家们而言，他们还是有机会获取大额收益的。而且，就算他们没有成功，在财务上这些自力更生的企业家也没有什么可损失的。与此相反，在不确定性较低行业创业的人（例如草坪切割或理发）都会有些收益，但其收益都集中在中等偏下的层面上。

机会主义式的调整。资金有限、在不确定行业内创业的企业家，他们没有理由付出太多精力进行事前计划与研究。他们花不起时间和金钱做调研；为了挣来可能的小额利润也不值得那样做；而且，行业的高度不确定性也限制了调研的价值。

---

* 在这里以及后来关于个人通过经历和教育获得并展示的技能、知识、名誉等的讨论中，我限制了对“人力资本”一词的使用。我没有涵盖内在的或者与生俱来的天赋，因为这些因素没有先验的客观证据。

高度的不确定性以及粗略的计划要求企业家根据许多预期不到的问题和机会进行调整。一位企业家把创办新企业的过程比作在河里以从一块岩石跳到另一块岩石的方式逆流而上，而不是根据详尽的蓝图来建设金门桥。借用埃尔斯特[33]（Elster）讨论生物进化时使用的术语，企业家们经常使用“机会主义式的”方式对意料之外的事件做出调整：他们的反应来自条件反射般的计算，目的是使当前的现金流最大化。面临资本束缚的企业家无法为了长期利润而牺牲短期的现金，他们必须打连珠式的弹球游戏，而不是战略性的棋类游戏。

获取资源。如何说服顾客、员工、贷方和其他类似资源的供给者在新企业中试试运气，企业家们面临着一个难题。他们没有历史记录，没有资本基础，也不能承诺负担其他人的风险。例如，自力更生的企业家无法为顾客提供可靠的有资金支持的保证，无法为新员工提供雇佣合同，或者向银行提供抵押品。相反，他们把风险分散或转移给其他人，他们广泛地搜寻在利益、价值和决策制定过程中愿意在新企业身上冒险的伙伴。他们向第一位资源供给者提供特别条款，以补偿其承担的试验性风险。他们交易的达成令人信服，通常是面对面的销售，只强调积极的一面，对他人面临的风险则轻描淡写。

品质与技能。创办不确定的企业要能高度容忍**模糊性**(ambiguity)（为了与 uncertainty 相区分，本文将 ambiguity 均译为模糊、模糊性、模糊状态等。——译者注）。企业家们必须面对流动的、快速变化的环境，他们根本无法预知结果的特征，更不用说去评价结果的概率分布了。然而，对财务损失的忍耐力对创办企业的倾向性并没有显著影响，因为企业家的投资不多，或者时间的机会成本也不高。

偶然事件和飞来鸿运在充满不确定性、因陋就简的新企业中扮演着重要的角色，不过企业家征服创业带来的挑战的能力也同样重要。能够根据意料之外的问题和机会做出调整的企业家，能够说服资源供给者对新企业冒险的企业家，是可以影响自己命运的。在缺乏产品差异化技术或产品差异化概念淡薄的行业中，思想开放、愿意迅速做出决定、能够对付挫折和衰退、具有直销技巧等等个人品质有助于区分赢家和输家。总而言之，自力更生企业的现实情况并没有证实企业家作为非理性的、过度自信的风险爱好者在大众眼里的形象。事实正好相反。企业家们追逐的机会具有“正面我赢，反面我也输得不多”(heads I win, tails I don't lose much）的特性，因为与一般人相比，他们不容易对不确定性产生非理性的厌恶；而且，他们具有利用他人认知上的偏见和缺陷的天分。他们需要超乎寻常的自制力；他们可能不得不忍耐要求古怪的刁钻顾客，必须想方设法赢得订单而不是在争吵中取胜。

大公司的创新活动则有所不同，采纳的方法也更为系统。发起新项目的员工可以获得大量资金，但是必须接受内部控制系统的详尽审查。因此，收益太小、无法收回评估和监控成本的创新项目就会被否决。为了获得批准，创新的倡议者要进行广泛的研究，制订出详尽的计划。这就造成了对某些具有不确定性项目的偏见，因为不确定性导致了难以对该项目的风险及收益进行研究。而且，事前计划与相对较低的不确定性减少了项目执行后对机会主义调整的需要。

大公司可以利用其资本与声誉的杠杆作用为其创新活动获取顾客、员工和其他资源。它们可以承诺负担其他人的风险，而且，它们可以通过投入资本和声誉显示其对创新活动的承诺。

不像自力更生的新企业，其成功依赖于某一两个人天生的技巧和能力，大公司创新活动的成功靠的是许多个人和职能部门的协作。初始设想的合理性也扮演着重要的角色；事后的调整是无法补偿根本上的初始缺陷的。

由资本短缺的个人创办的新企业，与像 IBM 这样的企业精心计划的达到上百万美元的投资项目，代表了企业家创新活动的两个极端（见表Ⅰ）。其他公司和个人具有介于两者之间的评估过程和融资渠道。如图Ⅲ所示，它们通常落在投资—不确定性—利润图的对角线区域。几乎没有哪个个人或公司能够得到投资位于图中右上部分的项目所需的资源，这些项目的规模大、不确定性高。位于左下部分的项目规模小、不确定性低，收益及经济意义都比较小。

表 I　　有前途的新企业与大公司的创新

	有前途的新企业	大公司的创新
禀赋与约束	缺少创意，缺乏经验→ 严重的资本约束	资本充足， 但是面临严格的制衡机制
机遇的性质	低事前投资，低可能利润， 高不确定性	高事前投资，高可能利润， 低不确定性
对调整的依赖	普遍依靠适应性调整， 有限的事前计划和研究	详尽的事前计划和研究， 有限的适应性调整
获取资源	企业家将风险转移 或者分摊给资源提供者	公司（也就是股东）承担风险， 并做出承诺
差异化因素	企业家的调整能力， 以及说服资源提供者的能力	众多员工和职能部门的合力， 初始概念的合理性

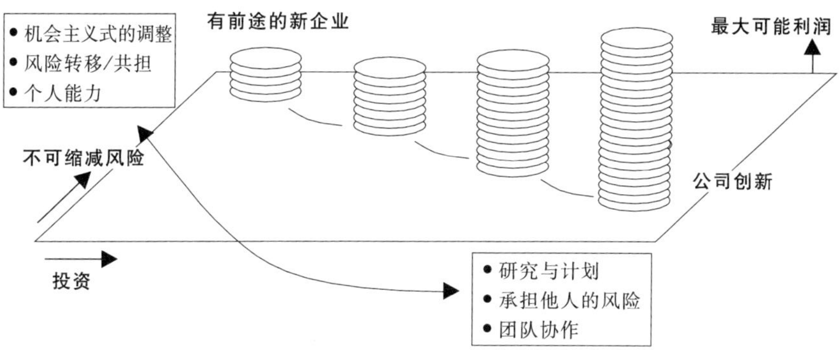

图Ⅲ　重大创新活动的分布

第二部分考察了为什么只有一部分新企业成长为大规模、长寿命的公司。根据某些模型［如尼尔森（Nelson）和温特（Winter）的理论］，运气在厂商的发展演进中扮演着至关重要的角色——某一行业从许多新企业开始，逐渐缩小到只剩下几个幸存者，这一过程多少是随机的。在企业家精神领域流行的另一种观点似乎认为，只要企业家愿意授权给下属，新企业自然而然就会经历成长的一个又一个的阶段。

考虑到典型的新企业和大公司之间的巨大差异，这两种解释似乎都不够充分。大公司从许多有形、无形资产上获得利润，如专利、技术、生产设施、品牌名称、客户关系以及分销渠道。它们拥有根深蒂固的机制来协调诸多资产和活动，它们为大规模的市场服务。与其相比，许多新企业的盈利依赖于企业家个人的努力，有时则依赖于一两样产品。在新企业中，相对有限的资产和活动限制了对协调机制的需求。而且它们为之服务的市场规模较小，定位合适。

弥补初出茅庐的新企业和大公司之间的差距，所需要的不仅仅是运气或者放权的意愿。如图Ⅳ所示，那些建成了大规模、长寿命企业的企业家们，在追求的创新与执行的任务的类型上做出了重大的变革。早先用来开办企业的“正面我赢，反面我也输得不多”的小机会，让位于多方面、多阶段的大项目，目的是发展资产组合和协调机制，以及进入更大的市场。换句话说，企业家将其从事的创新活动从不确定性—投资—利润图的左上角移到了右下角。

造就大企业的创新项目，其有效性取决于单个创新活动的互补程度。为了实现投资和各项工作的“互补”或者“协同”效应，企业家采纳了战略性方法，而不是依靠机会主义的调整。他们必须定义并阐明雄心勃勃的长期目标，他们制定通用准则（“战略”）来指导公司的投资和各项工作。而且，他们还将通用的准则转化为特定的选择。

企业家采纳战略方法的意愿和能力需要的技能和品质比初创阶段所需要的更为广泛。例如，正如前面提到的，刚开始创办企业时，企业家通常没什么可损失的；然而，在建设、发展企业的阶段，承担个人风险的意愿常常成为一个非常重要的因素。具备这些更广泛的品质以及承担不同任务的愿望的企业家的数量很少，这就限制了能进化成大公司的新企业的数量。

第三部分将新企业的发展演化置于更广阔的经济和社会背景之下。我讨论了新企业的经济意义，以及决定企业家精神的供给与需求的因素。通常认为，新企业（或快速成长、所有者经营的企业）和大公司代表了两种相互竞争的经济组织形式。我认为企业家和大公司具有一种共生关系；在各自追逐不同类型机会的过程中，其充当了截然不同、又常常相互补充的角色。我还讨论了那些决定创业活动水平的因素。近来，个人企业家开始走红，一部分是来自对其角色的迟到的认可——他们早已占据了大约一半的经济活动。将这些认识上的变化撇开不谈，在大公司从一些不再适合它们的领域里撤退的同时，企业家也确实增加了其在经济活动中所占的实际份额。当然，企业家也从技术、公共政策和社会气候的变化中得到了好处。然而，

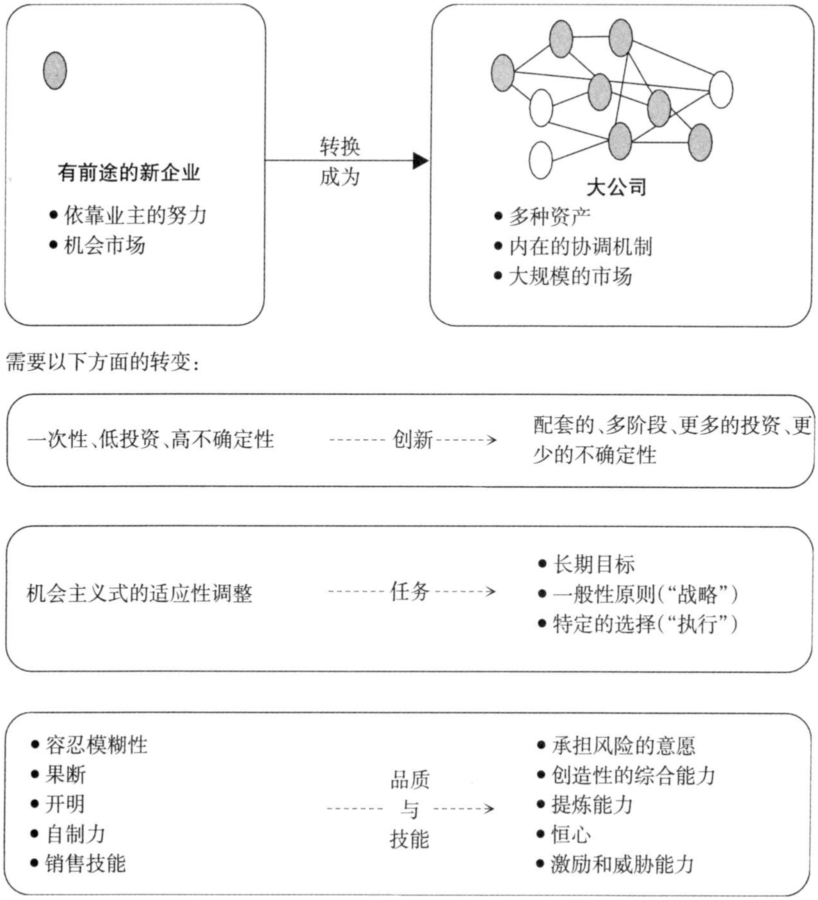

图Ⅳ　关于厂商进化的命题

我们应该避免熊彼特和加尔布雷斯所犯的错误——他们假设当前的发展轨迹会一直持续到永远。小而有效的公司不会主宰整个世界，不会导致司法部解雇那些反托拉斯法律师，这些人目击了微软一案。而且，大公司最终会完成精简工作，目前有利于新企业的潜在优势也有可能发生逆转。

我用一组未予答复的问题作为本书的结尾。我的工作肯定是探索性的。尽管我们被企业家们包围着，但是他们的世界仍然是一个未知的领域，我试图为这个在很大程度上尚未开发的领域勾勒一份粗浅的地图和轮廓。要使我们关于个人企业家的知识可以同大公司世界的知识相媲美，还需要补充大量的推敲和细节。我认为，这样一项事业切实需要证据支持，这些证据的整理可以帮助我们解答有关创办和发展新企业的关键问题；它还需要认真仔细地对来自许多学科的分析工具和知识加以综合。

第一部分

有前途的新企业的性质

下面几章对“有前途的”新企业——以《有限公司》500 强企业为例——与如下几类企业进行了对比：大型上市公司，它们开展的是**公司化**创新，如新产品投放或进入新市场；**边缘**新企业，即大量小规模的业主所有制企业，它们几乎没有希望达到较大规模或者获取较高利润；**风险资本支持的**新企业，即像康柏和英特尔这种由职业风险资本家投资创办的企业；还有带来重大创新的“革命性”企业，如联邦快递和摩托罗拉铱星项目。

以上分类代表的是那些值得关注的典型企业，这种分类并不全面。例如，它们并不包括由富有的个人（“后台老板式的”投资人）组成的特别财团融资成立的新企业，也不包括由“转型”企业（有时是由风险资本支持的）或大型私有公司发起的创新活动。之所以如此选择典型，我有两个目的。把有前途的新企业同一些显然不同类别的创新活动进行比较能突显其特征，正是这些特征将其与其他不同类型的新企业区别开来。这一对比还帮助我们勾勒出一幅企业家活动“常规”特征的全景。举例而言，像联邦快递这种革命性新企业的显著特征——还有边缘企业可怜的收益——表明（见图 I－1），大多数经济上具有显著意义的创新活动其初始投资与最低不确定性之间存在反向关系。与此相似，比较有前途的新企业、有风险资本支持的新企业和大公司的创新活动可以说明，为什么沿不确定性—投资曲线上升时，事前计划逐渐增多，而对机会主义调整的依赖却逐渐减少。

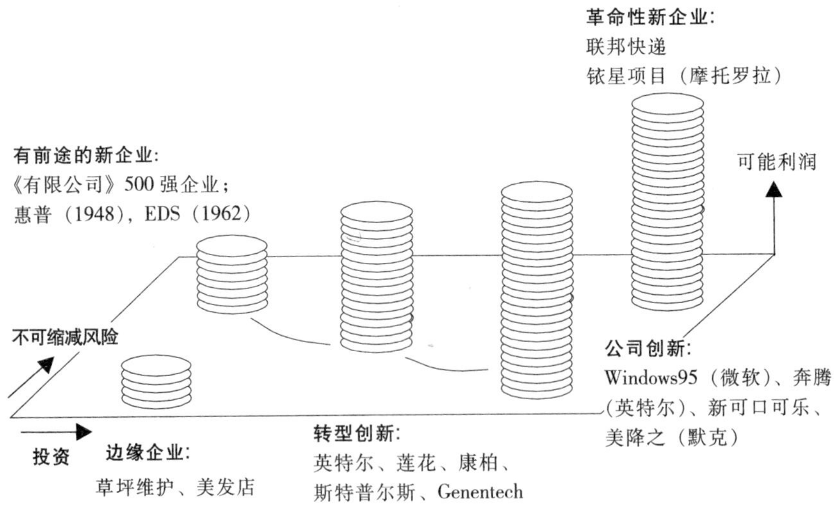

图 I－1　典型的创新活动

术语与假设

按照惯例，我把创办自己企业的个人称作**企业家**。理论家赋予了企业家一系列职能，如协调、承担风险、创新和套利。我将考察他们承担风险、创新、协调等活动是否以及如何对其创办、发展企业产生实际影响，我将不去争论哪些职能才真正体现“企业家精神”。

为简单起见，我经常用**公司**（corporations）一词指代大型成熟企业，尽管从法律角度看，一家公司可能只有一位员工，并且没有固定资产。为了区分公司内的决策制定者和企业家，我将前者称为**执行官**（executives）或**经理**（managers），尽管他们也扮演着重要的企业家角色。

新的**创新活动**（initiatives）指的是旨在创造新利润来源的有意识的工作，这些工作有可能成功，也有可能失败。但是创新活动并不包括新技术、石油储藏或者其他类似有价值的资产的偶然发现。

我在投资—不确定性—利润图中使用的术语涉及以下一些细微差别，其重要性将通过后面几章中具体例子的说明而变得清晰起来。

初始投资或预支**投资**是指进行创新的个人或厂商对资金、时间、名誉或其他资源所做出的不可撤销的承诺。

按照弗兰克·奈特在 1921 年给出的定义，**不确定性**（uncertainty）是指无法衡量、无法量化的风险。不确定性与投硬币、轮盘赌等可精确量化的风险形成鲜明对比，它和卡梅勒（Camerer）在 1995 年讨论过的“模糊性”“模糊概率”（fuzzy probabilities）有着较为密切的关联。[①]进行不确定创新的企业家，其面临的合意结果与不合意结果之间有着很大的差别，但是他们无法量化成败的可能，甚或无法预测可能的结果。* 而且，不确定性是**不可缩减的**（irreducible），因为它无法通过事前的测试或研究来解决。

不确定条件下的创新不一定就涉及新奇的或者前卫的工作。例如，美国国家航空航天局（National Aeronautics and Space Administration，NASA）在 1969 年精心计划的**阿波罗 11 号**（Apollo 11）行动第一次将人类送上了月球，它所面临的不确定性比从纽约搭便车到圣弗朗西斯科还要少。与此相似，潜在损失更多地取决于创新的初始投资而不是其不确定性；在好的与坏的结果之间可以有一个非常大的跨度，但是“最坏的”结果却不一定带来大量的财务损失。

可能**利润**是对正在开展的创新活动所能带来的现金流价值的客观的最佳估计。这一概念具有三个显著特征。它不是一个“以概率为权重”的估计，排除了切实可行但是不太可能的结果。或许比尔·盖茨和保罗·艾伦在 1975 年时确信：为牛郎星电脑（Altair）写 BASIC 程序是成长为上千亿美元软件企业的跳板；但是，尽管这种结果有可能发生，但任何一位明达的、客观的观察者都不会将其视为最可能发生的情况。

---

* 乔治·吴认为，“在不确定的情况下做出的决策是许多专家对结果做出的各不相同的主观概率估计”。潘凯·格姆瓦特为“模糊性”提出了一个相似的定义（Ghemawat，1991，pp. 129－130）。

可能利润不包括已支付的投资。在北海开发油田的一个项目可能会有巨额的预期现金流，但是考虑到资本费用后就只有一个非常小的“净”现值，而且它只代表创新活动创造的价值。例如，如果某一石油公司拥有的石油储藏量可以以 X 美元在市场上出售，但是该公司决定自己开发该油田，预期收益为 Y 美元，那么我们只把 $(Y-X)$ 美元归于该公司开发活动创造的收益。

我将（追随奈特的分析）假设：有利可图的创新活动（与幸运的发现相对照）总会涉及不可缩减的不确定性；同时，高额的可能利润也要求高额投资。例如，客观地说，不能指望自力更生的企业家能事前支付巨额费用，然后从一个巨型油田或者神奇新药上挣得上千万美元。因此，当我们提及“大的”和“小的”机会时，所指的既包括初始投资，又包括可能利润。

结　构

第 1 章到第 4 章集中探讨了有前途的新企业。第 1 章描述了有前途的新企业的创办者通常是如何在贫乏的资源禀赋和严重资金不足的约束下开始创业的；而且，这一章还在这些不利的初始条件和他们追逐的有利可图的机会之间建立起联系。在第 2 章中我们将会看到，企业家如何做到以及为什么通常不花很大精力去做计划，相反只依赖于机会主义的调整。第 3 章探讨了获取资源（即顾客和生产要素）的问题。第 4 章讨论了哪些品质和技能可以将某些人吸引到有前途的企业中来，而且有助于将赢家与输家区分开来。第 5 章把有前途的新企业和公司的创新活动作了对比，对比项有所追逐的机会的性质、事前计划、获得资源的方法和成功的关键要素。第 6 章和第 7 章将这一对比扩展到有风险资本支持的新企业和完全创新型新企业。

第 1 章　资源禀赋与机遇

本章将讨论在资源禀赋贫乏的情况下，企业家在创办有前途的新企业时常常利用的机会具有什么样的性质。第 1 节描述企业家通常是如何按照世俗的想法，在没有多少管理经验或行业经验的情况下开始创业的。在第 2 节我们将会看到，有价值的知识产权或者人力资本的缺乏是如何导致严重的资本束缚的。第 3 节到第 5 节讨论了拥有有限资本和非差异化概念的企业家可以从什么类型的机遇中获取利润——对新企业最为慷慨的市场机会（market niche）。

大多数新企业缺乏能将自己与竞争对手区别开来的理念或者资产。它们不能真正盈利；只能为业主提供一份工资，而且工资也是由竞争性市场根据业主的劳动来确定的。对许多人来说，这份工资比起他们为其他人工作所能获得的收入要低，所以他们有强烈的关闭企业的动机。

许多“有前途的”新企业，如《有限公司》500 强企业，其创办者在创业时并没有什么新奇的想法或者稀有资产。然而，他们获得的回报却非常诱人：我们访谈的绝大多数企业家都宣称，在创办数月之内他们的企业就产生了正的现金流。这些企业的利润率难以估计——小公司的财务记录通常不太准确，而且公司支出和个人支出都混在一起。但是，《有限公司》上榜企业一般都具备通过内部积累的资金*为其高速发展融资的能力，这表明它们的利润率是相当可观的。

90%以上的《有限公司》所列企业提供的不是独一无二的产品或服务，在其他大多数新企业为生存而挣扎时，它们又是如何迅速地获得如此丰厚的盈利的呢？我的研究将揭示，《有限公司》上榜企业的超常利润，在很大程度上受益于它们参与竞争的市场的宜人环境。从表面上看，这些公司似乎广泛地分布于各个经济领域。我所研究的《有限公司》500 强企业就分布在各行各业之中，例如比萨饼连锁店、卡车

---

* 1989 年《有限公司》500 强企业名单上的公司在 1983—1988 年的年均销量增长率为 169%。这一增长主要是通过未分配利润融资的：不仅我访谈过的大部分企业家用少量的个人资金艰苦创业，而且，只有不到 1/5 的人在从业的第 5 年到第 8 年通过发行股票融通后续资金。约有半数曾向银行融资，但是这通常发生在创业 3 年或更长时间之后，而且数额不大，可以用公司资产做抵押，这也反映了新企业可怜的信誉状况。我们可以合理地推断，如果我们的访谈对象没有迅速达到盈利，那么他们就无法获得成为《有限公司》500 强企业所必需的增长速度。

运输、软件、学术能力测试（SAT）辅导、平面艺术和二手复印机销售。但是通过与新创企业的全体样本进行比较就会发现，在一些行业里《有限公司》500强企业的数量要比其他行业多。例如，康帝数据公司（County Data Corporation）编撰了一份最受新企业欢迎的20个行业的名单，这些行业几乎囊括了美国所有新企业的1/4。[①]在这些热门行业（如表1-1所示）和《有限公司》500强企业之间我们没有发现多少相关性。我们所访问的《有限公司》上榜企业的创业者中没有一人（我的学生所研究的数百名企业家中也只有两人）是在洗衣业、美容院、手工艺、粉刷、草坪维护和园艺承包这些行业中开始创业的，而这些行业都在最受新企业欢迎的20个行业之列。相反，最受欢迎的20个行业中并不包括计算机软件业，而从事这行的企业却占了我所研究的《有限公司》上榜企业的1/10。

表1-1　　1996年最受新企业欢迎的行业

行业类别	新企业的数量
建筑	24 787
餐饮	22 781
零售店	21 081
清洁服务（家庭、办公场所）	19 642
房地产	17 549
汽车服务和维修	16 158
顾问	13 835
美容院	11 762
计算机服务与维修	11 111
设计	10 676
工商管理咨询	9 665
手工艺	9 412
粉刷	9 156
草坪维护	8 498
营销设计与服务	8 314
园艺承包	8 268
投资经纪人	8 206
总承包	8 137
通信顾问	8 022
建筑承包（改造、修缮）	7 998

资料来源：County Data Corporation.

与最受欢迎的行业的有限相关看来是《有限公司》500强企业的普遍特征，这并不局限于我所研究的那些样本。例如，从1982年《有限公司》杂志编撰企业名录开始，1/4或者更多的《有限公司》500强企业从事与计算机有关的行业，这一比例要远远大于全体新企业中从事该行业的比例。显然，在某些领域内新企业更容易获得利润。

有前途的新企业的一个显著特征是，有利可图的经营所需的规模较小。更为微妙的因素则是不确定性，正是不确定性将有前途的新企业和边缘企业明显地区别开来。我们将会看到，正是以两种不确定性——源自市场动荡或者源自企业对领导人的依赖——为特征的机遇使得没有新鲜想法、缺乏特殊训练和资质或者缺少大额资金来源的企业家们有机会获利。从客观上讲，有前途的新企业所能获得的最大利润和边缘企业的所得一样价值不大。但是不确定性却使利润分布发生变形，为企业家获得大额回报创造了一线希望（见图 1－1[②]）。

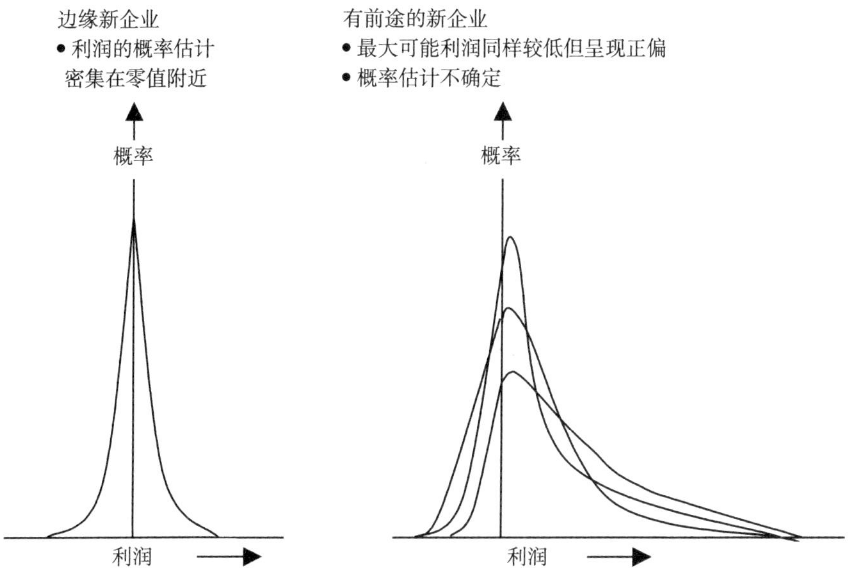

图 1－1　利润的估计分布

1. 观念和事先经验

在观念的普通性和创业者经验及资信的有限性方面，有前途的新企业和表 1－1 所列的普通的新企业之间极为相似。正如我们可以料想到的，每年在清洗服务、房地产中介、草坪维护等行业中创办的许多新企业并没有什么实质性创新。开创这些企业所需要的人力资本也非常有限。建一所美容院或者取得房产中介证书可能只需要少量的事前培训或者学徒经验即可；草坪维护、家庭清洗或粉刷所需要的技能只需数天就可掌握。创办这种相当普遍但又盈利不多的新企业需要的只是有限的创新和人力资本投资，这是意料之中的事情。能够轻松地进入既使得这些行业广受欢迎，又限制了其利润空间。然而，令人惊讶的是，绝大多数成功的企业——如《有限公司》500 强企业——创业时其创业者也没有新颖的观念或者丰富的经验。

观　念

一般说来，《有限公司》上榜企业创业时提供的产品和服务与其他厂商提供的非常相似，至少在实际属性上是这样的。在我们访问的 100 家《有限公司》上榜企业中，只有 6% 的创业者宣称其创业产品或服务是独一无二的。如图 1-2 所示，58% 的创业者承认他们的产品和服务有相同的或者极为相近的替代品，余下的则表示他们的产品和竞争者的产品有微小的到中等程度的差异。对 1982—1989 年所有《有限公司》500 强企业所做的另一项调查表明，绝大多数有前途的新企业在创业时并没有独一无二的或者拥有自主产权的产品。只有 12% 的创业者将公司的成功归功于“一种不同寻常的或者离奇的想法”，88% 的人将其成功主要归功于“对一个普通理念的完美实现”。[③]

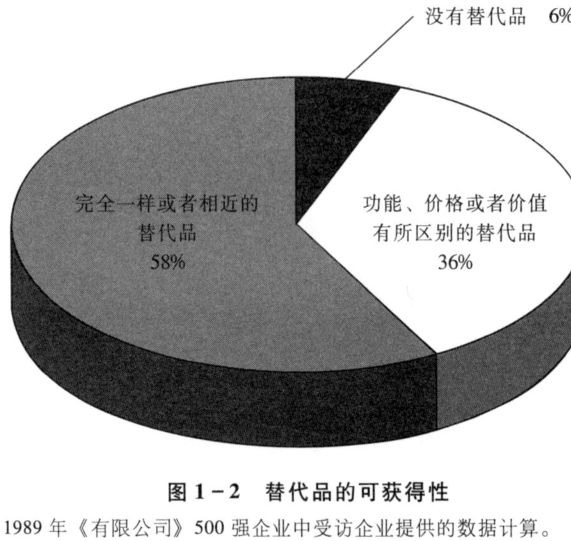

图 1-2　替代品的可获得性

注：比例根据 1989 年《有限公司》500 强企业中受访企业提供的数据计算。
资料来源：作者调查。

我们访问过的《有限公司》上榜企业的创办者一般都是模仿他们在先前工作中遇到的他人的想法。任何创新都是递增的，或者是易于模仿的；这些创新都太浅显了，无法申请专利；也太显眼了，难以作为商业秘密加以保护。举例来说：

肖恩·劳普考（Sean Ropko）和他的妻子一同创办了超越公司（Excel），他们向批发商出售二手复印设备。劳普考以前曾为施乐公司（Xerox）做过同样的工作，在施乐决定关闭其内部业务以后，他创办了自己的公司。“人们买卖二手复印设备已经很多年了，”劳普考告诉我们，“我们只不过比别人做得更好些。”

卡罗尔·索萨蒂安（Carol Sosadian）和阿图尔·塔克（Atul Tucker）起初以比特

电脑公司（Byte Computers）——一个零售连锁店——代理经销商的形式创办了阿创尼卡电脑公司（Attronica Computers）。然而，比特电脑公司两个星期后破产了。于是，他们又成了计算机世界公司（World of Computers）的经销商，但这家公司后来也倒闭了。于是阿创尼卡电脑公司成为独立的经销商，主要经营美国电话电报公司（America Telephone & Telegram，AT&T）的产品，通过比 AT&T 自己的销售队伍更娴熟的技术能力，他们的业务不断发展壮大起来。

罗伯特·格罗斯汉德勒（Robert Grosshandler）和两位合伙人创办了索夫塔集团（Softa Group），因为他们看到了“一种简单的软件产品”的机会。他们的第一个产品 Total Recall 只给合伙人带来了“市场知识”，却没有带来巨大的成功。但是，作为索夫塔集团副业经营的另外一项毫无新意的业务——出售硬件和外围设备——却带来了现金收入。

肯·杜根（Ken Dougan）早先曾在军工行业做码头工人，他创办了独特运输系统公司（Unique Transportation Systems）。撇开名字不谈，公司的业务就是用“一辆敞篷卡车和两辆箱式货车”提供运输服务。杜根本人驾驶其中一辆卡车。“我愿意和搞运输的人交流，他们让我干什么，我就干什么。”

1984 年，菲利普·克里默（Philip Cramer）创办了标准电脑公司（Compuclassics）——一家软件邮寄公司。克里默此前在一家音乐公司工作时，曾打电话向一家邮购公司订购一个数据库软件包：“我打了十个电话才打通，因此我猜想他们要么是没有能力应付需求，要么是有一个非常糟糕的电话系统!”克里默有一个姐夫是软件分销商。“我对音乐行业厌倦了，所以我向他咨询软件邮购业务。他认为这是一个好主意，但是他不能干，因为他不想和自己的客户形成竞争。”于是，克里默决定自己进入这个行业。“我们不是开路先锋——我们只不过赶上了第二次浪潮。但是，我们有先例可循，只要我们行事正确，就会万事大吉。我们的哲学是以略高的收费竭尽全力提供最好的服务。”

卡伦·基尔希（Karen Kirsch）创办了最佳直邮列表公司（Best Mailing Lists），即一家为直邮行业提供邮件客户名单的中介公司。卡伦此前曾为同行业的另一家公司工作。“我的服务和产品不是独一无二的，但我提供的服务却是无人能媲美的。”

马克·拉文德（Mark Lavender）和一位合伙人共同创办了科尔特湾公司（Colter Bay），他们面向零售商生产、销售“自有品牌”（private label）的毛衣和服装。他曾是一家毛衣生产厂的高级经理，他的经验和关系帮助科尔特湾公司“削减了 12% ~ 15% 的成本”，并且提供了“价格公道、质量可靠的产品”。

斯蒂芬妮·迪马科（Stephanie Dimarco）和她的合伙人创办了埃德温特软件公司（Advent Software），专门为投资服务行业研制基于个人电脑的软件。为大型机和微电脑服务的投资管理软件早就有了，像 20 世纪 80 年代早期的其他企业一样，埃德温特软件公司试图以较低的成本为个人电脑提供相似的产品。

卡罗尔·拉塞尔（Carol Russell）和罗莎琳德·卡茨（Rosalind Katz）创办了拉

塞尔人才服务公司（Russell Personnel Services），为旧金山的雇主提供临时和全职雇员。拉塞尔曾在这一行里干了19年。被问及他们的公司有何特别之处时，拉塞尔告诉我们，公司逐渐在三个方面将自己与同行区别开来："第一，我们引入了代言人（卡罗尔·拉塞尔）的理念。如果你具有强烈的人格魅力和信誉，人们就会从你这里买东西。第二，我们用新的方法做广告——幽默。1983年的时候，还没有人这样做。第三，我们的人事顾问是领薪水的，而不是收佣金的。"

约翰·卡茨曼（John Katzman）创办了普林斯顿复习公司（Princeton Review），在纽约的猎人学院（Hunter College）办班提供SAT辅导。随着时间的流逝，卡茨曼逐渐使公司的服务有别于同行，他们提供较小的班级，较多的计算机支持，而且通过雇用极负盛名的教师亚当·罗宾逊（Adam Robinson）来提供"灵活的教学法"。

同样，我的学生对成功的企业家所做的论文也表明，模仿或者简单的改进是使新企业家喻户晓、一鸣惊人的不二法门，这不仅仅适用于《有限公司》500强企业中的一般企业。在我学生的论文所研究的约200个企业家中，只有很少一部分以重大的创新为创业的起点。绝大多数企业家通过模仿或者轻微改进他人的想法开始创业，多年以后才引入创新性产品或者新的交易方式，这同《有限公司》500强企业的创业方式如出一辙。举例来说：

WordPerfect（既是一种文字处理软件的名称，又是开发这套软件的公司的名称。——译者注）。1978年，阿兰·阿什顿（Alan Ashton）和布鲁斯·巴斯琴（Bruce Bastian）创办了WordPerfect公司。起先，他们试图为微电脑和大型机研制文字处理软件包，但是他们筹集不到所需的资金：风险资本之所以拒绝他们，是因为其他竞争者已经生产出这种产品了。于是，他俩做了签约程序员，并且获得了一个为犹他州的奥勒姆市开发一套基于通用数据公司（Data General）的微电脑的文字处理软件包的项目。奥勒姆项目为他们给IBM公司开发文字处理包提供了资金，WordPerfect于1983年1月正式推出。然而，WordPerfect并不是第一个上市的文字处理软件；它是在WordStar推出一年之后才推出的。直到1985年，WordStar还是市场上的老大，但也就在那一年，该公司在自己推出的WordStar 2000上栽了个跟斗。WordStar 2000不如上一代产品WordStar 3.1容易操作，而且不能顺利地读取Wordstar 3.1版本的文件。而与此同时，WordPerfect公司推出了最新版本的软件，该软件"容易操作，能为WordStar 3.1提供天衣无缝的转换，尤为重要的是，它是一种技术领先的产品"。该软件推出六年之后，WordPerfect公司终于拥有了自己的"第一个'招牌'应用程序"④，该程序使得公司在此之后数年之内雄踞文字处理软件的头号霸主之席。（1994年Novell公司以8.85亿美元的价格收购了WordPerfect公司。）

滚石公司。詹恩·S.温纳（Jann S. Wenner）的杂志追随了其他几份强调摇滚乐的出版物。此前保罗·威廉斯（Paul Williams）曾创办《叛变者!》（*Crawdaddy*!）杂志，以"摇滚乐批评者的杂志"自居。它是"第一份严肃地视摇滚乐为一种文化现象的杂志，但是却没有意识到迎合广大听众的需要"。在本质上《叛变者!》属于阳春白雪，因而只能赢得有限的读者。《摩周摇滚新闻指南》（*Mojo Navigator R&R News*）第一次以更广阔的市场为目标，内容包括名人访谈和业内八卦新闻。它也是同行中第一家从摇滚乐行业获得广告的媒体。在英格兰有几份流行的摇滚乐报纸，例如《旋律制造者》（*Melody Maker*），它曾是滚石公司的榜样。温纳的目标很简单，就是做“一种更大众化、更商业化的杂志”，该杂志将“根据其未来趋势严肃地”看待摇滚乐。

维京集团。理查德·布兰森（Richard Branson），维京集团（the Virgin Group）的创始人，以一系列普通的企业起家。1967 年他创办了一份名叫《学生》（*Student*）的杂志，这个企业无利可图。之后他又创办了另外两家企业：一家唱片邮购公司和一家唱片商店，同样还是既无新意又无利润。1973 年，布兰森创建了一家音乐发行企业——维京唱片公司（Virgin Records）。公司的第一张专辑，迈克·奥德菲尔德（Mike Oldfield）的《管钟》（*Tubular Bells*）大获成功，并为进一步发展筹到资金。到 1984 年维京唱片公司的收益高达 1 亿英镑，它的联合零售公司成为英联邦第三大零售商。布兰森也进行了多元化经营，进入了夜总会、计算机游戏软件和房地产开发这些行业，截至 1993 年，他的个人财富超过 10 亿美元。

克莱顿房屋公司。如今领先美国“人造”房屋或“活动”房屋行业的克莱顿房屋公司（Clayton Homes），1997 年收益达 10 亿美元，但它在创办时却是一个地地道道的仿制者。它的创办者吉姆·克莱顿（Jim Clayton）于 1957 年以汽车经销商的身份起家。9 年之后，在为一位顾客试车时，克莱顿看到一块空地上正在建设一个活动房屋，于是他决定开始销售活动房屋。1968—1973 年，克莱顿以空前的速度——从一年一套到一年 700 套——出售活动房屋。克莱顿利用了没有新奇产品的优势。一家全国性的零售商泰勒房屋公司（Taylor Homes）位于距克莱顿房屋公司几个街区的地方。“泰勒公司在广告上花费不菲，”我的学生安德森和凯勒写道，“在客户前往泰勒公司的路上，经常会被克莱顿的店铺所吸引而驻足，克莱顿就这样成功地截获了许多泰勒公司的客户。”克莱顿作为当地电视名人的身份也帮上了忙：1960—1976 年，他出任了《明星时间》（*Startime*）——每周一次的娱乐节目——的兼职主持人，在节目里他弹着吉他，同多利·帕顿（Dolly Parton）之类的名流一同唱歌。1970 年，克莱顿开始制造一些在车体商店销售的房屋，在其后两年里，他创办了两个加工企业。到 1997 年公司垂直兼并了 12 家以上的生产企业，拥有 500 多个零售中心，一个为房屋购买者提供融资服务的分支机构，还有位于 28 个州的 67 个活动房屋社区，其中包括近 2 万个活动房屋。

事前经验

许多具有创业精神和动机的个人常常缺乏商业经验。罗伯特·X. 克林格利（Robert X. Cringely）将建立起个人电脑行业的企业家们描述成“业余爱好者”，他们“有一点工作经验，但是没有成功的先例”。史蒂夫·沃兹尼亚克（Steve Wozniak），第一台苹果电脑的制造者，“在惠普公司只是一名不起眼的工程师”[5]。他的合伙人史蒂夫·乔布斯（Steve Jobs）也只是曾经“在一家视频游戏公司做过兼职”。而且，他们两人都没有从大学毕业。比尔·盖茨大二时从哈佛大学辍学创办了微软，还有迈克尔·戴尔第一学年就离开了得克萨斯大学创办了戴尔电脑公司。在其他领域，没有经验的创业者也同样创办了大量的企业。理查德·布兰森，维京集团的创办者，在创办自己的第一份杂志时只有16岁。詹恩·S. 温纳，一名加州大学伯克利分校的辍学者，1967年创办《滚石》杂志时年仅21岁。温纳说自己“对杂志业一无所知”，所以，“我从未想过如何从商业的角度来建立这样一家公司”。⑥

我的意思不是说乔布斯、盖茨，还有其他人等只是一些走运的普通人。事实上，在第4章我将说明，同普通企业的创业者相比，创办有前途的企业的个人对不确定性具有非同寻常的忍耐力，他们的受教育程度更高，也通常来自较为富裕的家庭。创业者的某些特定的内在品质，如对不确定性的容忍和适应能力，是企业成功的决定性要素。此处，我们只须注意：很大数量的成功企业是由不具备良好的商业培训和行业经验的个人创办的。他们可能的确具备某些日后才显露出来的非凡天赋，但是，他们并不具有可证实的人力资本或者客观的商业经验。

除了缺乏商业或管理经验之外，企业家们对其进入的行业的知识和了解也非常有限。在某些案例中，这是因为这些行业太新了，没人能具备事前的深刻认识。我们还发现，那些离开曾经工作过的成熟产业或者夕阳产业的个人，一般会进入那些能够提供更多机遇的行业，但是对这些行业他们又缺乏相应的个人经验。在我访问过的《有限公司》上榜企业的创业者中，大约有40%对其创业产业没有事前经验，对那些有经验的创业者而言，通常其经验似乎也不足或者不太全面。举例来说，约翰·卡茨曼（John Katzman）在创办普林斯顿复习公司——一家SAT辅导机构——之前曾在大学里当过兼职教师。卡伦·基尔希（Karen Kirsch）最近才研究生毕业，在创办她自己的中介公司之前，曾为一家名录中介商工作过一年多时间。理查德·舍恩伯格（Richard Schoenberg）是美国电影学会（American Film Institute）的注册会员，他在创办自己的企业之前，曾为一个电影胶片中介商工作过一小段时间。詹恩·温纳将创办滚石（Rolling Stone）公司时的自己描述为一名“业余记者”：在伯克利的学生时代，他曾经为《加利福尼亚日报》（*The Daily Californian*）撰写过摇滚乐专栏。后来，他离开大学成为《星期天堡垒》（*Sunday Ramparts*）的娱乐编辑，这份周报后来倒闭了，他也丢了工作，于是他开始考虑创办自己的刊物。在使企业家发现机遇或者可以模仿和修改的想法时，这些事前的经验非常宝贵；然而，这些极为有限的接触并不能使个人积累起深奥的知识、个人信誉或者可靠的关系。他们通常是在经营企业的过程中才积累起类似的人力资本。

2. 资本束缚

创造性想法的普遍缺乏，通常还伴随着有限的商业或行业经验，妨碍了典型的企业家们从投资者那里进行融资。要想为还没有现金流的新企业进行权益性融资，企业家必须让投资者相信企业拥有可以在未来产生现金流的无形资产。用风险资本行业的术语来说，投资者必须相信：因为企业家贡献给了企业某些知识产权或者人力资本，新企业能够得到一个正的“预算”（premoney）估值。然而对于一位客观的投资者而言，绝大多数企业并不具备其认为有价值的资产。因此，这些创业者不得不依靠自有资源，或者向亲友借钱，因为他们并不在乎创业者的模仿战略和经验的不足。

许多企业家没有巨额的个人财富（或者富有的、可靠的朋友），所以，日后大获成功的企业在创业时和典型的草坪维护或者粉刷企业一样，都没有多少资产。正如我们可以想到的那样，在美国每年成立的成百上千家新企业中，绝大多数在创业时只拥有少量的资本。1987 年，美国人口调查局对企业的一项调查显示，在所有公司中有 30% 创业资本不到 5 000 美元，只有 1/3 的企业拥有超过 50 000 美元的创业资本。像《有限公司》500 强这些有前途的企业其创业资本的数量也不过如此。正如我们前面提到过的，我访问过的 1989 年《有限公司》500 强企业大多数都是创业者用有限的个人储蓄、金融机构借款或者从亲戚朋友那里筹到的资金自力更生创办起来的；其中 26% 的企业创业资本不足 5 000 美元；只有 21% 的企业筹集到的资本超过 50 000 美元，而且，只有两家企业筹集到的资本在 100 万美元以上。大多数创业者甚至根本不去尝试通过外部渠道为企业融资；大约有 1/4 的企业曾试图利用风险资本但没有成功。

《有限公司》杂志对 1982—1989 年所有上榜的 500 强企业进行了调查，得出的结论大致相同。1/3 以上的答复者其创业资本不足 1 万美元；另有 1/3 多的人其创业资本在 1 万美元到 5 万美元之间。大多数人声称“自有资源”“个人贷款”等诸如此类的资本是其关键的或者最为重要的资本来源，只有不到 5% 的人依靠外部的股权投资者。[7]对 20 世纪 90 年代的《有限公司》上榜企业来说，其资金来源和 80 年代的上榜企业没有多少差别。1996 年《有限公司》上榜企业（其中 3/4 以上的公司创办于 1988 年之后）在创业阶段平均筹集到 25 000 美元的资本。只有 4% 的企业声称自己曾向职业风险资本家融资，有 3% 的企业曾向所谓的风险投资天使融资。* 至于 20 世纪 80 年代那批《有限公司》上榜新企业，其资金的主要来源是个人储蓄和借款。（对其资金来源的进一步细分请参见图 1－3。[8]）

我们可能已经注意到，新企业面临的资本束缚问题不仅仅是财务经济学家所关注的永续经营中普遍存在的信息不对称和代理问题。[9]当某一既定公司出售股票时，它必须克服投资者对信息披露的怀疑态度，即投资者担心经理们很清楚股票的实际价值要比发行价格低，因为对影响公司未来发展的重要信息他们是保密的。根据

---

* 风险投资天使是一些富有的个人，他们在特殊的基础上对新企业进行投资。与职业风险资本家不同，他们并不形成结构化的有限合伙公司，用别人的资金进行投资。

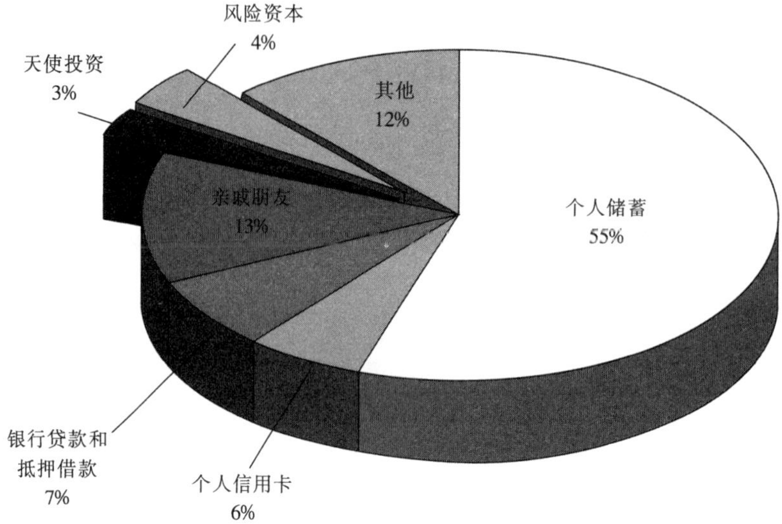

图 1－3　创业资金的主要来源

注：比例根据 1996 年《有限公司》500 强企业提供的数据计算。
资料来源：《有限公司》杂志。

“啄序假说”（即任何团体中都有长幼强弱次序。——译者注），信息不对称问题——难以说服投资者让他们相信自己买的不是一个“柠檬”——导致公司会首先依靠内部自有资金，其次是负债，发行股票只是最后一招。代理问题——例如，投资者担心在出售了其持有的全部或者一部分企业的股票之后，决策制定者会松懈下来——是向投资者出售股票权益时面临的另一个难题。

在许多新创企业中，创业者面临的问题比对“柠檬”和利益冲突的担心要棘手得多：除了自己的希望和梦想之外，他们没有什么可以提供给投资者。像审计和契约这样的机制可以缓解“柠檬”和代理问题：投资者有机会展开广泛仔细的审查，或者可以依靠激励机制在某种程度上鼓励决策制定者努力工作以增加企业价值。但是，当企业家缺乏可见的创新、经验或成就时，预期的不对称性就会存在，而上述机制也无法解决。企业家相信自己终究是会盈利的，但是投资者却不这样认为。企业家之所以面临资本束缚，是因为他们缺乏能够证明其创利能力的客观信息，而不是因为他们没有能力准确地传递这些信息。* 即使是和完全诚实的企业家们打交道，投资者也只能在事后发现谁才具有成功所需的天分。如果一般的企业家不能盈利，投资者就不会支持他们中的任何一位。

对数量相对较小的一部分有前途的新企业而言，信息不对称和代理问题的确制

---

* 用卡梅勒的术语来表达，这是一个不确定性或者模糊性问题，他将其定义为“已知的缺失信息”（Camerer，1995，p. 644）。

约了融资。正如我们前面提到的，大约有 10% 的《有限公司》上榜企业的创业者宣称自己创业时没有独一无二的产品或想法。因此，能否得到资金就取决于预期收益是否足够大，能否承担调查和监督成本。在本章我们将会看到，对风险资本支持的新企业而言，调查和监督成本相对于其预期盈利的规模来说可能十分庞大。所以，许多拥有新奇想法的企业家筹不到外部资本，只能自力更生、艰苦创业。企业家的知识产权和人力资本的预期价值能够承担投资者的审查和监督成本的情况实在是微乎其微。

3. 机会市场创造的机会

没有重大创新、缺少资本来源的企业家们无法捕捉有可能产生巨额利润的机会。例如，他们无法筹划大规模生产，否则只会在实现收入之前引发大量成本。他们没有能力进行大额的先期投资——比如研制一种新药、开发一个油田或者建设一个全国性的品牌。他们也没有能力轻松地抵挡来自大规模、成熟公司的竞争，如果他们试图在一个大规模市场上夺取相当大的市场份额，极有可能遭遇激烈的竞争。相反，大多数企业家会从机会市场着手创业，虽然从现实的角度讲他们不太可能获得上百万美元的利润，但是这同样不需要投入多少运行资本，或者不需要对研发、制造厂或者销售进行多少先期投资。而且，他们不必直接面对强大的竞争对手。

我所研究的大多数《有限公司》上榜企业是以服务当地市场或者少量有特殊需求的顾客起步的。例如，索萨蒂安和塔克的阿创尼卡电脑公司为华盛顿特区市场服务；拉塞尔人才服务公司将自己的顾客限制在旧金山；卡茨曼创办提供 SAT 辅导课程的普林斯顿复习公司时使用了猎人大学在曼哈顿东北部的办公场所。我所访问的《有限公司》上榜企业有 60% 以上靠服务当地市场或区域性市场起家；只有 1/3 服务于全国性市场；而且，只有两家声称服务于海外顾客。此外，许多在当地或区域性市场之外探险的企业也常常是为一小部分顾客提供特殊的甚至量身定做的解决方案。例如，罗克西・韦斯特法尔（Roxy Westphal）和鲍勃・戴维斯（Bob Davis）创办的公司资源协会（Corporate Resource Associates）是专为像美国银行（Bank of America）、惠普、AT&T 这样的大公司设计、开发专门的培训项目的（例如，面向销售人员、新会计方法的使用者或者银行出纳系统的培训）。电技公司（Electrotek）由巴德・迈尔斯（Bud Miles）和两位合伙人创建，为全美国的电力事业提供咨询研究，并且研制软件系统。

在某些情况下，《有限公司》上榜企业服务的顾客既是当地的，又是有特殊需求的。互联广告公司（Inter-Ad）是一家公共电脑信息查询系统制造商，其第一位顾客就是罗切斯特城。该公司的创办者詹姆斯・奥德克塞克（James Odorczyk）回忆道：“当时这个城市正准备庆祝自己的 150 岁生日，它们需要一个放在市政大厅里介绍罗切斯特城的软件系统。我们提供了触摸屏和高清晰的图片，吸引了不少人。而且这个城市想让当地人来做，它们还有预算和时间限制，不允许它们挑来拣去的。我们是这个城市唯一的选择，最后我们做了一个完整的系统，包括客户程序设计，一共挣了 25 000 美元。”

通过为当地或者特殊顾客提供服务，《有限公司》上榜企业避免了同大规模、成熟公司的竞争：如图 1－4 所示，在我所研究的《有限公司》500 强企业中只有不到 5% 的企业是同规模巨大的《财富》500 强企业展开竞争的；73% 是同小公司或者其他新企业展开竞争的，5% 同中等规模的公司展开竞争，余下的则声称没有直接的竞争者。

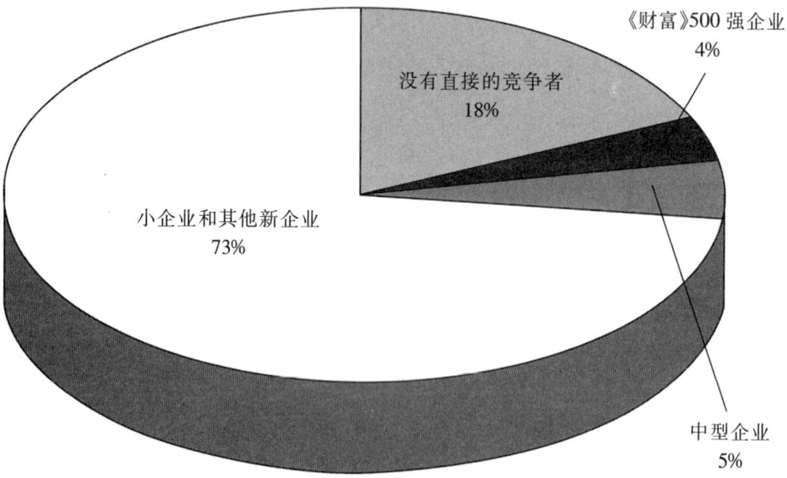

图 1－4　1989 年《有限公司》500 强企业面临的竞争对手

注：比例是根据作者调查的 1989 年《有限公司》500 强企业计算的。
资料来源：作者调查。

在某些案例中，企业家之所以选择他们认为可以带来大额利润的机会市场，是想为以后更雄心勃勃的创举建立一个跳板或者基础。

例如，拉祖·帕特尔（Raju Patel）创办了 NAC 公司，目标是为 AT&T 解体后形成的那些小贝尔公司（Baby Bells）提供服务。然而，NAC 的第一批产品却定位于那些从类似 MCI 等网络运营商处转售长途通信服务的公司。“我们认为应该先得到一个现金来源，作为新手我们应该先打响名字再说。”帕特尔解释说。当时，帕特尔碰巧遇见了一位转售商，提到他需要更精确的客户订单处理能力，于是 NAC 迅速研制并推出了一个填单系统。后来这个系统因客户本身的倒闭而遭到淘汰。但是这个系统的迅速成功（尽管寿命不长）帮助 NAC 吸引了成长所必需的工程师，因为其成功使得帕特尔有能力为他们提供大公司的安全感和新企业的刺激感。“我们没有被看做是一家‘旋转门’公司（指员工流动率很高的公司。——译者注）。我们能够提供与大公司相媲美的健康计划和其他福利。”接下来，他们开发了以贝尔公司为目标的更为野心勃勃的产品。到 1989 年，NAC 公司已经成为贝尔公司的智能网络平台供应商，销售收入达到 2 670 万美元。

罗伯特·格罗斯汉德勒的索夫塔集团公司也曾利用小型活动创造的现金流资助更大规模的商业活动。“我们的财产管理软件是由出售硬件和计算机外围设备得来的收入资助的。这些业务毛利很低，但是周转得非常快，货物早上到晚上走。而另一方面，我们的软件需要将近一年的时间才能研制出来。”

在其他一些案例中，虽然企业家过高地估计了初始业务的潜力，但是后来他们误打误撞地抓住了规模更大、利润更多的机会。例如，罗伯特·罗德里格斯（Robert Rodriguez）于 1982 年和埃迪·萨拉索拉（Eddie Sarasola）创办了一家企业，向迈阿密的汽车销售商出租用广告装饰的大型充气气球。“埃迪和我认为，”罗德里格斯回忆道，“最终在这个国家的每一个角落都会有一个我们的气球。我们将成为下一个 IBM。”向汽车销售商出租气球的业务并没有实现他们崇高的愿望，但是却引导罗德里格斯和他的合伙人转而为东方航空（Eastern Airlines）、汉堡王（Burger King）这些大公司的特殊场合（如新营业场所的开业仪式）和会议提供气球。1985 年，纳特康公司（Natcom）开始为这部分顾客组织宣传推广活动，到 1989 年，气球出租业务的收益占公司 389 万美元年收益的比例不足 5% 。

在今天的蓝筹股企业中，有许多也是从机会市场提供的机遇开始创业的，开拓这些机遇不需要多少资本，也不必直面大竞争对手。康柏公司从成立伊始就和 IBM 展开了针锋相对的竞争，而且在第一年就得到了 1 亿美元的销售订单，但是像康柏这样的公司只是特例。微软公司从一个机会市场开始创业，但这个市场实在太小，根本引不起成熟公司的兴趣，像这样的公司更普遍。当比尔·盖茨和保罗·艾伦在 1975 年创办微软时，他们的第一个产品——8080 BASIC 计算机程序——只能在牛郎星电脑上运行。牛郎星电脑是由一家位于阿尔伯克基（Albuquerque）的名叫密茨（MITS）的小公司制造的初级个人电脑。密茨公司以套装方式向电脑爱好者兜售牛郎星电脑，每年能卖出几千套。微软的竞争对手都是一些像盖茨和艾伦这样的自由程序员，而不是 IBM 或者 Digital。*

与此相似，惠普公司以声频振荡器起家，该产品的市场需求相当有限，另外一名企业家沃尔特·迪斯尼（Walt Disney）是他们的第一批顾客之一。几十年后惠普公司为更广阔的市场研制产品，如打印机和计算器等。其他一些公司，如通用汽车（General Motors）、福特和柯达，也是从一些机会市场开始创业的，日后才将这些市场发展成大规模市场。当威廉·杜兰特（William Durant）于 1908 年创建通用汽车

---

* 盖茨和艾伦表示，从创业伊始他们的使命就是“将运行微软软件的电脑放到每一张桌子上，每一个家庭里”。在当时的情况下，这个明显带有前瞻性的目标对行业内的经理人员来说显得极为古怪，就好像纳特康公司想成为气球出租业的 IBM 一样。同样令人难以想象的是，微软的创始人预见到他们将会主宰个人电脑的操作系统、电子表格和文字处理软件等这些在 1975 年还根本不存在的市场。

时，别克这个美国汽车制造业的领袖品牌，每年的销量是8 487台。位居第二的福特（当时刚刚推出T型车）每年销售6 181台，名列第三的凯迪拉克的销量为2 380台。[10]韦恩·休伊曾加（Wayne Huizenga），废品管理公司的创始人，在福特·劳德戴尔堡（Fort Lauderdale）以“一辆破旧的敞篷卡车、一个助手和几个集装箱”开始创业时，每个月的收入是500美元。后来，他将卡车增加到四辆，又买了另外一家位于庞帕诺（Pompano）的有三辆卡车的公司，在接下来的10年中不断扩张，最终成为业务遍及32个州并在纽约股票交易所上市的公司。

为机会市场提供服务不仅使得企业家可以用有限的资金开始创业，而且限制了他们面临的来自资金充裕的对手的竞争。成熟的公司和职业风险基金将大量的资源用于评估、监督其投资方面，它们总是回避对创业企业家投资的机会市场的投资，因为其潜在利润不足以收回评估和监督的固定成本。因此，在这些市场自力更生的企业家面临的直接竞争主要来自同样资本不足的其他企业。

4. 动荡的市场

我们已经看到，资本和其他限制通常迫使那些有前途的新企业去捕捉小规模的市场机遇。但是小规模本身并不能解释这些新企业不同寻常的盈利；毕竟，那些大众化的边缘企业经营规模也不大，也是为当地市场服务。接下来我们将发现，有前途的机会市场的与众不同的特征正是不确定性。当然，不确定性并不能保证获得诱人的回报，但是不确定性的确给了初始资源贫乏的企业家一个更好的获利机会，一个使企业家赚得比大众化企业的少得可怜的预期利润更多利润的机会。尽管有前途的新企业的可能盈利也同样不高，但是它们的机会和运气却非常值钱。

不确定性的一个重要来源是变化不定的市场条件——我所研究的《有限公司》上榜企业的创业者中约有半数是在不断变化或者动荡的市场中开始创业的，这些市场因为一项新技术、规章制度、时尚或者其他类似的外部变化而动荡不安。市场动荡从几个方面改善了一家新企业的前景。在稳定的市场上，竞争力量早已淘汰了疲软的技术和公司，要想在这样的市场上创办一家盈利的公司，需要更为出色的方法或者新的“组合”。在高度竞争的领域，如房屋粉刷或草坪维护，提供和其他人相同的产品和服务只能带来较低的行业平均收益。在长期关系、声誉和其他类似的进入壁垒能够为市场在位者产生高额利润的行业里，对现有产品和技术的模仿或轻微改动带来的收益将低于行业平均水平。

然而，在新的或者变动的市场上，企业家通常不需要进行重大的创新或具有敏锐的洞察力就能盈利。顾客和供应商都对替代产品缺乏了解，因此许多厂商都提供相同的产品、使用相同的技术，而且都能盈利。通常，我们将这种盈利归功于“短缺”或者“需求超过供给”；事实上，企业家不需要什么远见卓识或者天赐良机就能获得日后变得稀缺的物品。他们可以利用**信息**的缺乏，从不知情的供应商处低价购买生产要素，然后高价卖给不知情的顾客。他们甚至不需要亲自发现机遇，也不需要意识到自己在从事一种套利行当。只要买方和卖方仍然不知情，他们就能轻松地仿效别人的做法来赚钱。

对新企业来说，新市场还有其他诱人的特点。价格竞争的动机非常有限，尤其是在需求不断扩张的情况下，因为这时所有的参赛者都能获利。经验不足让顾客变得更加宽容并信任企业，对产品质量他们没有清晰的预期，对哪些地方可能出现问题他们也一无所知。竞争条件是平等的。新企业不需要铲除已经获得声誉、成本优势（来自经验的积累）和固定顾客（因为惰性或者转换成本而固定下来）的竞争对手。而在成熟的市场上，进入者必须从地位牢固的现存者手中夺取自己的市场份额。

企业家无法通过外部渠道融资，这并不是一个严重的障碍，因为他们的竞争对手也面临同样的问题。即使收益分布呈正偏，投资者也常常会因为预期利润不足以支付其评估与监控成本而避开新生市场。新市场不可减少的不确定性也阻碍了大规模投资的进行。正如我们将在第 5 章和第 6 章看到的那样，对大额投资十分谨慎的决策者通常要求客观可靠的证据以证实新企业的前途。对那些无法获取评估风险和收益所需的准确数据的市场，以及那些技术、顾客需求等可能以各种方式演进的市场，他们通常敬而远之。他们喜欢等待，直到市场规模和结构的前景足够明朗，然后才在精确定义的概率下一试身手。直到这时，自力更生的企业家们面临的竞争对手还都是一些同样面临资本束缚的企业，而不是资本充裕的大公司或者由风险资本支持的企业实体。

外部变化带来的杠杆作用可以从在个人电脑行业取得成功的无数新企业处得到证明。在过去的 20 多年里，该行业始终处于变动状态中。从苹果 II 到 IBM PC、苹果 Mac（苹果公司于 1984 年推出的一款系列电脑机。——译者注），从英特尔的新型 CPU 到微软的 Windows 3.0，接连不断的变革浪潮为无数不具备创新性的产品、杰出的管理才能或巨额的创业资本的企业家创造了机遇。1980 年 IBM PC 的问世为个人电脑在商用市场争得了一席之地，也为低成本的兼容机、附加卡、应用软件和培训、分销服务创造了新市场。新企业不一定非得是老大，或者具备什么特殊技能才能盈利。我访问的企业家中有 1/4 创办的企业与计算机行业有关；他们都是在 IBM PC 问世至少 2 年、苹果 II 问世至少 5 年之后才开始创业的。他们的产品相当普通：可以在微型电脑和苹果 II 上运行的培训磁带和软件。电脑销售和售后服务企业所需的技术知识可能比修理汽车所需要的技能还容易获得。但是由于购买者见识不多且没有过高的要求，因而电脑的安装和服务就能带来相当可观的利润和增长。中西部的一位分销商曾告诉我，“我们这儿有一个玩笑口号：‘我们不像竞争者那么无能。’”

从 20 世纪 80 年代到 90 年代，计算机软件、操作系统和网络的变革不断为新企业的成立创造着有利条件。失去了经销 IBM PC 及其兼容机机会的企业家，后来发现了成为 Novell 公司网络产品经销商和系统集成商的机会。1990 年 Windows 3.0 问世，这为新的软件企业创造了机会，就像1980年问世的DOS系统一样。在电脑领域中，有前途的新企业的数目远多于其他领域，这恰恰反映了该领域机会的丰裕程度。例如，在《有限公司》500强企业中，与电脑有关的企业所占比重一直是该行业在整个经济实体中所占比重的四倍。如图1－5所示，在1986—1988年《有限公司》上榜企业名录中，与电脑相关的企业占了20%，甚至更多。与此相对照，定义更为广泛的“信息技术”领域，包括所有计算机和电信业务，只占美国同期国内生产总值的5%～6.4%。[11]

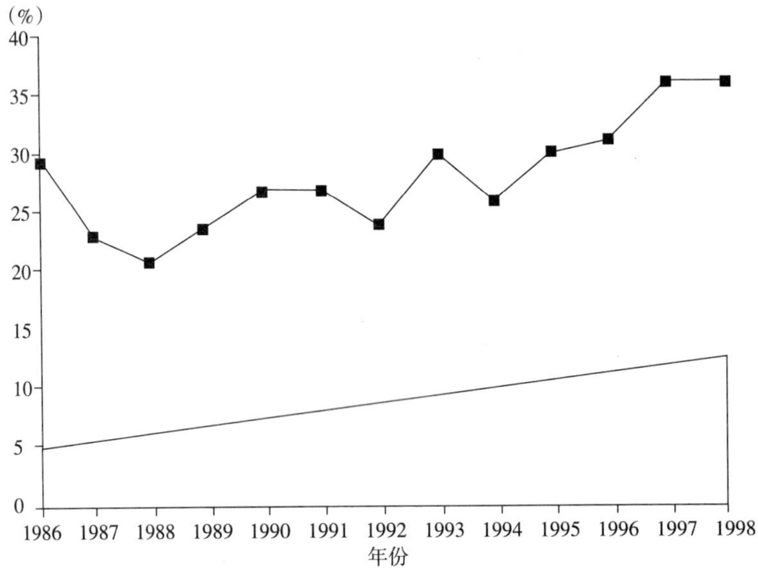

图1－5　《有限公司》500强企业中电脑相关企业所占的比重

资料来源：《有限公司》杂志；美国商务部经济统计局（US. Dept. of Commerce Economics and Statistics Administration）1998年报告［根据美国经济分析局（Bureau of Economic and Analysis）和调查局（Bureau of Census）的数据计算而得］。

顾客口味和规章制度的变化同技术发展的不连续性一样，可以为企业家从信息不完备的买者和卖者身上赚钱创造机会。例如，鲍勃·赖斯（Bob Reiss）利用“时尚手表”的潮流创办了一家有利可图的手表企业。直到20世纪80年代，美国出售的手表主要包括三个类别：像伯爵（Piaget）、劳力士（Rolex）这样昂贵、高雅型的；像精工（Seiko）、西铁城（Citizen）这样保守、中等价位型的；还有像卡西欧（Casio）和天美时（Timex）这种“大众化”定价、强调功能型的。在这个成熟的市场上，销量的增长一直同GNP的增长保持一致。20世纪80年代，瑞士斯沃琪（Swatch）公司推出了中等价位、定位为时尚饰物的手表，大大刺激了手表销量的增加。人均销量增加了两倍多，因为顾客开始拥有几款有艺术设计的手表，这些手表带有诸如米老鼠、职业运动队的标志和基督箴言这类装饰。使用自由艺术家设计表盘的企业家，从迪士尼等公司获得许可，或者直接模仿他人的设计。中国香港和中国内地的工厂负责生产，邮购目录公司、家庭电视购物网、像沃尔玛这样的超级市场、专业手表连锁店负责销售。不需要任何个人资产和技术，企业家就能从制造成本为 5 美元的一只手表上获得 10 美元甚至更多的收入。例如，在时尚、趣味手表潮流出现几年之后，鲍勃·赖斯于 1988 年创办了沃尔道恩钟表公司（the Valdawn Watch Company）。截至 1994 年，沃尔道恩的年收益已达 700 万美元，税前毛利润率超过 15%。该公司连续三年名列《有限公司》500 强企业之中。[12]

顾客口味和感受的变化也为《滚石》创造了机遇。创办者詹恩·温纳回忆到，1967 年他发行这份杂志时，“恰逢摇滚乐新时代的开始，音乐家和乐队的性质正在发生变化。他们开始真正严肃地对待自己。我们则想把这些严肃的、有意义的事情记载下来。正在发生的是一场巨大的文化转型。我们处在起点，而且我们抓住了它、承受了它、驾驭了它”。前面曾提过，《滚石》既不是那个时代的第一份摇滚乐杂志，也不是唯一的一份摇滚乐杂志。年仅 21 岁、将自己描述成“业余记者”的创办者筹集了 7 500 美元，出资者全都是一些富有同情心的人，据温纳说，他们就“没指望能收回这笔钱”。温纳说，他“对第一期杂志将销往何处毫无头绪。事实上，半年之后我们发现绝大多数盒子（装有第一期杂志）甚至根本没有被打开过”。这个新企业在成立的第一年就错过了四次出版日期。但是由于《滚石》在开拓新市场，它不必和《时代》（*Time*）和《新闻周刊》（*Newsweek*）相互竞争；它只需提供在质量和信誉方面比同样面临组织问题、成立稍早一些的竞争对手略高一筹的产品就行了。“虽然头几期比较业余，”温纳说，《滚石》仍然通过“严肃深入的报道和对主要艺术家和艺术问题的独家文章，将自己突显出来”。[13]

在许多著名但成熟的市场上，“有前途”的新企业的代表比较少，这也表明不均衡对提供无差别产品的企业盈利有重要贡献。在我选取的《有限公司》上榜企业的样本中，没有一家是在美国从事纺织、化学、化肥、鞋业或者其他诸如此类行业的企业。我们访谈的企业家中只有一位其创办的企业和汽车行业有关联（刹车改造）。汽车行业除了业内三巨头——通用汽车、福特和克莱斯勒——之外，还包括许多小企业。但是由于缺少重大的技术变革，该行业显然没有为企业家们带来多少利润或增长契机。如果《有限公司》杂志编排 20 世纪头 20 年的企业名录的话，充斥其中的可能就是许多汽车辅助产品和售后服务的分销商和供货商，这就像现代的企业名录中充斥了与计算机相关的企业一样。

当然，进入一个动荡不安的市场并不就能保证获得利润。尽管有“摇滚乐新时代”的东风相助，但从客观上讲，创办《滚石》所能获得的利润也寥寥无几。即使在不均衡状态创造出无风险套利机会的情况下，利润也倾向于微不足道并且转瞬即逝。市场动荡最主要的贡献是为获得巨大的成功创造了一个很小的机会。在 20 世纪 60 年代创办摇滚乐杂志的企业家都有希望创办一份《滚石》。在 20 世纪 80 年代抓住机会组装 IBM PC 兼容机，为像迈克尔·戴尔这样的大学生提供了一个创建更大规模企业的跳板。

5. 企业家带来的增值

创办者通过个人努力将自己的产品或服务差别化的能力，似乎是我所研究的许多《有限公司》上榜企业之所以能够盈利的一个重要原因。在大约40%的案例中，新企业既没有独一无二的产品，市场也不处于非均衡状态。像肯·杜根——独特运输系统的创办者（“我愿意和搞运输的人交流，他们让我干什么，我就干什么”）和卡伦·基尔希——最佳直邮列表公司的创办者（“我提供的服务是没人能媲美的”）一样，企业家们完全依靠个人能力提供顾客认为有价值的服务。正是企业家，而不是一项产品或者技术，代表了新企业利润的主要来源。正如拉塞尔人才服务公司的卡罗尔·拉塞尔所说的那样，“我们的企业是建立在对个人魅力崇拜的基础上的。你卷起袖子对顾客说：‘嗨！我是卡罗尔·拉塞尔，我会加班加点地工作，直到为你找到工作或者员工。’”在一个与人打交道的产业中，公司年轻、醒目是一种优势。在大型服务企业中，你就不会遇到诸如奥尔斯特恩先生或者凯莱先生之类的公司高层领导。

一些企业家宣称他们是通过读懂顾客期望的真实含义来赢得顾客的。克莱·特拉莫（Clay Teramo）创办了一家名叫计算机媒体技术的公司（Computer Media Technology），专门从事计算机配件分销业务，他描述了自己是如何利用顾客对服务的感受来弥补公司在存货上的不足的。如果某人打电话要求第二天送货但公司暂时无法满足，特拉莫就会告诉顾客自己的存货满足不了所有的要求，接下来会问顾客他是否可以在第二天交一批货，以后再交另一批。如果顾客同意了，他会马上亲自监督这项业务，保证一切顺利进行，并且向顾客致谢。正像特拉莫所指出的那样，他的竞争对手或许可以一次性满足整个订单的要求，但是顾客不会认为自己受到了特殊服务。

企业家能力和工作对企业的影响，部分取决于企业的规模和资本密集度。在规模大、资本密集的炼油企业里，CEO的劳动只代表了相对很少的一部分价值增值。在这类企业里，厂房的位置、加工技术、分销渠道、组织凝聚力、团队工作以及其他类似的因素才对利润有显著影响。但是所有那些小规模、劳动密集型的企业就没有这些条件——杂货店、美发厅的少数几个工作勤奋、足智多谋的业主并不能使自己的企业成为《有限公司》500强企业。像克莱·特拉莫和卡罗尔·拉塞尔这样的企业家凭借个人勤奋或者“操劳”赚取高额利润的潜力，似乎源自顾客所看重的产品或服务的特色或者品质。

在出售标准化产品或提供标准化服务的市场上，如报纸的投递，顾客只用简单、具体的尺度衡量服务的水平。例如，报纸是否准时、定期投送；是否把报纸放在了台阶上，而不是扔进水坑。提供这类产品或服务的企业家无法轻易地将自己的产品或服务差异化，所以不得不接受由市场竞争所确定的价格。某位特别勤奋、和蔼或者殷勤的人可能会获得高于平均水平的小费，但是再慷慨的小费也带不来《有限公司》500 强之类的企业所拥有的盈利和现金流。顾客赋予了服务的无形要素相对较低的价值，这限制了最好服务和最差服务的供给者在赢得利润上的差别。

在娱乐、时尚、专业服务和定制建筑物等类似领域中，顾客没有形成一套明晰、有序的偏好。他们对萨比尼（Sabini）和西尔佛（Silver）称为“模糊”的特征给予了很高评价。[14]对这些特征的尺度，如时尚性、优雅和响应度，顾客也无法准确地衡量或者定义。他们的行为甚至会和自己拥护的购物理念相互矛盾。例如，有些人说自己只想使收益最大化，但是却可能会保留一位业绩持续低于平均水平的投资顾问，就因为这位顾问迎合了自己对放心和关怀的不成熟的渴望。顾客对模糊或者定义不明的特征所赋予的价值，使得企业家可以对自己的产品实行差异化战略，他们可以倾听顾客的心声，或者对顾客没有说出来的需求做出响应。正如我们在特拉莫这个例子中看到的，因为模糊特征允许对质量做出多种解释，企业家甚至可以将自己的缺陷转变为优势。

具有高超的满足顾客模糊需求能力（或者有此愿望）的企业家，不需要什么专利技术或者资产就能实现高额利润率。对手无法模仿其产品或服务，因为其关键特征根植于企业经理的个人努力中，不容易被观察到。对手也无法通过降价来弥补顾客对质量低劣的看法，因为这些机会市场具有“赢家通吃”的特性。对自己的需求没有充分认识的顾客无法在价格和质量之间进行折中，因而愿意向“最好的”卖者支付相当可观的价格奖赏。而且鉴于具有模糊特征的产品无法通过标准化程序生产，拥有高超经营技能的企业家还能享受到优于对手的成本优势。

换句话说，企业对其创办者个人努力的依赖是不确定性的一个有价值的来源，而正是这种不确定性使得企业的前景呈现出正偏态势。当标准化的工序和原料生产不出顾客认为有价值的产品时，企业家内在的才华、动机和动力却可以使企业脱颖而出。所有进入者的客观前景或许都不乐观，因为他们并不具备创办企业所需要的充足资本或丰富资历，不过，确实有一小部分企业家能够享受到高额利润。与此形成鲜明对照的是，在边缘行业里，由于任何企业都能满足顾客标准化的需求，所有企业的盈利被锁定在一个较低水平，并且变动范围也很狭小。（有关顾客认同的价值是如何影响新企业潜在利润的说明，请参阅专栏文章《高级餐馆和洗衣店的比较》。）

高级餐馆和洗衣店的比较

这两个行业的进入壁垒都比较低，竞争也都比较激烈：企业家很容易就能得到开业所需要的技术和设备，平均利润率和存活率也都是出了名地低。但是，高级餐馆的利润区间似乎要比洗衣店的大很多。尽管典型的新餐馆的财务前景十分严峻，但是过不了多久总有一家餐馆能够脱颖而出。一个城市（如波士顿）总有那么几家餐饮企业［如安东尼4号码头（Anthony's Pier 4）和山顶牛排餐厅（Hilltop Steakhouse）等］能为其业主带来巨额财富。与此相比，洗衣店似乎不能让任何人成为富豪。区区几十万美元的利润就已经是成功的上限了。

许多顾客对自己的总体就餐体验中的无形要素给予较高的评价，这有助于解释为什么有一些餐馆能获得优异的回报。顾客们不仅仅为食物中的自然要素和人工劳动付钱，他们还为食物的质量、菜肴的种类、餐馆的装修和环境甚至该餐馆是否“时髦”等因素付钱。能够创造恰当的气氛、“火爆”的场面并且提供一份受欢迎的菜单的老板才能满足经营餐馆的需要。这些餐馆的毛利润远远超过其固定成本，创造的利润也相当诱人。对一家成功的餐饮企业来说，竞争对手无法轻易模仿那些源自老板个人技能和人格魅力的要素。对手也无法通过降价把顾客拉走。

在洗衣业，顾客或许会比较喜欢那些敞亮、舒适、店员殷勤的洗衣店；然而，他们不会只因为某家洗衣店宽敞些，或者店主人好些，而费时费力地去专门光顾它。许多竞争对手都可以提供顾客认为有价值的具体服务——比如营业时间、周转时间、洗净程度等等。此外，它们的成本也都相差无几。而在餐饮业，成本则因业主的采购、废物控制、菜单设计、厨房人员管理等技能的不同而不同。在洗衣业，所有的企业使用的都是相同的成熟技术、原材料和几个非熟练劳力来提供类似的服务。竞争的压力和模仿最终导致了价格和服务水平的趋同，还有较低的总利润：典型的洗衣店的资金回报率约为6%。这样的回报——再加上洗衣店通常支付给家庭成员的“工资收入”——对业主个人来说可能足够用了，但是绝对不可能带来成为《有限公司》500强企业所需要的利润和增长。

然而，在低预算或者低“价值”的快餐市场上，竞争的性质又不同了。顾客重视具体的（尽管也是无形的）服务，如可靠性、速度、方便，还有（通常是照本宣科式的）殷勤。模仿和价格竞争极为普遍。利润依赖于企业的品牌、位置、系统和其他类似的专有资产，而不是经营者的个人因素。

《有限公司》上榜企业的创业者通过满足顾客的模糊需求所得到的好处还体现在所提供的产品和服务的性质上。对于绝大多数《有限公司》上榜企业提供的产品和服务，顾客无法轻易地将其与其他产品或服务进行比较，或者也不会想当然地去购买市场上的领导品牌。在这些企业涉足的市场上，购买涉及细微的标准和复杂的认知模式，而这正是企业家可以施加影响的地方。

我们访谈的《有限公司》上榜企业的创办者中有3/4充当自己企业的主要或者唯一的销售人员，只有10%使用中间商或者分销商。这些案例中有75%的企业其销售周期为几天到几个月不等。因此，与挨家挨户销售真空吸尘器相比，理解顾客的情况、顾虑并对其做出反应比迅速成交要重要得多。

单位销售额的中值为 5 000 美元，这个数额足够支持个人直销的费用，并且还允许按顾客定制的要求进行生产。绝大多数《有限公司》上榜新企业是面向其他企业进行销售的；只有 14% 的企业提供消费品或者消费服务。我们遇到的少数几个消费品项目也恰恰是那种购买者会反复思量而企业家可以对其施加个人影响的产品。这些公司出售的并不是那种售价只有 5 ~ 10 美元，购买者的购买决策受习惯或者广告和货架位置等非主观因素影响的包装产品。（图 1－6 显示了 1989 年《有限公司》500 强企业的产品单位售价的分布情况。）

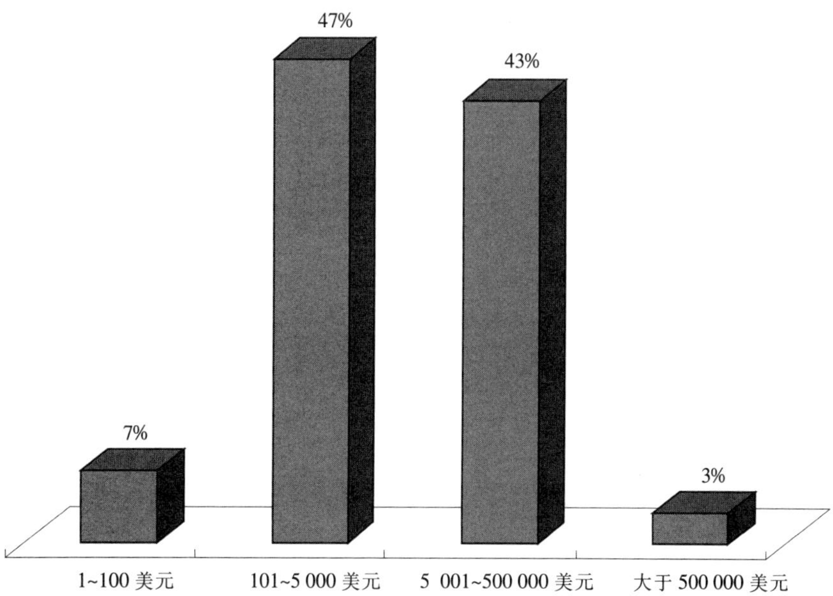

图 1－6　单位商品销售额的美元价值

注：比例根据 1989 年《有限公司》500 强企业中受访企业提供的数据计算而得。
资料来源：作者调查。

对《有限公司》上榜企业所销售的那些价格昂贵的商品，企业家声称他们个人对满足顾客特殊需求所表现出来的热情、毅力和愿望与其产品的特征一样重要。正如实践管理系统（Practice Management Systems）的创办者之一约翰·迈耐克（John Mineck）所说的，“人们相信销售人员。他们相信我，虽然我没有任何销售经验。但是我真正相信我们的自动化医生办公系统和软件一定能行，于是，顾客也就相信了。而且，我们为第一批顾客做了大量工作；他们想要什么，我们就全力提供什么。早在售后服务和支持成为标准以前，我们就开始这样做了。”

至于因市场动荡而产生的不确定性，因为新企业对创业者个人的价值贡献高度依赖，这缓解了企业家因无法筹得外部资金而可能面临的不利条件。资本供给者不愿意给那些完全依靠经营者的“操劳”才能盈利的企业提供资本。绝大多数新企业的利润很低，投资者很难预测企业家是否具有潜质能从一大批人中脱颖而出。投资者同样还面临激励和利润分配的难题。既然资本供给者承担风险，那么企业家就缺少激励，他们会减少那些关键但又观察不到的额外工作，而正是这些工作将赢家和输家区分开来。于是，一家成功的“操劳”型企业所创造的价值是与创业者本人而并非与其经营的法律实体密切相关的。例如，一家广告代理公司的宝贵资产是经营者的声誉和技术秘诀。一旦这些资产形成了，经营者就可以一走了之，去创办自己的代理公司。专业投资者不愿意支持这种整个企业的价值几乎完全依赖于几个经营者的努力及其人力资本的企业，这就将自力更生的企业家的竞争对手限制在那些同样自筹资金的企业家之中。

6. 概要

一家典型的新企业会面临诸多严重的限制。企业的创办者通常没有什么独创的想法，也缺乏深厚的企业或者行业经验。这些资源禀赋的限制阻碍了大多数企业家从外部融资，迫使他们依靠自有资金或者从亲戚朋友处筹来的少量资金艰苦创业。

如果企业家是在因市场动荡而具有高度不确定性，抑或几乎完全依靠企业家个人才能来满足顾客模糊需求的情况下开始创业，那么对于缺乏独创想法、没有行业经验和缺少创业资本这些问题，企业家们完全可以轻松应对。尽管这些企业的最大可能利润并不多，但是却给了企业家一个赚大钱的机会。相反，在那些大众化的行业里，如美容院、草坪维护等，新企业的能力几乎完全相同，激烈的竞争使得所有企业都在极为相似而且较低的盈利水平勉强生存。在规模较小、不确定的机会市场进行竞争，也使自力更生的企业家得以避开来自资金充裕的对手的竞争。

第2章　有计划的调整与机会主义的调整

本章考察了为什么对未预见到的问题或者机遇采取调整措施，这对有前途的企业的创办者来说是一项极为重要的任务。第1节描述了绝大部分企业家是如何在没有多少事前计划的情况下开始创业的。第2节说明了在一家典型的新企业中，制订全面计划的成本将大于其收益。第3节讨论了面对未预见到的问题和机遇做出调整的重要性。第4节通过比较企业家的调整和其他类型的选择战略，如科学实验和达尔文主义的生物进化过程，揭示了企业家调整的机会主义的性质。

当保罗·艾伦和比尔·盖茨研制出微软的第一个产品时，他们事先没有做过任何市场调研或者竞争分析。1974年12月，艾伦拜访了他高中时的朋友盖茨，当时盖茨还是哈佛大学二年级的学生。艾伦在哈佛广场的一个售货亭发现了一份名叫《大众电子》（*Popular Electronics*）的杂志，封面是牛郎星8080型电脑的特写。“我买了一份读了读，然后跑回比尔的宿舍找他，”艾伦后来回忆说，“我告诉比尔，‘这可是我们用BASIC程序做点事情的大好机会。’”[①]艾伦和盖茨没有撰写什么商业计划书，而是立即动手编写供牛郎星使用的BASIC程序版本。盖茨曾写道，他们“就像朱迪·加兰（Judy Garland）和米基·鲁尼（Mickey Rooney）电影里的那些人物一样：‘我们就在仓库表演！’我们认为没有什么时间可供挥霍，于是便动手干了起来”。盖茨和艾伦“起早贪黑，不分昼夜”地工作，要在四个星期内完成他们的BASIC程序。[②]

有一些理论认为，这种无计划的创业方式反映了企业家的过度自信。但是在本章中我将说明，无论其心理上的根源是什么，许多有前途的企业之所以缺乏调研和计划，在经济上有其合理的原因。面临资本束缚的企业家没有足够的资金进行事前分析和调研，有限的潜在利润和他们所追逐的机遇的高度不确定性，也使得收益相对于成本而言比较低。我们还将看到，作为对全面计划的一种替代，企业家们不得不依赖于调整：开始时他们对如何做生意只有粗略的想法，后来当他们遇到一些没有预见到的问题和机遇时，就会改变并完善原来的想法。而且，这种调整往往是机会主义的或者短期的，而不是科学的或者战略性的：有前途的新企业的创业者尝试改变行动路线的目的是使短期现金流最大化，而不是为了验证某个通用的理论，或者做出最佳的长期决策。

1. 有限的调研和分析

我研究的企业家中没有几个人使用系统的方法确认、评估所面临的机遇。我们访问过的《有限公司》上榜企业的创业者中只有4%是通过系统的检索来获得其商业创意；71%是复制或者修改其在以前的工作中遇到的创意；还有20%是偶然获得其创意（见图2－1）。即使通过某种特别的方式发现了一个创意，企业家们也不会花费多少时间进行调研或制订计划。41%的企业家根本没有商业计划，26%的只有一个初步的计划。例如，卡罗尔·拉塞尔回忆说，她和合伙人“在公共图书馆碰头做计划，但是我们连张纸都没有。我们是在一个信封背面来设计规划的”。5%的企业家为投资者制作财务计划，只有28%的创业者详细制订了成熟的商业计划。

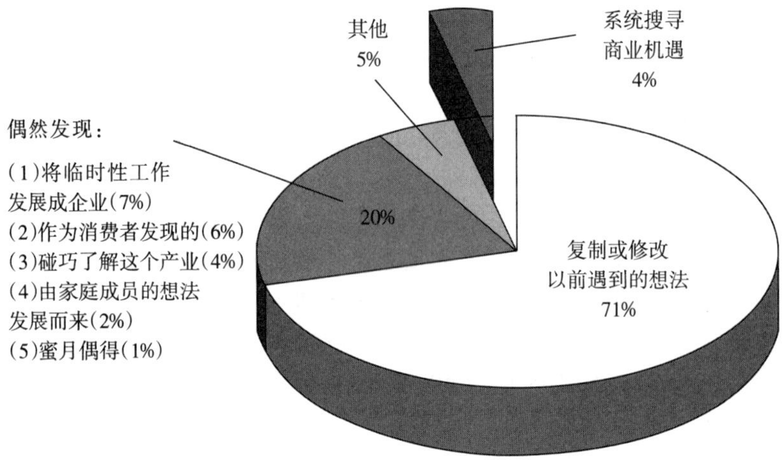

图2－1　创业理念的来源

注：比例根据1989年《有限公司》500强中受访企业提供的数据计算而得。
资料来源：作者调查。

对1982—1989年所有《有限公司》500强企业的创办者进行的另外一项调查得出了相似的结论。只有7%的人对商业机遇进行了系统检索，只有21%的人制订了正式的商业计划。一旦决定抓住某个机遇，企业家们就会迅速行动起来，而且显然没有经过多少准备。例如，一半以上的人都没有咨询过律师，3/4的人没有制订过任何营销方案。从有想法到开始经营的这段时间通常很短；如图2－2所示，63%的企业只用了几个月甚至更少的时间，只有9%的企业花费的时间超过了一年。[3]

学生写的关于成功企业家的论文也表明，许多今天业已成熟的公司的创业者也没有使用有计划的系统方法来创办企业。《滚石》杂志的创办者詹恩·温纳回忆说："制订商业计划、看看其他杂志都在做些什么、研究一下竞争对手，我甚至从来没想过这些事情。"卡尔文·克莱因也是如此，他和自己的童年伙伴巴里·施瓦茨（Barry Schwartz）一起创建他的时装帝国时也没有任何计划，"我们只是努力多卖一些外套，"施瓦茨说，"而且，我们一个星期工作七天。"

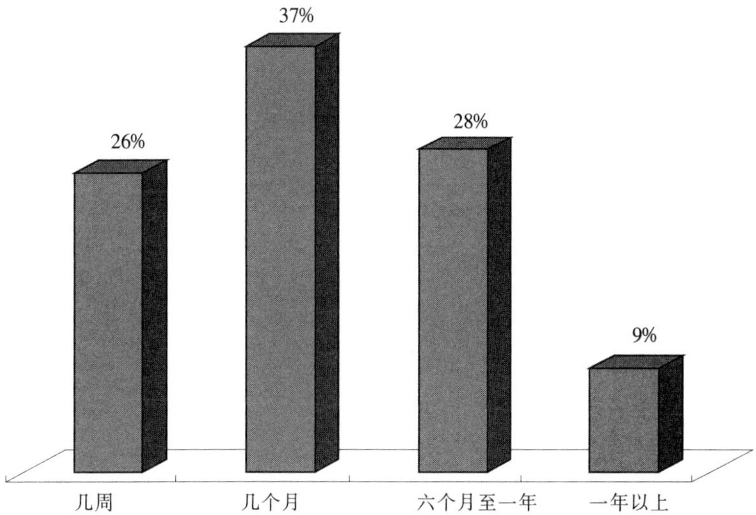

图 2－2　从创意到创业的时间

注：该比例根据《有限公司》500 强企业中对调查做出回应的创业者计算而得。
资料来源：Case，John，"The Origins of Enterpreneurship，" *Inc.* magazin，1989.

2. 成本与收益

为什么盖茨和艾伦不对潜在收益进行市场调研，或者系统地评估相对于其他同样试图为牛郎星编写 BASIC 的程序员们自己的能力有多大？为什么只有这么少的《有限公司》上榜企业的创业者收集有关市场规模和竞争形势的基本信息，或者草拟为期五年的财务计划？D. 洛瓦罗（D. Lovallo）和 C. F. 卡梅勒（C. F. Camerer）认为，企业家们也有"盲点"，他们意识不到市场竞争的激烈程度。或者，他们也了解自己所面临的竞争，但是，"自负地认为自己的公司会成功，而其他大多数人都会失败"[④]。来自实验心理学的几项研究表明："对几乎每一项积极的个人品质——包括驾驶技能、幽默感、风险管理能力和预期寿命，大多数人都认为自己好于平均水平。"[⑤]洛瓦罗和卡梅勒的实验表明，专业技能只会增加而不是减少过度自信的倾向。与新手相比，专家更有可能高估自己与其他专家相比所具有的能力。他们的研究还表明，在涉及技能而非运气的比赛中专家们高估自己的可能性要大一些。[6]因此，像盖茨和艾伦这样的企业家可能会对自己的编程技术极为自信，所以根本不想费心去对竞争对手的能力做一个客观的评估，对调研和计划的投资自然也就比较少。

与普通人相比，企业家也许真的有较强的过度自信倾向。但是，他们对待计划的傲慢态度并不能反映他们对自身相对能力的非理性高估，或者对分析与调研价值的低估。事实正相反，是初始资源和各种束缚，还有企业家所追逐的机遇的性质，决定了他们会迅速地将创意付诸实施。

资源和束缚

许多企业家无法筹集到外部资金，再加上有限的机会成本和事前知识，这都阻止了他们为事前调研和计划付出很多努力。

资本束缚。企业家没有能力筹集到很多外部资本的事实，使得进行调研的机会成本极为高昂，这阻止了他们对某个想法进行广泛的调研。作为一种常规，大公司动辄花费几十万美元调查研究新的商业机会，这一点我深有体会。一般的企业家，其创业资本只有一万或两万美元，显然负担不起这样的调研：这点宝贵的资金用在研制或者销售产品上比进行竞争者分析或者专题研讨要好得多。因此，实干和调研之间的边界变得模糊了。正如一位创业者所回忆的那样，“我的市场调研就是：把一个样品拿到贸易展览会上，看看我能否拿到订单。”样品目录出版公司（Sampler Publications）的创办者马克·尼克尔（Mark Nickel）曾经花了450美元想看看是否“有人对在工艺品目录上做广告感兴趣”。（参阅专栏文章《在实干中做调研：样品目录出版公司》。）这种将调研和销售相融合的方法可能无法产生可靠的信息。在贸易展览会上测试能否获得订单的方法可能会产生错误的正面信息或者错误的负面信息——例如，某位企业家很可能是出于侥幸才获得了一份订单。但是大多数企业家的确没有多少选择：他们确实无力获取真实客观的重要统计数据。

有限的机会成本。即使对自己的相对能力或者市场规模做出了错误的预测，企业家的损失也不会很大。正如我们在前面看到的，他们通常没有多少资本可供冒险。他们的时间的机会成本通常也很低，因为就像盖茨和艾伦一样，他们还没有什么信誉、经验可以为他们带来高薪工作。迈克尔·戴尔（Michael Dell）是从大学辍学开创戴尔电脑公司的，他解释说：“机会是如此诱人，我没法再待在学校里。风险很小，我所失去的不过是一年的大学生活。”[7]我们将在后面的章节看到，如果某人的机会成本很高，通常他不会创办自力更生的小型企业。吉姆·克拉克（Jim Clark）在创办硅谷图形有限公司（Silicon Graphics Inc.，SGI，SGI公司在计算机行业中以高性能、高价位工作站著称。——译者注）之前是斯坦福大学的助理教授，像他这样的人追逐的是具有较大的预期回报（还有资本需求）、与其机会成本相称的商机。

我所访问的许多《有限公司》500强企业的创办者甚至都不用承担因辞去一份令人满意的工作而造成的情感成本；1/3的人是被辞退的，或者是在发生严重分歧后主动离职的。其他人在创业时还兼着一份工作作为支持。例如，约翰·迈耐克在 1982 年创办实践管理系统公司时，还受雇于吉列公司（Gillette Inc.）的个人用品部。“那里的工作很轻松，”他回忆道，“他们似乎并不鼓励勤奋工作。”因此，尽管企业家战胜对手的自信可能没有客观基础，但是他们的过分自信并无大碍。

事前知识。企业家以前的经历，即使相对来说比较短暂，也都可以减轻因调研不充分而带来的风险。通过模仿或者修改在以前工作中遇到的创意而创业的企业家，已然拥有了该创意可行性的第一手证据，还有关键市场要素的有关知识。例如，1984 年史蒂夫·谢夫林（Steve Shevlin）和他的合伙人罗伯特·威尔肯（Robert Wilken）创办电联公司（Compu-Link）时才 20 岁左右。他们的业务很简单：“我们生产大卷的计算机线缆，然后分割出售，通常 24 小时之内就能完成。”他们没做任何市场调查就满怀信心地创办了这家企业。谢夫林曾经在一家业务相同的企业工作过一小段时间，他了解一个关键的情况：他以前供职的公司大约有 90% 的毛利。谢夫林和威尔肯生产了大批量的 IBM 打印机数据线，通过给黄页上所列的电脑经销商打电话，他们在第一天就得到了订单。那时还没有多少供应商给这些电脑经销商打电话推销，这种做法还很新，而且他们花 16 美元从电联公司买来的打印机数据线可以卖到 60 美元，而电联公司的成本也不过区区几美元而已。

在实干中做调研：样品目录出版公司

1984 年马克·尼克尔创办了样品目录出版公司。在此之前，尼克尔在芝加哥一家杂志做总编。在尝试销售他妻子制作的手工艺品时，他产生了创办一份民间手工艺品广告季刊的想法。“我妻子和她的一位朋友在院子里制作手工艺品。她们买来一些瓦罐，画上乡村风格的图案，再配上盖子。她们的产品在手工艺品展销会上卖得很好。而我对于在市区工作已经感到厌倦了，我问自己，‘为什么不搞一家手工艺品企业呢？’于是我们决定，‘试一下邮购业务。’我们四处寻找乡村风格的杂志，想在上面做广告。我们找到了《乡村生活》（*Country Living*）和《乡村之家》（*Country Home*），它们的杂志背面有黑白两色的广告栏。做六次广告要花掉 1 750 美元！对于才卖 3 美元一个的小玩意儿来说这可是一大笔钱。没有合适的媒体可以做广告，所以我就对自己说，‘为什么不自己办一个呢？’结果就有了《乡村手工艺品目录》（*Country Sampler*）。”

> 我决定先看看是否有人愿意在手工艺品目录上做广告。我刊登了征集广告的广告，我估计一个广告对方可能出 450 美元。我在两份手工艺者关注的杂志上登了广告，我还把自己的广告寄给了这两份杂志的分类广告中列出的所有手工艺者……我还去参加各种手工艺品展销会，然后把广告寄给我在展销会上遇到的人。

我得到的回应很不错，于是开始动手将这一想法付诸实施——直到那时，对我的广告做出回应的那些人还没见过目录的样子。我制作了一份 11×17 规格的折叠手册，一共四页。一家银行贷给我 3 500 美元的个人担保贷款，用于印刷这些小册子。我给那些手工艺品拍照，再配上大标题、产品描述等等。我亲自为每一份手册写地址、贴邮票，再把它寄给每一位对广告做出回应的人，然后就是静静地等待。广告征集的最后期限是 1984 年 2 月 15 日。有 84 人给我发来了订单，他们必须先付钱，每位 450 美元的广告费，已经足够支付目录的生产费用。如果我失败了，我的损失只不过是 3 500 美元而已。

目录是一本五色套印的、高质量的小册子，里面没有评论。我在《乡村生活》上做的广告是："从美国手工艺者这儿直接购买吧！"

一开始只是一次性交易。我告诉那些手工艺者，我想为他们做一年的广告，可他们根本不在乎时间的长短！目录制作得非常精美，他们都想在上面做广告。在我还不知道下一步应该做些什么的时候，许多手工艺者就已经开始关注起这本小册子，并且发出赞叹："太棒了！"当我意识到已经有足够的业务印刷第二份目录的时候，我辞去了原来的工作。此前我仍然受雇于原来的企业，但是我每天早上 7:30 左右就提前赶到办公室，9:00 之前把我的工作全部做完。

在第二份目录里，我重印了原来的内容，又加了一些。每个月我收到的回复都在 2 000～2 500 份。谁都可以在报摊、手工艺品商店等场所出售这些目录，工艺品生产者们也卖，这些目录简直卖疯了……我用广告收入支付了生产费用，每卖出一份杂志我就能挣 3 美元。我再也不用借钱了。

机会的性质

有前途的新企业所面临的机遇预期利润比较低，所需投资也比较少，同时又具有较高的不确定性，这一切也对事前分析和调研的成本和收益产生了重大影响。

利润和投资。机会市场带来的巨大预期利润并不能为高额的调研支出提供充分的理由。当通用电气（General Electric）这类公司筹划成立一家全球贸易公司时，或者当花旗银行的经理们考虑是否在日本开办投资银行业务时，他们面临的风险非常高，因此有充足的理由花费高额的开支对竞争者和顾客进行分析。然而对分割计算机线缆的生意来说就完全没有这个必要。当调研和销售同时进行时，常常会出现泡沫需求或"侥幸"订单的问题，而较低的资本需求使得这些问题不再如此至关重要。一家自力更生的小型企业的资本需求量比较低，并不需要为许多顾客提供服务；正如我们在下一章将讨论到的那样，企业家们只要能满足特殊顾客的特殊需求，就能获得令人满意的利润。

事实上，在许多机会行业中，通过实干获得的具体信息比宽泛的调研要更有价值。“平均”成本和“平均”价格有可能与企业家常常涉猎的特定市场毫不相干，因此企业家只能在实施创业的具体过程中来估测企业的可行性。举例来说，一家新餐馆的盈利性可能取决于其租赁条款；较低的租金就有可能使一家平庸的餐馆产生源源不断的现金收入。但是企业家通过谈判获得优惠租赁条件的能力，是无法通过常规的事前分析就轻易做出判定的；他（或者她）必须就某一特定的资产同某一特定的业主进行严肃的谈判。（与此相反，筹划成立连锁餐馆的大公司在研究某一特定地点的条件之前，必须先调查目标区域的“平均”价格和“平均”成本。）

不确定性。许多前途光明的机遇具有不确定性，这种不确定性也降低了事前分析的价值。在新市场或者变化中的市场上，调研的机会成本可能非常高昂，因为机遇往往稍纵即逝。当企业家完成详尽的调查之后，新企业赖以谋利的市场不均衡或者动荡可能已经消失得无影无踪了。谢夫林和他的合伙人通过出售计算机线缆所获得的利润率虽说不同凡响，但持续的时间也很短。与此相似，如果盖茨和艾伦也曾花时间分析竞争者和顾客，可能就会错失良机，因为同时还有其他一些程序员试图为密茨的牛郎星编写 BASIC 语言的程序。密茨的创办人埃德·罗伯茨（Ed Roberts）回忆说：“至少有 50 个人和我们接触过，都自称拥有 BASIC 语言的程序。”⑧

在不确定的行业中，企业家无法收集到关于潜在需求与竞争的可靠数据。盖茨和艾伦怎么会知道还有哪些程序员在编写 BASIC 程序？这些人的能力又如何？他们只能相信自己有能力首先完成一个可行的 BASIC 程序；即使他们错了，所损失的也不过是几个月的劳动罢了。与此类似的是，在满足多变的顾客需求方面，企业家也无法对自己的相对能力做出客观的评估。卡伦·基尔希通过实践发现，只要提供更好的服务，她就能成立一家盈利的邮购中介公司。但是除了曾为另一家中介商工作过的事前经验之外，她没有数据可以支持有关盈利性的客观预测；她只能通过创业的尝试来验证自己的设想。同样，沃伦·安德森（Warren Anderson）也不得不通过制作教学录像带来发现顾客是否会购买。1982 年，安德森提供微电脑的培训课程，当时他产生了将该服务转录成录像带的想法。他把这个想法同“许多人”进行了讨论，这些人要么说“听起来不错，但是这得看做得怎么样”，要么就说“我会是你的第一个顾客”。于是，安德森“鼓足勇气”，花了 3 万美元开始生产 D-base 软件的教学录像带。

证　　据

如果那些不做计划的企业家们更深入地研究一下他们面临的机会，是不是就不会享有较高的利润（或者较低的损失）？这种论点我们当然没有办法证实。但是，我们同样也没有发现在新企业的成功和周密计划之间有什么相关性。举例来说，全国独立企业联盟于 1990 年对2 994 家新企业所做的一项研究表明，在研究、思考和计划上颇费时日的创业者和那些没有计划便抓住机遇的人相比，在头三年中生存下来的可能性差不多。我的访谈也表明，少数几个企业家之所以进行广泛的市场调查，撰写详细的商业计划，主要是其先前所受的教育及在大公司的工作经验使然。尽管做计划同其先前所受的训练相一致，但是这似乎并没有阻止企业家创业的奇思妙想。计划的有限作用——在变化的、不稳定的环境中尤其如此——被我们一天之内在华盛顿特区做的两个访谈戏剧性地表现出来。

出于巧合，我们的访谈对象——阿创尼卡电脑公司（Attronica Computers）和博赫丹联盟公司（Bohdan Associates）的创办者——都是在1983年创办自己的企业的，而且这两家企业相距不过十英里。这两家企业后来都成了面向公司顾客分销计算机的企业（参阅专栏文章《做计划划算吗?：阿创尼卡和博赫丹》）。阿创尼卡电脑公司的创业者们曾在一家大型电信公司中共事，经过广泛的市场调查和计划，他们决定以15万美元的价格从一家电脑零售连锁企业那里购买特许经营权。但是他们失败了，为零售市场提供服务的其他几次尝试也都相继失败了。此后，阿创尼卡电脑公司通过试错的过程逐渐发展成为公司和政府顾客提供服务的企业。1988年，公司年收益达到810万美元。与此形成鲜明对比的是博赫丹联盟公司，其创办者是因为一个偶然的机会才开始在家里出售电脑的——他刊登了一个出售自用旧电脑的广告，而市场需求大大出乎他的预料。于是，仅仅出于对顾客需求的“反应”，到1988年，博赫丹联盟公司就成长为一家年收益达4 800万美元的企业。

做计划划算吗?：阿创尼卡和博赫丹

阿创尼卡电脑公司。卡罗尔·索萨蒂安（Carol Sosdian）和阿图尔·塔克（Atul Tucker）曾在一家大公司中共事，他们于1983年创办了阿创尼卡电脑公司，在华盛顿特区经营个人电脑零售业务。卡罗尔回忆说：“阿图尔写了一份只有一段话的商业计划，我把它改成了一份真正的商业计划书。这大概用了一个月的时间，然后又花了三个月的时间不断地推敲。最后我们认为差不多可以行得通了，就拿给一些朋友看。我们的计划书通过了‘朋友的测试’。”

卡罗尔和阿图尔兴致勃勃地进行了差不多两年时间的市场调查，最后决定以15万美元的价格购买比特电脑公司的特许经营权，不久他们开办了第一家商店，然而比特公司倒闭了。于是，他们又签约成为计算机世界公司的特许经销商，可是后者又倒闭了。1985年阿创尼卡电脑公司成为AT&T电脑的独立直销商。这个合作伙伴的情况还不错，而且阿创尼卡电脑公司很快就成为AT&T的最佳经销商之一。阿创尼卡电脑公司也改变了目标顾客，将重点从个人消费者转移到公司和政府身上。他们发现大客户更为有利可图，因为他们十分看重阿创尼卡电脑公司的专业技术和服务。

博赫丹联盟公司。就在卡罗尔和阿图尔创办阿创尼卡电脑公司的同一年，彼得·扎卡奎（Peter Zacharkiw）在华盛顿特区的郊区创办了博赫丹联盟公司。但是，扎卡奎没有做任何调查。他当时受雇于贝克特尔公司（Bechtel），业余时间搞些合法避税活动。为了合法避税，他买了一台电脑，希望可以将机器的购置成本从他的收入中扣除。当扎卡奎发现那一年他避税有点儿多的时候，就在《华盛顿邮报》（*Washington Post*）上登了一则广告，想把电脑卖掉。他收到了50多封来信，最后他不仅卖掉了机器，还额外赚了一些钱。扎卡奎算了一下，就算他有50台电脑，也能把它们全都卖掉。于是，他开始在家里卖电脑。"起初，我只是想挣点圣诞节的零花钱，"他后来回忆道，"白天妻子组装机器，晚上我送货。我们的销售收入增加到每月30万美元，而且我始终还保留着那份全职工作。我一个月挣的钱比我在贝克特尔工作整整一年挣的还要多。"

像阿创尼卡电脑公司一样，博赫丹联盟公司也逐渐转向为公司客户提供服务。"一开始我们卖给那些看了广告来买的个人。但是这些人也为公司工作，他们会跟公司的采购主管说，'嘿！我知道在哪儿能买到这些东西。'这纯粹是一种口口相传的生意。我提供的服务比其他任何人都要好。在技术上，我比任何人都更了解机器。我会送货上门，装好软件，而且花时间教给购买者如何使用。"1985年，当顾客开始求购康柏电脑之后，博赫丹联盟公司成了一家真正的电脑经销商，企业才真正开始发展壮大。"我们是被动反应型的，不是积极主动型的，"扎卡奎这样评论自己的企业，"生意找上门来了，我们就做出反应。我们从来没有制订过商业计划。"

3. 调整的重要性

由于高度的不确定性和有限的计划，企业家常常会遭遇意外和挫折，这就要求他们对最初的商业理念做出修改，甚至彻底推倒重来。在我们访问过的《有限公司》500强企业中，1/3的创业者曾经对其最初的商业理念做出过重大的变动，另外1/3则声称做出了适度的修改。显然，企业家并没有依靠技术、顾客、产品线和其他类似的基础选择，而是以一套试验性的设想来开始创业。因此，随着企业的发展，针对未预见到的问题和机遇，企业家会通过一系列试验和适应性反应来迅速修订原来的设想。

会引发战略变化的常见事件包括：

产品滞销。企业家会因为顾客不愿意换掉现有的卖主，或者因认为新企业提供的产品和服务没有足够的价值而碰壁。这种问题很常见，原因在于企业家没有足够的时间和金钱去做市场调查，或者事前无法得知顾客的购买意愿。

盈利递减。企业家在新市场或者动荡的市场上发掘的机遇通常都很短暂。像电联这样的公司，在20世纪80年代早期靠出售分割成卷的打印机数据线就能获得80%的利润率，可这显然不是长久之计。但是，即使利润的下降是可以预计到的，企业家通常也不会为其早做打算。然而，这种明显的短视行为并不是非理性的，因为机遇转瞬即逝，这就要求企业家迅速行动，而不是深思熟虑。而且，尽管也许能预计到利润的下降，但是行业的前景可能充满了不确定性，使得事前计划显得多余，企业家只能静观市场的变化。最后，即使企业的远景十分暗淡，企业家仍能获得令人满意的短期利润。因此，在没有长期计划的情况下利用短期机遇成了一个诱人的选择；而且，当这种选择不再诱人的时候，企业家既可以选择在已变化的市场上发掘新的机遇而继续生存，也可以选择退出原有的市场。在任何一种情况下，决定都是事后而非事前做出的。

增长停滞。最初的机会市场尽管有利可图，但相对于企业家对增长的渴望而言可能还是太小了。在一些案例中（如NAC的拉祖·帕特尔），企业家可能已经有计划地开发更大的市场；然而他们通常都从机会市场干起，因为这是一条捷径，还有助于形成回转的余地。当机会市场的潜力开发殆尽之后，企业家们才会开始寻求新的机遇。

意料之外的机遇。有时，企业家会得到机遇的垂青，他们可以建立比最初设想更大、更赚钱的企业。在我访问过的《有限公司》上榜企业的创办者中，有几位最初根本没有设想要创办价值上百万美元的企业。在误打误撞到利润更大的机遇之前，他们创办的企业规模很小，对利润的预期也相对较低。这些机遇不仅不是靠计划找到的，而且最初也没有预料到。就像亚历山大·弗莱明（Alexander Fleming）必须在试验室里工作才能发现青霉素一样，企业家也必须创办企业才能碰到那些局外人看不到的机遇。

企业家们在创业后遇到的意料之外的问题和机会，可能会引发企业所提供的产品、所服务的顾客、所使用的分销渠道等等发生根本性的变化。（参阅专栏文章《调整：例证》。）正如我们将在第6章和第7章讨论的那样，这种变化在大公司的创新活动和风险资本支持的新企业中是不太可能出现的。

调整：例证

法克特–福克斯公司（Factor-Fox）的创办者们改变了创业时公司所提供的基本服务。里奇·福克斯（Rich Fox）和他的合伙人艾伦·法克特（Allen Factor）在决定创办一家“为（人们）信仰的事业筹资”的公司之前，都曾经为非营利性机构工作过。他们最初计划使用直接邮寄捐款请求书的方式帮助客户筹资，但是发现很难获得业务。直邮方式需要大量的先期支出（印刷费和邮寄费），但结果如何却没有任何保证。法克特–福克斯公司的主顾显然不愿意把这样的项目托付给一个新手。福克斯回忆道，他们“根本不听我们的意见。风险太大了，他们会说‘我们对现在所拥有的挺满意’”。于是，这两位创业者决定开展电话营销服务，这不需要他们的客户预支多少资金。福克斯回忆说：“顾客对电话营销的反应好极了。我们显然拥有了一个盈利模式。于是我们放弃了直邮业务。”

西尔顿–布克曼系统公司（Silton-Bookman Systems）则既改变了产品，又改变了目标市场。创业者们最初计划销售基于个人电脑的人力资源开发软件，但是那些原来就销售基于大型机的类似软件的竞争者，也已经开始为个人电脑研制类似的产品。因此，该公司采取了寻找机会市场的战略，开发了一种培训注册软件。尽管创业者们最初以无力购买大型机解决方案的小公司为目标，但是他们的第一位顾客却来自 IBM，这个人也是碰巧看到广告才来试试。从此以后，西尔顿–布克曼系统公司就把精力集中在大公司身上。

伽马联讯公司（Gammalink）在为其产品找到一个机会市场前经历了一系列的挫折和令人沮丧的试验。1984 年，伽马联讯公司在《个人电脑周刊》（*PC Week*）上发布了公司的第一个产品：专为个人电脑设计的内置传真调制解调器。这条消息引起了终端仿真设备业内许多独立销售代表的注意，但是却没有带来任何订单。最初，创业者曾认为顾客会把其产品用于个人电脑之间的通信，但是却没有找到买主，他们针对个人电脑和大型主机之间的通信需求对产品进行了重新设计，为其增加了一个带有支架的调制解调器盒。新的设计为他们赢得了同戴洛格（Dialog）公司的一笔生意，后者是一家在线信息服务提供商。戴洛格公司打算建立一个商标数据库，以便于其顾客在办公室下载。这项服务需要一个能够传输图像的调制解调器（这在今天很平常，但是在 1984 年却很新奇）。但是在购买了三个调制解调器之后，戴洛格又决定放弃该商标项目。于是伽马联讯公司给5 000 家公司的管理信息系统经理发出了邮件，这些邮件只带来了一个顾客，那就是北美洲的宝马公司。宝马公司的订单说明，尽管伽马联讯公司的传真/调制解调器对那些使用租赁专用线路将其大型主机与个人电脑连接起来的顾客没有吸引力，但是它“对拥有分散的个人电脑，其需求又不足以支持租赁专用线路的大型公司却非常合适”。

全国数据产品公司（National Data Products）的创办者菲利普·多加内罗（Philip Doganeiro）从 1982 年开始销售商用表格。1985 年，他开始销售打印机。多加内罗回忆道，一位来自 AT&T 的名叫帕拉蒂恩（Paradyne）的顾客“找到我说，‘你认为你能经营打印机吗？我们打算购买 700 ~ 800 台爱普生（Epson）的打印机’”。于是多加内罗就设法从爱普生那里获得了贷款额度，并且在一年里就为他们卖掉了 100 万美元的打印机。1986 年，自从雇用了一位名叫安东尼·林博（Anthony Limbo）的管理人员之后，公司开始销售计算机系统。“我知道他有维拉诺瓦大学（Villanova University）的学位，还是南佛罗里达大学（University of South Florida）的工商管理硕士，”多加内罗告诉我们，“但是我不知道他懂计算机系统，我是不懂的。他在安达信（Arthur Andersen）的咨询部门工作过，其间他曾研究过（计算机）系统。在他的敦促下，我们进入了计算机系统领域。”

鹰溪塑料公司（Eaglebrook Plastics）的创办者也是通过类似的方式发现了建立规模更大、赚钱更多的企业的机会，这远远超出了他们最初的设想。鹰溪塑料公司创办于1983年，其创始人安德鲁·斯蒂芬斯（Andrew Stephens）和鲍勃·汤普森（Bob Thompson）曾就读于普渡大学的化学工程专业。最初，他们购买废塑料，由别人粉碎后再转手卖掉，主要是卖给管道行业。一年之后，他们以700美元的价格买了一台旧研磨机，他们在晚上开机生产，以便在白天出售。很快他们升级到使用价值25 000美元的研磨机。1985年，公司研发出具有独创性的含纸废塑料的净化技术，并且开始在业内小有名气。1987年，随着废品利润的下滑，合伙者们转向了回收利用塑料瓶的业务，这在当时还是非常新鲜的想法。后来他们又从回收的原料中提取塑料，又同全国聚乙烯回收利用公司（National Polyethylene Recycling Corporations）创办了合资企业，管理其聚苯乙烯泡沫塑料回收利用的活动。到20世纪90年代早期，鹰溪塑料公司已经成为美国最大的高密度聚乙烯回收商之一。

4. 短视的机会主义

迄今为止，我已经对适应性调整与计划、预期之间的区别进行了分析，并且指出了典型的企业家会更多地依赖于前者。这一区别的重要性在第5章中会更为清晰，届时我们将会发现大公司的创新活动具有相反的特征。现在，我们将探讨企业家调整的典型特征。像自然选择一样——但是与科学试验不同——在许多有前途的新企业中，这种调整都具有机会主义的或者短视的性质。但是与生物进化的随机过程相反，新企业调整的有效性取决于企业家做出的有意识、有目的的选择。与生物物种不同，企业家们也有可能进行激进的（与演化相对的）变革，并且放弃短视的做法而采用战略手段。

非科学试验

尽管我们可以十分泛泛地谈论企业家的“试验”，但是它和科学实验以及经验主义的方法基本上没有什么共同之处。设计良好的科学试验由某个一般性理论或者范例推出。研究人员从该理论推出可供测验的假说，并且收集数据以支持或者驳斥该假说。当然，偶然的发现——如亚历山大·弗莱明发现的青霉素，威廉·伦琴（William

Roentgen）发现的 X 射线——对我们理解物质世界也发挥了重要的作用，但是这类事件不在标准的研究方法之列。为了获得资金（以及后来的认可），现代的科学家必须证明其工作有可能对该领域的长期发展做出什么样的贡献。与此相反，企业家们做实验的目的是解决问题，他们对验证一般真理或法则没有多少兴趣。发现最初的商业理念行不通（也就是驳斥了最初的假说），与找到可行的替代品相比，后者更有价值。在企业的初创阶段，企业家对不规律的或者侥幸得来的现金收入就已经相当满意了。

正如我们将在第 5 章看到的那样，科学方法同大型公司使用的市场调查技术有更多的相似之处：宝洁公司在全国推广一个新产品之前，决策制定者会通过大规模的测试努力验证其可行性假说。宝洁公司可能还会使用市场调查在两个或者更多的替代方案之间做出选择，例如是使用折扣券促销还是搞店内促销活动。与此相反，企业家面临的资本束缚要求他们迅速产生正的现金流，而不是发现最佳方案。正如《调整：例证》中的几个例子所显示的那样，对有前途的企业的创办者来说，获得一个肯付钱的顾客，比为其产品或服务找到最高价值的用途要重要得多。

机会主义的选择

企业家调整和生物进化过程有着很多有趣的相似之处，如随机变异和自然选择：尽管企业家们具有认知能力，可以按照战略方式行事，但是他们经常显示出机会主义的和短视的倾向，厄尔斯特（Elster）认为这正是生物进化的一种典型特征。

厄尔斯特注意到，在自然界中变异是随机发生的，但是其后的选择过程则是以一种简单、确定的方式进行的——如果某一变异能够赋予发生该变异的第一个生物更优异的繁殖能力，那么进化“机器”就会接受该变异。因此，自然选择具有“急躁、短视或者机会主义”的特征——它“既没有历史记忆，也不能根据未来做出选择”。进化机制之所以不能从过去的错误中汲取教训，是因为“只有成功才能被延续下来”。大自然不能等，它不会为了将来更好的变异而放弃眼前有利的变异。而且大自然不会“采取所谓的迂回战略，用一句话概括就是‘后退一步，前进两步’”。[9]

人类可以更有远见地适应环境、解决问题。正如厄尔斯特所描述的那样，人类可以推迟获取回报的时间，耐心地等待：他们能够“为了获得将来更好的机会而放弃眼前有利的选择”[10]。例如，为了将来可以消费得更多，人类可以减少现在的消费。[11]

然而，企业家们常常并不实践“人类独有的能力”——等待或者为了将来牺牲现在。相反，他们更像进化机制，他们做出的选择似乎都是机会主义的和短视的。从某种程度上看这要归因于企业家所面临的资本束缚，如果他们连掉到眼前的短期机会都抓不住，可能根本就谈不上什么未来了。而且，许多企业家是误打误撞进入他们所经营的行业的，在他们的头脑中根本就没有长期战略的概念，所以也就没有什么标准或者运算法则能够告诉他们什么时候该等待，或者该做出哪些牺牲。少数几位企业家，如《滚石》杂志的詹恩·温纳，确实在创业时就已经有了企业的远景目标，但更多的企业家们则没有，因而他们具有追逐任何能够带来短期利润的机会的倾向。(只有成熟的公司才拥有足够的资源，允许它们等待，并采取与长远观点相折中的战略。事实上，我在本书第二部分将讨论到这一点，提出这种战略，这是新企业向永续经营企业转变过程中极为关键的一步。)

与自然选择的对比

为了为后面几章的观点做铺垫，我们可以先来看看一些企业家调整与自然选择过程不同的特征。

有意识的选择。企业家们常常会遭遇一些意外事件；他们是否以及如何做出回应通常取决于这些事件在他们心目中的重要性如何，而不是根据机械的自然选择法则。以彼得·扎卡奎为例，他最初以 IBM 电脑“灰市”（非法市场）经销商的身份开始创业，后来又经营康柏的电脑产品，让我们看看他是如何描述这一过程的。“我们还在灰市上干的时候，有些顾客提出要买康柏。康柏电脑的组装技术给我留下了深刻的印象，我给他们打电话看能不能成为他们的经销商。最初他们拒绝了我，但是我有个朋友在那儿工作，他建议公司再考虑一下我。他助了我一臂之力。”就这样，一个偶然的事件促使企业转而经营康柏电脑——顾客求购康柏电脑，而扎卡奎又碰巧在那家公司有个朋友。但是，新企业的“变异”显然不是自发进行的——如果换了另一位企业家，他可能就会忽视顾客的要求，或者也不会这么持之以恒地请求康柏。扎卡奎声称“我们是被动反应型的，不是积极主动型的，生意找上门来了，我们就做出反应”。他这么说似乎太过谦虚了，没有充分说明选择和决心在其中扮演的关键角色。

想象中的变化。企业家可以尝试最初只存在于其头脑中的变化。正如遗传学家弗朗索瓦·雅各布（Francois Jacob）所说的，“人类可以在非现实的各种可能性中进行选择，而自然选择过程只能在现实中存在的替代品之间进行。”[12]源自**想象**的企业家调整可以对未预见到的事件做出反应，尽管是外部事件诱发了企业家的反应，但是这些反应本身则是企业家想象力的产物。就拿《调整：例证》中的一个例子来说，潜在客户不愿使用法克特-福克斯公司的直邮服务，这对创业者来说是一个令人沮丧的意外。创业者的回应——“您愿意试试我们的电话销售吗?”——却并不是一种随机变异，而是一种尝试性的变异或试验，它源自企业家追寻目标的想象。如果这个试验失败了，企业家很可能会换一个角度去尝试。

根本性的变化。在自然界中，生物变异的幅度通常都很小。因此，我们称之为演化性变异而不是革命性变异。源自企业家头脑中的变化能够使现状发生更大规模的改变，这种大规模变革的能力抵消了导致局部最大化的机会主义选择的倾向。厄尔斯特曾写道，自然的进化机制不考虑变异的累积效应就将其全盘接受，“这可能会导致某一物种总是沿着适宜的梯度攀升，达到某一点之后的任何运动只能呈下降趋势，于是进化停滞了”[13]。因此，某一物种可能会因为遇到一系列特殊的变异而落入进化的死角，而且再也无法挣脱，因为典型的随机变异幅度都很小。与此相似，机会主义的选择也有可能使企业家进入长期价值有限的企业。但是企业家能够打破不好的局部最大化，他们可以用激进的方式对企业进行彻底改造。举例来说，鹰溪塑料公司的创业者做了几年废塑料粉碎生意后，通过研发专利技术将业务扩展到废物回收利用领域。力软公司（Powersoft）的创业者米切尔·克兹曼（Mitchell Kertzman）在制造业软件领域奋斗了十多年后，成功地研制了以客户端/服务器使用者为目标的 PowerBuilder 软件。或者，我们再举个老一点的著名例子，明尼苏达矿业制造公司（Minnesota Mining and Manufacturing Company，3M）也是从发现金刚砂矿的失败中走出来的。

战略的选用。纯粹靠投机起家的企业家后来也可能采取长期战略，从而学会等待和牺牲短期利润。而自然选择则正相反，永远都是目光短浅的。

这些区别在接下来的章节中将扮演重要的角色，届时我们将讨论企业家才能的重要性。我们将看到，一些随机演化模型（如尼尔森和温特的）认为，长期结果完全依赖于一个企业所遇随机事件的先后顺序。而我将提出，企业家识别重要变化的能力，构架富有想象力的反应的能力，碰到死胡同后发动根本性变革的能力，以及制定长期战略的能力，对一个企业的发展具有重要的影响。

5. 概要

在前一章中我们发现，有前途的新企业的创始人缺乏创新想法、经验和资金，这些企业往往聚集在规模较小、充满不确定性的机会市场上。在这一章中我们看到，为什么贫乏的资源禀赋和新企业创办者所追逐的机遇的性质，限制了其投入到事前计划与调研的资源的数量：资本束缚和较小的预期利润阻碍了对事前计划的投入，而企业所面临的不确定性则限制了计划的效用。显然，即使企业家花得起这笔钱，有前途的新企业所面临的“不可度量”且“难以量化”的风险也很难因为调研而被轻易降低。低水平的事前计划，再加上较高的不确定性，要求企业家能够针对未预见到的问题和机遇进行适应性调整。资本束缚和企业长期战略的缺失，常常使得这种调整像自然选择过程一样，具有机会主义和短视的特征。

第3章　获取资源

本章考察了有前途的企业的创办者是如何说服顾客、雇员、供应商和其他一些资源供给者，让他们参与到自己的事业中来的。第1节分析了企业家面临的问题；第2节分析了一些补偿性或缓和性因素；第3节讨论了企业家为获取资源而采取的战略。

贫乏的资源禀赋使许多企业家实际上根本不可能筹集到大量资本，同样也使得他们难以吸引到顾客、雇员、供应商和其他类似的资源供给者。但是尽管投资者是可有可无的，其他那些收入和生产要素的来源却不是这样。因此，获取这些资源对新企业来说是一个至关重要的问题，我们将在本章中探讨这一问题。

与新企业做生意，资源供给者面临着很大的风险。例如，如果新企业倒闭了，顾客享有的服务可能会中断，前雇员可能无法找到原来的工作岗位，供应商则有可能收不回应收账款。然而，与资本充裕的大公司不同的是，企业家没有能力轻易地承诺承担其他人的风险，或者提供可靠的信息以证明自己的经营能力和持久性。因此，对于那些选择范围有限、偏好特殊，或者忽视长期后果的供给者，企业家们通常针对其最迫切的需要提供迅速的回报，而并不是向他们提供承诺。

范围。我将研究重点放在顾客、雇员和供应商身上，但对后两者的关注程度相对较低。在我研究的绝大多数新企业中，顾客面临的风险似乎是最大的。举例来说，雇用法克特-福克斯进行直邮筹款的顾客，他们面临的风险不仅仅是支付给法克特-福克斯的费用，还包括印刷和邮寄材料所需的更大数额的成本。与此相似，埃德温特软件公司的顾客承担的风险也不仅仅是购买其证券管理软件所支付的价格，如果这个软件有缺陷，或者埃德温特软件公司破产而无法再对自己的产品提供支持，顾客将面临相当可观的系统转换成本。雇员和供应商面临的风险则要小一些，他们的选择余地也不大；因此，与他们签订合约不像获取顾客那么难。不过，我所讨论的基本原则对所有的外部资源供给者来说都是适用的。

1. 问题

资源供给者的“理性”计算（也就是传统经济模型假设的人们为使自身效用最

大化所做出的选择）给有前途的企业的创办者提出了若干特别的难题，“行为”倾向（也就是由认识上的偏见或者对外部刺激的条件反射而导致的对通常理性决策假设的背离）也带来了一些困难。

“理性”计算

资源供给者的客观忧虑来自他们对新企业的预期，以及他们自身的转换成本。我们可以料想到，顾客、雇员和供应商等人像潜在投资者一样，在对自己的时间或金钱做出不可逆的承诺之前，或者在否定其他选择之前，会对新企业的生存概率做出评估。汤姆·戴维斯（Tom Davis）是标准组件设备公司（一家医药与研究设备生产商）的创办者，他回忆说：“我们刚开始销售的时候，人们会问，‘你们什么时候停业?’”该公司的第一个产品于 1984 年上市，是基于个人电脑设计的，售价为 6 000 美元，这个价格只是当时基于微电脑的产品价格 30 000 美元的1/5。但是顾客们担心如果标准组件设备公司不能为其产品提供持续的服务和维护，自己付出的成本会比最初节省下来的那一大笔钱还要多得多。

大多数新企业的客观证据也不能为其前景提供多少保证。标准组件设备公司至少还有一个独一无二的产品，然而绝大多数新企业并不具有可验证的竞争优势来源。正如我们前面曾经提到的，创业者通常还缺乏丰富的管理或商业经验；在创办标准组件设备公司之前，戴维斯是宾夕法尼亚大学医学院的副教授，他的创业伙伴是他的博士后学生。也许有一些企业家确实具有一定的天赋，能够战胜竞争对手并掌握管理技能，从而创办一个生机勃勃的企业。但是对顾客（还有其他人）而言，很难判定哪些创业者具有这些天赋。没有多少商业经验的企业家通常也没有较强的关系或者声誉来证实他们的能力。例如，我研究的《有限公司》上榜企业的创业者只有不到 30% 曾利用以前的关系进行早期的销售活动；70% 以上的创业者不得不想方设法从陌生的客户那里获取订单。

新企业资本不足的状况也引起了人们对其存续期的担心。资本不足显然增加了企业在将来陷入财务困境的可能性，这也显示了一些微妙的负面信息。资本不足很可能是因为企业家缺乏商业头脑而意识不到现金枯竭的风险，或者是因为投资者对企业前景持怀疑态度而不愿意投资。较低的初始资本也会使人们怀疑创业者对企业的承诺，如果企业开局不顺利，企业家完全可以甩手不干，并且不会损失什么。企业家也许会对企业进行彻头彻尾的改制，这样，在资源供给者看来，原来的那个企业根本不复存在了。

转换成本从好几个方面妨碍了资源供给者同新企业打交道。与新的供应商签约会引致一些管理费用，顾客可能不得不确定新的卖方数量，并结清现有的账户。转换工作的雇员也同样面临加入新的健康或养老保险计划的麻烦。转换（卖主或工作）还会导致特殊的“关系专用性”财产的损失，例如顾客使用某一软件商提供的软件所开发出来的应用软件，或者某位雇员所积累的关于某一组织是如何运转的宝贵知识。此外，转换要求资源供给者付出搜索成本，但是却并不保证一定会搜索到比现状更好的结果。因此，对现状满意的资源供给者没有向外扩展搜索的激励。尽管新古典经济学家并不完全同意“满意”原则——如果你对现状满意，就不会再去寻找更好的解决方案，但是这一原则却对我们在商业关系中所观察到的稳态提供了非常有力的解释。*

搜索成本给新企业提出了一道难题，因为它们没有历史记录可供资源供给者考察。第一批顾客、雇员和供应商等资源提供者不得不亲自进行试验和调查，他们没有什么可以参考，也不能向信用机构或美国商业改进局（Better Business Bureau）咨询。理性的方法是让别人先走第一步。但是，如果所有的资源供给者都想搭便车，那么，新企业就将永远得不到机会。

于是，新企业面临着期望陷阱。资源供给者对新企业前景的担心阻碍了他们对新企业的冒险，而这种犹豫不决又进一步损害了新企业的前景。换句话说，新企业之所以会失败，可能仅仅因为别人认为它们会失败。

行为因素

认知偏见（cognitive biases）（参阅专栏文章《认知偏见》）会强化资源供给者避开新企业的理性倾向。顾客对新企业既有的偏见，在现有的供应商以一种夸大顾客恐惧心理的方式来限制顾客的选择时尤其容易产生，或者顾客“对损失的反感”，都会强化顾客对新企业能否生存下来的客观忧虑。如果资源供给者对现有安排很满意，并且面临着较高的转换成本，他们对不确定性数据的规避倾向就会强化其维持现有关系的倾向。同倒闭的新企业打过几次交道的亲身经历，可能也会使资源供给者认为这种事情经常发生（或者结果很糟），而实际上可能没有那么频繁或严重。

同认知偏见一样，资源供给者的反射性行为方式（参阅专栏文章《反射性行为》）也会强化其避开新企业的理性倾向。例如，对“社会证据”自发的依赖倾向（别人做什么我就做什么），强化了让其他人先尝试新企业的客观逻辑：如果别人都不购买新企业的产品，那么这个产品肯定有问题。与此类似，一致性原则提高了资源供给者的转换成本。罗伯特·查尔狄尼（Robert Cialdini）将这种原则描述成“一种近乎强迫性的想使自己的行为与以前保持一致（并且看上去也是一致）的愿望”。一旦人们做出了选择或者决定了自己的立场，他们的行为方式就会倾向于证实自己所作的选择。因此，一旦顾客对某一卖主的产品投入了沉淀成本，或者仅仅因为已

---

* 我们应该注意到，“如果满意就不再搜索”是一种理性的法则。正如西蒙（Simon）和其他一些人曾经强调的那样，搜索成本强化了人们的满意程度。温特表述得很清楚：为了获得“环境中没有发生变化的方面的信息”，或者为了“审视那些本不需要审视的决策”而付出成本是不值得的。但是如果“不观察环境，或者审视决策，人们就无法知道环境是否发生了变化，或者决策是否需要审视”。因此，决策制定者们必须根据满意的最低限度来设定“所探究的可能性的范围界限”。因此，“就某一分析阶段而言，所有的目标追寻行为都是遵循满意原则的”（Winter，1964，pp. 262—264，引自 Elster，1993，p. 140）。

经决定和某一卖主做生意，他们就会感到一种内在的压力，迫使他们坚持自己的选择，即使付出的代价超过了有形的转换成本。

认知偏见

心理学家和试验经济学家的研究提出了“一长串关于人类判断的偏见、缺陷和认知错误的列表”。[①]卡内曼（Kahneman）和特韦尔斯基（Tversky）等研究者发现，与理性决策模型的假设正相反，人类的判断和决策对“问题形式和反应模式的微妙变化”显示出“极高的敏感性”。[②]除了实际结果的区别外，不同的选择名称和选择结构明显会导致不同的选择结果。举例来说，如果被要求在一笔一定会发生但数额较小的损失（假设是 5 美元）与一笔数额较大但发生的可能性较小的损失之间做出选择（比如概率为 0.1% 的 5 000 美元），大多数被研究对象会选择数额较大的损失。如果将那份小额的损失命名为“保险费”，人们的选择就会发生重大的改变；大多数被研究对象会选择支付保险费，而不去冒损失更多的风险。泰勒（Thaler）表明：与此类似的是，两个价格之间的差异被命名为附加费还是折扣，对顾客来说也是有区别的；在放弃折扣与接受附加费之间，顾客更愿意接受前者。[③]卡内曼和特韦尔斯基的研究表明，相对于得到某一财富的渴望而言，人们更厌恶失去等量的财富，这在某种程度上导致了上述的结构性效应。因此，顾客更愿意放弃折扣带来的“得”，而不愿意接受附加费（超过了他们认为已经是“他们的”价格）带来的“失”，即使二者的净效应完全相同。

关于这种系统的违背理性的模型的证据，卡梅勒[④]提供了一份全面的综述。除了刚才提到的对损失的厌恶导致的偏好颠倒外，卡梅勒讨论了其他几个判断和选择的“错误”，包括：(1) 判断事件发生概率时**过度自信**——例如，人们认为一定会发生的事情通常只有 80% 的发生概率。(2) **记忆偏见**——人们最容易记住最愉快和最不愉快的回忆；过分看重个人的、具体的经验；使自己局限于容易获得的理论和选择而限制了对替代品的考察。(3) **证实偏见**——人们总是寻找可以证实自己设想的证据，而避开那些会否定自己设想的数据。(4) **自我实现的预言**——人们以前的信念决定了他现在的行为，而这些行为会产生更多带有偏见性的证据，以印证已有的信念：侍者对衣衫不整的顾客服务不周，因为他认为这样的顾客通常给的小费比较低，而顾客对此的反应就是给予较低的小费，这就进一步强化了侍者既有的看法。(5) **近视**——对现时的延误与未来同样长短的延误，人们对前者更不耐烦。

反射性行为

在《影响：科学与实践》一书中，罗伯特·查尔狄尼对人们对刺激的反射性或自动反应如何影响人们的行为这一问题进行了精彩的描述，他的素材来自实验室里的试验以及实地观察。查尔狄尼认为，条件反射是动物及人类行为的普遍特征。在自然环境中对动物进行研究的人类文化学家认为，某一特殊的触发特征（能引起反应的东西。——译者注）会不断引起相同的反应。举例来说，一只雄性知更鸟为了捍卫自己的领地，会攻击放在那里的一团知更鸟羽毛，但是对没有羽毛的完整的知更鸟复制品却熟视无睹。人类心理学家也曾记录过类似的"固定的行为模式"。例如，埃伦·兰格（Ellen Langer）的实验表明，如果一个请求带有一个理由，人们就更容易接受，而根本不去注意这个理由到底是什么。比如说，"对不起，我有5页文件。我能用一下复印机吗？因为我赶时间"和"对不起，我有5页文件。我能用一下复印机吗？"这两种请求，前者获得同意的比例要比后者高很多（94%对60%）。然而，"对不起，我有5页文件。我能用一下复印机吗？因为我必须复印几份"这种完全没有逻辑关系的说法居然也得到了93%的同意。

查尔狄尼写道，自动的、一成不变的行为"在人类的许多活动中非常普遍。因为在很多情况下，这是最有效率的行为模式，而在另外一些情况下则仅仅是出于需要"。[5]它使得个人不必收集、处理多少数据就可以迅速地行动起来，而且有助于避免认识负担过重。查尔狄尼写道，"我们也需要捷径。不能指望我们能够辨认并分析遇到的每一个人、每一件事、每一种情况的每一个方面……相反，我们经常要用到老套路、经验法则，根据几个关键特征将事物归为几类。当其中一两个触发特征出现时，不用动脑就可以做出反应。"当事情的结果微不足道、不值得劳神去分析、快速的反应才是最重要的时候，或者结果的不确定性限制了小心谨慎做决策的价值的时候，条件反射就显得尤为可贵。

然而，在某些情况下，固定的行为模式会导致愚蠢的甚至是破坏性的行为。查尔狄尼引用了一家汽车公司的案例，该公司错误地印刷并邮寄了一批不能为顾客节约费用的优惠券。顾客对这些优惠券的反应却和对那些印刷正确、能为其节省一大笔钱的优惠券完全一样。与此类似的是，动物行为学家发现了几种食肉动物，它们会模仿触发特征，导致捕食对象条件反射性地放松自己的防卫。举例来说，美国南部产的一种萤火虫有一种天敌，其雌性会模仿这种萤火虫发出的特殊信号，表达自己交配的愿望。这种诡计使得雄性萤火虫辨别不出这些猎手而如飞蛾扑火般地飞上前去。

查尔狄尼讨论了几个"基本心理原则"，这些原则都是人类条件反射式地加以坚持的。通常情况下这些原则会带来令人愉悦的结果，但有时也会使人们做出伤害自己的选择。试举一例，互惠原则会使人们无意识地接受恩惠和礼物，并且给予回报。拒绝最初的礼物，或者接受了但没有给予回报，会招致外部社会的谴责，或因违背我们业已习惯的原则而导致内疚。人类学家认为，这种原则以及随之而产生的"互惠之网"促进了交换与劳动专业化的发展；但是运用该原则时也可产生一些人们不愿意看到的反应。查尔狄尼描述了一些黑尔·克利士那（Hare Krishna）运动的成员为了得到捐款，如何在飞机场向商务旅客强行献花的事例。人们不需要这个礼物，很快就会将其丢掉。但是，游客们不像那些募捐者一样事先有所准备，他们无法拒绝这些鲜花，而且觉得必须捐些钱作为回报，这些钱的价值可远远超过了鲜花的成本。

与此相似，社会证据原则（"如果其他人也这么做就视其为合理的一种倾向"）通常效果也不错：一般情况下，人们"与社会习俗保持一致比与其相悖所犯的错误要少一些"[⑥]。但是其他人怎么做自己就怎么做——或者仅仅对一些显示其他人也是这么做的信号做出反应——会导致人们做出无意识的选择。当问到对电视节目中预先录制好的笑声的看法时，电视观众将其描述成"愚蠢的、假装的和做作的"[⑦]。然而，试验表明，这些不受欢迎的录音能让观众在看幽默小品时笑得更多、更频繁，而且对这些小品给予更高的评价。

2. 缓和性因素

一些理性因素与行为倾向可以抵消或者缓解新企业在获取顾客和其他资源时所面临的问题。

理性的抵消因素

选择余地有限或质量不高。有时，资源供给者没有机会同稳定的、资本充裕的机构做生意。正如我们曾在前面的章节中看到的，有前途的新企业往往是在大企业不屑一顾的行业中以及还没有成熟的竞争对手的新市场上发展起来的。罗伯特·格罗斯汉德勒于 1984 年创办了一家为个人电脑开发软件的公司，他是这样描述当时的情形的："那时，行业里的每一个人都是新手。人们没有多少选择的余地。再说我们也不比任何人差。"在这样的市场上，买方要么和一家新公司打交道，要么就干脆放弃这种产品或服务。"我们既没有历史记录，也没有商业性办公场所，我就在家里办公。"通路设计自动化公司（Gateway Design Automation）提供计算机辅助教育（Computer Aided Education，CAE）软件工具，其创业者普拉布·戈尔（Prabhu Goel）回忆道："我们就追着那些有问题要解决的用户不放。比起问题得不到解决所带来的风险而言，和我们做生意的风险要小得多。”

同样，虽然有经验的经理人员、大供应商或者跨国银行可能会回避有风险的新企业，但是，失业的或不合格的工人、小供应商、当地的借款机构等，就不得不在那些没有卓越远景的雇主、买方和借款人身上试试运气。例如，辛普莱克斯通信公司（Symplex Communication）的创办者乔治·布罗斯托夫（George Brostoff）就曾说过，早期的雇员并不“在乎风险”，因为他们来自一些破落的行业。

搜索成本。如果资源供给者认为替代方的质量很可能也不怎么样，他们就有动机选择第一家可行的交易方，在其需求比较急迫的情况下尤其如此。当密茨公司与微软签约，让其提供牛郎星电脑使用的 BASIC 程序时，它就采取了一种简单的原则：从至少可以提供部分功能的产品供应者中选择第一个。密茨公司对 BASIC 程序的需求比较急迫，而且它知道尽管有很多个人程序员在编写这种程序，但是却没有像 IBM 这样的大公司。因此，微软两个合伙人的年轻和缺乏经验，并不是妨碍他们成功的主要障碍。

精神效用。与新企业做生意的特殊风险可以被精神上的收益抵消一些。例如，员工可能很看重为新企业效力所带来的刺激。同样，顾客也可能喜欢作为第一批用户所带来的兴奋和荣誉感，或者喜欢为奋斗中的企业家提供一个机会的满足感。* 全国数据产品公司的创办者菲利普·多加内罗说：“我的一些早期客户信任我，而且希望看到一个努力工作的年轻人能够取得成功。”约翰·迈耐克是实践管理系统公司的创办者，该公司向医疗部门提供基于个人电脑的办公自动化系统，对于 1983 年刚创业时顾客所面临的风险，他这样回忆道：“那些和我们做生意的人一定是疯了。要知道，这可是把某人的生计托付给技术还未成熟的软件啊。没有人真正明白这到底是什么玩意儿，也不清楚这是否真的可靠。而且你必须把杂七杂八的东西装起来——你不得不从一家公司买硬盘，然后从另一家公司买软件。”第一批客户是“看到价值”的“风险承担者”，他们喜欢迈耐克并且信任他。“我从来没认为我的产品不行。我完全信任自己的产品——因此，我的客户也信任。”

个人考虑。新企业有可能从大公司的员工那里获得资源，因为这些员工的个人利益与公司的股东利益并不一致。从公司的角度来看，从未经考验的卖主那里购买软件是一种无保障的冒险。但是这种购买行为对信息技术（information technology，IT）部门的员工而言，可能有助于他们证明自身工作的重要性和预算的合理性，获得作为先锋用户的业内经验，增强个人的知识，还能获得帮助弱者带来的满足感。考虑到 IT 人员更换工作的频繁性（加之法律禁止公司取得有关雇员可靠性的推荐信），那么，承担新企业失败成本的将是雇主，而不是雇员。

---

* 而且，典型的新企业并不需要获取许多顾客、雇员或供应商。“一般的”潜在顾客可能十分厌恶风险，因而不愿意与新企业做生意，宁愿让其他人先走第一步。然而，有前途的新企业固定成本一般都比较低，只要有几个不那么厌恶风险的特别顾客愿意购买，他们就能产生正的现金流。

新手的灵活性。缺乏雇员或者顾客基础也有一些好处，那就是可以减轻“新手的义务”。企业家可以提供特殊政策，而现有公司却很难跟进，因为原有的顾客或雇员可能也会提出相同的要求。新企业还有另外一个优势，那就是企业家可以直接和资源供给者打交道。对顾客或求职人员的要求，企业家可以迅速给出还价并做出决定，但是销售人员或人事职员却受制于公司制度，要想改变就必须先征得上级的同意。“我们之所以能吸引顾客是因为我既是业主又是销售员，”贝克特公司（Beckett Corporation）的创办者理查德·诺珀（Richard Nopper）告诉我们，“现在，我可不允许我的销售员做那种疯狂的承诺，虽然我以前常常如此。要是他们也那样的话，他们非得把这个地方弄个底朝天不可。”

企业家们还能给资源供给者提供与老板打交道所带来的满足感，而这是与底层或中层员工打交道所不能带来的。索夫塔集团公司的罗伯特·格罗斯汉德勒说，因为他亲自参与销售，而且早期的客户规模也比较小，“销售是在业主与业主之间进行的。这给了我的客户很大的信心，因为我知道自己在说些什么”。在大规模的公司中，CEO们只可能去拜访几个重要的客户，或者对高层职位的应征者进行面试。

一致的利益。一旦某人与新企业签订了契约，他就会产生内在的激励为新企业吸引其他的资源供给者。例如，新软件包的购买者是卖主生存下去的既得利益者，因此，我们可以料想到，他会为新企业提供证明，成为新企业用以说服其他顾客的样板。

行为的抵消因素

证实偏见。当绝望或方便等因素刺激资源供给者与新企业做生意时，他们通常会避开那些否定性的证据。“很少有人调查我们，”实践管理系统公司的迈耐克如是说，“有几个客户曾经访问过我们的办公室，不过仅此而已。”另一位企业家长期租用一间办公室，因为当时商业房地产市场正处于萧条时期，所以房主也就没做信用调查。显然，正如专栏文章《纳特康的弥天大谎》所阐释的那样，新企业的前景到底有多黯淡，一些资源供给者一无所知，他们通常也不想知道真实的答案。

短视。证实偏见似乎与得到利益的时间有密切联系。立竿见影的好处常常使得资源供给者变得短视，以至忽略（或不去调查）长期成本。我所调查的《有限公司》上榜企业的创业者，如果他们的产品或服务能够提供快速的、可观的利益，顾客似乎很乐意向其进行有风险的采购。顾客会因为新厂商的CPU比其他厂家的速度快五倍而购买。一位数据处理经理会订购创新性的传真卡，因为这样一来他不用租赁价格昂贵的专线就可以建立起通信网络。对顾客而言，风险投资的实际回收期很少会超过一年。只要回报迅速，顾客就会象征性地问一下企业家如果企业破产会如何——但是不管结果如何还是照买不误。

其他资源供给者一旦实现了即期利益，同样也会忽视（或者严重地低估）长期后果。雇员们摆脱了收入不佳的工作甚或失业的状态。向新企业提供小额产品或服务的供应商实现的利润要比向大规模、成熟顾客提供产品或服务获得的高许多。新企业的任何一位外部投资者都迅速地获得了回报——在我们的《有限公司》上榜企业的样本中，绝大多数企业不是在几个月内，就是在一两年内获得了盈利。短期的利益显然使长期的担心显得黯然失色。雇员通常不会要求——公司也不向他们提供——股票或期权；我们访问的《有限公司》上榜企业中有76%的创业者不向雇员提供股票或股票期权。* 雇员们忽视了或者在企业家的劝说下不去考虑那些长期风险，比如，因为跟不上公司发展的步伐而被解雇的风险。那些提供大银行所不愿意提供的贷款的小银行显然也不去担心长期风险，因为随着新企业的成长，它自然会寻找信贷限制较严格的、更有威望的大银行。

相反，在通常情况下，长期激励似乎无法充分补偿资源供给者所感受到的风险。正如我们已经看到的那样，企业家通常无法说服风险资本对自己的事业进行风险投资。他们也很难说服那些经验丰富、非常称职的员工为了分享企业的长期收益而放弃现在的收入，所以他们不得不使用那些没有多少选择机会的员工。

纳特康的弥天大谎

1982年，罗伯特·罗德里格斯创办了纳特康，向二手车分销商出租气球，但是后来转而向公司客户提供服务（见第1章）。汉堡王是他们的早期客户之一。罗德里格斯回忆道："我们在气球上画上'汉堡王'的图案，然后让它飘在他们办公室的前面。""这些气球制造的热闹景象让我们在市场上站住了脚，在1983年初，我们开始在汉堡王新餐馆隆重的开张典礼上放飞气球。"

> 1984年，我收到邀请去会见负责市场营销的执行副总裁。他说，"我想为公司在内华达召开的全国性会议做点超乎想象的特别的事情。我想做一个三明治形状的特大号热气球。"我想，"哇！真是个好机会。机不可失。"
>
> 我们做了一个模型，他们非常喜欢。但是我很担心他们会派人视察我们那个小地方。如果他们见过我们的办公室，一定会非常震惊：我们的办公室在北迈阿密一个与别人共用的综合写字楼里。我对我的合伙人说："伙计，如果他们派人来调查我们，看见了我们的工作场所，你认为像汉堡王这样的大公司还会让我们为他们制作热气球吗?"事实上，汉堡王的工作太繁忙了，根本没有时间来审查此事。他们只是想找个听上去懂行的人，他们向我们预支了3.5万美元用于制作那个庞然大物。气球非常完美。会议一结束，我们就签订了为期两年的管理合同。汉堡王每年支付给我们7.5万美

---

* 与此相对照，由职业风险资本家支持的新企业通常向雇员提供股票或期权，因为这些人的机会成本比有前途的新企业的员工的机会成本要高。

元，带着这个热气球还有驾驶员周游全国。

互惠。纪念品、没人稀罕的礼物，如餐馆推荐券或者从企业家那里得到一些业内的流言蜚语、花边新闻什么的（比如我们在专栏文章《反射性行为》中讨论过的黑尔·克利士那运动的募捐者使用的鲜花），甚至这些东西都可以引诱资源供给者做出互惠的回应。

一致性。人们都想为以前的行为辩护，这会使资源供给者对新企业的忠诚不断升级。最初做出的看似无关紧要的让步会产生一种内在压力，要求他们保持行为的前后一致，并在后来给予企业家更多的支持。因此，顾客只要愿意抽出 5 分钟的时间听听，就有可能带来一个尝试性的小额订单，接下来会是更大的订单；在每一个决策时刻，购买者都不愿意相信以前的决定是个错误。根据查尔狄尼的论述，资源供给者后续支持的力度取决于以下因素：最初的决策是否是公开的，是否经历了痛苦或麻烦，以及决策是出于内在选择还是对外在回报或压力做出的反应。由此我们可以想象得到，那些冒着风险选择另类的早期皈依者，比如说苹果电脑的早期客户，当然会成为这些企业尤为狂热的支持者。

对比。人们倾向于夸大前后两个物品之间的差异，这帮助了那些其竞争者常常看似没有什么特别优势的企业家。“如果我们在聚会上和一位极有魅力的异性聊天，接着又来了一位没有魅力的异性，”查尔狄尼观察到，“我们会觉得第二个人非常没有魅力，但实际上人家没有那么糟糕。”[8]与此相似，如果资源提供者近来所遇到的新企业的竞争对手不能令其满意，他们就会过高地估计新企业的前景和能力。

信任触发器。企业家如果模仿成熟企业的样子，就能给人留下可靠的印象。正如大陆财务资源公司（Continental Financial Resources）（一家设备租赁公司）的创办者弗兰克·瓦尼尼（Frank Vanini）所说的那样，“对一个新企业来说，印象和现实一样重要。我做生意的时候只穿白衬衫和深色西装。如果你以良好的形象示人，人们就会对你做出良好的假设。如果你有一个好的（公司）名字，一身好的套装，再加上说话也很得体等等，人们就会觉得你很在行。进门很难，但是一旦进去了，人们总是认定我们很在行。”

3. 所采取的策略

为了解决在获取资源时必须面对的难题，以及为了利用那些缓和性因素，企业家采取了一些策略。根据我的研究，这些策略包括：

特殊待遇与优惠

我所研究的企业家通常会向资源供给者提供特别的激励，以克服其不愿迈出第一步的心理障碍。例如，他们会向早期的顾客提供广泛的顾客所要求的服务，或者免费的辅助服务与培训。“我们向第一批顾客提供很多今天已经不再提供的服务，”实践管理系统公司的约翰·迈耐克如是说。埃德文特软件公司的创业合伙人斯蒂芬妮·迪马科回忆说，公司“花费了大量时间通过电话解决问题，其实这些问题和我们一点儿关系都没有。有些人以前从没用过电脑。为了让他们的系统能够工作，我们会做任何事情”。辛普莱克斯通信公司的创业合伙人乔治·布罗斯托夫回忆到，他们的第一个重大订单来自米德数据公司（Mead Data），光在“顾问式”推销阶段就花掉了大约四个月的时间：“在演示产品的过程中，我们帮助米德数据公司改善了现有的数据网络，因此，不管最后它们买不买我们的元件，它们的系统都得到了改善。”

企业家提供的另一项特殊优惠很简单，就是为那些别的企业不愿意服务的顾客提供服务（或者是向别的企业不愿意雇用的个人提供工作）。我在后面将会提到，新企业常常向那些信用历史不太好或者脾气很糟的顾客提供服务，还会雇用那些找不到工作以及工作机会有限的员工。

但是，我所研究的新企业却极少使用会导致亏损的削价竞争。第一，它们需要现金。在资金上捉襟见肘的新企业承受不起以赠送产品或服务为代价换得市场份额的做法；通常情况下，只有辅助服务与维护是免费的。第二，许多企业家认为赠送自己的核心产品会损害自己的信誉，而且使用者也不会认真尝试免费的样品。第三，企业家认为，用户担心的主要不是价格，即使在初期给予一定的价格折扣，他们的成本收益也不会有重大改变。

模　　仿

许多企业家试图制造出一种可靠、可信的形象，他们会采取一些规模更大、更成熟的公司的外在形式。“你必须制造出一种形象表明你的存在，”王氏通信公司（Wang Communications）的创办者告诉我们，“我学会了在谈论公司时使用‘我们’而不是‘我’。我使用了一种代客接听电话的服务，由真人记录电话信息；我们［!］不能冒使用机器的风险；那会让人觉得我们不够尽责。”电技概念公司最初只是向电力系统的企业提供咨询服务，后来又为它们提供软件。其创办者巴德·迈尔斯说：“为了让人们觉得我们是一家比实际规模要大的公司，我们制造了不少烟幕和假象。我们大量使用咨询师，他们在如何与公司做生意、如何为公司设计方案方面经验丰富。我们的方案绝对是一流的。人们会说，‘老天，你们一定是一家资产达到 2 000 万美元的大公司。’”

互联广告公司的创办者詹姆斯·奥德克塞克“把公司的未来描述得好像就在眼前一样”。而且，他通过印刷精美的宣传手册、销售材料以及专业设计的公司标志来“维持一种公司比实际规模要大的感觉”。“你会发现很多公司的标志是老板自己设计的。标志可能花不了几个钱，但是绝大多数公司都没有专业设计的标志。人们通常有一种工程师常有的想法，他们认为产品自己会说话。我在自己身上也看到了这种苗头，就努力战胜这种想法。”尽管奥德克塞克的“预算十分严峻”，但他还是搬进了一个办公套房，这样一来，他就有了一个“听上去像办公室”的地址。创办了真实世界系统公司（Real World Systems）的玛西娅·普洛特金（Marcia Plotkin）和丈夫史蒂夫·普洛特金（Steve Plotkin）在自己家里经营了好几年，但是每当顾客打来电话，玛西娅总会告诉他们“史蒂夫在仓库”，其实所谓的仓库就是他们的车库。*

贯美能源联盟公司（Transamerica Energy Associates）的创办者布鲁斯·纽罗尔（Bruce Neurohr）每个月在旅行上的开支就有1 500美元，因为“我必须让顾客看到，我能付得起拜访他们的费用。在早先那几年里，我必须证明自己的能力”。

稳定系统公司（Steadi-Systems）的创办者理查德·舍恩伯格买了一台电脑和一台点阵式打印机。他说，那时候还没有人使用电脑，所以他“给人造成了公司规模很大的印象，虽然那时自己只不过是在起居室办公”。

巴拉卡特和张伯伦咨询公司（Barakat and Chamberlain）的创业合伙人萨莫尔·巴拉卡特（Samir Barakat）说，他们总是“使自己的商品或者服务供不应求……你要不断地表明自己提供的是稀有商品，对此我坚信不疑。如果你能让自己的顾客相信你并不需要他们，那么你就会得到他们。当顾客觉得你特别渴望做成这笔生意时，情况就不太妙了。当然，我会对顾客说你很重要，不过要掌握好松紧的平衡”。

斯蒂芬尼·迪马科的公司销售证券管理软件，她的理论是“标志必须严肃”。当迪马科创办埃德温特软件公司时才20多岁，但是她的主要顾客“绝大多数都是男性”，而且“证券经理的平均年龄是50岁”。因此，迪马科不想让公司的标志太“张扬”，也不想告诉别人“我们是加利福尼亚的一家软件公司”。我们寄给证券经理的信看上去像是他们的同行寄给他们的。

1939年，戴维·帕卡德写道，当他和威廉·休利特设计出第一款产品时，他们将其命名为200A型，因为“我们觉得这个名字听上去好像我们公司已经有一段历史了。我们担心如果人们知道我们实际上从来没有研究、设计、制造过一个成品，他们会被吓跑的”⑨。

企业家模仿更成熟的企业形象的做法或许与IBM宣传新的计算机产品线的活动形成鲜明对照。用标准的经济学术语来说，后者才是企业承诺的一种真实信号，因为它成本不菲且不可逆转。而相反，模仿只是想诱发人们对新企业的稳定性产生一种不假思索的、自动的信任，这并不需要企业家支出高额的费用，因为就信笺抬头而言，严肃的设计并不比华丽的设计花费更多。然而，想要采用令人信任的外在形象，这种做法本身就证明了企业家具有远景规划：能够考虑到别人是如何看待自己

---

* 有一个阶段，真实世界系统公司想争取成为IBM的经销商。玛西娅·普洛特金回忆说：“IBM很严格，IBM的工作人员到我们的房子来了——事先我们已经告诉他们我们是在家里工作的，IBM有一项政策是反对经销商在家里工作，要求经销商必须有一家店面。他们说，‘关于能否在家工作，我们得征求上级的批准。’不过那时我们有六个员工，他们可以看到我们确实是一家企业了。”

的企业家与那些没有这种远见的企业家相比，前者更容易生存下来。在对其他需求的响应方面，资源供给者同样也会认为前者会更敏锐、更积极。

设　计

我们访问过的《有限公司》上榜企业的创业者为了使资源供给者对风险的感觉最小化，“设计”了一些选项和折中：他们会“强调好处”，“向资源供给者提供尽可能美妙、灿烂的图景”，“提供事实，但饰以浮华之辞”。里佐联盟公司（Rizzo Associates）是一家工程与环境服务公司，其创办者威廉·里佐（William Rizzo）不无遗憾地回忆道：“我们在个人成长方面向员工许诺了大量的机遇，我们向他们兜售未来。但是我们没有告诉他们，未来必须自己创造。有时，我们不得不招进新人取代他们，他们便觉得自己的未来没戏了。最后他们说，‘见鬼去吧！’第一批的 7 位员工走了 4 个，因为他们没能和公司一起成长。今天，我会坦白相告，公司的许诺是与个人业绩息息相关的。”

相对于他们自己的风险较大的产品和服务，有些企业家会强调与其捆绑销售的“安全”的配套商品的价值。例如，ICT 公司是一家提供计算机辅助设计（Computer Aided Design，CAD）一揽子服务的“系统集成商”：公司把 IBM PC 和经过改造的 Autodesk 公司的 AutoCAD 软件（Autodesk 公司是世界领先的设计和数字内部创建资源提供商，AutoCAD 是该公司著名的计算机辅助三维设计软件。——译者注）组合起来一起销售。那时，Autodesk 公司还是一家只有 17 名雇员的小公司。因此，合伙人哈曼·卡迪斯（Harman Cadis）回忆道：“我们不告诉人们软件是 AutoCAD。”相反，他们强调系统是“建立在标准的 IBM PC 之上。即使 ICT 公司破产了，他们还可以继续使用硬件设备。在 1.8 万美元的标价中，1.2 万美元是硬件费用，2 000 ~ 3 000 美元是安装和培训费用。在全部销售额中软件只占了很小一部分”。（据卡迪斯所说，尽管 ICT 公司以加利福尼亚的硅谷为基地，但其顾客主要集中在密歇根州和俄亥俄州，这对公司也有好处：“我们的顾客是些计算机盲，他们更容易为技术所折服。我们在硅谷的销售量非常少。”）

企业家们为自己的缺陷画上最好的妆容（或者“编造最好的故事”）。克莱·特拉莫创办了计算机媒体技术的公司，他自称为“无库存经销商”：卖家一般不会与新企业签订分销合同，而特拉莫只有 10 000 美元的初始资本，负担不起多少库存。“我料想顾客可能会担心这个，”特拉莫说，“于是我想了一个办法。我会说，‘我有取之不尽的存货。我从所有的制造商那里提货。而如果我是分销商，存货用完了你就只好等，直到我进到更多的产品。’”

RPM 租车公司（RPM Rent-A-Car）的创办者布鲁斯·辛格（Bruce Singer）最初为了支付法学博士和工商管理硕士课程的学费，开始销售二手车，他描述了对事实进行设计的重要性，否则这些事实会带来很多麻烦：

> 我刚开始卖二手车的时候，联邦贸易委员会想对二手车分销商进行规范。

> 我认为这是一个很好的想法——我将成为世界上最诚实的二手车分销商。我会对每一部车的挡风玻璃给出准确的描述，搞一个无声拍卖。这个想法一败涂地！你需要有人推销。如果你只是把冷冰冰的事实读出来，它们本身是令人恐惧的。假设你从一个表格上读到'XYZ 部件需要更换'，你会被吓跑的。但是如果有个销售员向你指出，如果你是学生，只准备在校园里开上六个月的汽车，因此不太可能更换这个部件，那你的感觉就会安全多了。顾客需要有人向他们解释某些特定的信息如何满足他们的需求。

忽略风险或粉饰缺陷并不一定意味着夸大利益。事实上，我们访问的许多企业家宣称，他们从不过度许诺或过度推销，借此建立起顾客的信赖和宝贵的信用记录。正如辛普莱克斯通信公司的乔治·布罗斯托夫所说的："我们故意使顾客的预期比我们实际能做到的低一些，然后超越他们的预期，让他们获得意外的惊喜。"

广泛搜寻

企业家必须通过广泛的搜寻才能确认那些愿意冒险一试的资源供给者。只有少量的供给者恰好既有客观需求又有帮助弱者的心理愿望，而且不考虑长期的收益风险等诸多条件。企业家很难辨别这些不同寻常的、潜力巨大的顾客，因为他们的特殊特征常常是无形的。因此，为了找到最"合适"的资源供给者，企业家必须撒下大网，接触尽可能多的顾客，直到找到最佳人选。

确定合适的顾客这一难题尤其棘手。对新企业而言，最佳顾客并不是那些最明显或最显眼的顾客。顾客不像饥渴的供应商和失业的求职者，他们通常不会主动接触新企业；而且我发现，相对于获得具有主流需求的常客而言，最优秀的企业家在获取具有不规则需求的散客方面更加成功。经常购物的顾客拥有更多的选择，因为他们对所有卖家而言都是更为显眼的目标。他们更有动机去建立一套系统的程序去辨别、评估供应商。（参阅关于肯·杜根的专栏文章。）而且，他们更有可能具有和不可靠商家打交道的不愉快经历；这些回忆的"易得性"或"强烈性"会使他们躲开从未尝试过的新企业。相反，不经常购物的顾客面临的选择就比较少，他们更有可能因为企业家给予的关注而兴高采烈。由于缺乏与新企业打交道的经验，他们可能会忽视自己面临的风险，或者毫无理由地相信自己具有辨认优秀企业家的能力。与此类似，当顾客的需求比较急迫、未曾被预料到的时候，他们也更有可能给新企业一个机会。一位匆匆忙忙的顾客没有多少选择，而且正如我们在关于纳特康的专栏文章中提到的那样，由于短视，他可能还会忽略同新手做生意的风险。

然而，要想确定那些匆忙购物或者没有固定购买某个厂商产品习惯的顾客，就好像大海捞针一样难。顾客这种零星或意外购物的习惯能够为新企业创造机会，但也为新企业发现他们制造了难题。为了确定少数几个合适的顾客，企业家不得不使用散弹枪而不是步枪，这样才能接近尽可能多的目标。为了说明这一点，让我们回过头看看前一章讨论的伽马联讯公司的例子。我们在前面曾经描写过，伽马联讯公司的创办者们寄出了5 000份手册才找到了一位顾客，即北美洲的宝马公司。还记得宝马公司的特殊要求吗？它需要将数据传送到许多地方，但是其数据量很低，没有必要租赁价格昂贵的专线。如果这个问题非常关键，数据处理经理就会主动出击，寻求解决方案，而不是坐等邮寄来的宣传手册。如果宝马公司是数据传输服务的大客户，那么供应商们就会争相提供一个解决方案。事实上，北美洲的宝马公司并不是一个大客户，而且，即使伽马联讯公司提供了有价值的解决方案，宝马公司不采用的话也可以照常运转。这种少量的、奇特的需求，既为伽马联讯公司创造了获取第一位客户的机会，也加大了其搜寻的难度。

小用户做生意更容易：肯·杜根的经历

当肯·杜根创办独特运输系统公司（位于得克萨斯州路易斯维尔的一家货运服务供应商）时，他的第一位州际运输需求客户是当地的伯勒斯电脑公司（Burroughs Computer），也就是现在的优利系统有限公司（Unisys Corporation）（优利系统有限公司是知名的信息技术服务及解决方案的提供商。——译者注）。伯勒斯电脑公司的运输量相对较低——每周向宾夕法尼亚州发一次货，从马萨诸塞州和康涅狄格州各收一次货。因为数量较少，大货运商对这笔业务不怎么热心。但是杜根能挣到钱，他把伯勒斯电脑公司的货物和其他通过中介找到的小批量货物装在一起运送。但是，运输量大的货主，例如食品处理公司就不会找他们：萨拉·李（Sara Lee）说杜根的公司规模太小了。三谷种植园（Tri-Valley Growers）的经营者说他们不会和杜根做生意，除非他每天能提供25～30个拖车。不像伯勒斯电脑公司，这些大货主有一个经过认可的货运商清单，并且要求他们的货运商提供能证明其稳定性的财务报告。

个人的偏好和个性也增加了寻找合适顾客的难度。我访问过的许多企业家都认为，某个特定决策者的个性在给予他们初始机会中扮演着重要的角色。MCI公司的一位“颇有胆识的营销主管”托付给德文直邮公司（Devon Direct）——一家只有六个月历史的直邮广告公司——一项任务：在1984年AT&T解体后，让消费者变更长话服务提供商。据创业者布罗斯托夫所说，“业内那些试图使自己和公司获得改进的有影响、有权势的人”给了辛普莱克斯通信公司第一批订单。“我们不向一般的采购人员推销，你必须接触那些识货而且需要服务的人。”布鲁斯·纽罗尔回忆说，他拜访的许多客户“会询问公司的财务状况。我们依靠客户中年轻的经理，因为他们能理解我们一无所有、白手起家的境况”。

那些不墨守成规的人喜欢没有经验的新企业，也同情艰苦奋斗的企业家，但是这种人是不容易被发现的。事实上，如果他们尝试新产品或者给企业家以机会的倾向与其雇主的利益相冲突，他们就有可能将这种倾向隐藏起来。因此，企业家需要做大量的发掘工作才能发现这些人。

递增的投入

创业者们让资源供给者一步一步地增加他们的风险。例如，因为证券经理不愿意从新软件商那里购买一个完整的证券管理系统，那么，埃德温特软件公司最初仅提供会计功能，之后，公司会逐渐增加报告和绩效评价功能，最后“形成投资职能的完整图画”。索夫塔集团公司的创业合伙人罗伯特・格罗斯汉德勒回忆说，他们的第一个房地产管理软件只卖了 5 000 美元。五年以后，增强版的定价为 20 000 美元。顾客常常同时为几个业务单位订购产品，因此一笔交易就能为索夫塔集团公司带来 50 万美元的收入。“我们已经从低价、低风险的公司变成了高价、高风险的公司，”格罗斯汉德勒说，“买方现在是由 17 人组成的委员会，他们会在这儿花上三天时间查看货色。”

拉塞尔人才服务公司最初靠帮客户寻找长期秘书起家。这属于简单的、低风险的中介职能，因为客户全权决定雇用谁。然后，这一中介活动成为提供临时秘书的跳板。临时业务就要求客户相信拉塞尔能认真甄别临时员工；这时，客户认为自己也会承担一定的风险，因为拉塞尔有可能拖欠临时雇员的工资。

据巴拉卡特和张伯伦咨询公司的合伙人萨莫尔・巴拉卡特称，公司一开始为客户做的都是一些“幕后”工作，而不是“极其抢眼”的研究：“刚开始创业的时候，我们愿意做大公司没兴趣的 5 万美元的研究项目。我们最初做的更多的是分析性工作，后来前进了一步，有了更多的管理内容。最初，我们的绝大多数工作是和监工一起完成的，后来是和经理人员，现在则是和副总裁及总裁。”

如果企业家一开始采取的是“要么全有，要么全无”的方法，很有可能取得不了什么进展。循序渐进的方法可以使顾客逐渐加深对新企业的了解，随着企业历史记录的建立，顾客会一步一步增加他们的投入。渐进主义有效的另一个原因是顾客有着使当前选择与前期投入保持一致的心理需要。查尔狄尼描述了职业销售人员有时利用顾客这种倾向的“赢取机会”技术。“对销售人员来说，”查尔狄尼写道，“他们的战略是以一个小买卖为开端来获得大生意。机会多小的销售都行，因为这笔小交易的目的不是盈利，而是取得顾客的投入。有了这个投入，自然就会有进一步的购买，数额可能还要大得多。”[10]

让资源供给者先做出小的投入，在感情上将其套牢，西尔顿-布克曼系统公司如何获得银行贷款的例子为这种做法的效用提供了一个很好的说明。银行很少会向没有历史记录或抵押品的新企业贷款，因此，菲尔・布克曼（Phil Bookman）和合伙人创建他们的软件公司时，根本没去尝试申请贷款。相反，他们在一家银行开了一个账户，还时不时地向分行经理征求商业建议。大约三年之后，布克曼带着公司的财务报告和计划书去拜访这位银行家，“他仔细地审查了那些数字，”布克曼解释说，

"然后说，'看来你们需要一笔5万美元的定期贷款。'我们当然知道这一点，但是重要的是他提出了这个建议。我们得到了贷款，后来也还清了。第二年我们又用同样的方法获得了最高限额的信用贷款。"

通过先征求银行家的建议，布克曼获得了最初的投入，正是这个投入为后来更困难的批准贷款的决定铺平了道路。

二等资源

创业者无法向一流的资源供给者提供诱人的短期激励（或可靠的长期保险或盈利），不得不退而求其次寻求二等资源。"当你以一个新面孔冷不防地出现在顾客面前时，"Venture Graphics的弗雷德·扎克（Fred Zak）观察到，"送上门来的生意也大多来自那些付不起账单或者只买便宜货的顾客。他们形成了最糟糕的顾客基础。他们是死亡之吻——除非你又强壮、又丑陋。"扎克回忆道，公司早期的业务大约有40%来自那些"喜欢赖账的人"（deadbeats）。为了收回账款，他会突然出现在顾客面前，弄得他们"极为头疼"，只好"付给我钱，免得再看见我"。扎克开始时也有一个大客户——TSR Hobbies公司，"龙与地下城"游戏的制造商。"他们的财务状况不太好，我给了他们宽限期。不过，做点什么事情总比闲着强。我和他们一同工作，向他们提供很好的服务。随着他们一天天发展壮大，账款也逐渐还清了。"

企业家还采用类似的方法招募员工。在典型的由风险资本资助的新企业中，风险资本方会坚决要求企业家迅速招募组建一流的团队。丰厚的现金报酬和股票期权被用来吸引经验丰富、有能力的人员。但是对新企业而言，雇用年薪超过10万美元的首席财务官（chief finance officer，CFO）或销售主管就非同一般了。自力更生的新企业无力负担如此高的薪水，而且，公司股票的市场价值也比较低。因此，在创业初期，我所研究的创业者们"既是大厨师，又是洗碗工"，所有的关键性任务都自己一肩挑了。其他职员，如果还有其他职员的话，就只负责一些报酬较低的常规性或机械性劳动。这部分职员很少受过良好的教育，也没有丰富的经验，许多人曾经失业或者对原先的工作不满。样品出版公司的创办者马克·尼克尔有整整一年的时间事必躬亲，后来他雇用了一个朋友的姐姐。她就住在街对面，丈夫离她而去，她要养活几个孩子。他的第二个员工是个"酗酒不要命的邻居，我觉得自己可以帮她康复。她清醒的时候，我就让她来打打字"。第三个员工则是第二个员工的朋友。

在迈凯龙分离设备有限公司（Micron Separations Inc.），约翰·格林伍德（John Greenwood）的第一个员工是一位刚刚被解雇的62岁的机械修理厂工人。他的制造部经理是伍斯特工学院（Worcester Polytechnic Institute）的一名毕业生，曾在一家公司做会计，他痛恨那家公司，一直在寻找新工作。"我们从来没有试图从其他公司吸引人员，"格林伍德告诉我们，"第一，我们薪水低。第二，我们有道德上的原因——如果我们破产了而又对员工没有交代，我们心里不会太过不安。"

纳特康的创办者罗伯特·罗德里格斯回忆说，公司的早期雇员是一些"街头混混儿”：

> 被这个组织雇用简直就是一个笑话。如果你走进来，而我们又恰巧正需要一个热乎乎的躯体，那么你就被雇用了。几乎任何职位都是如此。我们的人员流动率相当高，因为必须解雇许多人——他们要么态度不好，要么就做一些见不得人的勾当。我不得不开除了几个业务经理，有一个人竟然拿走了我们的东西办起了自己的气球出租业务。我不得不叫来警察把偷走的东西拿回来。
>
> 不幸的是，在小公司里，这类问题是不可避免的。我们雇不起有责任感的专业人员，他们生来就对这种小打小闹兴趣不大。我们这儿的平均工资是 1.5 万 ~2 万美元。大公司可以通过专业背景来仔细筛选、雇用员工。而我们需要的是速度，只能根据第一印象招人。但是，许多人显然没有自己说的那么能干。

4. 概要与结论

在充满不确定性的市场上创业的企业家没有多少资本，个人的机会成本也比较低。实际上，他们是通过选择廉价的资源来创办自己的企业的。这些资源的价值在某种程度上取决于企业家让其他人分担风险的能力。在这一章我们看到，为了达到这个目的，企业家们采取了一系列策略，包括利用其他人的认知偏见和反射性倾向，还有确定具有特殊需求或承担风险意愿的资源供给者等。

迄今为止，我们所涉及的材料允许我们对典型的企业家的经济职能或附加价值以及运气在其事业中所扮演的角色做出一些推断。

职能。在绪论中我们看到，经济学家们曾用几种不同的方式描述企业家的职能(与其他生产要素如资本和劳动力不同)：创新（熊彼特）、其他生产要素的协调与联合（萨伊）、承担风险（坎蒂隆）、对不确定性负责（奈特）以及套利（科茨纳)。现在，从所有这些企业家能够履行的职能中，我们可以辨别出“有前途的”企业的创办者实际履行的职能有哪些。我们已经看到，在很大程度上绝大多数企业家不是以创新者或风险承担者的身份开始创业的。我们将在本书的第二部分看到，这些职能在企业的后来阶段才逐渐突出来。他们的活动（指创业阶段的）似乎与套利的职能更相近；正如我们在第 2 章看到的，他们经常利用信息差来低买高卖。此外，鉴于他们的确将不同的要素结合起来（而不是就业已存在的商品进行套利活动)，我们可以把协调者的角色赋予他们。

根据本章的数据和分析，我们还可以把组合风险的作用加到企业家的协调职能中：我们看到，企业家说服了几位资源供给者一起承担风险，并由此获得了要求企业利润的权利。我们还发现，除了能协调其他人的劳动和生产要素外，企业家还利用自己的工作和技能为企业做出了巨大的贡献。因此，“企业家”套利和组合风险的作用与企业家的实际工作（或者劳动投入）是紧紧缠绕在一起的。

运气。有前途的新企业常常从“不确定的”定位合适的机会市场起步，这一发现再加上我们对企业家在获取资源时面临困难的分析，解释了为什么一般人认为运气在新企业的成功中扮演着重要的角色。人们可以预计到，面临变化着的技术、行规或者反复无常的顾客偏好的企业，与那些在稳定环境中经营的企业相比，随机事件发挥的作用更大一些。与此类似，机遇有可能会影响企业家在何时以及如何同“适合的”、非同一般的资源供给者进行接洽。然而，即便机遇扮演了重要的角色，这并不一定意味着成功的企业家只不过是些特别幸运的家伙。我所研究的创业者并非凡事都一帆风顺，尽管证明或衡量这一点比较困难。在更多的情况下，他们必须克服挫折和失望。根据意外事件进行适应性调整，执行获取资源的策略，这些能力上的差异显然在分出输赢上扮演着重要的角色。在接下来的一章，我们将考察能够衍生出这些能力的品质与技能。

第4章　与众不同的品质

本章考察哪些品质和技能会使某些人倾向于创办有前途的企业，而且会影响他们承担创业任务的能力。第1节考察了使某些人更容易办成有前途的企业的因素，第2节讨论了影响企业家适应性调整能力的品质，第3节探讨了影响企业家资源获取能力的品质，第4节讨论了对企业家在有前途的领域内取得的成功没有显著影响的品质。

企业家很特殊这一观点具有广泛的号召力，但是我们却无法轻松地阐明他们到底具有哪些与众不同的特性与技能。民间习俗赋予了企业家许多品质——旺盛的精力、过人的远见、卓越的领导能力、不屈不挠的精神等等，一些对企业家精神的正规研究也认为这些人具有与众不同的品质与技能。但是，经验研究充其量只为这种观点提供了微弱的支持。正如专栏文章《企业家个性素描》所表明的那样，这些研究有一些基本方法上的缺陷。许多研究者试图确定一种普遍的企业家个性。他们隐含的假设是，汽车经销商、独立会计师和软件公司的创办者具有共同的品质，而正是这种品质将他们与普通大众区别开来。考虑到这些人面对的问题和任务的多样性，这种假设似乎不可能成立。与此相关的一个问题来自选择品质时的武断。研究者们探究了企业家是否具有"A型个性"，或者是否对成就极其渴望，但是却并没说明为什么这些个性对企业家至关重要。

企业家个性素描

追随着戴维·麦克莱兰（David McClelland）的开拓性研究，一些学者试图确定那些"企业家"所独有的个性特征。这些研究通常使用调查问卷，借此评估某些特性是否在企业家中具有较高的发生率或者与企业的绩效具有较高的相关性。研究者们测试了各种各样的特性——霍纳迪（Hornaday）的调查列出了42个特性，它们曾出现在一个或几个研究中。[①]这些特性包括：

- **对成功的渴望**：对成功高度渴望的人更喜欢亲自负责决策；他们渴望达到自我制定的高水平标准；喜欢能够清晰评估目标完成情况的手段，并且试图不断超越他人。

- **承担风险的倾向**：即使存在失败的可能，仍然愿意承担创业的风险。
- **内控倾向**：认为个人的努力是决定结果的关键要素；这一信念又和自信、对行动的偏爱、任务导向和灵活性相联系。
- **对模糊性的容忍**：愿意在不确定的环境中活动。
- **A型行为**：为了在越来越少的时间内取得越来越多的成就而进行持之以恒的奋斗，普遍具有竞争性。

这些研究并没有产生令人信服的结果——根据凯利·谢弗（Kelly Shaver）和琳达·斯科特（Linda Scott）的观点，那些试图为企业家勾勒出与众不同的个性图案的努力大体上都是"徒劳无功"的。[②]某些特性在企业家中具有较高的发生概率，对这种看法的支持很微弱或者根本就不存在。举例来说，各种相互矛盾的研究结论使布罗克豪斯（Brockhaus）和霍维茨（Horwitz）断定，承担风险的倾向"并不是辨别企业家的准确方法"。[③]同样，尽管一些研究认为，与普通人相比，企业家具有更强烈的内控倾向和A型行为倾向，但是这些特性并不能将企业家从经理人和其他类似的人群中区分出来。

一些研究者认为，这些描述性研究之所以没有定论是因为存在度量问题；对于假定企业家所应具有的那些品质，研究者没有专门设计的度量工具，只好使用那些为其他研究所设计的度量工具。另外一些研究者则将各项研究结论的矛盾归因于企业家定义的差异。有些研究将企业家定义为小规模、高增长企业的创业者；有些研究关注的是有抱负的企业家，通常是一些选修了商务课程，表现出强烈创业欲望的学生；还有一些研究，只要创业者或任何类型企业的所有者经历了某个特定的时段并存活下来，就将其算作企业家。布罗克豪斯认为[④]，这些差异制造了"干扰"，使得我们难以为企业家确定简单、清晰的轮廓。

这些问题使一些研究者不得不放弃在企业家个性方面寻求统一的表述，转而去研究企业家类型的多样性。一个早期的尝试——诺曼·史密斯（Norman Smith）在1967年的研究——区分了"工匠型企业家"（craftsman entrepreneur）与"机会主义型企业家"（opportunistic entrepreneur）。史密斯认为，工匠型企业家的文化背景和社会关系更为有限，他们对长期计划的偏好比较低，成为"适应性"公司的可能性也比较低。[⑤]后来的研究者将企业家分成更多的类别——例如，卡尔·维斯珀（Karl Vesper）确定了11个基本类型以及几个子类型。[⑥]据霍纳迪称，这一研究导致了企业家"类型"在不同研究之间"令人困惑的"激增，而这些研究的结论和先前那些试图确定在企业家个性方面寻求统一表述的研究一样不得要领。[⑦]

我采取了截然不同的方法。我没有试图确定普遍的企业家类型，相反，我只集中研究有前途的企业的创办者。如图4-1所示，我将从创业者所创办的企业的独特性质以及他们所面临的任务出发，推断出这些创业者的品质与技能。可能的话，我

将运用对人类行为和认知的现有研究来支持这些推论。

我们将讨论三个问题：哪些品质使某些人更倾向于创办有前途的企业？假设万事俱备，又是哪些品质与技能决定了个人适应环境、获取资源的能力？（我们此前已经确定了这些问题对有前途的新企业来说至关重要。）反过来就是，哪些品质对个人创办有前途的企业的意愿和能力没有实质的影响？

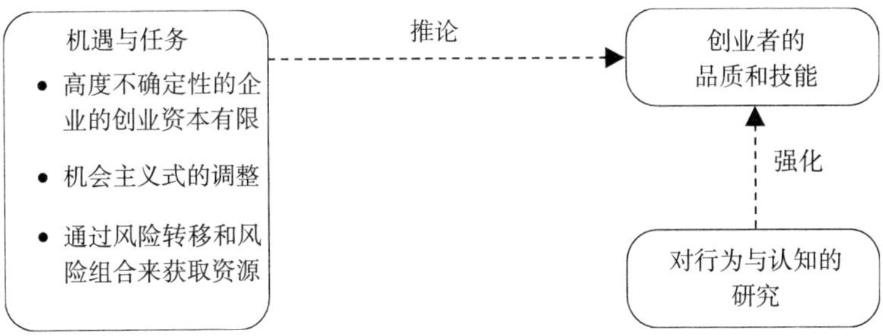

图 4－1　独特品质的推论过程

1. 创业的倾向

不可否认的是，意外事件确实常常为创办有前途的新企业提供了宝贵的火花，企业家常常获得不期而遇的发展机会。大家或许还记得，博赫丹联盟公司的创办者彼得·扎卡奎之所以开始卖电脑，是因为他出售自用电脑的分类广告吸引了大量的买主。因此，一些人之所以没有创立有前途的企业，要么是因为他们没有遇到这样的机会，要么是因为命运先把他们扔在了边缘企业这个更大的舞台上。促使某些个人更愿意寻找并利用偶然事件来创业的因素，除了这些随机事件以外，我们还可以确定两个因素：人力资本与家庭背景、对模糊性的容忍。

人力资本与家庭背景

创办有前途的企业的倾向可以被看做是个人人力资本的倒 U 形函数。过多的事前训练与经验提高了创办充满不确定性的小规模企业的机会成本和风险，但是，太少的人力资本增加的是创办边缘企业而不是有前途的企业的概率（见图 4－2）。家庭背景的影响也是类似的：来自中产阶级家庭的人比起来自极为富有或极为贫困家庭的人更有可能创立有前途的企业。

资历过高。我们已经看到，有前途的企业的创业者，由于其机会成本较低，面临的风险通常也比较低。因为他们缺少宝贵的经验和信誉，因而也就不需要放弃收入丰厚的工作。有些人根本没有工作，而其他人，如扎卡奎，手头的工作允许他们在业余时间创办自己的企业。因此，相对于其风险而言，充满不确定性的小规模企业

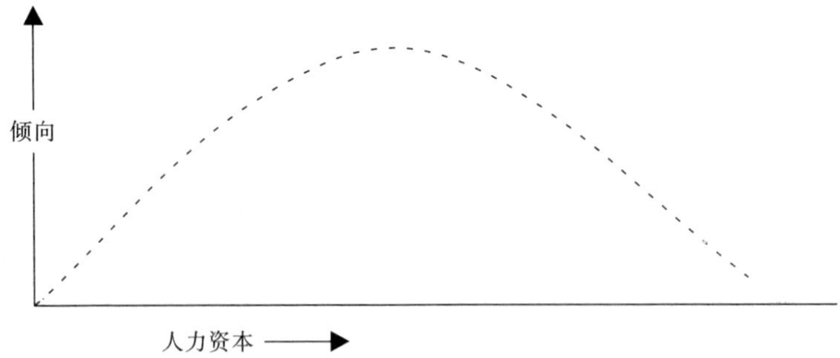

图 4－2　创办有前途的新企业的个人倾向

提供的收益还是挺高的（至少从客观的财务角度看是这样）。拥有稳定的、报酬可观的工作的个人显然面临着不同的选择，他们不太可能创办充满不确定性的小规模企业。盖茨和艾伦为牛郎星编写 BASIC 程序，休利特和帕卡德摆弄那些不同寻常的电子设备，他们都指望日后能够实现更大的机会。微软和惠普的高级职员（或者是哈佛和斯坦福的教授们）很少有人会做出这样的选择。这些人面临的激励使得他们要么留在现在的公司内，要么参与创建那些非同一般的的企业（将在第 7 章中讨论），这类企业的高额回报和他们较高的机会成本相匹配，而且为如何获取高额回报设计了具体计划。

同样，这种情况也适用于那些出生在极为富有家庭或已经十分富有的个人。巨额财产的继承者通常不会费神从小生意做起，除非他有这个爱好。他们对创业是有兴趣的，不过他们更愿意尝试一些规模足够大的机会，那种能够对他们的财富有所影响或者能提供一种成就感的机会。即使那些成功创建了自力更生的小规模企业的企业家，在二次创业时也常常以更大的规模为起点。例如，乔布斯和沃兹尼亚克在自家的车库里推出了苹果电脑，面向当时机会市场生产、销售计算机。当乔布斯后来创建自己的企业 Next and Pixar 公司时，规模则要大得多。

最低限度的起点。太少的人力资本或者极为贫困的家庭背景会减少创办有前途企业的概率。创办这种企业的个人通常缺乏深入的商业经验或者也没有巨额的个人财产，但是他们拥有的教育经历和家庭背景赋予他们自信和野心去开创有前途的事业，而不是去从事那些利润微薄的草坪维护或美容生意。惠普的创办者戴维·帕卡德和威廉·休利特获得了斯坦福大学的工程学位。帕卡德的父亲是一名律师，休利特的父亲则是斯坦福医学院的一名教授。比尔·盖茨创建微软时还是哈佛的一名大学生，他的父亲是一位富有的律师。盖茨和他的合伙人艾伦都曾就读于湖畔中学（Lakeside），这是一所位于西雅图的私立学校，该校“一直面向城市的富有家庭招生”[⑧]。在湖畔中学，盖茨和艾伦小小年纪就对电脑着迷了。1968 年，校方决定让学生全面接触电脑。为了使湖畔中学成为“国内拥有电脑的第一批学校之一”[⑨]，学校的妈妈俱乐部举行了义卖活动以筹措所需资金。维京集团公司的创办者理查德·布兰森既没有有钱的父母，也没上过大学，他的社会背景无论从哪个角度看都属于下层社会。然而，布兰森是“一个显贵的乡村家族的后代”，而且，他的母亲“对自己唯一的儿子有伟大的想法——包括梦想有朝一日他会成为英联邦的总理”[10]。

我访问过的绝大多数《有限公司》上榜企业的创业者都接受过良好的教育——81%的人拥有大学学位，10%的人拥有工商管理硕士学位。没有几个人来自极为贫困的家庭。根据《有限公司》杂志自己的调查，大学教育和中产阶级的成长历程，一直是500强企业创业者背景的稳定特征。例如，如图4-3所示，83%的人拥有至少四年的大学学习经历；如图4-4所示，只有5%的人声称自己来自贫困的家庭。

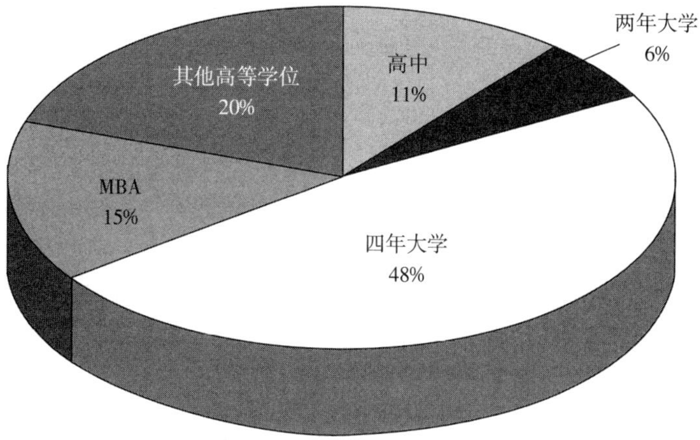

图 4-3　创办者的受教育水平

注：根据1998年《有限公司》500强企业的数据计算而得。

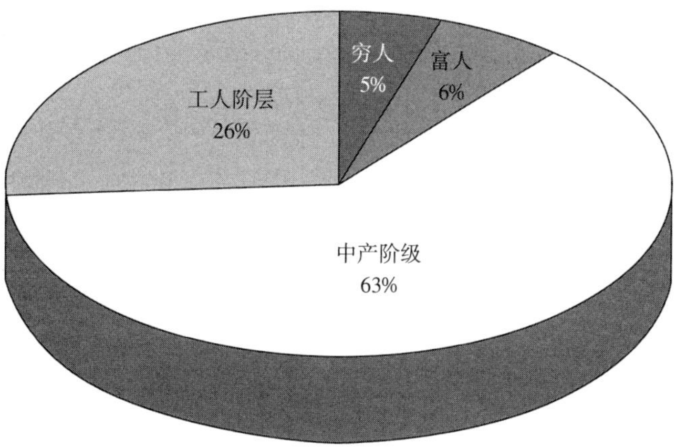

图 4-4　创办者的家庭出身

注：根据1998年《有限公司》500强企业的数据计算而得。
资料来源：《有限公司》杂志。

或许正是这样的背景阻止了企业家去追求边缘企业，增加了他们遇到有前途的机遇的可能性。盖茨和艾伦会创办一个规模很小的软件公司，但是他们可能不会考虑开一家洗衣店。扎卡奎之所以会有进入电脑行业的机遇，也是因为他本人是一位早期的电脑使用者。他曾是贝克特尔公司的员工，这是一家著名的工程公司；他还买过一台电脑，用来记录在业余时间投资的避税活动。与此相反，许多创办边缘企业的人的家庭背景以及所受的训练，使他们不太可能遇到或者考虑有前途的机遇。例如，对于那些英语很差[11]而且缺乏专业技能的移民——他们与那些在美国成功创办计算机企业的少数外来企业家有着很大的不同——来说，洗衣业具有巨大的吸引力。

对模糊性的容忍

从纯粹的财务角度来看，所有那些具有较低机会成本以及受过充分训练的人，都应该去追逐“有前途的”机遇，因为他们没有什么可损失的，又必定会有所收益。但是，就像我们接下来将看到的那样，许多人天生或心理上厌恶具有不确定性的环境，这妨碍了他们利用“正面我赢，反面我也输得不多”的机遇。那些主动寻求这种机遇的人或者一旦遇见就迅速行动的人，都对模糊性具有非同一般的忍耐力。在下面这个部分，我将讨论普遍存在的“对模糊性厌恶”的现象，这里主要依据的是卡梅勒的综述。[12]我将进一步表明，企业家不太厌恶模糊性，这源自他们高度的自信，他们不太看重失败带来的社会与心理影响。

对模糊性的厌恶。卡梅勒将模糊性泛泛地定义为“知道某种信息是未知的”。这种未知包括概率分布信息的未知，它与奈特的不确定性（uncertainty）以及模糊的（fuzzy）或不清晰的（vague）概率的定义密切相关。模糊性在主流微观经济理论中没有位置，因为决策制定者会最大化其“主观预期效用”；概率估计的模糊性无关紧要，因为根据主流理论的定义，决策制定者可以对结果进行主观估计。但是尽管有这些理论假设，卡梅勒还是根据大量的试验证据指出，人们的确会考虑模糊性，并且对已知的概率和未知的概率区别对待。

追随埃尔斯伯格（Ellsberg）的思维试验[13]，贝克尔（Becker）和布朗森（Brownson）进行了下述试验[14]，这一试验显示出人们对模糊性有着极大的厌恶心理。试验对象面前放了两个盒子，每个盒子里面都装了一些红色的和黑色的球。他们被告知其中一个盒子里红球和黑球的概率分布（假设是 50 个红球和 50 个黑球），但却不知道另外一个盒子里红球和黑球的概率分布。试验对象从两个盒子里挑一个球，如果他们拿的是红球，就会得到 1 美元。试验对象可以选择从哪个盒子里取球，但必须说出他们愿意为得到这一权利付多少钱。

尽管没有任何理由认为概率分布未知的盒子里红球的数量要少一些，试验对象总是会挑选那个概率分布已知的盒子。而且他们愿意为这项权利支付较高的金额。例如，试验对象平均愿意为从有 50 个红球和 50 个黑球的盒子里取球的权利支付 36 美分。换句话说，为了避免模糊性，他们愿意放弃 50 美分（1 美元 ×50%）预期收益的72%。我们应该注意到，从理论上讲，理性的效用最大化者不应该支付一分钱，除非他们怀疑试验者别有用心地在那个概率分布未知的盒子里放了较少的红球。

贝克尔和布朗森在1964年的一篇论文中公布了他们的研究结果，由此引起了20世纪70年代和80年代的若干研究，这些研究分别考察了盒子问题的不同变量和不同方面。所有的研究都证实了最初的结论：试验对象厌恶模糊性，他们愿意为了得到从概率分布已知的盒子里取球的权利而放弃预期收益的相当大一部分。这些研究还产生了其他一些"固定的事实"，例如，斯洛维奇（Slovic）和特韦尔斯基[15]发现，人们对模糊性的厌恶不会因为有书面文字驳斥其选择的荒谬性而改变。有三个类似的固定事实似乎和我们对新企业的讨论息息相关。

首先，扩大（那个概率分布未知盒子的）概率的可能变动范围会增加人们对模糊性的厌恶。[16]因此，对许多人来说，有前途机遇的高度不确定性可能是一个相当大的障碍。其次，当试验对象得知概率分布未知盒子的内容稍后将对其他人披露时，他们对模糊性的厌恶感就更加强烈。[17]由此我们可以预计到，许多人会放弃客观上极为诱人的机会，即使他们不用付出多少成本，因为他们为失败后人们对自己的看法而担心。最后一点可能也是对我们的研究最重要的一点，那就是对风险的态度和对模糊性的态度是不相关的[18]；那些愿意在有组织的投机事业中冒险的风险承担者可能对模糊性极为厌恶，而一位模糊性容忍者可能对风险极端厌恶。我们或许可以这样推断，企业家具有创办有前途企业所必需的对模糊性的较高容忍度，但是他们或许并不具有寻求风险的性格倾向。

抵消性因素。卡梅勒认为，对模糊性的厌恶显示出"在试验对象相信某一事件的概率与他们愿意就这一事件打赌之间存在差距"，这一点与标准选择理论中的原则形成鲜明对比。[19]希思（Heath）和特韦尔斯基[20]认为，能力——知识、技能和理解力——或许有助于缩小这种差距。在他们的实验中，试验对象可以在一个模糊的自然事件和一个概率已知的有安排的抽签活动中进行选择。显然，知识抵消了对模糊性的厌恶——对自然事件有所了解的试验对象选择了自然事件，而那些对自然事件所知甚少的人则选择了概率已知的抽签。希思和特韦尔斯基指出，知识之所以会影响人们的选择，是因为试验对象在受到责备和获得赞许方面并不对称。在他们的头脑中以及其他人的眼中，专家可以因为选择模糊性事件并胜出而获得赞许，但拥有较少知识的试验对象却不会因此而获得同样的赞许。更重要的是，如果因为选择模糊性事件而失败，拥有较少知识的试验对象将会比专家更多地责备自己。

希思和特韦尔斯基的猜测与市场试验的结论相一致。在试验的初期，试验对象明显地显示出对模糊性的极端厌恶：在他们认为模糊的环境中，他们宁愿放弃利润，什么都不做。在试验的后期，随着试验对象对知识的学习和掌握，他们变得不那么讨厌模糊性，也不那么保守了。

然而，对于为什么有些人愿意开创具有不确定性的事业，知识和专门技能似乎无法提供令人信服的解释。我所研究的《有限公司》上榜企业的创业者中很少有人拥有深厚的行业经验；事实上，在新市场上，没有几个人具备真正的专业技能，即便有也是在他们的头脑中。而且，就像我在前面讨论的那样，高水平的专业技能增加了个人的机会成本，因而降低了一个人去创办充满不确定性的小规模企业的倾向。也许更为合理的解释应该是，创办有前途企业的个人对模糊性较低的厌恶源自（或证明了）其极高水平的自信。我们知道，绝大多数人对自己的相对能力都会给出较高的评价，而实际上这并没有任何客观基础。但是有这种想法是一回事，按照这种想法做事又是另外一回事。尽管许多人认为自己的驾驶技术远在“一般水平”之上，但是当他们真的坐在方向盘后面时，这种想法对他们如何驾驶绝不会有任何影响。然而，企业家的自信却是如此强烈，以至他们即使没有任何超越竞争对手的客观优势，甚至对自己的相对能力一无所知，他们也会跃跃欲试，准备创办自己的企业。正如一位企业家所说的：“企业家们就像赌场里的赌徒，他们知道自己擅长掷骰子，因而有可能赢。他们相信，‘我比大多数人都要更聪明、更富有创造性、工作更勤奋。’”我们应该注意到，这种态度和相信运气的想法是不同的：企业家们显然相信自己可以创造运气，有能力应付对自己不利的局面。

这样一来，企业家的高度自信所产生的结果可能就和一般人的想法有出入了。虽然没有客观证据的支持，我们仍然可以认为，这种高度自信并不必然导致企业家对预期收益为负的事业过度投资。相反，我的分析表明，高度自信可以抵消对模糊性的过度厌恶，进而缓解对具有不确定性事业投资不足的现象。（但是，过度自信可能的确会导致对需要高额初始资本的企业过度投资。决策制定者对他人活动的忽视会导致房地产、矿业和化学工业等资本密集行业的繁荣—萧条循环。但是，正是这种高的资本密集度将这类企业排除在典型的企业家王国之外。）

我们可以进一步推断，有些人在找寻成功和失败的原因时具有与众不同的态度，这可能也会影响其创办具有不确定性企业的意愿。根据希思和特韦尔斯基的研究，专业技能既强化了他们因成功而接受赞许的倾向，也强化了他们因失败而避免指责的倾向。这种倾向对企业家来说可能是天生的。对于消除遗憾或者失败后别人对自己的看法，企业家可能也不太关心——他们不会躲避那些概率分布未知的盒子，哪怕接下来盒子的内容就会被公之于众。因此，除了较低的客观风险或财务风险之外，他们面对的社会成本或心理成本可能也比一般人要少。

总而言之，有前途的机遇具有诱人的风险收益，但是它们只惠顾那些拥有最理想的技能和背景、能高度容忍模糊性的人。因此，进入这个领域的个体的数量可能比进入一般行业的要少一些，后者对人力资本、背景和对模糊性的容忍度的要求没有那么高。但是，只有较少的人进入不确定、不规则的领域并不意味着没有竞争，或者一定能够盈利。正如我们已经看到的，有前途的领域内的新企业拥有类似的——而且是有限的——初始资源和能力。通常，它们都缺乏独特的想法与资本，或者没有经验丰富、关系广泛的创业者。是企业家创业之后的活动——他们如何根据未预见到的情况进行适应性调整，如何获取资源——分出了赢家和输家。在接下来的两部分里，我们将考察那些决定创业后企业绩效的品质和技能。

2. 适应性调整的能力

这一部分讨论了四个品质，这些品质有助于确定企业根据未预见到的问题和机遇进行适应性调整的能力，它们是：果断、开明、控制内心冲突的能力和发现正确因果关系的天赋。

果　断

企业家遇到的意料之外的问题和机遇通常需要他们迅速做出反应，而不是在那里深思熟虑或谨小慎微。例如，专栏文章《玛西娅·拉多斯维奇和健康偿付审查公司》描写了一位企业家如何克服一家保险公司的管理信息系统（MIS）经理的反对意见的案例。这位 MIS 经理不愿意向公司推荐健康偿付审查公司的软件，因为这些软件是用 C 语言写的。健康偿付审查（HPR）公司的企业家必须当场做出是否提供用 COBOL 语言重新编写的软件的决定，她没有时间进行深入的反省、收集数据等等。如果她稍有犹豫，就会错失良机；要想再见一次那位 MIS 经理可能就得等很长时间了。

对有前途的新企业而言，果断可不仅仅是拖沓的反义词[21]；它需要在高度不确定（或“模糊”）的条件下迅速地做出选择。在 HPR 公司的案例中，创业者实际上是在缺乏关键信息的情况下就做出了重写软件的承诺，对于重写软件会花费多少成本、多少时间以及在技术上是否可行，她都没有概念。（或许我们可以进一步指出，这种果断也在那些使某些人倾向于进入不确定行业的因素之列。）

玛西娅·拉多斯维奇和健康偿付审查公司

玛西娅·拉多斯维奇（Marcia Radosevich）和几位健康护理专家共同创办了健康偿付审查（Health Payment Review，HPR）公司，研制并销售能够审查由医生、医院和实验室提交的偿付申请的软件。HPR 公司的管理层认为，对这些申请进行审查，以便发现索价过高或相互矛盾的地方，能够为健康计划的提供者，如卫生维护组织（Health Maintenance Organization，HMO）、保险公司和企业节省大笔开支。举例来说，对外科手术的支付款项就可以减少 5% ~15%。而且使用软件的成本比手工检查申请要低得多。

HPR 公司使用 C 语言编写程序。拉多斯维奇说：

> 我们的设计相当精巧。在大型机上运行的商业应用软件传统上都是用

> COBOL 语言编写的，我们的软件使用 C 语言编写，可以在好几种硬件平台的“服务器”上运行。这些服务器和主机相连，但又不在主机内部，因为我们需要经常更新数据库，而且不想每次更新的时候都让整个系统瘫痪。除此之外，增加服务器可比增加大型机要便宜多了。

然而，销售这些软件却困难重重：

> 我试图在全国兜售这个想法，但是得到的却只有嘲笑。整个行业还在使用 20 世纪 70 年代的技术，当我使用诸如“服务器”“C 语言”“Unix”这些词的时候，他们觉得我好像是来自波士顿的女权主义激进分子。

1989 年的夏天，拉多斯维奇来到了印第安纳州的韦恩堡（Fort Wayne），试图向一家保险公司推销自己的产品。她回忆了当时和该公司的 MIS 经理的对话：

> 他块头非常大，腰带上还有一个很大的铜扣。我就像个教授一样站在黑板前，画着性价比表格，试图说服他这是最便宜的方式：不必添置设备，不必增加人手。这个大个子拉了拉自己的腰带扣，猛地拍了一下桌子，说道：“小姑娘，我经营的可是 COBOL 的买卖，我已经有了 3 090 台大型机和一支使用 COBOL 语言的程序员队伍。别给我这些 C 语言的破玩意儿。”
>
> 时值盛夏，天气炎热。我忍无可忍了，我看着他说：“如果我给您用 COBOL 编写的、可以在您的大型机上运行的软件，您买不买？”他说：“买！”我说：“成交！”
>
> 后来我回到波士顿，开始琢磨，“我们该做些什么呢？”我们必须设计一种可行的、灵活的、可维护的、可以在大型机上运行的 COBOL 产品，而且不需要为每一位数据经理和每一个不同的电信系统进行改写。我们花了一段时间才有了想法，但是最终我们成功了，于是一切都变得轻松而自然了。

开　明

鉴于市场的不确定性以及有限的初始计划，企业家必须保持“开明”或者愿意修正自己的心智模式和预测。在日新月异的市场上，出其不意的发展会使先前合理的假设变得过时。在没有进行多少客观调查的基础上仓促做出的判断可能从一开始就是错误的。即使那些重复进行相同决策的训练有素的专家们，在依靠直觉迅速做出判断的时候也会显示出相当大的矛盾性。[22]我们可以料想到，经验相对较少的企业家更容易犯更大的错误，尤其是在进行非常规的或偶然为之的判断时。为了弥补自身的缺陷，他们必须保持开放的头脑，不断从自己的错误中吸取教训。

例如，HPR 公司本来使用 C 语言编写程序，因为这样的程序可以在便宜的服务器上运行，用不着再购买昂贵的大型机。HPR 公司的创办者们没有向公司用户销售软件的经历，也缺乏市场调查的工具。因此，他们没能预计到，在扩展大型机的应用领域方面 MIS 人员是既得利益者，他们会拒绝使用 C 语言程序。HPR 之所以能生存下来，是因为其创业者没有试图去战胜这种对 C 语言的反对情绪，而是心甘情愿地改写了软件。

保持开明要求决策制定者避免几个常见的认知错误。“确认偏见”（confirmation biases）——只寻找并重视那些能够确认自己的假设的证据，忽略那些对自己的假设不利的证据——是头脑保守的重要根源。当负面结果十分明显、无法忽视的时候，其他一些偏见也会使人们不去纠正错误的假设。例如，使之合理化的偏见（bias toward rationalization）会导致人们做出能够保持自身正面形象的解释。“为了避免承认错误带来的痛苦，”拉索（Russo）和休梅克（Schoemaker）写道，我们会“扭曲自己实际言行的真正含义”，或“不切实际地归咎于他人”。[23]与此相反，人们会把完全是凭运气取得的成功归功于自己的技能。例如，彩票的赢家会不厌其烦地解释自己是如何挑选中奖号码的。“后知之明的偏见”（hindsight biases）也会妨碍人们从经验中吸取教训。几项研究证实，人们会在事件发生之后使自己相信：他们从一开始就知道结果会是这样。在这类研究中，研究者要求被调查对象就某一事件做出预测或者提供概率估计。在结果出来之后，再让他们回忆一下自己的预测或估计。被调查对象常常会修改自己的预测，使之与结果更贴近。例如，他们会“回忆说”自己对尼克松是否会在 1972 年会见毛泽东给出过较高的估计，但实际上在事情发生之前他们的估计根本没有那么高。就像使错误合理化一样，“清除错误的后知之明制造了一种假象，那就是没有任何教训需要吸取”[24]。

能够迅速学习的企业家犯这些错误的可能性相当低。或许他们对迅速取胜（“正回报”）具有特别强烈的偏好，这促使他们修正自己的模式和假设。对利润（即高贴现率）的“急迫心理”可能会减少其确认偏见和相关的认知错误。也就是说，如果企业家特别渴望迅速获取利润，他们更愿意改变自己的想法。与此相反，那些认为证明自己是正确的比迅速获得回报或者从挫折中获得成长更为重要的人，是不太可能改变自己的观点的。当然，像伽利略（Galileo）或者宗教先知为了追求内心深处的坚定信念而表现出来的那种对诸多牺牲的忍耐，并不适用于绝大多数企业家。

控制内心冲突的能力

有适应能力的企业家必须对自己的理论和假设具有极大的信心，并且把这种信心传达给他人；同时又愿意随时抛弃这些理论和假设。要想在不确定的市场上创办企业，必须对自己选择的事业具有强烈的信念；要想使其他人将资源投入冒险事业，也常常需要企业家对自己的信心做出令人信服的公开声明。不过，即使企业家使自己和他人相信了自己观点的合理性，他们也必须保持开放的头脑，随时准备进行修正。而且，当企业家改变路线的时候，他们还必须感受到并表现出与对旧想法相同的信心。他们不允许先前所犯的错误损害自己的自信，他们必须设法控制住无时不在的内心冲突——是做一个客观怀疑论者而有所保留，还是做一个忠实信徒而完全信赖。

在不确定的行业中进行适应性调整需要富有挑战性的开明头脑。气象学家也必须准备随时调整自己的预测和假说，不过，在丢面子或丧失自信方面他们通常不会面临企业家那样的风险。企业家所特有的开明和我观察到的证券经纪人的想法更为相近。为了决定做多还是做空，经纪人必须相信自己的估计优于市场。如果情况发生逆转，他们会按照“卖掉赔钱的，保留赚钱的”（cut your losses and let your winners run）的原则迅速修正自己的估计。有时，他们甚至会充满自信地推翻自己的观点，原来做“空头”现在就做“多头”，反之亦然。不过为了维系自己的工作，他们不会让一时的挫折损害自己对“战胜市场”能力的信心。

我们还将进一步看到，上述的内心冲突在典型的有前途的新企业中尤为尖锐，因为企业家不用面对老板或外部投资者。在大公司或风险资本支持的创业活动中，其他人会对项目发起人的预测和假设进行外部监督。正如我们将看到的，虽然这种分工本身也有问题，但是这种做法避免了将信徒和怀疑者这两个角色合而为一赋予某一个人的现象。*

对企业家如何控制自己内心冲突的分析超出了我的研究范围。我们可以猜想到，一定数量的“后知之明偏见”、“选择性回忆”或“自利的解释”可能有助于维护自信。企业家们可能会以“没人会有先见之明”或者自己缺乏进行调研的资源为借口，为自己错误的预测进行辩护。这种解释可以使企业家在对自己能力的信心和对当时想法的信心之间加以区分，这样他们就可以在不影响前者的情况下抛弃后者。

发现正确因果关系的天赋

开明仅仅是有效调整的必要条件，而不是充分条件；企业家还必须具有非同寻常的发现意外事件真正原因的能力。从可获得的事实中找到准确的解释是一件非常困难的事情，只要考虑一下没有销售额的企业家所面临的困境就会明白这一点。企业家面对着好几种可能性：价格设计不周，产品功能失效，推销软弱无力；目标市场错误；或者仅仅是运气太坏找不到合适的顾客。诸多因素使得企业家难以找寻真正的原因并从失败中吸取教训。

信息不足。顾客可能只是说“不”或者不告诉原因就将企业家拒之门外。

噪音。顾客可能会提出好几项反对意见，但是其中只有几个才至关重要。或者他们会提供一些理由来保护企业家的感情不受到伤害（“我们现在不需要你的服务，不过，过半年你可以再打电话给我们”），这些都不是不下订单的真正原因。无法取得订单本身就是一个嘈杂的、难以解释的信号。我们前面提到过，在获取首批订单

---

* 这一问题在某种程度上可以通过合伙制得到缓解，因为其中一位可以提供客观的理由平衡另外一位的热情。

时企业家应该预计到命中率会比较低，而且没有任何基础来判断多少的命中率才表示有严重问题：到底是 50、100 还是 1 000 次被拒绝才表示有致命的缺陷？

缺少重复性。连续尝试之间的差异使得人们难以进行归纳总结。每一位目标顾客可能都有特殊需求或者拒绝企业家的特殊理由，而且，现金短缺的企业家倾向于根据以前的教训不断改变自己的产品（或销售方式）。如果做出的修正不起作用，企业家就会面对一个无法轻易解释的数据集（data set），因为他们的行为没有什么连惯性。

错误的模型。虽然没有明确表示出来，但企业家的观察和学习是以分析消费者购买动机和购买行为的某一理论或模型为基础的。在新的或变动的市场上经营的企业家缺乏经验，他们创业时所使用的模型可能将其注意力集中在错误的变量上。举例来说，他们可能只关注目标顾客对价格和性能的考虑，而没有关注到顾客对卖主可靠性的担忧。或者，他们没有意识到在幕后操作的人对购买决策施加的影响。如果企业家观察的是错误的变量，这些错误的模型就不容易通过“观察”得到修正。*

综上所述：企业家式的适应型调整不像自然选择，它不是自发的或确定的。企业家对意外事件反应的有效性，依赖于他们是否具有果断行动的能力、是否开明并且自信、是否具有从有限而混乱的数据中发现因果关系的天分。

3. 获取资源的能力

在第 3 章，我们探讨了资源贫乏的企业家在创业时为了诱使他人对自己的事业进行冒险而采取的战略。我们看到了：企业家如何向早期的资源供给者提供特殊政策或优惠；他们如何模仿规模更大的、成熟的公司的表面特征；他们如何设计选项以使资源供给者对风险的感觉最小化；他们如何进行广泛的搜索；他们如何逐步赢得资源供给者的投入以及如何使用二流资源应付局面。现在，我们将考察四种能力，即应变能力、自制力、洞察力和销售技巧，它们都有助于确定企业家实施上述战略的能力。我还会简单地讨论一下这些能力与先前讨论的那些与企业家调整能力有关的能力之间的重叠部分。

应变能力

尽管大多数新企业都没有什么重大创新，企业家从事的行业里也有其他一些人在做同样的事情，但是我们从企业家在吸引顾客、供应商、资本等方面所克服的困难的一些细节中发现，他们拥有极高的应变能力。试举几例：

理查德·福克斯是法克特–福克斯公司的创业合伙人，这是一家专为非营利机构

---

* 正像乔治·吴向我说明的那样：“估算一个模型中使用的变量的值，比修改这些变量要简单得多。”

筹资的电话营销公司，他们最初所面对的客户都不想让一家新公司来联络自己的捐助者。于是，福克斯向一家设在纽约的公共电视台 WNET 提议，希望可以让他们向那些不活跃的或“无效”的捐助者尝试电话募捐。这一建议极大地降低了对方感觉到的风险，从而为法克特-福克斯公司赢得了证明自己实力的机会。

布鲁斯·辛格是 RPM 租车公司的创业合伙人，他把那些得到的订单多于可供出租的车的竞争对手变成了自己的顾客。他印刷了一批卡片，上面写着“订单超额了?”和 RPM 租车公司的电话号码。这给他带来了合格的（也就是信用风险比较低的）顾客，而且他不用向任何代理商支付佣金。用辛格的话来说，这就像“六美元汽车旅馆（Motel 6）（美国一家汽车旅馆连锁店。——译者注）在凯悦酒店（Hyatt）招徕顾客一样”。

企业家们使用各种创造性的手段来获得顾客的接见。顾客通常会拒绝接见企业家，或许是因为他们不想浪费时间，或许是因为他们清楚如果自己同意接受拜访，就会感到一种非要买点什么的内在压力（根据承诺原理）。为了克服这种抵触情绪，企业家所采取的一种策略就是声称自己只是“碰巧”路过这里。例如，迪佛·布朗（Deaver Brown）再三从纽约机场用投币电话给一位客户打电话，“我说自己在底特律地区，并且问他是否可以去见见他。有一次他答应了，于是我立刻飞奔到底特律”。

史蒂夫·贝尔金（Steve Belkin）则使用创造性的托词来维系一种稳定的表象。贝尔金和合伙人在他的公寓里创办了全国旅行公司（Trans National Travel，TNT），因此他们根本没有地方可以会见顾客。于是贝尔金“总是在机场会见客人，还说我正要搭乘飞机外出，等到客人全部都走了自己才打道回府”。

企业家们还极富创意地对付资本短缺的状况。“每一个便士我们都得掂量掂量，”卡罗尔·拉塞尔回忆道，“我们在分类广告里尽量不使用元音。我们使用大量的字母 i 和字母 l，因为这样一来一行就可以多写几个字。而字母 O 占的地方就比较大。”

杰伊·鲍勃格（Jay Boberg）和迈尔斯·科普兰（Miles Copeland）于 1979 年创办了国际唱片联合公司（International Record Syndicate，IRS），他们雇用廉价的销售队伍推广自己的音乐品牌。鲍勃格和科普兰制作的是“另类”音乐——比如像 Buzzcocks 和 Skafish 这些从未被发现的英国乐队——这类音乐一直得不到主流公司的重视，因为其销售潜力实在是太小了，不过其他一些小公司也在制作这种另类音乐。通过使用别具一格的销售手段来推广自己的另类音乐，IRS 公司很快就跻身于北美洲最成功的新音乐品牌之列。比如，当时的主流唱片公司还没有意识到电视上播放的音乐录像可以成为促销产品的有效手段。然而，鲍勃格敏锐地抓住了这一机遇，他们为 MTV（一家以播放音乐录像为主的电视台。——译者注）录制了一台名叫“当代”的摇滚乐演唱会。这台演唱会在歌迷中引起巨大轰动，而且成为 IRS 公司有力的促销工具。在制作“当代”之前，鲍勃格必须求着广播电台播放自己的歌曲；但是在此之后，MTV 的观众纷纷要求电台的 DJ（流行音乐唱片节目播音员）播放他们在那台演唱会中听到的歌曲。

样品出版公司的创办者马克·尼克尔告诉我们，当他于1984年创办这家公司时，“复印机公司允许客户在试用期内免费使用，我们用几周以后就换个牌子，一共换了六家公司”。

自制力

为新企业争取订单需要极大的自制力和恢复力。企业家们必须应付数不清的拒绝和苛求，有时甚至态度恶劣。创业者可不像IBM的销售代表那样能够轻松地敲开客户的大门。IBM的销售代表都有自己稳定的个人关系，而且顾客也认定这些代表一定会展示一些与众不同的、有价值的东西。长久以来形成的关系以及相互之间的依赖也促使顾客采取文明礼貌的态度行事。与此相反，我所观察的企业家一般和顾客没有什么关系，而且很多人提供的产品或服务都是“仿制的”。

应付拒绝的能力之所以也很重要，是因为在寻找合适的目标顾客的过程中，经历的失败要比成功多得多，企业家无法轻易地发现那些有可能购买自己的产品或服务的目标顾客。正如我们在第2章里讲过的，最有可能接受产品的目标顾客往往把自己与众不同的偏好隐藏起来，只有通过广泛的搜索才能辨认出他们。与此相似，创业者常常是因为在顾客有意外需求时“在恰当的时间出现在恰当的地点”才获得了机会。但是除非创业者非常走运，否则获得这种机会需要他们多次出现在很多不同的地方。投入这种低产出的搜索需要有相当大的恢复力。“在第二年六七月的某个时候，”王氏通信公司的创办者朱莉·王（Julie Wang）告诉我们，“当时我觉得自己再也不会有顾客，我开始服用抗抑郁剂。”

顾客的拒绝并非总是那么彬彬有礼，企业家不得不打起精神，忍受不必要的难堪。那些缺少个性化产品或服务的企业家在与顾客讨价还价时，双方的谈判力量极端的不平衡。有一些顾客会对企业家的困境产生同情，也有些人会无动于衷，甚至从行使权利中获得快感。不回电话、让创业者在接待室里长时间等待或者取消会见等情况都是司空见惯的。然而，不论顾客多么苛刻或令人讨厌，还是要向他们提供服务；正如有关多加内罗的专栏文章所展示的，创业者们为了获得一个订单，不得不放下自己的傲慢，有时甚至是尊严。

多加内罗的油炸面圈

1982年，菲利普·多加内罗创办了全国数据产品公司，出售一些计算机表格。在创业初期，一些顾客很乐意给这个年轻的企业家一个机会，但是有一个大客户却非常难打交道。多加内罗回忆道：

> 不管我做什么，他们就是不肯见我。我给他们打了好几个月的电话，

没有得到任何回应。后来我从一位秘书那里得知我要见的人喜欢吃油炸面圈，于是我每次去的时候都会带上一些。那个人从办公室里出来，走到接待区，拿起油炸面圈，看看我，然后一言不发地转身回办公室。我这样做了整整四个星期！终于有一天，他出来拿面圈，然后回办公室。我正准备离开的时候，他对我说，"来吧——我给你一个机会。"

那是1982年感恩节的前一天。他和一位供应商闹了一点纠纷，因为对方没有他所需要的表格。我驱车来到一位供应商处，装了满满一车表格，然后运到他们的码头，开始卸纸。他看见了我，于是走出来帮我一起卸。从那天起，我一直和这个客户做生意。

在议价方面的不利位置也使创业者不得不面对一些苛刻的要求；为了获得一个订单，常常被迫接受一些看上去不合情理的条件。为了获得向IBM PC提供操作系统这一历史性突破，盖茨和微软公司不得不接受一大堆要求。例如，他们爽快地签署了IBM的保密条款，克林雷（Cringley）将其描写成"法律上的中子弹"。克林雷写道："保密条款一般用来限制双方泄露对方的企业机密，但是IBM的标准保密条款非常过分。签了IBM的条款，候选供应商就应做到，他们告诉IBM的任何内容都可以不保密，而IBM告诉他们的则要全部保密……而且如果IBM采取法律行动，该条款甚至禁止对方进行辩护。"[25]数码研究公司（Digital Research）本来是IBM的首选，他们开发出了当时微电脑的主流操作系统CP/M，但是他们拒绝签署这种协议，才给了微软可乘之机。

不论是应付被拒绝的局面，还是向苛刻的或反复无常的要求让步，都需要一定的自制力，这正是很多人所缺乏的。泰勒所说的"有限意志"（bounded willpower）[26]是人类的普遍特性。大量证据表明，即使人们清楚想要达到目标自己需要做些什么，他们也往往缺乏行动的意志。一个正在节食的人可能非常渴望减轻体重，但就是忍受不了甜点的诱惑。同样，从理智上讲，创业者可能明白容忍顾客的粗鲁或接受其反复无常的要求的重要性，但是在实践中会忍不住想回敬对方几句。就像阿吉里斯（Argyris）和舍恩（Schon）所说的那样，他们"实践的理论"和拥护的理论是互相矛盾的。

除此之外，忍受拒绝和轻蔑的能力可能会和那些促使某些人自己创业的个性相矛盾。创办企业需要相当大的自信和控制欲：在谈到为什么创业时，企业家一般的回答都与渴望掌握自己的命运、可以不向老板汇报等有关。这些人不可能生来就比较柔顺或愿意屈从于他人的要求；抑制自我意识需要他们具有非同寻常的自制水平和目标导向。就拿比尔·盖茨来说，他素以脾气暴躁、言辞激烈而闻名。一位同期校友回忆道，在哈佛的课堂上，盖茨"看上去非常无聊，有时他会听上半个小时的课，然后举起手大叫，'你错了，还是让我来告诉你吧。'接下来他就会把老师难倒。他似乎从中得到很大乐趣"[27]。然而，在和IBM做生意的时候，盖茨显然控制了这种脾气。他可能会痛斥或侮辱自己的程序员，但绝不会这样对待一位重要客户的雇员；取得订单的目标抑制了其他一切冲动。

洞察力

一些企业家通过满足顾客的精神需求或者提供辅助的无形服务来取得订单，他们必须看穿顾客表面上的要求和反对意见，揣摩那些没有表达出来的需求和没有成形的恐惧。有洞察力的企业家需要采取“全方位”定位：他们必须学会从别人的视角看世界，看看别人看重什么，如何“设计”自己的选择。他们在获取信息时必须讲求技巧，要用温和的方式提问，促使他人打开心扉。他们必须不带任何偏见地倾听顾客的诉说，必须对言外之意、肢体语言和其他非语言提示十分敏感。就像一位创业者所说的：

> 有时顾客会说“这是我希望在合同里出现的词儿”，但是你完全没法儿接受。你永远都不要说“不行”；你得说：“让我想想您关心的到底是什么。您使用这种辞令是想解决什么问题呢?”于是你会发现，他们其实是不想要你的新产品。

然而，洞察一切并不需要无私奉献。成功的企业家对待顾客的方式同医师对待病人或人质对待绑匪的方式是不同的。他们从别人的视角观察世界，目的是增进自己的切身利益。

企业家还要具有识破应聘者表面上的资格或其缺少什么的能力。正如我们在前面所看到的，典型的新企业都面临着逆向选择的难题，它吸引来的往往是一些就业前景不好的员工。企业家面临着挑战，他必须区分出哪些人是因为自身能力不行而缺乏资历和就业经验，哪些人仅仅是因为运气太差。

“我从来不雇用有工作经验的员工，”博赫丹联盟公司的创办者彼得·扎卡奎说，“而且我这儿也很少有大学毕业生。我们负责销售的副总经理是这一带最好的街头画家，不过这是秘密。他无论做什么都是最好的。性格和常识对我这里的人来说是最宝贵的东西。”与此相似，迈凯龙分离设备有限公司的创业合伙人约翰·格林伍德认为，“待业市场上的人如果不比就业市场上的人出色，至少也要和他们打个平手。而且，我们对那些曾经被解雇的人没有任何偏见！我和我的合伙人就是在被解雇之后创建迈凯龙的！在大公司里，人们常常因为缺少政治手腕而被解雇。”

但是，要想辨认出哪些人没有工作经验但具有“常识”，或者哪些人是因为政治问题而不是其他什么原因被解雇的，需要企业家具有高超的判断力和洞察力。否则的话，就像我们在前一章看到的那样，他们会被懒鬼和小偷搞垮。

销售技巧

对创业者来说，行之有效的直销非常关键。他们做不起广告，只能通过亲自拜访目标顾客获得订单。例如，在我进行的《有限公司》500 强企业的调查中，只有 12% 的创业者是通过中介机构取得早期收入的，另外 88% 的创业者则是向终端用户直接销售。而且，在几乎所有案例中，创业者（而不是雇来的销售人员）是负责销售的中坚力量（见图 4-5）。

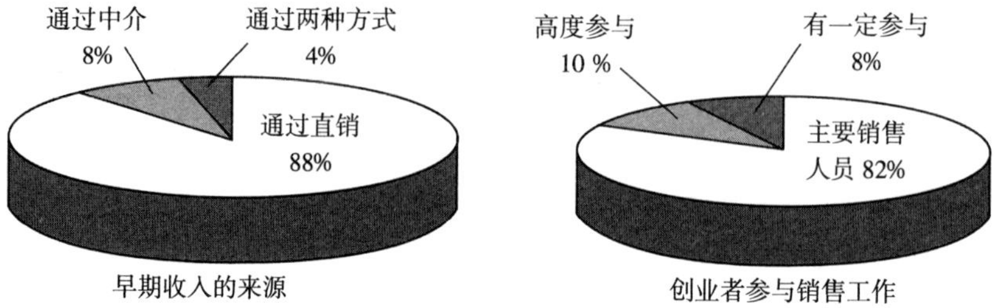

图 4-5　创业者销售工作的重要性

注：比例根据《有限公司》500 强企业中受访企业的数据计算而得。
资料来源：作者调查。

大公司通常依靠专业化的销售队伍，但是创业者不会，他们不会雇用他人为自己销售。雇员不太可能拥有和创业者一样的热忱和激情，而且无法给顾客带来同负责人打交道的精神享受。除非公司已经有了一定的历史记录，否则也很难吸引到优秀的销售人员。出色的销售人员往往倾向于寻找“热门”产品，这样凭着他们的销售技巧很快就可以赚取高额佣金；没人会对销售新公司的产品或服务所需的传教式销售方式感兴趣。此外，对新企业而言，获取订单涉及的可能不只是销售。前面提到的 HPR 租车公司的案例表明，完成销售还需要做出即时的战略性决策，这项工作创业者是不可能放心地交付给下属的。

行之有效的销售需要具备前述各种难以表述清楚的能力：应变能力、自制力和洞察力，它还涉及具体技术的使用知识和使用技巧，比如：如何处理反对意见、如何达成交易等等。（参阅专栏文章《销售技术》。）许多新企业的创办者缺少销售方面的经验，也没有受过相应训练，因此不了解这些销售技术，对获得订单所需要的心智模式存在着错误的基本认识。“按照我的想象，销售员都是一些处世圆滑的、擅长花言巧语的有趣的人，”HPR 租车公司的合伙人玛西娅·拉多斯维奇如是回忆道。她学过社会学，并曾在耶鲁大学任教。在创办 HPR 租车公司之前，她曾经为两位企业家工作过，她由此得知：

> 销售就是要建立关系。就是要及早动手，定义游戏的比赛场地和竞争规则，制造一种急迫感，并朝着最终结局努力。就是要保持温和，不要给别人造成威胁感：“请放心，就把我当成一个从艾奥瓦州来的可爱的姑娘，我是博士，我永远不会对任何人造成威胁。”
>
> 这些人从来不会提高自己的嗓门。他们很机灵，也很平易近人，而且不会

让自我意识碍他们的事；他们把自己创意的功劳让给其他人；他们用尽所有的时间——白天、中午和夜晚——以保持随叫随到。

然而，好多人都没有拉多斯维奇这么幸运，他们创办企业之前都没有受过销售高手的指点；除非他们具有强烈的自然本能，否则将要面临很大的阻力。

销售技术

“结束”销售，或要求订单：尽管这看上去是理所当然的，但是明确地要求对方订货是极为重要的。没有经验的销售人员不知道要求顾客订购，而是期待顾客自己表达购买欲望，可是这种好事并不常常发生。在我看来以下是在要求订货方面比较有效的技术：

坦率的或直截了当的结束：总结一下利益，紧接着就要求订货。

以次要问题结束：问一个次要问题，但是对该问题的回答会引出对主要问题的肯定回应。(例如，你喜欢哪种颜色？或者，用现金还是赊账?)

以机会之窗结束：基于在某一特定事件之前拥有该产品或服务带来的好处提出订货要求。(例如，你想让我们在季度预算结束之前供货吗?)

“幼犬式”结束：请求客户先试用一段时间，无须付款。

多项选择结束：赋予顾客两种选择，每一种都意味着承诺订货。(例如，你想要 20 英寸的还是 25 英寸的电视机?)

处理反对意见：要求顾客下单常常会遭到对方的反对，即使你认为他们此前已经同意产品或服务能满足他们的需求。有几种处理这些反对意见的方法。例如，假设顾客反对的是电脑的重量。

直接回答：正面回答反对意见。(“我们的电脑比市场上任何一款的重量都要轻。”或者，“您提出要重量小于 5 磅的电脑，这一个的重量只有 4 磅。”)

超越反对意见：将顾客的反对意见与产品的好处进行比较从而降低其重要性。(对您而言，拥有 CD-ROM 和便携式彩色显示器比半磅的额外重量要重要得多。)

将反对意见最小化：降低其重要性或者用更有利的形式重新表述一番。(“这是台式机，所以重量不太重要。”)

推翻反对意见：将反对意见变成购买的理由。(“我们发现小偷都不偷比较重的电脑。”)

资料来源：Alter and Bhide，*Selling as a systematic process* (1994).

4. 次重要的品质

有前途的新企业的成功通常只是揭示出有限的一些品质和技能。这些企业并不需要“超人式”的创业者；尤其是下面提到的这些品质，虽然在有关企业家的传说中司空见惯，但是对于个人创办新企业的偏好或者解决盈利所涉及的问题来说，它们似乎不是最重要的角色。

承担风险。正如我们在前面所看到的，相对于客观损失而言，创建不确定的新企业更需要企业家对模糊性表现出较低的厌恶感。举例来说，在对自我经营的哈佛商学院校友的调查中，我发现，87%的人对“我比绝大多数人都更愿意承担风险”这一说法表示“同意”或“强烈同意”，但是这种自我评价也可能仅仅是因为人们普遍认为自己在任何好的品性方面都要高出平均水平。非常相似的是，如今大多数野心勃勃的人都喜欢把自己视为风险承担者。因此，87%这一数字实际上与整个哈佛校友中所出现的比例是相同的。[28]换句话说，企业家可能把承担风险等同于一种超乎寻常的意愿，即愿意面对不确定性，愿意忍受失败带来的社会与心理上的压力。

创造性活动。成功的新企业一般都没有什么轰动性的创新，企业家只要能够识别他人想法的寓意，能够足智多谋、别出心裁地解决创业过程中遇到的问题，就为成功打下了足够的基础。

愿望与远见。能够就企业的未来形成连贯的、长期的观点，或者能做出好的预测和计划，这些能力似乎都不是什么太关键的因素。前景大好的机会市场不论是偶然选择的运气，还是深思熟虑的结果，创业者都可以依靠“短视的”机会主义策略和适应性调整来应对。

雄心壮志。熊彼特认为，驱动企业家的是创建帝国的渴望。但是这对大多数新企业的创建者而言似乎并不适用；只有少数人，如盖茨和艾伦，从一开始就有建立超级公司的雄伟目标，他们要把软件送进美国的家家户户。事实上，改变（或赢得）世界的愿望可能是有害的，除非能够受到适用于“此时此地”的实用主义的节制。沉迷于个人的成见或者自视为新典范的始作俑者，这种人轻易不会根据意料之外的情形进行调整或者改变自己错误的预测。至少在我遇到的案例中，这些人会不屈不挠地坚持认为自己超越了所处的时代，而不认为自己走上了错误的道路。

领袖气质。尽管读懂他人需求和担心的能力以及委婉说服他人的能力对大多数新企业的成功来说非常重要，但是创业者并不需要具有特别突出的魅力、吸引力或者能力来鼓舞他人投入。例如，据克林雷研究，微电脑行业是由一些“书呆子”建立起来的。哈佛大学的计算机教授奇塔姆（Cheatham）回忆说，自己的学生盖茨“性格很糟但智商很高。在哈佛这种地方，云集了一大批聪明的孩子。如果你比同龄人更优秀，有些人就表现得很友善，有些则很令人讨厌。盖茨就属于后者”[29]。一位同学发现，盖茨经常在计算机中心熬个通宵达旦之后趴在桌子上睡大觉。他回忆道，自己当时认为盖茨“以后成不了什么气候。他看上去像个电脑黑客，一个书呆子。我知道他很聪明，但是瞧他戴着眼镜、满头的头皮屑、趴在桌上睡觉的样子，你也会有这种印象的。显然，关于他的未来我没有他自己看得清楚”。[30]

运用权力。利用自己的地位或对资源的控制以使他人服从于自己意志的能力，在企业的创业阶段基本上起不到什么作用。同样，马基雅维利（Machiavelli）（意大利新兴资产阶级思想政治家、历史学家。——译者注）的告诫“被人敬畏胜于被人爱戴”更适用于王子而不是新企业的创办者。就像我们在前面看到的那样，对创业者来说，控制自己的情绪比控制别人的行动更重要，使自己看上去温文尔雅要比令人害怕重要得多。

管理才能。有效的组织管理在大多数企业的创业阶段都算不上关键问题。正如我们看到的那样，创业者常常一人身兼数职，也没有多少职员可供管理。企业往往十分单纯，没有多少产品种类和经营活动，企业家没有必要建立并监督复杂的协调和控制体系。新企业的竞争者也没有多少管理经验，尤其是在新兴市场上，顾客对拖延和缺陷并不感到意外：《滚石》杂志错过出版日期或者微软的软件出现错误，诸如此类的问题在新企业的创建阶段一般都不会引起什么巨大的恐慌。因此，缺乏管理能力并不像缺乏其他能力——如销售能力或快速反应能力——那么致命。

事实上，那些能够强化某人管理能力的经历或训练，可能会损害更为重要的才能。举例来说，商学院的毕业生或大公司的经理人员习惯于在做决策之前进行广泛的调研分析。这种习惯在高度不确定环境中的作用是非常有限的，还会导致对某一计划的情感依恋，从而为对新情况做出反应制造了心理障碍。管理教育或管理经验可能还会损害创业者获取资源的能力。大公司的企业文化鼓励经理人员强有力地宣传自己的观点，而不是殷勤地听取别人的意见或用别人的方式看待事物。当然，成功的经理在推销自己及自己的观点方面经验十分丰富，但这通常来自职位赋予他们的力量：猎头公司追逐的对象是那些积累了许多雇主十分需要的人力资本的雇员，而推销是与通过谈判获得最佳交易紧密相连的。经验丰富的管理人员同样会常常沉湎于利用权力来使他人屈服于自己的意志，请求订单或者屈服于他人的需求——说“是”——并不是他们的传统强项之一。经验不足的人没尝过权威的滋味，因而更容易克制自我意识，不让骄傲成为交易的绊脚石。

然而，我的意思不是说那些对有前途的新企业的创办而言不太重要的品质，对所有创业者的奋斗而言都不重要。举例来说，管理能力对创办规模较大、不确定性较低的新企业来说具有相当重要的作用：在第6章我们将会看到有关证据表明，类似的能力对由风险资本支持的新企业获取资本是至关重要的。与此相似，在第二部分我们将看到，有些在有前途的企业的创业阶段无足轻重的品质是如何随着企业的演进和增长而变得日益重要的；那些无法具备这些新见解和新技能的创业者不可能轻易地建成大规模的长寿企业。

5. 概要与结论

作为概括，让我们看一下迄今为止所考察的有前途的新企业的主要特征。在第1章，我们看到，大多数企业家创业时没有什么独特想法，没受过特别训练，没有特别的资历或者巨额资本。在资源禀赋十分有限的情况下，盈利的新企业通常聚集于规模较小、充满不确定性的机会市场上。在第2章我们看到，资本束缚和不确定的小机会使得过多的计划没有必要，反而要求对意料之外的情况迅速做出反应、调整。在第3章我们发现，创业者拥有的贫乏的资源使他们难以赢得顾客或其他资源供给者，我们还考察了他们为了对付这种问题所采取的策略。在这一章我们探讨了那些使某些人更倾向于创办有前途的企业的独特品质，还探讨了那些影响其适应性调整能力和获取资源能力的品质。我们看到，尽管成功创办了不确定的小企业的人缺乏可证实的或可见的人力资本，但是他们确实需要具有忍受不确定性的意愿，需要具有开放的头脑和其他类似的内在品质。

而这些品质与人们想象中的不理智、过度自信的风险承担者的企业家形象并不完全一致。从若干角度看，成功的企业家比一般人更有可能遵守理性行为模式。例如，他们对模糊性的厌恶比较低，信息偏见的倾向也比较低，还能更好地克制自己。而且，他们还利用他人的认识偏见或反射性倾向来获取自己所需的资源。我们还看到，创办有前途的新企业并不需要“超人式的”品质：长期规划、先见之明、领袖气质等等对大多数新企业的成功没有起到关键作用。创业者所需要的品质确实非同寻常，但绝非高不可攀。

第5章 大公司的创新活动

本章对大规模、成熟的企业从事的创新活动与个人企业家创办的有前途的新企业进行了比较。第1节考察了大公司的决策制定者所面临的资源禀赋和束缚是如何决定他们通常所追逐的机遇的性质的。第2节讨论了为什么大公司更多地依赖事前调查和计划，而不是事后的适应性调整。第3节讨论了大公司为了吸引顾客与其他资源供给者所采取的战略。第4节则介绍了决定大公司创新事业成功的品质，并着重探讨了这些品质与那些对有前途的新企业至关重要的品质之间的区别。

大公司从事的创新活动通常位于投资—不确定性—利润图的右下方。在这一章我们将看到，与个人企业家相比，大公司的经理人员面对着截然不同的资源和束缚。股东赋予经理人控制大额资本的权利。与此相对应，大公司又制定了评估和监控创新活动的程序，其中包括广泛的制衡机制。结果，大公司倾向于将投资集中在少数几种风险与收益都比较明确的创新活动，对个人企业家热衷的那些小的、不确定的机遇则尽量避开。

举例说明：施乐帕罗埃尔托研究中心（Xerox Palo Alto Research Center，PARC）的科学家和工程师们早在20世纪70年代就研制出了创新性的计算机技术，如鼠标和局域网。然而将这些新技术商业化的却是一些新企业或小企业——如3Com公司和苹果公司，而不是施乐公司自己。施乐公司的高层不愿提供将PARC发明变成有利可图的商业项目所需的关注和资金支持。据我分析，高层的抵触情绪反映了商业化可能产生的利润数额较小而且很不确定，而不能说是企业决策的失误。大公司的比较优势在于那些不确定性较低、资本需求较大的项目，例如英特尔公司的奔腾系列芯片、默克公司的降低胆固醇的药物以及吉列公司的锋速3刀片（Mach3）等等。

大公司从事创新时的初始条件以及创新的类型也会影响其为制订计划而投入的精力、为获取资源而采取的战略以及决定其努力能否成功的因素（见图5-1）。与绝大多数企业家相比，大公司在计划和研究方面投入了更多的精力；大公司承担了资源供给者的风险，迎合了他们厌恶损失的偏好。而且，大公司创新活动的成功更依赖于初始计划和假设，而不是事后的适应性调整；更依赖公司的组织能力，而不是少数几个人的能力。

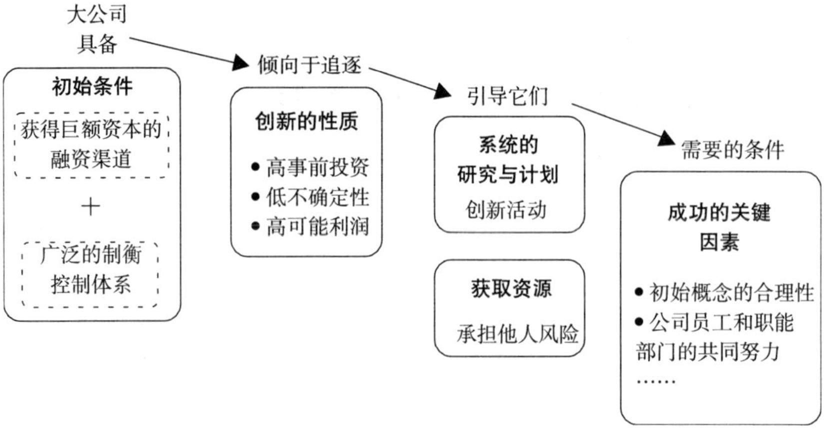

图 5－1　大公司创新活动的前提条件

范围。这一部分的讨论将集中于大型上市公司，如 IBM、百事可乐（PepsiCo）、宝洁、3M 和 20 世纪 90 年代的微软公司。这些公司进行综合经营（拥有多种产品种类并在世界范围内经营），历史悠久（它们在自己的行业内已经存在了数十年，而且眼下没有什么会直接威胁到其生存），而且盈利颇丰。非公众持股公司和合伙制公司［如富达投资公司（Fidelity Investments）和绝大多数专业服务公司］、小型家庭企业、崭露头角的公司（如 20 世纪 80 年代早期的微软公司）以及面临财务困境的大公司［如 20 世纪 70 年代中期的克莱斯勒（Chrysler）］都不在讨论的范畴之内。我们所要讨论的创新活动是大公司为了获取新的利润来源而有意识地进行的一种有风险的创新活动（即有可能失败的创新），这就排除了意外发现、由“干中学”带来的没有风险的利润提升以及为替换折旧资产而进行的投资。为了方便起见，此处讨论的创新活动主要指推出新产品、进入新市场。不过在一般情况下，对这个概念的讨论很容易延伸到诸如降低成本的流程创新这样的项目。

1. 初始条件与机遇的性质

接下来我们将看到，大公司的决策制定者拥有获得大量资本的渠道，具有投资于新的创新活动的激励，然而公司内部控制机制的制衡限制了他们对公司资金的处置权。容易得到的资本和普遍存在的内部控制，二者的结合导致了大公司往往进行那些需要大额初始投资而且不确定性较低的创新活动。

充裕的资本

历史悠久的大公司拥有“可持续的竞争优势”或者“特许经营权”，能够为它们带来大量的现金收入，而且数额远远超过正常的经营活动所需要的。尽管公司可以通过分发红利或回购股票的方式将盈余的现金分派给股东，但是通常情况下它们会将大部分资金用于再投资。对这种做法的解释一般都归结为公司经理人员与股东之间的利益冲突。据称，经理人员保留资金是为了进行自我扩张，或者因为其报酬与企业规模相关，而与股东的回报无关。

在本书的第二部分我将指出，资本、员工和顾客方面的竞争同样会创造出促使公司不断增长的强有力的激励。如果增长真的与股东利益完全对立，大公司的经理人员可能就不会像他们现在做的那样去大肆宣扬他们对增长的投入了。一家公司的增长前景有助于决定其资金成本。根据一种常用的投资计算方法，公司股票价格与其利润之间的比率应该等于其预期收入增长率，这意味着投资者通常会为预期收入增长率较高的公司的股票支付较高的价格。高增长还有助于吸引那些有抱负、有天分的雇员，而停滞和衰落的预期会成为自我实现的预言，导致最优秀的员工——有时还有顾客——的流失。除了那些在顾客、员工和资本方面没有竞争对手的企业以外，长期生存要求企业必须具有开展创新以创造新的利润来源的能力。*

不论出于什么原因，公司的未分配利润、临时举借新债以及发行股票都可以带来大规模的投资。举例来说，詹森编辑了一个数据库，其中包括 COMPUSTAT 数据库（由美国标准普尔公司发行，收录自 1950 年以来北美洲 20 400 家公司的资讯，提供数百种财务报表资料供检索、分析。——译者注）中所有 432 家 1989 年销售收入超过 2. 5 亿美元的企业的数据，其中包括 1980—1990 年关于研发、资本支出和其他一些测量指标的完整数据。1980—1990 年间，这 432 家企业的平均研发支出为 13 亿美元，平均资本支出为 14 亿美元，其中一些大公司自己一家的研发和净资本支出比整个风险投资行业的总投资还要大。例如，通用汽车公司在研发和净资本支出方面的累计投资为 672 亿美元，IBM 公司为 622 亿美元，同期风险资本家的总支出累计只有 278 亿美元。[①]

控制体系

表面看来，大公司的决策制定者对投资似乎拥有广泛的、无限的处置权。习惯法和成文法的发展赋予了公司经理人员和董事在投资和追求创新方面的巨大空间。19 世纪（直到 1927 年，俄亥俄州以及其他一些州仍然如此），公司执照只允许企业

---

* 原稿的一位读者指出，现在对于大公司的生存而言，增长已不像 20 世纪七八十年代那么重要了。然而根据我的观察，如果今天的情形和那时候有什么区别，那就是劳动力和资本市场的压力更大了：增长迅速的公司对那些流动性日益频繁的专业人才和管理人才具有极强的吸引力，而且能在资本市场获得看似异乎寻常的好评。如果有什么改变，那也是在面对股票市场对于通过降低成本来提升利润的压力时，一些大公司的偏好发生了改变。然而，通过降低成本取得的利润增长无法轻易地激励那些普通员工，而且一旦公司挖掘完了通过降低成本提高利润的所有可能途径，它们又将面临来自资本市场的新一轮压力——寻找新的收益源泉。

在明确规定的单一行业中经营，所选行业通常要经过立法机关、发起人和投资人进行协商。[②]如今这些协商没有了，公司执照可以随时申请，也允许公司进入任何合法的经营领域。以前，公司的主要决策（如与分红政策或多元化经营有关的决策）要由股东一致通过才行；如今，随着“经营判断原则”（business judgment rule）适用范围的扩大（经营判断原则是美国法院发展出来的关于董事免于就合理性的经营失误承担责任的一项法律原则。——译者注），董事会赋予了公司董事在这些事情方面更大的决策自由度。如同 R. 克拉克（R. Clark）所述：“根据成文法，上市公司股东的权力受到了极大的限制……为了影响公司的管理者，股东可以投票选出董事，同意或否决公司董事发起的组织变革，但是除此之外什么都不能做。”[③]

通过对比我们或许会注意到，在其他形式的法律实体中，决策制定者的处置权面临着更为严格的契约限制。风险资本家使用的有限合伙制协议通常规定，禁止无限责任合伙人（general partner）进行某些特定类型投资——例如，协议可能会规定合伙人不能进行不动产投资或者进行海外商务活动。协议通常还规定，无限责任合伙人必须在规定的年限之后结束合伙关系。与此相对照的是，大公司的经理人员就不必向股东返还资金。

对巨额资金的处置权使得大公司的决策制定者得以进行大规模的长期投资，而不会泄露任何敏感的信息。通用汽车公司可以和国际奥林匹克委员会（the International Olympic Committee）商谈价值 9 亿美元的赞助交易，英特尔公司可以投资 15 亿美元建造一个生产厂，吉列公司可以投资 7.5 亿美元研制三层刀片的锋速 3。大公司可以限制过早向竞争对手泄密的风险，因为它们在进行这些创新活动时不必征得股东的同意。与此同时，赋予经理人员对大额资金的永久处置权则将上市公司股东置于经理人员滥用权力与内部交易的风险之下。作为一项保护措施，大型上市公司提供更为广泛的制衡机制，比我们通常在其他形式的组织中所看到的要广泛得多。

根据 E. F. 法马（E. F. Fama）和 M. C. 詹森（M. C. Jensen）的分析[④]，股东依靠法律对独立董事会提出要求，以此来保护自己，对抗经理阶层对处置权的滥用。* 法马和詹森认为，所有权和控制权的分离，要求决策管理权（决策的发起和执行）和决策控制权（决策的批准和监督）之间也应存在类似的分离。管理权和控制权掌握在相同的几个人手中，这种情形只存在于私人公司或“封闭控股型”公司，这些公司的高级经理人员同时拥有大部分股票。在上市公司中这些职能是分离的：董事会

---

* 我曾在其他研究中讨论过，敌意收购或者所谓的公司控制权市场，只为股东提供了一般程度的保护。自发的善意要约收购，A. 拉帕波特（A. Rappaport）称其代表了“对经理治理权最有效的制约”，事实上只能保护股东对抗明显的无能或滥用职权。提出自发的善意要约收购的收购者面临着严重的信息束缚：他们不得不一笔一笔地筹款，根据公共信息向金融家们证明自己的项目是可行的。即使在要约收购的高峰期（1985—1987 年），这些收购者也只对一小部分多样化经营的公司构成了威胁，这些公司的清算价值可以根据公共信息得出可靠的判断，而且其清算价值远远高于其市场价值。同样，激励性的奖金方案虽然也有可能有助于统一经理人员和股东的利益，但作用是非常有限的。

行使控制权，使经理人员的管理权受到制约。

大型公司内部活动的多样性要求董事会和高层经理将其控制和管理职责授权给具备合适的特定知识的员工，高层经理不用发起或执行许多具体的提议。相反，他们通过制定公司的总体战略、完善组织决策的制定流程来影响下属进行的创新活动。与此相似，董事会审批的是创新活动的战略方向和评估流程，而不是具体的投资决策。董事会对总体业绩和控制体系加以评估，而不是对每一个项目的执行情况进行监督。例如，董事会可能会评估审计职能是否同营运经理具有充分的独立性。

因此，董事会在“管理权”和“控制权”上的分离体制带来了某些特定决策职能的相应分离。通过设立监督机构和制定监督政策，董事会和高层经理可以将决策制定权下放给那些他们无法直接控制的下属，同时还能确保股东利益不受权利滥用的伤害。例如，一名对客户需求和竞争者情况有直接了解的销售员或品牌经理，可能提议制造一种新产品。他的上级会审查这一提议，如果认为合适就签字同意，并通过公司的等级层层上传。上级会决定是否继续上传，或许还会征求专业员工或外部咨询师的意见。与此类似，具备合适技能的员工会被授权执行新产品的开发工作，但同时也要接受上级和独立财务人员或控制人员的监控。

客观评估

对创新活动多层次、多角度的评估需要广泛的文献和证据。用有限的自有资金创业的人可能会信赖自己的直觉以及根据未知情形进行调整的内在能力，但大公司的决策制定者需要关于市场和公司相对竞争力的客观数据。创新活动的评估者所扮演的角色就是唱反调：向假设挑战，努力在待审项目中找出漏洞。据希思、拉里克（Larrick）和克雷曼（Klayman）称[⑤]，创新活动的评估者提供了一种来自组织的补救措施，他们可以弥补个人常犯的认知错误，包括避免不确定的证据、过分依赖生动的或可获得的信息，等等。

对专门评估创新活动的人员进行激励，可以促使他们否定那些缺少证据的提议。处在公司行政部门的评估者，不会因为自己认可的某个创新项目最终获得成功而得到任何奖金。但是如果该项目失败了，而且他们没有遵循正常的评估程序，那么他们就可能会因为玩忽职守而受到惩罚。而且，评估者与创新项目的提议者之间可能只有非常有限的私人联系，他们可能分属于不同的职能部门或者不同的权力层级。这种组织上的距离感以及为了增加客观性而要求的匿名评估制度，都限制了他们完全凭借提议者的个人能力来决定项目评估结果的能力。

在公司科层中，部门经理同样也对下属提议的项目负有某种审查责任，但是他们所面临的激励与处在行政部门的那些评估者又有所不同。成功的项目可以提高他们在组织中的地位，并改善其提升前景。他们可能还会受到与提出建议的下属之间的个人关系的影响。部门评估者与行政评估者之间形成的这种张力，代表着公司组织中独特制衡机制的重要元素。正如我们将在第 6 章看到的那样，风险资本企业依靠的正是合伙人之间的相互监督，而不是依靠独立的职员进行专门的审查。

我的意思并不是说大公司的评估体制就是完全客观的，没有丝毫的个人关系和声誉掺杂其中。在组织中，拥有良好的人际关系和地位的员工，在为自己的项目争取资金方面具有优势，这就像出身名门、声誉显赫的借款者在获取银行贷款方面具有优势一样，但是大公司的控制体制（以及银行的贷款审批程序）有助于确立客观分析和举证的最低标准。尽管这种控制体制并没有完全排除个人因素或政治因素，但是它确实保护了股东利益，使其免受任人唯亲体制的伤害。

对不确定性的厌恶

大公司的决策制定者所需证据的性质导致了他们对某些创新活动的偏好，即那些风险与收益都可以加以客观评估的创新活动。大规模公司寻求的机会具有如下特征：需求已经稳定或者已经进入了一个可预测的增长轨迹，分析者可以据此对预期收益做出合理预测；消费者偏好较稳定、可测量，而且可以根据适当的样本对其做出大致的推测；公司已有的强项（如营销和分销能力）预计可以提供超越对手的竞争优势。对于那些不可预测或难以衡量的因素可能导致产出出现重大波动的投资项目，大公司所要求的客观公正的评估使其很难获得批准。

一家像 IBM 这样的电脑公司往往会避免进入未定型的市场（如 1975 年的个人电脑市场），这种市场上的需求难以预测或者容易受到重大技术变革或管制动荡的影响。对于一些公司利润将依赖于一两个人高超的能力或技术而不是业已成熟的、可验证的公司能力的行业，大公司也同样会敬而远之。换句话说，其评估程序的基本特征使大公司远离个人企业家善加利用的不确定性，因为其模糊性或者“信息缺失”过于严重。

大型公司还缺少监督不确定的创新活动执行情况的能力。我们已经看到，不确定的创新活动的成功执行涉及根据意外情况进行适应性调整以及对客户的言外需求做出反应等类似的任务。客观的、多层次的监督机制无法轻易地评估这种任务的完成情况，也难以辨识运气不佳与缺少努力或天分之间的差异。* 对于某些项目而言，当公司无法有效地监督其执行而又必须承担其风险时，公司便会面临道德风险问题。此时，对执行计划负责的个人就有偷懒的动机，还会把进度缓慢归因于他们无法控制的外部环境。

大公司的决策制定者通常等到行业的不确定性降低了以后才会投资。1980 年 IBM 进入系统部的实验室主任威廉·洛（William Lowe）从公司管理委员会获得了资金制造个人电脑，那时有关市场与技术的关键的不确定性已被解决。微软也是在莫塞克（Mosaic）、网景（Netscape）和其他一些公司已经打开市场之后才研制了自己的网络浏览器的。我们同样还会发现，往往是在某位企业家创造了一项有价值的技

---

* 在下一章我将指出风险资本企业更适合进行这些客观判断。

术或配方而且企业的利润不再仅仅依赖于主要人员的个人努力之后，大企业才会投资于某个行业。在里克·罗森费尔德（Rick Rosenfield）和拉里·弗拉克斯（Larry Flax）研制出加州比萨厨房（California Pizza Kitchen）的“配方”并且证明了其可行性之后，百事可乐才购买了该公司50%的股份，并且为其下一步扩张融资。*

这并不是说大型公司总是避免明确的风险。大公司的控制系统使其避开不可缩减的不确定性，但这并不妨碍它们进行那种可以明确计算风险的博弈。事实上，根据法马和詹森的分析，上市公司非常适合对传统上有风险的项目进行融资，因为这样可使其股东分散自己的投资组合。私人公司与合伙制企业的业主管理者对风险更为厌恶，因为他们的大部分财富是和公司联系在一起的，他们往往“对能够带来长期收益的资产投资不足”。[⑥]与私人石油公司相比，诸如埃克森美孚（Exxon and Mobil）这样的上市公司在勘探和开发方面下的赌注要大得多。例如，只有这些“大企业”中的一员才能筹集到在委内瑞拉开发一个中等规模的重油田所需要的20亿美元到30亿美元。

但是上市公司所追逐的机遇具有允许决策制定者测量、量化、客观调查其风险与收益的特征。例如，当一个大型石油公司决定对一个新油田进行巨额投资时，地理学家和石油工程师会慎重地检查地震数据，并进行初步钻井试验。财务分析人员会研究该项目在若干年内的现金流量，以预测如果开发成功是否能带来足够的投资收益。大公司也会努力将其“可量化且可测量”的风险加以分散。例如，大型石油公司拥有一系列勘察活动的组合，还经常会与竞争对手联手开采某些油田，这样一来它们将自己的赌注分散得更加广泛。然而当不可缩减的不确定性比较高且结果的概率分布无法估计时，大公司就无法稳妥地分散风险。

同样，控制系统也并不妨碍大公司研究或探索新技术，像英特尔和默克这类公司每年在研发上的投资高达10多亿美元。有证据表明，如果按照销售额的百分比来计算研发支出，大公司的比例要比小公司的高很多。[⑦]如果有什么区别，那就是对不确定性的厌恶使得大公司偏向于向它们可以控制的技术和知识产权投资，而不是对单个雇员的人力资本投资，因为这些雇员可能会加盟其他企业。与此相似，大公司的决策制定者偏好那些利用创新技术的创新活动，而不是依赖于某几个人的努力工作，因为他们可以更方便地评估这种创新活动的风险和收益。换句话说，新技术具有很好的限制不确定性的特征，因为它们可以降低公司对难以控制的人力主体的依赖。

然而，大企业对不确定性的厌恶确实会影响其研发工作，客观的评估标准偏向于那些具有明确的风险和收益的项目。大公司在缺乏重大商业利用价值的风险研究项目上花费了巨额开支，这反映了大公司的制衡机制与管理程序的失败。诸如此类的项目往往对公众而不是股东更加有利。

---

* 有些企业仍然依赖于主要人员不可让予的人力资本，因此仍在大型公司的范畴之外。

英特尔公司的创业合伙人戈登·摩尔（Gordon Moore）在1996年对公司如何分配每年超过10亿美元的研发预算做了以下描述，这有助于我们弄清楚客观审查的性质。“每一个产品小组，”摩尔写道，“都被要求提交一个按优先权降序排列的项目清单，有时还要不胜其烦地详细解释为什么清单要这样排序，并且要指明项目选择的标准应如何划分。”只有一个“很小的小组”试图“与半导体行业的当前主流保持一致”，但即使是这个小组也避开了那些十年之后才会产生结果的项目。公司已经学会去避开那些技术过于超前的项目——在20世纪70年代英特尔公司曾经以每年两台的速度来研制并销售完全语音识别系统。[8]现在，英特尔“将内部基础研发限定在紧急问题的解决方案上”，对于大多数的基础研究则“依靠大学”来进行。[9]公司不会“在真正理解问题方面和开发可供发表的技术方案方面投入研究努力”。[10]

摩尔将英特尔公司的战略与“主要半导体公司的大规模中央研究实验室”传统上采用的更具探索性的方法做了比较。AT&T公司的贝尔实验室（Bell Labs）和仙童半导体公司（Fairchild Semiconductor）的大型研究机构可能“对大众利益的贡献比对自己公司的要大”。与此相似，施乐公司的帕罗埃尔托研究中心“对整个社区做出了巨大贡献，尤其是在局域网和图形用户界面设计领域……然而，施乐公司本身没有得到多少好处”[11]。摩尔写道，如今这些公司也已改变了自己的方法：“尽管以前（半导体行业）每一个主要竞争者都拥有一个相当重要的试验室进行基础研究，现如今大多数都已经销声匿迹了。”[12]可以证实的是，这些公司都已经放弃了没有价值的研发工作，原因在于现在的高层经理人员面临着向股东提供更高回报的压力。

世界领先的制药公司默克的案例也表明，使研发生产率最大化的管理工作是如何帮助公司减少创新不确定性的。默克公司的前任CEO P.罗伊·瓦格罗斯（P. Roy Vagelos）描述了在他1975年接管公司研究实验室之后是如何建立研究项目的选择标准的，他发现每一个研究小组“都在同时研究多达十个项目”，他相信“绝对没有一个项目能够获得成功必备的关键要素”。瓦格罗斯制定的基本标准是尽量使工作集中化，这有助于减少竞争造成的不确定性和科学特有的不确定性。“我们努力寻找这样的领域，”瓦格罗斯写道，“在这些领域中没有现成的治疗方法或药物，科学知识已经足够发达，这使我们相信自己能够取得突破，而且我们对疾病拥有足够的知识，知道如何将其制服。”[13]这些标准并不能保证默克公司的研发项目一定会成功。但是，通过保证一个能够成功开发的市场（“目前没有现成的治疗方法或药物”）以及通过降低研发工作的盲目性（依托现有的尖端科学），默克公司使得研究组合的风险与收益的可预测性变得更好。

这并不意味着大型公司总是避免具有较高不确定性的项目。面临极大的威胁或毕生难求的机遇（例如网络革命带来的）的高级经理人员，或者具有独裁倾向的高级经理人员，都有可能会越过常规的决策程序，直接开展冒险的创新行动。他们也有可能会建立一个小金库来支持不确定的创新活动。我所讨论的对较大的、难以缩减的不确定性的偏见，仍然是健康组织中的常规模式。英特尔公司可能会拨出一些资金投资于合伙风险企业，但是其研发经费、固定投资和营销支出中的大部分还是会投向那些具有确定的风险和收益的项目。

利润要求

大公司审查创新活动的程序还会导致投资被集中于几个有希望获得高额利润的项目。就像银行对所有的贷款申请使用相同的信贷分析一样，大公司的常规程序也要求对所有的创新活动进行最低水平的评估与监督。但是至少在短期中，大公司只有固定的职员可以提供此类监督，这样一来就限制了公司可以从事的创新的数量。因此，即使小一点的项目可以带来更高的投资回报率，为了满足增长目标，大公司仍然会将其有限的评估能力用于少数几个预期会产生大量总收益的项目。

我们使用一个简化的例子（见图 5－2），假设一家大公司总收入为 20 亿美元，为了满足员工和股票市场的预期，公司必须进行每年能够带来 2 亿美元新利润的创新活动。我们再假设公司拥有：

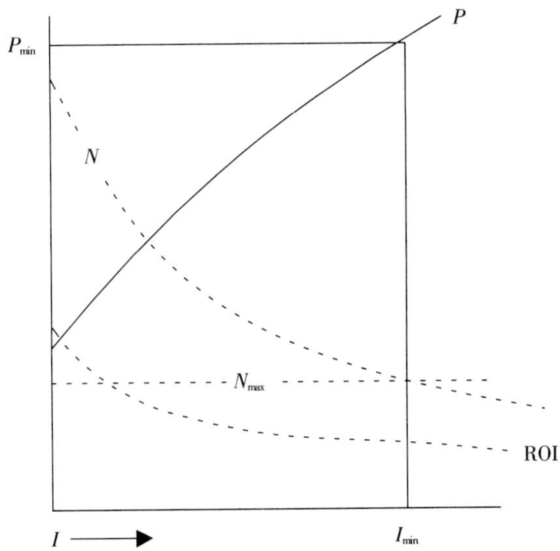

图 5－2　大公司创新活动的规模

- 一系列可从事的创新项目，每一个项目要求 I 美元的投资，可能产生的利润为 P 美元。如图 5－2 所示，规模较大的项目的利润率也比较低，即随着 I 的增长，投资回报率（ROI，或者是 P 和 I 之间的比率）将相应地下降。
- 一套制衡机制要求对每一个项目必须进行为期六个月的评估。
- 固定的对新项目的评估能力——每月 42 人。因此，公司每年进行的项目不能超过 7 个（42 除以 6），如图中水平线 N_{max} 所示。

为了达到 2 亿美元的利润目标，该公司可以进行许多小项目或者几个大项目——如图 5－2 所示，所需要的项目的数量随着 I 的增加而下降。公司可能倾向于进行许多小项目，因为具有较小 I 的项目具有较高的 ROI，但是其从事的项目不能超过 7 个。因此，即使小项目具有较高的 ROI，每一个投资为 I_{min} 的项目必须带来至少 285.7 万美元（P_{min}）的利润才行，而且项目越多就越能分散风险。

因此，大公司的决策制定者不仅需要证据证明为什么一项创新能够产生利润，而且需要证据证明为什么这一机遇的规模足以满足公司的要求。像比尔·盖茨和保罗·艾伦这些人或许会创建一个小型的机会型企业，心中怀着日后建立一个庞大企业的希望。而在 IBM 和宝洁这样的公司内，创新项目的提议者必须从一开始就给出合理的解释：为什么该项目会变成大买卖。同样，一位独立的油井开掘商会愿意挖掘一个小井，但是美孚却不会随便向一个项目投资，除非该项目具有产生至少 1 亿美元税后利润的潜力。这些最低利润要求使那些发现了小规模机遇的员工感到沮丧，使他们有了创建自己企业的激励，或者至少会对老板对创业精神的偏见抱怨不休。

竞争因素往往会强化大公司专注于少数几个大项目的倾向：如果一家公司在一个较大的市场发布一个新产品，但是又没有足够的资源支持该产品以建立先发优势，那么他可能就无法包揽创新带来的全部好处。

百事可乐的一位前总裁安德罗·皮尔森（Andrall Pearson）写道：

> 一个合适的想法或观念一旦产生，任何有理智的公司都会毫不犹豫地投入资源使其获得成功。这种想法看似符合逻辑，然而我发现事实远非如此。回溯历史，我所看到的许多新产品的失败源于公司没有提供足够的资源以支持创新——而并不是源于过度投资……许多人没有认识到他们的竞争对手会反击——尤其是在其创新将对手的顾客拉走的情况下……此外，人们总是努力将自己的资源同时分散在太多的项目上，以至没有一个项目持续得到了足够的支持和努力以保证其成功。解决这个问题的唯一途径是严格遵守纪律，对绝大多数可取的好想法说“明年”再考虑。
>
> 与此相反，最大的赢家制订慎重的计划，将所需要的一切投于新产品以保证其成功……他们知道，相对于以少得可怜的资金启动然后在没能达到预期时再慌张补救的做法而言，一开始就正确地做事要有效得多（而且成本通常也低得多）。他们还知道，他们永远不会再次拥有先动优势，预先制止或阻击竞争的最佳途径就是在一开始就正确地做事。[14]

综上所述：大型上市公司拥有评估、监督创新活动的强大能力，这有助于确定其比较优势所在的领域。这些能力赋予了大公司获得巨额资本的渠道，这使得决策制定者可以从事需要大额事前投资的项目，但又阻止了其追逐较小的机遇。评估和监督能力还使得大公司尽量避免不确定性，或者用更积极的语言表达，那就是它鼓励大公司去捕捉最能发挥它们特有的评估和管理客观风险能力的作用的那些项目。

2. 计划周密的流程

我们在第 2 章曾看到，大多数新企业的条件都很艰苦——企业家通常是通过偶然事件而不是系统搜寻发现新的商机，他们没有在事前计划和调查研究上花费多少精力，而且面对未预见到的环境他们会做出大量的适应性调整。与此相反，大公司采用的是更为规则化、更为合理的方法。大公司比单个企业家更有可能通过系统搜寻来发现机遇，更有可能进行广泛的研究、制订谨慎的计划，而且一旦发起创新它们会始终坚持既定的计划。这种看上去系统化的方法并不像其批评者所声称的那样反映了大公司经理人员的无能或官僚作风。相反，这是他们控制的资源以及面临的约束的必然结果。

系统的搜寻

正如我们已经看到的，大型公司的高层管理者制定了普遍适用的政策以控制他们无法直接监督的员工的活动，这些政策（或者长期“战略”）指导公司对创新的搜寻。例如，IBM 公司和惠普公司并不是因为偶然因素才开始生产个人电脑的（其销售收入分别占两个公司 1997 年总销售收入的 14% 和 16%）。它们做出了战略性的决策，决定进入该市场以捍卫自己的微型机和大型机业务。当然也有例外：如今无处不在的 3M 公司的即时贴（Post-it）就是科学家斯宾塞·西尔佛（Spencer Silver）研制一种强力胶失败后的结果。后来，3M 公司的另一位科学家阿特·弗赖伊（Art Fry）在教堂合唱团演唱时突然受到启发，随后研制出使用这种胶水的书签。他在一张书签样本上写了一条备忘录给他的老板，于是就发明了即时贴。[15]然而即时贴故事的魅力正是它的不同寻常：常规的方法就是对战略井井有条的追求。大公司的决策制定者评估商业创意的根据不仅仅是其卓越的回报，还有该想法与长期目标的一致性以及与现有活动的交互性。

安德罗·皮尔森在《哈佛商业评论》上发表了一篇名为《获得创新的坚定方式》(Tough-Minded Ways to Get Innovative）的文章，这篇文章反映的是一位成功的公司经理和商业顾问的观点。皮尔森曾担任了百事可乐公司 15 年的总裁，之前曾任麦肯锡公司的董事。他写道：“将创新制度化的系统努力赋予了市场领先者以竞争优势。”[16]皮尔森建议，任何公司都应该有意识地控制创新工作的努力方向。分散化的方式——“让聪明的人工作，并且祈祷他们会带来非常棒的东西”——通常只能产生“许许多多没有任何结果的小想法、大量的成本和令人为难的坏账，还有大量的挫折和断断续续的工作”。与此相对比，成功的创新者具有“相当清晰的想法，知道自己追逐的创造性竞争优势的类型”，而且“因为他们的方向是如此明确，他们的人员可以将自己的工作引向对抗竞争者的方面”。与此类似，皮尔森认为，“好的具体想法”

不是来自集体讨论会；相反，它们“常常源自对你的顾客、你的企业的密切注视的过程”。[17]

默克公司是世界领先的制药公司，其前任CEO瓦格罗斯描述了他如何将一套系统的研究流程引入研发工作，作为对“只关注能产生突破性药物的大项目”的研发原则的一种补充。1975年，默克公司的实验室

> 正在对化合物进行随机筛选，就是说科学家们正在对微生物、土壤样本或植物提取物以及我们自己实验室制作的化学物质进行试验，看看它们是否能产生什么药理活动。如果能，科学家就会尝试着创造一种新药。如果没有，科学家就试验更多的化合物。我们引入了更能以目标为导向的方法，集中精力来制造特定的分子以攻击特定的分子目标，这种方法现在被称为理性药物发现法（rational drug discovery）。[18]

在这种新方法下，默克公司大量依赖于“酶抑制作用”——“阻止某些疾病所涉及的特种酶的活动”。例如，当科学家们寻找一种降低胆固醇的药物时，他们集中精力去阻止造成胆固醇过度产生的酶的活动，终于研制出两种药物：美降之（Mevacor）和舒降之（Zocor）。使用酶抑制作用还发明了治疗高血压的沃热泰克（Vasotec）以及治疗前列腺疾病的保列治（Proscar）。默克公司的方法后来被竞争对手广泛采用。“今天整个行业都在使用理性药物发现法，”[19]瓦格罗斯称，这使得新疗法的偶然发现成为系统规则的一种例外。

研　究

大公司进行广泛的研究以获得评估创新活动所需要的客观数据，只投资于几个大规模创新活动的政策强化了（也来自）进行广泛研究与分析的要求。事关巨额投资的成败，高层决策制定者必须确保过于自信的下属不会对创新项目做出不恰当的承诺。在批准开发一个新产品之前，他们要求自己的员工收集竞争对手的产品信息和计划、考察人口因素与变动趋势、研究消费者偏好（通过专题讨论、开放式访谈、结构型问卷调查等等）、进行市场试验。根据一项估测，1995年，每家《财富》500强企业平均雇用了9个全职的市场研究专家，研究预算为420万美元。[20]包装商品企业（其支出平均比非包装商品企业的高出20%）已经培育出了一种进行广泛研究与试验的企业文化。宝洁公司一位前品牌经理助理回忆说：

> 宝洁公司的每一个品牌都有一名研究人员做后盾，每一位研究人员可能负责3~5个品牌。公司总有多种研究项目同时进行——数量调查、专项讨论等等。
>
> 如果未经试验我们什么都不能做。例如，我曾负责过一个基础产品的产品延伸工作，这个基础产品是一种蓝色小药丸，我们计划将延伸的产品也制成蓝色。不幸的是，产品研发部门告诉说我们不能使用蓝色——在实验中，过一段时间以后蓝色会变成紫色。我们的第二个选择是黄色（主要是因为其他许多颜色会让人联想到竞争对手的产品）。我找到品牌总经理——职位仅在副总经理之

> 下的高级管理者——并且向他推荐黄色的药丸。他对改变颜色的想法非常不安，坚持让我进行一次试验（成本要1万多美元），看看消费者是喜欢黄色还是喜欢蓝色。我对研究会有多大作用没有把握——即使消费者喜欢蓝色，我们也不能用蓝色——但是我被迫进行试验。碰巧的是，消费者恰好喜欢黄色，因此我们决定使用黄色。尽管那位总经理心里对此不太赞成，他还是接受了研究的结果，好像这是来自上帝的旨意。

戴维·奥格尔维（David Ogilvy）是奥美广告公司（Ogilvy and Mather）的创业合伙人，他描述了试验对于服务大众市场的公司而言的重要性：

> 在广告的词典中最重要的单词就是试验。如果你预先测试消费者对你的产品的反应、预先测试你的广告，那么你在市场上就会一帆风顺。25个新产品中有24个从来没有通过市场试验。不对自己的产品进行市场试验的制造商要承受产品在全国范围内失败——而不是在试验市场上无声无息地消失，尽管这在经济上也十分划算——的巨大成本（与羞辱）。试验你的承诺，试验你的传媒，试验你的标题和插图，试验你的支出水平，试验你的商业广告。永远不要停止试验，你的广告就永远不会停止进步。[21]

即使像因为偶然研制出即时贴而闻名的3M这样的公司也要进行广泛的试验，即时贴的颜色——黄色——是在市场研究的指导下确定的。在1980年全国性的推广行动之前，产品在里士满（Richmond）、弗吉尼亚（Virginia）和其他三个城市通过办公用品商店进行了试验。“转折点”是“在爱达荷州（Idaho）的博伊西（Boise）进行的紧张的试验和营销活动”。[22]根据即时贴的发明者阿特·弗赖伊所述，市场研究消除了对3M公司的怀疑：“在办公用品供应行业，回头率能达到40%或者50%简直就是一个奇迹。在我们的试验市场上，我们达到了90%的回头率，所有的怀疑都戛然而止。”[23]研究还带来了进一步的产品延伸。例如，1981年，在研究表明便笺簿会在顾客的桌子上弄丢以后，3M公司引入了即时贴底座。到1984年，3M公司已经在即时贴系列加入了22个其他类似的后续产品。[24]

与面临资本束缚的企业家所进行的机会主义调整相比，大公司在决定全面启动某项目之前所做的试验具有不同的目的和结构。诸如法克特-福克斯和西尔顿-布克曼系统等公司的创办者为了成交可以改变自己的产品或服务，他们的调整具有短期的、明确的目标：他们要的是现金流而不是在几个项目中做出选择或找到最优方案。他们的工作所带来的信息只是副产品，他们的试验就像淘金者在河床的不同位置淘金一样。与此相反，大公司从事的研究活动的主要目标是减少不确定性并且证实此前的想法。某个特定区域是否有足够的金子值得进行大规模的开采？锋速3刀片的最优定价是多少？大公司的研究是一种对信息的投资，而不是以短期现金收入为目的的工作。提取芯样的成本要远远高于其可能含有的金子的价值。

相应地，大公司的研究也更科学。为了达成交易，资本有限的企业家有时不经过什么事前考虑，就会对某个主顾的偏好做出妥协。企业家依据特定的地方环境进行调整的做法影响了他们得出概括性结论及测试假说的能力。大公司总是努力剔除特殊因素，为自己的试验选择较大的有代表性的样本。当吉列公司进行市场调研时，它总想确保自己可以得出典型消费者的偏好的可靠结论；当采油企业进行试验性钻井时，它总想确保自己可以获得总储量的丰富性的可靠推论。大公司的决策制定者在利用研究决定巨额投资的时候，必须对鼓舞人心但是错误的正面结果保持警惕。自力更生的企业家具备现场决策的能力，他们可以通过与特殊顾客达成的侥幸交易来弥补较低的固定成本。而大公司的决策制定者却不能如此，他们必须依靠设计周全且控制严格的试验。

坚持计划

除了需要证据以证明为什么一项创新活动有可能成功之外，大公司的决策制定者还需要项目如何开展的详尽计划。自力更生的企业家可以在一张信封的背面起草计划，而大公司创新活动的建议书却要详细阐明重要事件、人员要求、财务计划等诸多方面的内容，这有助于对新项目进行客观的评估与监督。大公司创新项目的复杂性还要求有更多的计划。有前途的企业开始时的规模都比较小，通常只涉及简单明了的任务与职能。例如，为了创办电联公司，史蒂夫·谢夫林和他的合伙人购买了一大卷打印电缆，把它切成小段，然后通过电话卖给黄页上的销售商。创办微软要求盖茨和艾伦为密茨公司编写一个可以在牛郎星电脑上运行的 BASIC 程序，于是他们和密茨公司的所有者罗伯茨（Roberts）达成了交易。对这些企业而言，做计划既无可能也无必要。与此形成鲜明对比的是，大公司所从事的大项目往往都非常复杂：新可乐（New Coke）或者微软的 Windows NT 的研发和推广涉及公司内外数不胜数的活动和职能部门。* 这种类型的创新活动要求制作详尽的计划以协调这些职能部门及各种活动。让我们回想一下以前用过的那个类比，对踩着石头过河的人而言计划没有什么用处。而另一方面，如果没有详尽的计划和细致的准备，金门大桥也就建不起来。

赛普拉斯半导体公司（Cypress Semiconductor）的“目标体制”显示了成熟公司是如何使用计划来协调复杂行动的。据 CEO T. J. 罗杰斯（T. J. Rodgers）称，赛普拉斯半导体公司的绝大多数工作是以项目而不是以职能部门的方式组织的，每一个项目具有许多长期和短期的目标。例如，为了设计并安装公司的第三代可编程只读存储器（PROM）芯片，一组电路设计师、产品工程师和试验工程师历时近两年完成了 3 278 个目标。[25]赛普拉斯半导体公司的管理层不时对项目目标的完成情况进行审查。当项目小组在周一聚会时，目标被输入一台中央电脑。周二早晨，各职能部门的经理就会收到有关其直接下属新目标的完成情况的打印件。周三早晨，公司副总经理们会收到其下属人员目标情况的打印报告。周三下午，CEO 同副总经理们一起

* 在第二部分我将指出协调众多资源和活动的能力代表了大型公司之所以存在的一个非常重要的理由。

审查这些报告。[26]

就像金门大桥是按照最初的基本蓝图进行建设的一样，一旦大公司定下了计划，它们总是坚持其中的基本要素，几个因素会使大公司的创新项目保持在计划的轨迹上。与自力更生的企业家不同，大公司并不需要或者并不指望正的现金流产生得越快越好。在许多大型项目中，如百事可乐进入印度市场或 IBM 发行 OS/2 操作系统，高层决策制定者甚至预计到项目会在相当长的时间内保持亏损。因此，实际发展落后于计划预期的状况并不会自发地导致方向的改变，而这种情况在资本短缺的企业家身上却经常发生。对具有较低不确定性项目的选择以及广泛的事前分析减少了出现重大意外的概率，因此也减少了对方向进行重大变革的需求。

复杂的大型项目要求对众多的个人和任务进行协调，这种项目无法轻易地改变方向。例如，在奔腾处理器研发的中期，英特尔公司无法对研发方向做出重大调整。进行变革所需的多层批准机制也促使公司坚持已达成的计划，无论之后发现该计划有什么缺陷。而且，如果计划已经在内部或外部公开了，方向的重大改变会损害强势人物的名声和信誉。如果下属害怕带给老板坏消息，公司可能就会进入一种否定变革需求的状态。*

对大公司处理问题方法的批评

大公司的批评者们有时声称，大公司组织化的创新方法过于官僚，经理人员应该变得“更富有企业家精神”。这类说法忽视了大公司创新与个人创新之间的基本差别。尽管大公司的制衡机制减缓了制定决策的速度，有时可能还会出现功能紊乱，但这种机制是与风险承担及管理的专业化必然相连的，也是与从事大型复杂项目的能力密不可分的。

谨慎的研究、计划和试验会极大地延长发起创新活动所需要的时间，大公司花费的时间比许多个人创业者从有想法到落实的时间长出何止数周或数月。例如，3M 公司于 1974 年注册了即时贴背面使用的胶水，1980 年才将产品投放市场。英特尔公司从 1989 年就开始研制奔腾系列 CPU，使用的研发程序在行业内因速度和效率而广受赞赏，直到 1993 年，产品才得以投放市场。吉列公司则花费了十多年的时间才将锋速 3 剃须刀推向市场（参阅专栏文章《锋速 3 大事记》）。

锋速 3 大事记

1985 年：开始研制自 1969 年以来吉列刀片的第一种新刀锋。

---

* 进行变革的困难还强化了如下激励：进行谨慎计划并对所有的意外情况进行准备，同时避免混乱或不确定的环境，这种环境使迅速调整变得不可避免。

1988 年：研究者将 3 层刀片按照渐进的顺序排列，这意味着第一层刀片比第二、三层刀片伸出的长度要短一些。

1992 年：在一次剃须试验中，一个高级实验品马恩克斯（Manx）打败了吉列公司最高级的超级感应型（SensorExcel）剃须刀。

1995 年：吉列公司董事会认可了马恩克斯的研发。

1996 年中期：吉列公司的工程师研制出一种组装马恩克斯刀头的方法，要比超级感应型产品的生产速度快两倍。

1997 年秋：董事会批准了最后阶段的 7.5 亿美元投资，生产开始。

1998 年 4 月 14 日：锋速 3 面世。

资料来源：William C. Symonds, "Would You Spend $1.5 for a Razor Blade?" *Business Week* (April 27, 1998), p. 46.

有时决策的制定过程会出现功能紊乱。克里斯·阿吉里斯描述了一个组织内发生的事情，在这个组织中“完成文书工作成为目的本身。71%的中层管理者报告说，产品计划的维护与计划审查文件的传递变得与完成分配给每一个小组的生产任务一样重要……另外一个经常被提出来的问题就是被无数琐碎决策困扰的小组开始变得毫无创造力。”[27]大公司对较高的确定性的厌恶是正常的，但这有可能发展成对任何不确定性的病态排斥，而且审批程序的延长可能会错过创新的恰当时机。无法进行创新活动最终会导致组织的死亡；正如我们曾经提到的那样，为了生存下去，大公司必须不断发现新的盈利机会。

然而，大公司无法使用自力更生的企业家那种自由自在的创新方式。没有谨慎的、客观的评估和审查，投资者不会轻易赋予大公司的董事会和高层管理者对大额资金的处置权。对审查程序以及以事实为基础的决策程序的坚持，还能促进团队的工作并保持大型组织中的士气。大型公司拥有许多开拓创新的员工，如果自己的创意获得公司的支持，员工就会因为看到自己的想法变成现实而产生一种满足感，这也增加了他们获得提升和奖金的机会。如果一个组织在筛选创新时变化无常或者任人唯亲，那么就会妨碍天才员工展示自己的创新计划，并降低组织长期生存的概率。相反，按照常规做出公平选择的公司会获取员工更大的忠诚度。因此，宝洁公司的品牌总经理将他个人对黄色药片的疑虑搁置一旁，他的行为加强了公司在公正与尊重事实方面的声誉。

此外，大型公司常常在寡头市场上与其他同样面临建立制衡机制压力的公司展开竞争。只要它们不在审查程序上走极端，大型公司进行谨慎研究与详尽计划所获得的好处就能超过其成本。皮尔森说，百事可乐公司严格的方法“产生了价值 20 亿美元到30亿美元的成功创新”[28]。由默克公司的瓦格罗斯制定的“理性药物发现程序”与现在的科学方法并不相悖，它的应用创造了一系列年销售总收入达到61亿美元的药物。[29]摩尔认为，以“不胜其烦的细节”证明项目的可行性，以解决“紧急问题”为中心指导研究开发，正是这些原则使英特尔公司获得了比仙童半导体公司的传统方法高得多的“研发命中率”。英特尔没有开发出对社会的价值远高于对股东的价值的产品或者技术[30]，摩尔承认，英特尔公司的这种做法“或许会让英特尔错过那种有可能颠覆现有产业的革命性的创意”。但是，他又指出，让大型研发组织进行基础研究的做法，“也没被证明可以适应基本商业模式的变革”[31]。

彼得斯（Peters）和沃特曼（Waterman）认为，宝洁公司的“试验崇拜”在其新产品成功发布的过程中扮演了非常有价值的角色。他们引用了与宝洁在某些纸制品市场上竞争的克朗·泽勒巴克公司（Crown Zellerbach）一名员工的评论：

> 宝洁公司总是在试验、试验、试验，你会看到它们数以月计但通常是数以年计地不停试验。但是你很清楚当它到达目的地的时候，可能也是你转向下一个机会市场而不是挡在它的路上的时候了。它走过的路上没有一块石头没被翻动过，没有一个变量没被测试过。[32]

当然，公司与公司之间在对创新项目的审查和对计划与研究的要求方面是有差异的，员工较少的“扁平化”组织会相对迅速地对创新做出评估。同样，管理技巧、企业文化和内部信任方面的差异，可能也会导致某些公司对客观证据的要求不像其他公司那么严格。但即使是最自由的大型公司，如3M公司，也比典型的自力更生的企业家在程序和标准方面要求更严、在评估和监督项目方面投入的资源更多。而且，就像专栏文章《常规化的创新：3M公司的案例》所反映的那样，公司规模和复杂性的增加使得决策过程系统化的压力日益增加。3M公司从未变得像百事可乐和宝洁那样规则化或专注化。然而，即使是3M公司的管理流程也决不允许两个工程师购买一台粉碎机开始塑料碎片的代理业务，就好像1983年鹰溪塑料公司的创办者所做的那样。对此最为有力的证据就是，3M公司主要是通过高容量、相对稳定的产品，如磁盘和其他存储媒介，来参与个人电脑行业的革命。不管一家大公司多么富有企业家精神，在总利润、可证实的优势、预算和重大事件等方面的最低要求也大大超过了那些自力更生的新企业。

常规化的创新：3M公司的案例

C. A.巴特利特（C. A. Bartlett）和A.穆罕默德（A. Mohammed）的文章《3M公司：一家创新型公司的素描》展现了在寻找并评估公司的新机遇上，要求采用系统化流程的压力是如何与日俱增的。1902年，五位来自明尼苏达州的商人成立了3M公司，准备开采金刚砂——一种研磨用的矿物质。当采矿失败时，3M 公司开始制造砂纸。砂纸业务仍然亏损，这时一位年轻的会计威廉·麦克奈特（William McKnight）接管了销售经理的工作。后来麦克奈特于 1929—1949 年间出任公司总裁，并于 1949—1969 年间任公司主席。

麦克奈特作为公司的“精神领袖”，巴特利特和穆罕默德写道，“培养了对个人创业精神的不可动摇的信念”[33]，3M 公司鼓励研究者追求个人感兴趣的项目。结果，3M 公司“意外获得了大量新产品和新技术”。管理层遵循“造少点儿，卖少点儿”的经营哲学，这不仅仅是因为 3M 公司可以在机会市场上盈利，还因为“许多产品和技术后来在（一开始）做梦都没想过的地方派上了用场”。例如，一种最初作为装饰丝带使用的物质“派生出大量的其他产品”，从“保护性面具到外科用绷带，再到思高（Scotch Brite）清洁垫”。

然而，对新产品研发程序有效性的疑问最终使麦克奈特的继任者改变了 3M 公司原来那种自由自在的研发方式。1980 年，卢·里尔（Lou Lehr），3M 公司年仅 35 岁的资深经理成为公司的 CEO，他表达了对公司工作“分裂化”的担忧。在里尔的领导下，公司采用了“一种新的组织结构、计划流程和资金政策，对 3M 公司的产品和工艺的研发产生了深远的影响”。巴特利特和穆罕默德引用了一位部门副总经理的话：

> 以前，创新的驱动力是经理不断向研究者提问，“你能从魔术帽里变出什么样的兔子来满足我们的目标？”我们依靠技术、天才员工和支持性企业文化的组合以及自发的热情来产生创新。提出新产品的人就是英雄，不管新产品与现有的业务和市场渠道是否相符。因此，公司有上百个创新——你却什么都做不了。但是，当研发变得越来越昂贵、风险越来越大时，我们需要新的结构和流程所具有的专注和严明。[34]

然而 3M 公司并没有减少对创新的投入；在里尔为期六年的 CEO 任期内，公司在研发上的支出翻了一番多，从 1979 年的 2.38 亿美元增加到 1985 年的 5.07 亿美元。1986 年接任 CEO 的艾伦·雅各布森（Allen Jacobson）想让 3M 公司“在研发项目的选择上变得更加专注”。在其任期内，公司开始发展“一种更加严格的方法”来对项目进行融资。据牙科产品部的一位副总经理称：

> 以前，一名科学家可以在一个项目上花费数年时间，资金就那样一点一点地投入，经理们也不知道到底已经投资了多少或者有可能获得什么。现在，我们试着在早期就做更多的筛选工作。我们在一开始就要了解产品的定位，如果定位不清晰，就得不到资金支持……因此，现在我们部门不像以前那样同时运行 100 个项目，而是集中力量做 12 个。[35]

另外一位副总经理观察到“在 3M 公司个人企业家的时代已经结束了”，尽管“我们仍然喜欢谈论那些把自己的创新转变成一项新业务的才华横溢的发明家”。[36]

3. 获取资源

在第 3 章中我们曾经看到，新企业在获取顾客、员工、供应商等方面面临着严重的问题。企业家必须克服新企业的不利条件：资源供给者不愿在连生存都可能出问题的新企业身上冒险。与一家刚成立的企业做生意还涉及较高的转移成本。在下文我们将看到，相对于自力更生的新企业而言，成熟的大公司在获取资源方面拥有的若干优势以及面临的特殊挑战。我们还要考察大公司为获取资源而采取的策略与企业家个人所使用的方法有何不同。

大公司的优势和问题

诸多因素可以缓解资源供给者对大公司创新活动的生存的担忧。大公司对创新活动的广泛审查与分析为企业的稳健经营提供了某些保证；类似地，现有业务产生的现金流入、金融储备和未动用的借贷能力为大公司的生存能力提供了保障。

由于进行了大规模的事前投资，并且希望维护自己的声誉，大公司有足够大的激励坚持所选择的创新项目。资源供给者可以预计，在将大量资源投入到计划规划、市场调研、产品研发和广告宣传，并且将自己的信誉也投入其中之后，IBM 公司不会那么快就放弃一个陷于困境的创新项目（比如 PC Jr. 型电脑或者 OS/2 操作系统）。与此形成鲜明对比的是，一家小型兼容机装配商更有可能迅速关闭或者投身到另一个完全不同的业务领域中去——20 世纪 80 年代中期，当兼容机装配的利润开始下滑时，许多企业家确实就是这样做的。

大公司的资源供给者还面临着较低的转移成本和搜寻成本。当惠普公司引入一个新产品时，潜在的顾客会在产品质量、价格和后续支持等方面有个大概的预期。同样，潜在的员工也很容易探听到惠普公司的工作条件和组织氛围。现有的供货关系还可以降低成本：与在公司的特约供货商名单上再添加一个供货商相比，从惠普公司购买额外的新产品要省却许多麻烦。一种流行的商业规则指出，向现有客户出售产品比开发新客户的利润更高，而且维持顾客忠诚度比增加新顾客的成本要低。与此类似，拥有现成的员工储备的公司在创新活动的人员配备方面具有优势，因为内部的人员调动与公司之间的人员转移相比，涉及的工作中断和特殊知识的损失都比较少。

任何组织的成员都不愿意自己冒风险而雇主得好处，成熟的大型公司就可以利用这种心理而从中获益。举例来说，其他组织的员工可能会订购昂贵的笔记本电脑，因为他们看不出购买便宜的、没牌子的兼容机有什么好处。购买兼容机，雇主省了钱，可员工没有得到多少好处；如果便宜的电脑出了故障，员工可能要为自己做出的错误选择而受到惩罚。购买 IBM 是安全的，“没有人会因为买了 IBM 的产品而被开除”。大公司创新活动的较大规模为顾客提供了“社会证据”（social proof）这种心理上的安慰：购买者知道许多人会购买 IBM 的新电脑，因此不必担心自己是孤单一人。对专业技术的感觉提供了进一步的保证：就像人们会不假思索地遵守医生的药方或者其他权威人物的命令一样，他们会尊重 IBM “系统工程师” 或 “网络专家” 的意见，购买他们推荐的产品。

然而相对于新企业而言，大公司不光是占据优势，而且面临挑战，它们必须获取数量更多、质量更高的客户和员工。例如，自力更生的新企业通过服务于非常少的顾客就能获得可观的利润，因为它们的固定成本比较低，而典型的大公司不得不争取多得多的顾客才能获得可观的利润。新可乐第一年的销售收入就比楠塔基特甘露公司（Nantucket Nectars）成立五年之内所有饮料产品的销售收入还要高。而且正如克里斯滕森（Christensen）所指出的那样，在苹果公司分别推出牛顿型（Newton）电脑和苹果Ⅱ型电脑之后的头两年内，前者的销量是后者的三倍：到 1994 年，牛顿型电脑已售出 140 000 台，而到 1979 年，苹果Ⅱ型电脑只售出 43 000 万台。[37]但是因为可口可乐公司和苹果公司各自为推出新可乐和牛顿型电脑投入了数额巨大的资源，这两个产品都代表了巨大的失败。尽管新企业可以通过发现几个非常规的客户并根据顾客需求调整产品而生存下来，但大公司的产品与服务必须具有广泛的吸引力。

大公司创新活动的庞大规模及其通常面临的激烈竞争都要求公司拥有顶尖品质的资源。在一家面对普通竞争者的较小的新企业中，创办者的个人动力和技能可以弥补“二流”资源的不足。当可口可乐在全国范围内推出一种新型软饮料并试图从百事可乐公司手中夺取市场份额时，或者当 3M 公司用一种新的高密度驱动器与艾美加公司（Iomega）广受欢迎的 Jaz 系列产品展开针锋相对的竞争时，它们都需要明星式的资源：员工、供应商、分销商、广告代理商等等都必须卓越精干。劳动力与服务的边缘供给者虽然由于没有更好的选择而急于工作，但是他们往往不够优秀。

获取顶尖品质（而不仅仅是足够）的资源需要面对特别的挑战。虽然资历可以提供质量信号，但是它们不够可靠。尽管自力更生的新企业想努力发现虚假的负面信息——那些天赋要比资历显现出来的好的员工（但大公司却面临着如何避免虚假的正面信息的问题）——那些通过了客观筛选但并不像其简历所显示的那样有天分的人员。大公司的创新所必需的合作也使得迅速辨别中庸之才有些困难。大型、复杂的项目涉及许多人员，很难对每个人的业绩做出评估。而且，许多有天分的人并不喜欢为大公司工作；大公司所能提供的独一无二的安全感和其他类似的诱因对他们没有什么吸引力。

大公司的策略

现有的声誉、关系网和资本渠道使得大公司可以采用那些面临严重资本束缚的新企业所无法采用的策略来吸引资源。我们已经看到，企业家努力想使其他人分担其创业活动的风险，而像 IBM 这样的公司则可以通过或明或暗的保证来承担资源供给者的风险。例如，它们可以向顾客提供现金返还保证或在合约中加上处罚条款；它们可以做出如果创新失败仍然保留员工的隐性承诺，从而减少参与创新项目员工的职业风险；因此，我们常常会发现大公司有政策说“我们不会惩罚失败”。

大公司可以以公司的声誉作为赌注，来表示对创新项目的支持。为了开展一项创新，大公司会在研发、市场研究、生产能力等多个方面进行不可回收的事前投资，这为其投入提供了一种“自己会说话”的信号。大公司常常通过大范围的广告宣传和公关活动将这一信号放大。例如，对于传达“电子商务”系列网络服务器和软件的发布这一消息而言，IBM 公司最近在大众媒体上大做广告似乎并不是一个有效的方式；因为在数以百万计的读者当中，至多只有几千人在购买该产品方面具有影响力。但是该广告为 IBM 公司的投入提供了可靠的信号：如果公司没有下定决心让这次创新活动取得成功，那么公司就不会用自己的声誉这样大张旗鼓地支持企业的新产品。*

大公司还为其稳健和繁荣的总体形象做广告宣传，通常这种做法不会那么直接。投资银行、律师和其他提供专业服务的公司会在装备齐全的办公室里接待客户，高技术公司会维护郁郁葱葱的厂区绿化，而像美孚这样的公司则会赞助公共电视台的节目。有时信息也会非常明显。在《华尔街日报》最近一份整页广告中，经营保险业务的康赛可公司（Conseco）就宣称：“我们是盈利的，这一点无须道歉。对我们的保单持有者而言，盈利是最终的保障，而且是我们的保险代理人取得长期成功的最重要因素。我们必须努力为我们的顾客、代理人和股东尽职尽责。”[⑧]

大公司可以利用与客户、供应商、银行和其他资源供给者之间现有的关系。IBM 公司一位能干的销售员能够发现从新产品中获益最大的顾客，他懂得采购流程是如何运作的，还认识有影响力的决策制定者，并且知道他们的反应会如何。此外，销售员的个人关系、信誉以及以前对客户的恩惠（个人的与专业上的）能够帮助他们取得订单。与此类似，与供应商的现有关系也可用来为其新产品提供生产设备。

大公司经常通过向顾客提供大打折扣的甚或免费的新产品以降低消费者的风险。例如，像宝洁这样的包装消费品公司经常通过邮件或超级市场分发新产品的优惠券或免费试用品。AT&T 公司在其全球信用卡（Universal Credit Card）发行的第一年，向每一位签约客户赠送“终身免费”的待遇。仅仅通过附赠 Internet Explorer 的方式，微软公司就在两年内获得了因特网浏览器 25% 的市场份额。

在认知和心理方面，大公司可以做出选择以迎合资源供给者对损失厌恶的天性。例如，他们的销售队伍可以在顾客的头脑中播下 FUD（恐惧、不确定与怀疑三个英文单词的首字母缩写）的种子，劝说他们不要考虑新的或不成熟的卖主。他们利用

---

* 在 20 世纪 90 年代早期，IBM 进行了一场类似的媒体风暴，想让顾客对公司对 AS1400 系列中型电脑的持续承诺感到放心。

顾客遵从权威人物和专家领导的被动倾向。例如，像耐克这样的制鞋公司和世界顶尖级的运动员签订上百万美元的合同，让他们穿戴自己的产品或者为产品签名，这种签名行为曾帮助耐克重新审视了顾客的期望以及他们愿意为鞋子支付的价格。高露洁将其溢价定价的宠物食品的销售额从1982年的4 000万美元提升到1996年的9亿美元。公司在传统广告手段上的投资很少；相反，公司将市场营销与促销预算集中在劝说兽医推荐自己的品牌上。

在某些极端的案例中，一个在自己的领域占主导地位的公司或许能够强迫资源供给者签约。例如，当微软引入文字处理或制表软件的新版本后（且停止对老版本的支持），许多客户被迫进行转换。同样，当微软引入新的操作系统时，独立的软件制作者不得不改写自己的应用程序。

当然，策略本身并不能保证大公司的创新项目取得成功。大公司所享有的资本优势与其他优势多多少少保证了它们可以获得某些客户和员工。然而，这些优势却不能保证销量达到足够的数量或者员工具备足够的才干，以提供足够大的回报来满足大公司对成功的定义。

4. 对成功的要求

大公司创新的成功与自力更生的新企业的成功所依赖因素大不相同。第一，初始条件或发起前的条件与观念在大公司的创新活动中要重要得多。企业家可以凭着普普通通的产品或商业观念开始创业，但仍然能借助于创业后的奋斗获得不错的利润：如果他们拜访足够多的客户，如果他们能根据顾客所表达的真正需求来修改自己的产品或服务，如果他们努力工作以满足第一批顾客的需求，他们就能够获得订单。而大公司的创新活动，如IBM公司的PC Jr.型电脑或者可口可乐公司的新可乐，其命运可能从一开始就已确定了。大公司无法轻易地做出中途调整，原因在于其创新活动的规模与复杂性以及参与方的数量。如果推广之前在产品设计、广告宣传和分销渠道等方面做出了不恰当的选择，就很难（有时根本不可能）从头再来了。（我的意思绝不是说良好的计划是一个充分条件。正如我在第二部分将充分论述的那样，良好的执行力在大型企业和新兴企业中同样重要——只是合理的设计与蓝图并不能保证金门大桥的胜利完工。）

第二，内容广泛的组织能力，而不是少数几个人的天分，在决定大公司创新活动的成败中扮演着更为重要的角色。与自力更生的新企业相比，大公司的创新更多地依赖于许多个人以及专业化职能部门之间的合作。正如我们已经看到的那样，单个企业家（或者创办者的小团队）对自力更生的创业活动的成败负有相当大的责任。企业家要么获得订单，要么失去订单，企业家对所提供的服务的质量负责。如果员工在其中扮演了什么角色，那也是次要的。企业家还亲自做出重大的让步，例如为了成交提供额外的零件或服务。这种责任与决策制定过程的集权化源自企业较小的规模。

在大公司较大规模的创新活动中，进行评估、计划与执行的关键责任分散在若干个专业化职能部门的众多员工身上。可口可乐新型软饮料或 IBM 公司新型电脑的引入，需要产品设计、市场营销、财务控制、生产制造、后勤保障和其他许多部门员工之间的合作，而不是仅仅依靠少数几个多才多艺的个人。我们在第二部分中将看到，合作的质量反过来又取决于每位参与者的聪明才智以及用来协调个人工作、解决问题冲突的组织机制与组织程序。公司的隶属关系、激励机制、控制体系、正式政策、默认规则以及其他类似的因素影响着具有不同知识、不同观点和不同利益的各职能部门是如何协同工作的，这些因素对结果有着重大影响。它们决定了组织能否在客观的批评和一方面修正认知缺陷、另一方面消灭所有的创新之间达成恰当的平衡，它们还决定了利用现有的声誉、资金来源和其他类似资产的计划能否实现以及是否会在执行的过程中出问题。

5. 概要

大公司的决策制定者比企业家个人拥有大得多的融资渠道，但是为了保护股东利益而设置的控制体系对他们的处置权有所限制。这些初始条件导致了大公司更偏爱规模较大、不确定性较低的创新活动，并且对创新进行精心的事前计划而不是依靠中途的适应性调整。现有业务带来的现金流、关系网和声誉有助于大公司为其新的创新项目赢得客户、员工和其他资源；然而，大公司也的确面临着比绝大多数新企业更严格的质量与数量要求。

与新企业的创办相比，大公司创新活动成败的决定因素也有所不同。创意的合理性以及参与方之间的合作对大公司的创新项目比对有前途的新企业要重要得多。

第6章　风险资本资助的新企业

为了更鲜明地表现更为常见的有前途的新企业的特征，本章考察了风险资本资助的新企业的独特性质。第1节考察了风险资本资助的新企业的创办者所拥有的禀赋与面临的约束。第2节显示了初始条件如何影响了规模与不确定性、事前计划的程度、获取资源的战略以及成功的关键性要求。第3节讨论了风险资本资助的新企业的数量较少是否为一种暂时现象，只是反映该领域尚未成熟。

风险资本（venture capital，VC）资助的新企业在塑造大众对新企业的流行观点（和正式研究）方面具有强有力的影响，这有几个方面的原因。在某些高技术领域，如半导体和基因工程，这些企业所做的贡献比自力更生的新企业要大得多。它们在地理上的集聚性（主要分布在加利福尼亚州和马萨诸塞州）引起了政策制定者、经济学家和社会学家的好奇和疑问，研究者可以更加容易地记录它们的策略和绩效。它们更加大张旗鼓、引人注目——在风险资本的资助下取得成功的新企业，其增长速度比《有限公司》500强企业的平均增长速度要快得多。通常会在五年的时间内上市或被购并，与《有限公司》的上榜企业相比，后者平均在大约八年的时间内仍然为私人所有。

然而，我们不应该把明显性与代表性混为一谈。只有约5%的《有限公司》500强企业在创业时有风险资本的资助；而且，风险资本每年大体上只会资助上百个新企业。我们将看到，风险资本资助的新企业具有几个非同寻常的特征。它们的创办者具有异常优秀的资历与创意，使得他们所能筹集到的资本比典型的有前途的新企业创办者筹集到的更多。我们已经看到，典型的《有限公司》500强企业创业时的资本不足3万美元，而风险资本资助的新企业能够筹集到200万～500万美元的资金。不过，这些资本是有附加条件的。与自我融资的企业创办者相比，风险资本资助的企业家面临着资本供给者对其计划的广泛审查以及对其绩效的随时监督；而且这些独特的初始条件使得企业捕捉的机遇具有较大的事前投资要求和较小的不确定性，对预测与计划更加依赖而对即兴发挥与适应性调整的依赖则相应减少，在获取资源时使用不同的策略并且在走向成功时面临不同的要求。

范围。本章对风险资本资助的新企业和有前途的新企业进行了对比。有些有前途的新企业后来确实从风险资本家那里融资，且风险资本业通常将2/3的资金支付给后新企业（post-start-up），或者“晚期”（later stage）公司。但是这种情况恰恰证实了我的观点，那就是很少有企业家创办的新企业符合风险资本的投资模型。高比例的晚期投资揭示出风险资本所具有的强烈的投资偏好，即在企业家降低了创业阶段的较高不确定性并证明了有大额盈利的潜力之后才对企业进行投资。*

1. 初始条件

在这一节里，我将解释为什么风险资本资助的企业家可以获得大量资本，他们必须具有什么样的特殊想法和人力资本，他们必须面对哪些审查与监控。对新企业投资（比如说与公开交易的股票投资相比）需要谨慎的评估与监督。时间约束限制了风险资本可以投资的项目数量，促使它们将资金集中于几个预计会产生大额盈利的新企业。此外，被风险资本认定具备能产生大额回报所必需的想法与人力资本的人实在是少之又少。我还将对在风险资本资助的新企业中发现的某些初始条件与大公司创新活动的初始条件加以简单对比；我们将看到，与大公司的创新活动相比，风险资本资助的新企业缺乏融通巨额资本的融资渠道，但是通常受到的审查与监督也要少一些。

评估与监督

相对于那些购买上市公司股票的投资者而言，新企业的投资者更有动力去进行严格的尽职调查。现代金融理论认为，公开交易的股票的投资者不会因为承担了公司风险而获得报酬，这些风险可以通过持有不同的股票组合来加以分散。投资者的长期收益取决于投资组合的“市场”风险或“系统”风险，而并非取决于投资者在选择个股时的机智精明。试图分析一家公司前景的努力并不会带来多大回报，因为市场价格早已反映了所有可获得的信息。对新企业的投资则代表了本质完全不同的游戏。能否辨别机会至关重要，因为投资者无法利用“市场价格”在研究和审查上搭便车。尽管出于谨慎要进行某种程度的分散化，但是分散化本身并不能取代精挑细选在投资选择中的作用。

从纽约股票交易所挂牌的股票中随机挑选 20 个购买，就能消除绝大多数公司风险，提供与整个股票市场业绩相当的回报。从历史上看，年回报率约为 10%。鉴于大多数新企业的未来令人担忧，（从每年新创立的 50 多万家新企业中）随机挑选 20 家企业进行风险资本投资，回报可能近乎为零。而且，如果未经任何筛选就对随机选出的新企业加以资助，投资者很容易受到创业者的机会主义行为或内部交易行为

---

* 在本书的第二部分，我们将研究企业是如何改变不确定性与规模特征以适应从外部大量融通资金的要求的演进过程。

的伤害。上市公司的少数股东可以通过证券交易委员会（SEC）、股票交易规则、分析家的研究以及收购威胁等措施来保护自己，而对新企业进行分散投资的投资者却享受不到这些保护措施。因此我们应该预计到，投资者会仔细地分析他们所资助的每一家新企业。我们还可以预计到，投资者会花费资源进行价格与条件的磋商；虽然股票市场上的交易和套现可以平衡单只股票的预期风险与收益，但是新企业的投资者却没法利用。

新企业的投资者还有动力去广泛监控新企业的经营绩效。在股票市场上，分散化的投资者进行监督与干预的能力比较低，企业无法就战略与绩效问题同大量分散的公众投资者进行有意义的对话，因此股东缺少监督经理人员、辨别其运气与能力所需的保密信息。搭便车的问题也降低了股东进行干预的动力，因为诱使公司改变战略或管理层所付出的成本只由某些股东承担，而他们却必须与其他没有努力的股东一起分享利益。[①]因此，一些投资者（例如指数化证券投资基金）采取了被动的方式，他们不对公司的管理层进行任何评估工作；其他投资者则采取了所谓的华尔街法则，即如果不高兴就把股票卖掉。然而，在小型的私人企业中，投资者可以要求获得进行绩效评估所需要的信息。由于投资团体的规模较小，搭便车的问题得到了缓解；而且，流动性的缺乏也使得投资者无法通过出售股权来避免对企业进行干预。因此，监控的范围和质量都会影响投资者的回报。

合伙经营的条款

风险资本家投资所用的是他人的资金而不是自有资本，他们面临更多的激励来为项目评估与监督制定系统化的流程与标准。

富有的个人、退休基金以及其他实体拥有投资于新企业的资本，但是他们常常缺乏对新企业进行评估与监督的资源（或自信）。作为一种替代的方式，他们投资于由专业的风险投资企业组建的有限合伙制企业。在合伙经营期间，风险资本家对所管理的资金拥有广泛的处置权。合伙时间通常不超过十年，在合伙关系到期时或者到期之前，风险资本家会将合伙企业的非流动性股权加以变现或者将股权转化为可交易的证券，并将收益返还投资人。风险资本家会为其所提供的服务收取固定的年金（通常为所管理资产的1%～2%）以及“附带权益”或者利润分成[②]（一般为20%）。

我们可以把这些条款与那些购买上市公司股票的投资者及其“投资顾问”之间的协议进行比较。投资顾问的活动并不涉及多少审查与监督工作，因此可以轻松地增大规模——购买10亿美元流通股票的工作比购买1亿美元流通股票的工作多不到哪儿去。因此，一个典型的投资顾问所管理的资金比一个风险资本家要多得多。服务于机构客户的投资顾问，如果其管理的资金少于几十亿美元，规模就算小的；许多投资顾问管理着上百亿美元的资金。与此形成鲜明对比的是，一般的风险投资合伙企业的资本都不会超过1亿美元。投资顾问从机构客户那里得到的年金通常也比较少（一般为所管理资产的 0.1% ~0.6%），而且没有投资利润分成。由于资产是流动的，客户可以随时从投资顾问那里抽回资金或者是中止服务。

与客户之间的交易条款促使风险资本家将其投资流程与标准正规化。如果不得不为私人投资项目融资，就有可能造成敏感信息的延迟和泄露，但是有限合伙的股权结构却使得风险资本家可以避免这种情况；但是这也要求客户放弃对投资决策的完全控制，在很长一段时间内将控制权交与风险资本家。“附加利益”赋予了风险资本家利润分成的权利却不用负担亏损共担的义务，这激励他们去投资于超高风险的项目。于是风险资本家制定——并宣传——正规流程，向客户保证不会进行轻率的投资从而滥用自己的处置权。而且当成功的风险资本家筹募新的资金时，他们会努力让潜在的投资者相信他们过去的成绩是系统化投资流程的结果，而不是出于直觉或运气。

风险资本家为推销服务所做出的宣言似乎得到了证据的证实，职业风险资本家看起来的确在尽职调查、达成交易和提供实时咨询和监督方面投入了大量的精力。萨尔曼（Sahlman）称，风险投资企业中的每位合伙人一般只负责 9 个以下的投资项目，并担任 5 个董事职位。他们以大约每年 19 次的频率访问所投资的每一家公司，花费 100 个小时与公司进行直接接触（或者在现场或者通过电话）。他们“帮助招募关键员工并为其支付工资，与供应商和客户一同工作，帮助制定战术与战略，在筹集资本方面扮演着重要角色，并且帮助完成购并交易。他们经常通过替换管理层来进行更直接的控制，有时还愿意亲自接管日常经营活动”[③]。勒纳（Lerner）对那些在所投资的公司董事会任职的风险资本家的研究表明，他们越来越多地卷入高级经理人员更替之类的事件，而且他们倾向于在地理位置上接近的公司的董事会任职。[④]

典型的标准与流程

与大公司的创新活动相比，风险资本家能有效管理的交易数量是有限的，这为每笔交易所必须获得的总回报设置了一个较高的门槛。风险资本家没有将自己的时间分散在许多小规模的机遇上，他们更倾向于将精力集中在少数几个确实有可能带来大额绝对回报的有潜力的新企业上——判断的依据是客观的或者可证实的数据。极高的失败率以及有限的时间强化了这种倾向。即使在进行了广泛的审查与监督之后，许多风险资本投资的项目所带来的回报也是令人失望的：由《有限公司》《风险投资经济学》进行的一项对风险资本投资组合的研究显示，60% 以上的利润是由 7% 的投资项目带来的，同时整整 1/3 的项目结果为部分亏损或完全亏损。因此，风险资本家会避开小规模的机遇，即使它们的回报率非常高，也无法弥补风险资本家的时间的机会成本，或者补偿投资组合中的其他失败项目。他们投资的每一家新企业必须有希望提供上千万、而不是几十万甚或几万美元的回报。

新企业的吸引力还依赖于风险资本家对他们将花多长时间才能“收获”或者将

投资变现的预期。风险资本家必须在其合伙关系到期前变现，在为期十年的基金中，一般情况下成功的新企业会在五年之内上市或者卖给其他公司。这一因素也导致风险资本家偏好于那些具有大额盈利潜力的投资项目：小型企业负担不起上市费用以及之后遵守管制与审计要求的固定成本。

普里默斯风险投资合伙公司（Primus Venture Partners）制作的一本手册描述了该公司的投资标准与流程，展示了风险资本家是如何努力确定那些有潜力产生高额绝对回报的新企业的。守则上列出的第一项核心要求就是“对其从事的行业和市场有深刻经验的、有能力的管理层”。第二项核心要求是公司拥有通过提供“具有独特优势的特别产品”或者“对消费者具有强烈吸引力的独一无二的服务”成为“所选市场上的领导者”的潜力。该手册还表明普里默斯公司期望在 3～5 年的期间内实现回报，公司规定的“最优投资规模”为 100 万～500 万美元，公司对某些行业具有偏好，但是“更偏爱杰出的管理团队”而不是特殊的行业。

根据该手册的描述，普里默斯公司的评估流程从审查寻求资金的企业家制作的商业计划书开始。根据手册，这些计划书必须包含的信息至少要有：

- 对企业将遵循的战略方向的说明以及为什么该方向在公司的市场或行业环境内具有意义；
- 对所提供产品或服务的详细描述，要特别强调其独特的性质；
- 主要管理者的概况或简历；
- 所服务的市场及其前景的简要分析（例如，竞争环境、影响市场规模变化的趋势、国外竞争者的角色）；
- 关于企业在 3～5 年的时间内在何地获取销售收入与利润的财务计划。

根据该手册，如果企业符合普里默斯公司的投资标准，并且管理层具有必需的经验，普里默斯公司的专家就会与目标公司的管理层进行广泛的讨论，并对其资历进行彻底的审查。专家们也会对公司的产品、市场、竞争等情况进行独立调查，“为了证实管理层在实现其计划方面具有很大的可能性，在时间允许的情况下应进行尽可能详尽的审查”。

其他风险投资企业的标准多少有些不同。有些具有非常强的行业集中性——例如，赫默·温布莱德风险投资公司（Hummer Winblad）只对软件企业进行投资。克雷纳·珀金斯风险投资公司（Kleiner Perkins）的约翰·多尔（John Doerr）说，他看重的是“有卓越的技术、杰出的管理层、集中于大规模快速增长的市场的战略（以及）对时间非常强烈的紧迫感”。克雷纳·珀金斯公司寻找并“资助身为市场上的前两位进入者的新企业，因为在竞争对手之前加速将产品推向市场至关重要”[5]。但是普里默斯方法中的核心要素——对于独特的产品、有经验的经理、最低水平的投资门槛以及详细审查的要求——在风险投资企业中是相当常见的，因为它们来自发现大赢家的普遍动力。例如，一家小企业如果能够盈利，可能仅仅是因为企业家个人的动力、能力和关系等等；但是，通过出售公司或公开发行股票所实现的巨额盈利，通常要求公司的产品或工艺具有一些内在的、与众不同的特质。* 与此类似，经验丰富的创业者能够大大增加新企业迅速达到较大规模的概率。有些没受过训练或经验不足的人或许能学会如何管理快速成长中的企业，但是在事实发生之前，风险资本家难以确定企业家是否具有这种潜在的能力。

不寻常的创业者

很少有人创业时的想法或者人力资本能够达到获得风险资本资助所需的要求。当米奇·卡珀（Mitch Kapor）于 1982 年创办莲花公司时，具有取得风险资本融资的充分禀赋；当盖茨与艾伦于 1975 年创办微软时，他们没有这样的禀赋。（参阅专栏文章《满足风险资本的标准：卡珀与盖茨》。）但是大多数新企业的创办者更像盖茨和艾伦而不是卡珀，他们达不到风险资本所要求的标准。即使是看一下日后的成功者，如《有限公司》500 强企业的创业者，这种情况也是千真万确的。

满足风险资本的标准：卡珀与盖茨

米奇·卡珀之所以能够获得风险资本的投资以创办莲花发展公司，原因在于他拥有必需的禀赋。盖茨和他的合伙人艾伦没有这种禀赋，所以被迫自力更生。尽管卡珀并不是公司型的人——他以前做过电台 DJ 和超然冥想导师——但他拥有耶鲁大学的控制学学位，并完成了麻省理工学院工商管理硕士速成班 3/4 的课程。在创办莲花之前，卡珀已经成功地研发了 Tiny Troll、VisiPlot、Visitrend 等软件，并担任过第一个电子表格软件 Visicalc 的产品经理。卡珀对莲花公司早期的软件研发投入了大量的个人资本——他从 Tiny Troll、VisiPlot、Visitrend 上挣了 100 多万美元——并且雇用了具有 15 年编程经验的乔纳森·萨克斯（Jonathan Sachs）。萨克斯曾设计并完成了微型计算机用的制表软件。到 1982 年，个人电脑的市场潜力已经很明显了。1981 年，共卖出 836 000 台个人电脑，杨基集团（Yankee Group）预测年增长率将达到 66%。Visicalc 软件的出现已经使电子表格成为一个实际的产品品类——那时大约有 1/3 的个人电脑所有者使用该软件。因此，在卡珀的商业计划书中，根据对市场份额的保守估计，预计到营运的第三年收入达到2 490 万美元。[⑥] 而且，据资助卡珀的风险资本家本·罗森（Ben Rosen）称，莲花公司的第一个产品 1-2-3 比 Visicalc “优秀很多”。[⑦] 当时 IBM 刚刚推出个人电脑，1-2-3 便利用个人电脑新的 16 位架构提供比当时在苹果

---

* 当然，这个一般模型也存在着例外。一位名声显赫、具有卓越技巧或技术的人，或许会接受资金以寻找机会并制作一个商业计划，但这并不是通常情况下风险资本家所采用并宣传的为顾客提供的附加价值。

电脑8位机上使用的主流制表软件Visicalc更多的功能与更清晰的图像。

与此相反，当盖茨和艾伦于1975年创办微软时，只有很少的电脑爱好者知道有个人电脑这回事。微软的第一个产品并不具备产生大额收益的潜力，而且那时乔布斯还没有构想出苹果电脑。卡珀1982年的商业计划书包括了关于竞争者、细分顾客群、已有的电脑基础等等方面的客观行业数据，而个人电脑在1975年尚处于新生状态，微软的创办者根本无法制订类似的计划。根据客观的标准，微软缺少诸如普里默斯风险投资合伙公司这样的风险资本所要求的“杰出的管理层”。盖茨还是一个十几岁的少年，艾伦只比盖茨大两岁，两个人都从大学辍学了。与1982年的卡珀相比，他们的商业或行业经验或者吸引资深员工的能力都很有限。

微软不像莲花，拥有不了多少能有效利用的创业资本。风险资本提供的470万美元使得莲花公司能加速产品的开发进程，并在软件业内第一次使用正式的广告活动来推广1-2-3，1-2-3迅速占据了新生代的16位个人电脑的制表软件市场。如果首次推出的时间再晚一些或者吸引顾客的营销支出不那么强劲，就有可能让Visicalc的制造者追上来。与此相比，微软公司为牛郎星电脑研制的BASIC程序只有可怜的电脑爱好者市场，这无法作为对促销、分销或营销进行投资的正当理由。因此，对盖茨和艾伦而言，从风险资本家那里获得创业融资既不可行，也无用处。

此外，即使微软最终超越了莲花公司，也无法确定对微软投资就一定能在3~5年的时段内为风险资本带来更诱人的回报。莲花公司的实际销售大大超出了销售计划，在第一年就卖出了5 300万美元。[8]1983年10月，在获得470万美元风险资本融资之后不到两年的时间里[9]，莲花公司就以超过2亿美元的价值上市了。与此相比，在创办之后的第五年也就是1980年，微软几个机会市场产品的销售收入加起来才大约500万美元，而且没有任何能够马上公开发行股票的迹象。以一个普通的新企业的标准来看，微软在头五年取得的进步已经相当骄人了，1984年就已经进入《有限公司》500强企业名单。但是与风险资本资助的成功企业相比，如莲花和康柏，微软公司早期价值增长的绝对值不过一般水平而已——微软花费了九年时间才获得莲花在第一年取得的收益，为上市花费的时间也长达十年之久。

最初的商业理念。大多数创业者没有能产生大量收益的独特产品或服务，他们通常不是市场上的前一两位的进入者。正如我们看到的那样，他们往往复制其他公司的产品。在另外一些情况下，他们独立地想出了一个创意，但是同时其他的许多创业者也想到了。然而在有些情况下，创业者的想法很容易被模仿。

通常原创概念的收益潜力是有限的。大多数创业者从较小的机会市场开始创业，这种市场无法满足大多数风险资本家所规定的上百万美元的最低投资限额。他们最直接的目标是获得足够的销量以弥补其较低的固定成本。那些日后跻身于《有限公司》500 强的企业，后来又开发了新产品或获得了新顾客，但是正如我们看到的那样，这种扩张通常更多的是机会主义的而不是经过精心计划的。在创业伊始，投资者不能指望这种类型的扩张。创业者或许对自己必将发现增长机遇充满了信心，但是他们却无法为此提供多少客观的数据。

而且，即使在创办者的不断努力下《有限公司》500 强企业在后期取得了不俗的增长业绩，但通常也达不到风险资本所要求的成功标准。大多数《有限公司》500 强企业的成立时间为 5 ~8 年，因为 5 年的历史记录是上榜的基本要求，只有不到 30%的公司成立时间在 9 年以上。因此，它们的一般年龄比风险资本 3 ~5 年的投资期限多少要长一些。但是它们的收益却少得多，即使在成立 8 年之后，也要远远少于风险资本资助的诸如康柏和莲花这些成功企业在头几年取得的收益。如图 6 - 1 所示，《有限公司》500 强企业的收益中值不到 1 000 万美元。与此相比，典型的由风险资本资助并在成立 5 年之后公开上市的公司[⑩]，前几年（即成立之后 4 年）的收益为 3 700 万美元（见表 6 - 1）。[⑪]

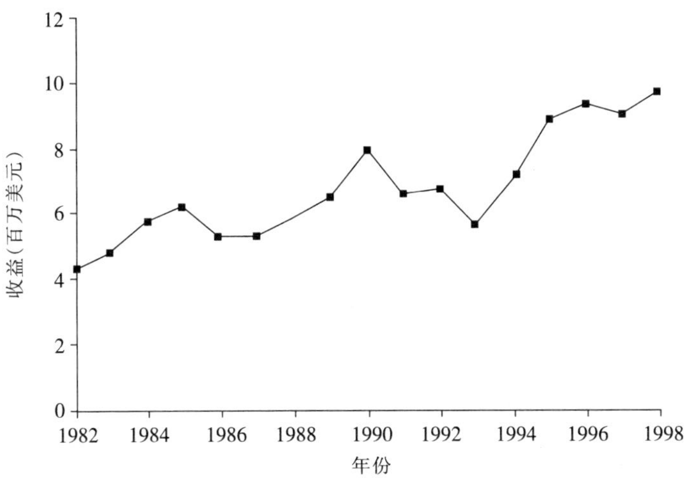

图 6 - 1　《有限公司》500 强企业收益中值

资料来源：《有限公司》杂志。

表 6 - 1　　风险资本资助的 IPO（1984—1994 年）

年份	IPO 的数量	平均资助金额（百万美元）	企业 IPO 时的经营年限（年）
1984	53	65. 9	5
1985	47	69. 7	3
1986	98	86. 7	5

续前表

年份	IPO 的数量	平均资助金额（百万美元）	企业 IPO 时的经营年限（年）
1987	81	85.1	5
1988	36	91.8	5
1989	39	100.0	5
1990	42	109.3	6
1991	122	118.5	6
1992	157	101.7	6
1993	165	100.5	7
1994	136	86.8	7
总计/平均	976	92.4	5

* 资料来源：*Venture Capital Journal*，Feb 1995，p. 45.

（IPO 为英语“Initial Public Offering”的首字母缩写，中文意为“股票的首次公开发行”。——译者注）

人力资本。大多数创业者并不具备风险资本家认为迅速创建并管理大型公司所必需的经验，而且在追求风险资本企业所规定的增长速度方面，创业者本人可能也缺乏信心。我们访问过的一些创业者说，对自己管理能力的怀疑导致他们尽量避免快速扩张。1983 年与人合伙创办了埃德温特软件公司的斯蒂芬妮·迪马科，以前曾在美国银行、顶点投资公司（Summit Investments）和科尔金融集团（Cole Financial Group）任财务分析员和证券经理。这些经历为她提供了研制个人电脑用证券管理软件的机会，但是并没有给她经营管理一个企业的准备。迪马科回想起自己为是否雇用一位营销经理而犹豫不决，因为“对我而言，在雇用外人之前亲自学习管理企业非常重要，我以前从来没管理过任何人。我的目的不是试图创立一个组织，而是试图证明我自己”。* 随着埃德温特软件公司创办者的经验与自信不断增长，公司的收入也在增长，从 1983 年的 16.7 万美元增加到 1988 年的 230 万美元。1988—1996 年收入又增长了近 20 倍，到 1996 年达到了 4 000 万美元。1995 年埃德温特软件公司完成了股票的公开发行，价值刚刚超过 1.25 亿美元。但是让迪马科满意的增长速度从风险资本的角度来看可能还是不尽如人意，在成立之后 5 年才达到 230 万美元的年收益，这对初始投资就有可能那么多的风险资本来说不是什么了不起的成功。同样，等待了 12 年才公开发行股票，也不符合按规定十年之后结束关系的有限合伙制的要求。

在一些特殊的案例中，经验不足的创业者可能会与一位经验老到的经理人员合作；事实上，风险资本家可以帮助创业者创造这种团队。然而，这要求企业具有非

* 当被问到如果要重新创办埃德温特软件公司，她会选择什么不同的做法时，迪马科说，她和合伙人“会让公司更快地增长”，因为他们已经“懂得该如何经营一家公司”。

常有潜力的创意或技术。如果企业家创业时只有模仿他人的概念或者生产市场狭小的差异化产品（情况往往如此），他们一开始就无法招募像普里默斯公司对新企业投资时所要求的那种有经验的合伙人或员工。

与大公司的比较

与大公司相比，风险资本家投资于审查与监督创新活动的资源比较少。风险投资企业的组织形式是扁平化的，包括几位合伙人与助理（作为合伙人的学徒）。例如，机构风险投资合伙公司（Institutional Venture Partners）是一家规模相对较大的著名企业。萨尔曼（Sahlman）发现，该企业只有六位合伙人和两名助理，但却管理着几亿美元的资金。因此，可用于评估与监督投资的人员很少。与此相比，像 IBM 这类大公司拥有若干管理层级、分布于各部门与各层级的员工以及大量的咨询预算可用于对投资项目进行审查与监督。*

风险资本的投资过程涉及的制衡机制也比较少。如同任何合伙组织一样，每位合伙人对实施某个项目的决策都会受到来自其他合伙人的某种程度的“相互监督”，因为后者在收益方面也有利益关系。但是作为惯例，尽管其他合伙人可能会表达自己的担忧，但是他们通常不会推翻他人的决策。与某些银行的信贷委员会对贷款申请进行投票表决的方式不同，风险投资公司的同级审查一般只涉及“建议和同意”。与此相比，在 IBM 或宝洁这样的公司里，推出新产品的决策必须在好几个层级进行审批，涉及的员工也是多部门的。而且（不像风险投资公司的合伙人），大公司内对创新活动进行评估与审批的人在项目中没有经济上的利害关系。因此，他们很少会不作彻底的分析就说“好的”。

与风险投资公司相比，大公司可用于投资的资本也非常多，或许（根据法马和詹森的分析）是因为大公司的控制体系为投资者提供了更为广泛的保护。** 正如萨尔曼指出的那样，IBM 公司 1988 年在资本与研发方面的支出是所有专业风险投资公司当年支出总和的三倍。[12]与此类似，默克公司某种药物的研发与营销预算或者英特尔公司在一个半导体生产厂的支出比许多风险投资基金的总资本还要大。

总的来说，在初始条件方面风险资本资助的新企业与典型的有前途的新企业非常不同。风险资本资助的企业的创办者拥有独一无二的想法以及更深厚的管理经验，因此他们能从风险投资公司筹集到大量的资本，而风险投资公司也对其进行更多的监督和控制。有前途的新企业的创办者资历稍差，他们要么模仿别人的创意，要么对其稍加修改，既筹不到多少资本，也无须对投资者负责。然而，与大公司的创新活动相比，风险资本资助的新企业既没有渠道筹集那么多的资本，也不必面对那么

---

* 请注意，我此处的评论只适用于评估创新活动的资源的“数量”，而不是它们的质量或效能。

** 美国鼓励机构投资者拥有上市公司股票的规定可能也限制了这类投资者用于私人合伙制企业的资金。大规模、成熟的大公司可能也在开发大规模机遇方面具有优势。例如，我们在前面一章看到，它们可以利用现有的关系网和声誉迅速获取客户、员工、信贷等等。

多的审查与监督。这样一来，就初始条件而言，风险资本资助的新企业所处的位置恰好位于有前途的新企业与大公司的创新活动之间。

2. 初始条件的意义

在这一节中我们将讨论，对于风险资本资助的新企业而言，初始条件对它们追逐机遇、制订计划和获取资源所采取的方法以及成功的要求有何影响。我们会发现，风险资本资助的新企业（在机遇、计划等方面）拥有一些居于有前途的新企业与大公司的创新事业之间的混合特征，这反映了它们初始条件的“中庸”特征。

机　遇

与典型的有前途的新企业相比，风险资本资助的新企业所捕捉的机遇规模更大、不确定性更低；然而与大公司的创新活动相比，则规模较小、不确定性较大。

不确定性。风险投资公司的审查流程以及对客观证据的要求，使得它们避开有前途的新企业的创办者经常追逐的那种类型的不确定性。像许多有前途的新企业一样，风险资本资助的新企业的确也试图利用外部变化，但与前者相比有两个重要的区别，而正是这些区别减少了它们预期利润的不确定性。首先，用约翰·多尔的话来说就是除非有一个“规模大、增长快的”市场，否则风险投资公司不会盲目投资。因此，20 世纪 70 年代的大多数风险投资公司不为个人电脑行业融资，当时，个人电脑的需求规模（如果有需求）还有很大的不确定性。其次，风险资本资助的新企业不仅仅依赖于市场动荡。它们在创业时就拥有一些独一无二的资产，正是这些资产使得创业者和风险投资公司预期新企业将从市场上其他角逐者中脱颖而出，还会提供对抗不利外部条件的一些保护。因此，拥有独特的产品和技术将缓解不可控制的市场不确定性。

与此类似，对利润主要取决于企业家满足顾客模糊需求的个人能力的企业，风险投资公司通常也不会为其融资。风险投资公司期望企业因差异化的产品或技术而享有较高的利润率，企业家有责任有效地利用这一资产——正是这一关键职能导致风险投资公司认为创业者的素质才是新企业成功的最重要的决定因素。但是对那些未来的竞争优势多多少少根植于企业家能力的新企业，风险投资公司一般不会为其融资。这类企业不确定的、不可证实的前途无法满足风险资本进行审查的要求。

不过，对于不确定性和“信息缺失”风险投资公司比大公司具有更大的容忍度。风险投资公司的一般合伙人拥有较大的处置权，这使得他们可以依靠对企业家与机遇的判断来弥补由于信息缺失造成的空白。与企业家有着紧密个人接触的风险投资公司可以监督其经营工作的质量，不用只依赖于几个数字。与大公司的职员相比，其附加利益或合伙利润分成也赋予风险资本家更多的动力去批准那些不确定的项目。

因此，风险投资公司可能比大公司更乐于、也更迅速地在新市场或新技术上试试运气。

规模。我们看到，风险投资公司要求其投资的新企业有潜力带来比《有限公司》500 强企业的利润大得多的利润。反过来，可以从风险投资公司获得资金也使得企业家能够创建比自力更生的新企业规模更大的企业。与此同时，风险投资公司控制的资本没有大公司的经理人员控制的那么多，风险投资公司创造的新企业也没有大公司那么大。相对于一家 1 亿美元的风险投资公司而言，一家数十亿美元的大公司为了满足投资者与员工对公司增长的期望，必须创造出比前者大出很多的利润流。因此，与大公司相比，典型的风险资本追逐的机遇规模普遍较小（根据投资和预期总收益衡量）。（参阅专栏文章《为何风险投资公司喜欢较小的项目》。）

这些创新方面的差异引起了人们对风险投资公司决策制定流程的天生优越性的怀疑。有些评论家认为，风险投资公司更加扁平化的结构与所面临的经济激励使其决策制定流程比实行等级制的大公司更有效率。也就是说，风险投资公司从评估与监督工作中得到了更多的收益。然而，这种说法忽视了尽职调查与获得资本之间的联系。大公司成本更高、更细致的调查赋予其更多的资本渠道，并促使它们从事需要较大规模事前投资的创新活动。风险投资公司更加简单高效的决策过程无所谓更好或更坏——只不过适用于不同种类的机遇罢了。1968 年，传奇性的风险资本家阿瑟·罗克（Arthur Rock）和其他投资者可以为罗伯特·诺伊斯（Robert Noyce）和戈登·E. 摩尔（Gordon E. Moore）提供创办英特尔所需的 250 万美元。但是，风险投资公司却没有能力为 1993 年英特尔推出奔腾处理器这样的项目融资，奔腾处理器的项目所需事前投资据估计超过 7.5 亿美元。* 要想获得这种规模的资本必须具有更多精心安排的制衡机制，而大公司的等级制度可以提供这种制衡机制。

为何风险投资公司喜欢较小的项目

为了简单说明这个问题，让我们使用前一章讨论的那个假想的大公司作为参照物。回忆一下，这家大公司的目标是产生 2 亿美元的新利润，而风险投资公司的目标是 1 亿美元的利润。

如图 6-2 所示，大公司面临着一系列项目，每一个项目对投资的要求为 I，预期产生的利润为 P_{CORP}。风险投资基金面临的分布稍稍好一些——投资 I 产生利润 P_{VC}——因为其愿意容忍更大的不确定性。像以前假设的那样，大公司要求每月最少有 6 人参加评估与监督，因为它每月总共有 42 人可供使用。风险投资公司的最低要求与可用人员都比较低，但是比率相同，因此与大公司一样它所

* 据报道，英特尔公司对奔腾系列芯片的总投资已经超过了 20 亿美元。

从事的项目也不能多于7个（N_{MAX}）。所以，大公司要求每个项目达到的最低利润是风险投资公司的两倍（2 857 万美元对 1 429 万美元）。而且，鉴于每个项目的资本利润率随投资规模的下降而下降，大公司对每个项目的最低投资（I_{CORP}）与风险投资公司对每个项目的最低投资（I_{VC}）的比例应该大于两倍。

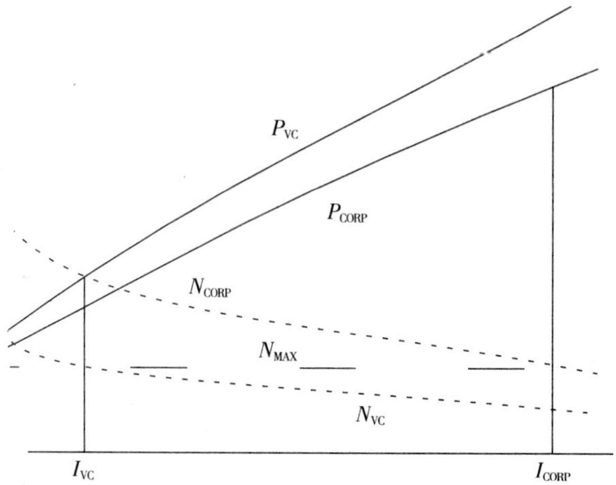

图 6－2　风险投资公司与大公司的创新活动

注：N_{CORP} = 大公司为了实现 2 亿美元的利润目标必须投资的项目数量；
N_{VC} = 风险投资公司为了实现 1 亿美元的利润目标必须投资的项目数量。

计划与调整

我们在前一章讨论了大公司的创新活动。出于许多相同的原因，与有前途的新企业相比，风险资本资助的新企业对事前计划与研究的依赖更多，对事后调整的依赖则更少。要想从风险投资公司获得资金，企业家必须事先编写商业计划书，并对顾客和潜在的竞争者进行某些研究，很少会有例外情况。风险投资公司在进行某项投资之前所做的调查工作对企业家的研究工作是一个补充。风险资本资助的新企业具有更大的复杂性和更大的投资要求，值得为之进行更多的计划。像康柏或莲花这样的企业，其成立时的规模要比有前途的新企业大很多，自然涉及对更多的员工与职能部门进行协调，因此也要求多做计划。

与此类似，尽管根据未预见到的情况做出某些调整是不可避免的，但是风险资本资助的新企业面对的改变计划的压力比有前途的新企业要小。企业较低的内在不确定性以及更多的初始研究降低了出现意外情况的可能性，资本的可获得性减少了偏离初始计划的动力。与此相比，自力更生的新企业面对着产生现金的巨大压力；如果最初的概念不能带来正的现金流，创业者就不得不迅速改变方向或者结束公司的业务。风险资本资助企业时，其财务计划中通常已经预期到会有若干年的负现金流，而且风险投资公司对这种预期本身将过于乐观也有所准备。“每一件事会多花掉一倍时间与两倍金钱或者两倍时间与一倍金钱”是这个行业里被再三重复的一句谚语。因此，在若干年内不能产生现金流这件事本身并不会迫使战略发生变化。事实上，为了避免打乱以建立长期竞争优势为目标的战略焦点，风险投资公司常常阻止创业者为了产生现金而追求短期机遇。

创业者与风险投资公司之间关系的性质也加强了对最初计划的坚持，风险投资公司和创业者常常根据特定目标的完成情况就股权分享安排进行协商。根据冈珀斯（Gompers）和勒纳（Lerner）的研究，如果创业者没有达到既定目标，风险投资公司可以“在后来的融资活动中大大地稀释创业者的权益”。[13]更糟糕的是，承认预测错误会危及创业者的饭碗。风险资本家从众多的申请中选出一家企业，进行了审查工作，又向合伙人鼓吹这项投资。我们可以预计到，他们对这个概念也会付出个人的承诺。如果创业者在后来的过程中提议进行重大的改变，风险资本家必须判断是他们对创意的最初估计出了问题，还是创业者没有能力。创业者对新战略的提议会点燃人们的记忆，让人回想起他们对最初提议所表现出的自信。投资者会感到奇怪，“我们会不会再一次被他愚弄?”如果同意新战略而不是更换管理层，就意味着风险资本家不仅必须抛弃一切能证明创业者计划糟糕、判断错误或吹嘘夸大的坚实证据，还要承认自己所做的研究不够充分。

反过来，因提出激进的变革而被革职的风险促使创业者努力使自己最初的计划运转起来，哪怕连他们自己都已失去了信心。一家高级材料公司的前任 CEO 描写了外部投资者可以带来怎样的压力来要求坚持已经站不住脚的战略。

> 当我们开始创业时，我们所生产的材料并没有一个明确的市场。作为 CEO，我的第一项工作就是勾画我们将面对的产品市场，于是整整三个月我都在到处奔波。我找到了一个产品——氧化铝提取物——但是当我们接触市场的时候，竞争已经升级了，我们的提取物从没有真正开始生产。我意识到，以我们的规模，我们应该进行以需定产而不是盲目上量。但那时我们已经陷入了困境，我逐渐失去了对投资者的信任。他们对新战略不感兴趣，他们只想着怎么让提取物变得有利可图。我真希望当时自己能坚持立场告诉他们：“我明天要把熔炉关了。”不过我没有这么做的勇气。

相反，如果不是创业者而是风险投资公司愿意坚持某一战略，倒是可以让一些自我融资的创业者或许不得不放弃的商业创意最终获得成功。例如，全国人口统计与生活方式公司（National Demographics and Lifestyles，NDL）进行了四轮融资活动才在资金方面获得了可行性（参阅专栏文章《坚持计划：NDL 公司的案例》）。创业者之一乔克·比克特（Jock Bickert）说，他和合伙人严重低估了达到盈利临界点所需要的资本和时间。对于这种过分乐观的商业计划，风险资本家们已经司空见惯了，如果没有他们的资助，NDL 公司的创业者们可能无法让一个基本合理的商业概念运转起来，虽然他们有可能成功地将他们的努力导向资本密集度较低的事业。尽管自力更生的创业者所面临的资本束缚要求他们迅速对企业进行重新定位，但是风险资本资助的创业者拥有坚持自己基本理念的动力与选择权。

坚持计划：NDL 公司的案例

1976 年，乔克·比克特和罗布·约翰逊（Rob Johnson）创办了 NDL 公司，他们计划从冰箱、组合音响这类商品的购买者交给厂家的产品登记卡上收集数据。相对于那些从机动车产品登记卡和电话簿上收集数据的传统营销名录而言，这种数据来源方式可以让 NDL 公司整理出质量更好的营销名录。据对该公司投资的一位风险投资家汤姆·克拉夫林（Tom Claflin）称，NDL 公司"看上去像一家能挣钱的企业。即使在他们的计划中剔除一定程度的乐观估计，这家企业的潜在经营杠杆还是相当大的"[14]。

1979 年 12 月，NDL 公司从风险投资公司那里筹集了 120 万美元的资金。但是到 1980 年年中，更多的资金需求逐渐明朗起来了。购买邮件列表对名单数量有个最低要求，而且从控制产品登记卡的厂商那里获得名字所花费的时间也超过了原定计划。比克特和约翰逊又筹集了 160 万美元，他们估计这笔钱足够带来正的现金流了。但是，NDL 公司的计划又一次落空，不得不进行新一轮的融资。风险资本家克拉夫林评论道：

> 所有的风险资本家都信任这家公司，也信任乔克和罗布。不过这已经是他们第四次跑回来要钱了，而每一次筹集的资金我们都预计完全够用。这家公司一再没能完成收入计划，尽管公司确实取得了一些进步，但还是再次回来要钱，而此时距离扭亏为盈还遥遥无期。在风险投资集团再次投入 100 万～150 万美元的资金之前，我们必须解决关键的问题：是再支持他们一段时间就能看到转机，还是理念出现了根本性的差错？[15]

风险资本家最终还是提供了更多的资金，使 NDL 公司能够实现转机。几年以后，NDL 公司以大约 8 000 万美元的价格被收购，这让创业者和风险资本家都感到非常满意和欣慰。

这并不是说风险资本资助的新企业就会严格地坚持计划，只是说创业者—投资者之间关系的性质使得发生偏离的程度和概率比自我融资的企业要小一些。但是与大公司的创新活动相比，风险资本资助的新企业却更多地依靠调整而不是计划。这是因为其不可缩减的不确定性相对较大，改变方针的管理成本相对较低，而且资本的可获得性和承受损失的能力也没有大公司那么强。

获得资源：问题与策略

问题。风险资本资助的新企业在获取资源方面所面对的问题介于自力更生的新企业和大公司的创新活动之间。如同任何一家新企业一样，风险资本资助的新企业面临着“新企业的不利条件”。它们既没有现成的利润来源以承受将要发生的损失，也没有现成的历史记录；它们的顾客和潜在的员工面临着较高的转移成本。不过有些因素能够缓解这些问题。专有技术或者其他竞争优势的源泉提高了预期的生存概率，还能提供足够大的好处以抵消资源供给者的固定转移成本。创业者的资历、个人信誉和以前的关系能为资源供给者提供一些保证。创业者的资质一般比自力更生的企业家要好一些，而且他们放弃了高薪工作，这就使人预计他们会对企业更加投入。从较大数额的初始沉淀成本也能推断出他们做出了较多的投入。

风险资本家通过自己的审查和认证工作增加了新企业的可信度。虽然风险资本家的金融储备可能无法与 IBM 这样的公司相提并论，但是与自力更生的创业者相比，他们肯定可以使一家企业经营得更久。风险资本家还可以利用自己的声誉和契约来帮助新企业获得顾客、员工和供应商等资源提供者。

不过，与大公司的创新活动相比，较大规模的预期成功也向风险资本资助的新企业提出了资源的数量和质量问题。一家风险资本资助的新企业无法仅仅通过获得几个客户来取得令人满意的回报，也无法将增长建立在创业者或缺乏经验的员工的劳动之上。

策略。尽管风险资本资助的新企业比有前途的新企业拥有更多的资本，但是却没有大公司为他人承担风险的能力或（有某些例外，如网景公司）“购买”市场份额的能力。因此它们至少在某种程度上不得不使用利用他人认知偏见的策略，我们已经看到有前途的新企业的创业者对此大加利用。不过，风险资本资助的新企业和有前途的新企业之间有两个显著的差别：第一，有前途的新企业的创办者通常必须进行彻底的搜寻，才能碰巧发现合适的顾客。风险资本资助的新企业通常为更为确定的市场提供服务，也进行更为广泛的事前研究，因此可以更轻松地发现目标。第二，有前途的新企业只能依靠那些就业前景往往欠佳的员工，因为它们负担不起吸引资质更好的员工所需要的薪酬，还因为拥有企业的股权在人们看来也没有什么价值。风险资本资助的新企业不仅能够支付较高的薪金，还能使用股票或期权作为招募员工的手段，因为经验丰富的外部投资者为他们在企业中的股权赋予了大量的价值。因此，有前途的新企业依赖于提供直接的好处来吸引资源提供者，而风险资本资助的新企业提供的则是值得信赖的拥有大量长期收益的前景。

取得成功的要求

在前一章我们看到，初始计划的质量在大公司的创新活动中比在有前途的新企业中扮演着更为重要的角色，组织的能力比一两个员工的天分重要得多。在风险资本资助的新企业中我们发现，与有前途的新企业相比，初始计划的合理性更为重要；而与大公司的创新活动相比，对初始计划进行修改或调整的能力更为重要。与此类似，团队合作在风险资本资助的新企业中比在有前途的新企业中发挥的作用更大。

但是与大公司的创新活动相比，这个团队的规模相对较小，团队成员的多样性也不够，因而高层决策制定者的角色更为重要一些。

初始计划与条件。从一开始就拥有健全的计划或正确的概念在风险资本资助的新企业中比在有前途的新企业中发挥着更重要的作用。有前途的新企业主要由其创办者而不是什么原创性的想法或技术来“定义”的；因此，创业者无须终止“企业”就能从根本上改变一个有缺陷的想法。而且，由于所涉及的员工或投资者相对较少，进行变革的阻力也并不大。一家风险资本资助的新企业从成立伊始就拥有了属于自己的身份和生命，它不用依附于创业者而存在——它是由企业的核心概念或技术来“定义”的，并由创业者征募的风险资本家和员工对这些概念加以开发。而且，正如我们看到的那样，多方的参与使得改变核心计划变得十分困难。因此，很少有风险资本资助的新企业能够承受初始计划与假设中的重大缺陷而生存下来。如果摩力动网科技公司（Momenta Corporation）研制不出具有精确笔迹识别系统的手写电脑，或者斯塔登公司（Stardent）没能成功推出超高速工作站，这些企业就得关门。在这类案例中，除了法律意义上的躯壳之外所剩无几。因此，让初始条件和计划保持正常至关重要。*

与此同时，风险资本资助的新企业的决策制定者面临较大的不确定性，这使得他们很难与大公司一样对意外事件做出同等程度的预测。于是，根据未预测到的情况进行调整（在初始概念或计划的框架之内）的能力在风险资本资助的新企业的成功中扮演着重要的角色。

团队与创业者的贡献。在典型的有前途的新企业中，创业者的个人贡献极为重要。风险资本资助的新企业规模更大、复杂性更高，要求配备更大规模的员工团队，因此团队的合作对企业的成功有着非常重要的影响。根据风险投资行业的一句俗语，一位伟大的创业者抵不上一个中庸的团队。但与大公司的创新活动相比，风险资本资助的新企业所需要的员工和职能部门的数量又较少。因此，相对于我们在前一章所讨论的大公司创新活动的“组织”规章和企业文化而言，员工（包括创业者本人）的素质及人际关系的好坏对于风险资本资助的新企业更为重要。

我们还注意到，与有前途的新企业的创业者所需具备的品质和技能相比，决定风险资本资助的新企业创业者效率的品质和技能更为广泛。对客观风险的容忍（或者对损失较低的厌恶感）对个人创办风险资本资助的新企业的偏好有着重大影响。尽管有前途的新企业的创办者没有什么可失去的，但是风险资本资助的新企业的创办者则面临着很高的机会成本。因为风险资本家常常鼓励创业者将个人储蓄投入新企业，以证明他们对新企业的投入，因此创业者的直接金融风险也很高。

---

* 为了强调机不可失、时不再来，一位创业者发给员工每人一件 T 恤衫，上面印着剑齿虎的图案。这位创业者告诉员工，在进攻猛犸象时，剑齿虎只有一次机会可以杀死对方。如果第一次进攻失败，有所准备的猛犸象就会把剑齿虎给干掉。

长期构想以及将这个构想传播给他人的能力，在风险资本资助的新企业中同样扮演着重要的角色。为了获得资金、招募质量一流的团队，创业者必须展望并阐明企业的长期发展路径，这条路必须能指引企业创造出可以与他人共享的巨大的新价值。与此相比，有前途的新企业的创办者凭着机会主义的调整就能对付过去，至少在创业伊始是这样。与此类似，为了创办一家规模更大、复杂程度更高的新企业，风险资本资助的创业者还要具备行政管理或者工商管理的天分、经验和资质；而对于有前途的新企业的创办者而言，由于他们凡事都亲历亲为，因此倒是无须具备这些能力。

3. 暂时阶段?

在上面一节中我指出，风险资本资助的新企业的数量相对较少，这反映了具备符合大额资本要求的想法或资质的企业家还比较稀缺。换一个角度或许可以这样认为，风险资本行业还处在转型时期（参阅专栏文章《一个全新的行业》），吸收的资金还没有达到均衡水平；也就是说，风险资本行业仍然面临着资本短缺。随着资金储备的增加，风险资本家会资助更多的创业者，由风险资本资助的新企业也会变得不那么少见。下面我将举例证明，尽管专业化风险投资公司代表着相对较新的金融中介形式，但是风险投资资金短缺的说法似乎与风险投资的分布与收益状况不符。

一个全新的行业

在刚刚过去的20年中，风险投资行业已经获得了很高的知名度和大量的资本。在20世纪50年代，除了少数几家像美国研究发展公司（成立于1946年）这样的公司以外，几乎没有专门为新企业融资的专业化公司。联邦储备委员会进行了一项关于风险资本的研究，其作者指出，在20世纪50年代，许多新企业是由投资银行组织的财团（由富有的个人和机构投资者组成）在“极为特殊的、逐笔成交的基础上”对其进行融资的。[16]1958年的《小企业投资法案》（Small Business Investment Act）为小企业投资公司（Small Business Investment Companies，SBICs）的成立或小企业投资公司本身提供了条件。作为现代风险投资公司的先驱，SBICs打算“向风险企业提供专业化管理的资金”，并将小企业管理局（Small Business Administration，SBA）贷款作为其资金的补充。但是许多SBICs“集中于向已经有正的现金流的小公司提供债务融资”，以“利用SBA贷款所提供的资本杠杆”。而且，1968年，当SBA的一名管理者向国会汇报情况时，SBA已经因为“经营SBICs的人员缺乏职业道德”而面临大约1 800万美元的亏损。大约1/3的SBICs因为“可疑的经营和内部交易”而成为“问题公司”，随着监管的加强，SBICs的数量从1968年的大约700家跌落到1977年的276家。[17]

1968—1969年“热火朝天的新股发行市场”带来了专业风险投资公司组建有限合伙公司的风潮。1969年，这种合伙公司共筹集到1.71亿美元的资金，创造了历史最高纪录。按照现代的标准，这些合伙公司的规模并不大，资金在250万美元到1 000万美元之间，主要是从个人手中筹集资金。接下来的8年增长比较平和，每年大约有1亿美元的新增资金投入到有限合伙公司。1977—1980年，“无数优惠的管制措施和税收变革”导致了20世纪80年代早期“爆炸性的增长”，1980—1982年对有限合伙公司的投入是整个20世纪70年代投入的2.5倍。在这次浪潮之后，在20世纪80年代剩下的时间里，对风险投资合伙公司的投入一直在20亿美元和30亿美元之间波动。在1990—1991年大萧条期间投入减少了，但是很快就反弹到42亿美元的新高。[18]如表6-2所示，风险资本已发行股票的总价值增长了将近7倍，从1980年的45亿美元增加到1994年的341亿美元。

表6-2　　风险投资合伙公司的统计数字

年份	对风险投资合伙公司的投入（十亿美元）	新增合伙公司的数量	合伙公司平均规模（百万美元）	风险资本已发行股票的总价值（十亿美元）
1980	0.62	26	28.0	4.5
1981	0.83	40	24.3	5.8
1982	1.21	40	27.4	7.6
1983	2.49	76	39.1	12.1
1984	3.02	83	38.4	16.3
1985	1.77	59	32.8	19.6
1986	2.01	59	51.6	24.1
1987	3.11	78	43.7	29.0
1988	2.06	54	44.3	31.1
1989	2.76	64	47.6	34.4
1990	1.65	21	52.0	35.9
1991	1.37	21	50.8	32.9
1992	2.57	33	64.7	31.1
1993	2.89	37	78.9	34.8
1994	4.20			34.1
1980—1994	32.56			

资料来源：Fenn，Liang，and Prowse（1995），pp. 12−13.

从一个实际上根本不存在的基础开始起步，风险资本资助的新企业的数量呈几何级数增长，但是它们占全部新企业的比重始终都很小。例如，在创纪录的1987年，风险资本家投资的种子项目和新企业只有344个。20世纪80年代和90年代，风险资本资助的企业占《有限公司》500 强企业的比例仍然保持在 5% ~10%。我所访问的大多数《有限公司》500 强企业的创办者都知道风险资本家的存在，但是他们没有选择去接触风险资本家，或者即便曾经尝试从风险资本家那里融资但也失败了。

有人说，风险资本家吸引了人们的视线，但是没有吸引到足够的资金。这种说法认为，如果风险资本家具备更多的资金，他们会放松所使用的标准，从而为更多的新企业融资。但如果真是资本短缺导致风险资本家采取过于苛刻的标准，我们应该看到收益率极高而失败率却很低。事实上，如图 6-3 所示，在统计上我们并没有发现风险投资基金和公开交易股票（也提供给投资者很好的流动性）的平均收益率有什么特别大的差异。而且尽管风险资本家进行了慎重的筛选，其资助的项目中有相当高的比例都没能带来诱人的回报。例如，第一家现代化、专业化管理的风险投资公司——美国研究与发展公司（American Research and Development，ARD）——从 1946 年到 1971 年作为独立经营实体的 25 年时间中，年收益率为 15.8%。但是除了对 DEC 公司的一笔价值 7 万美元的投资（公司总投资为 4 800 万美元）之外，ARD 的年收益率仅为 7.4%，而同期道琼斯工业指数平均收益率为 12.8%。[19]

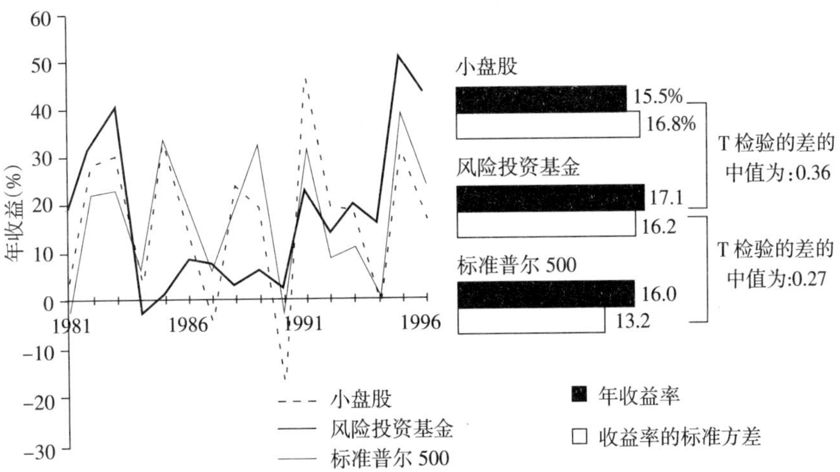

图 6-3　年投资收益率的比较

注：小盘股（Small Cap Stocks）是指威尔希尔奈克斯特 1750 股指（Wilshire Next 1750 Stock index）。
资料来源：*Venture Economics and Datastream.*

在过去的 20 年中，风险资本的收益似乎经历了繁荣和萧条交替的循环模式，这表明资本“短缺”只是周期性的、暂时性的，而并非长期现象。此外，在能够获得大量资金的时期，风险资本家似乎只是为符合其标准的企业股票支付了更高的价格，而不是朝着《有限公司》500 强企业的类型对其标准进行实质性修改。冈珀斯和勒纳估计，风险基金可获得资本的翻倍会导致它们在股票的购买价格上多付 7% ~21%。[20] 萨尔曼和史蒂文森对磁盘驱动器行业的研究论文[21]表明，对优势公司和部门的“过度投资”会带来较低的回报和暂时的“萧条”。

风险资本的投资分布还表明，资本的增多不一定会使风险资本资助的新企业数量显著增加。在所谓的私人权益资本市场上筹集到的资金的很大一部分被用于杠杆收购和对成熟企业做其他类似的投资，而且这一比例还在不断扩大。芬恩（Fenn）、梁（Liang）和普劳斯（Prowse）——美联储对风险投资业的一项研究的作者——认为，对“传统的”风险投资项目的偏离，“主要是因为成熟公司具有大量有利可图的机遇”，而不是因为风险投资公司对风险更为厌恶或者企业文化发生了变化。他们指出，20 世纪 80 年代的风险投资的收益比非风险投资的要低，这表明“私人权益资本流向了最有效率的用途”[22]。

即使在“传统的”风险投资项目中，风险资本家似乎也更偏爱“后期”公司而不是新企业。全国风险资本联合会（the National Venture Capital Association）的年度报告显示，1996 年，在获得风险资本融资的公司中，有 77% 是已经经营了 3 年或更长时间的公司，有 80% 以上拥有超过 25 名员工。与此类似，芬恩、梁和普劳斯从《风险资本杂志》收集的数据显示，只有 1/3 的投资项目属于“前期”投资，而 2/3 的投资项目属于对公司“后期”的投资（见表 6－3），芬恩、梁和普劳斯写道，这些公司“拥有业已得到证实的技术和产品市场。它们往往增长迅速，且能带来利润”。这类投资的数额“比前期投资的要大，从 200 万美元到 500 万美元不等，持有期较短，主要是因为公司很快就会公开上市或卖给其他企业”[23]。

表 6－3　　风险投资合伙公司的投资（1980—1994 年）

年份	投资总额（十亿美元）	接受投资的公司数量	每个公司的平均投资额（百万美元）	早期投资所占比重（%）
1980	0. 61	504	1. 21	—
1981	1. 16	797	1. 46	—
1982	1. 45	918	1. 58	
1983	2. 58	1 320	1. 95	35
1984	2. 73	1 410	1. 96	34
1985	2. 67	1 388	1. 92	30
1986	3. 22	1 512	2. 13	35
1987	3. 97	1 740	2. 26	29
1988	3. 85	1 530	2. 52	29
1989	3. 38	1 465	2. 31	21
1990	2. 30	1 176	1. 96	30
1991	1. 36	792	1. 72	31
1992	2. 54	1 093	2. 33	24
1993	3. 07	969	3. 13	24
1994	2. 74	1 011	2. 71	37

资料来源：Fenn，Liang，and Prowse（1995），p. 14.

我的意思并不是要贬低后期投资的作用。例如，风险资本家帮助思科公司从一家垂死挣扎的小企业变成了世界领先的“路由器”供应商，而正是路由器将不同地方的计算机网络连为一体。1984 年，桑迪・勒纳（Sandy Lerner）和莱恩・博萨克（Len Bosack）创建了思科。他们在车库里放了一台二手的大型机，又劝说亲戚朋友先免费为他们工作，报酬以后再付。[24]他们通过透支信用卡为新企业融资，1986 年的一段时期，勒纳出任一家大公司的数据处理经理，为公司提供更多的现金。1987 年，思科得到了红杉资本（Sequoia Capital）的资金。据红杉资本的合伙人唐纳德・瓦伦丁（Donald Valentine）称，思科的创办者和红杉资本商定，除了提供资金以外，“红杉资本将为思科寻找、招募管理层，还要帮助他们建立管理流程。在我们进入这家公司之前，他们既没有管理层，也没有管理流程”。1989 年，瓦伦丁雇用了一位名叫约翰・莫格里奇（John Morgridge）的经验丰富的经理来管理思科公司；他及时地建立了专业化的管理流程，为 1990 年 2 月公司股票的首次公开发行铺平了道路。到 1998 年 11 月 30 日，思科公司的股票市值超过了 1 180 亿美元。1988 年的收入高达 84.5 亿美元。

对于公司从自力更生的小企业到大规模上市公司的转变，麦卡菲联盟公司的创办者约翰・麦卡菲（John McAfee）将其归功于风险资本家的支持。约翰・麦卡菲从 1989 年开始出售对付电脑病毒的软件，公司完全是自我融资的，直到 1991 年他向两家风险投资公司出售公司的股份时，他自己就是公司的整个管理层。风险资本家雇用了威廉・拉森（William Larson）做 CEO。拉森曾担任苹果电脑公司和太阳微系统公司（Sun Microsystems，Sun）的资深管理人员，风险资本家还雇用了其他一些有经验的管理人员，他们集中精力扩大网络管理行业，进行了几次兼并以扩大产品线，并帮助公司建立了基本的控制体。1992 年，麦卡菲联盟公司公开上市了。1998 年 11 月 30 日，公司［此时已更名为网络联盟公司（Network Associates）］的股票市值高达 66 亿美元，年销售收入约 9 亿美元。*

在我看来，众多风险投资公司对后期投资的偏好很有意义，因为这种偏好揭示出它们的比较优势领域。风险资本模型最适用于位于投资—不确定性—利润图中部的创新活动，风险资本的融资只会使那些极为优秀的新企业——例如康柏和莲花——从那个位置开始创业。剔除这些例外，当最初有关市场规模和企业盈利性的较高的不确定性降低之后，公司才能得到风险资本的资助（见图 6－4）。当约翰・麦卡菲将公司的股票卖给风险资本家时，他拥有一种赚钱的产品和银行里 1 500 万美元的现金存款。1987 年思科公司获得风险资本的资助时，公司虽然面临着严重的现金

---

* 在其他后期投资中，风险资本家扮演的角色没有如此活跃。微软公司在 IPO 之前，将少数股份公开卖给了风险资本公司，主要想让股票的潜在购买者因为风险资本公司的参与对公司的前景感到放心。此外，大多数公司，包括沃尔玛、惠普、甲骨文（Oracle）和戴尔，从没向风险资本融过资就完成了向公开上市的转变。根据冈珀斯和勒纳（1999）收集的数据，在 1978 年到 1997 年间，风险资本资助的 IPO 占全部 IPO 数量的比例从 1979 年较低的 3.74% 增加到了 1995 年较高的 36.22%。

短缺，但是公司是盈利的。据创业合伙人博萨克称，公司在“没有专业化销售人员、没有进行过正式的传统形式的营销活动”的情况下，每月的销售收入仍然在25万美元到35万美元之间，“所以思科那时候不是一个糟糕的企业”。直到那时，博萨克和勒纳仍然一文钱都没有筹到——红杉资本是他们接触的第77家风险投资公司。较低水平的可能利润以及与大多数新企业相联系的较高的不确定性，似乎与一般的风险投资公司的结构与决策流程不相容。

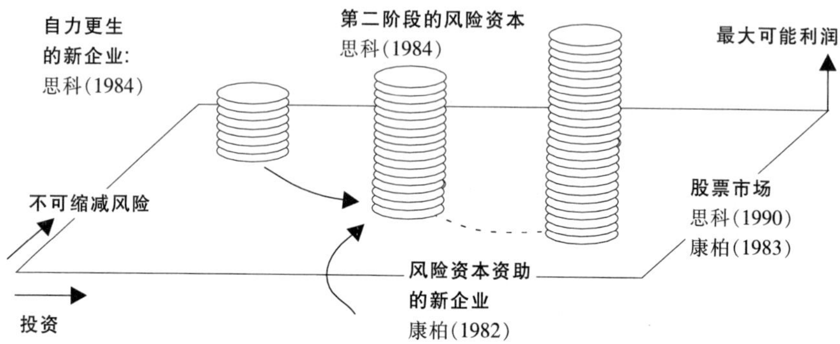

图6－4　融资阶段

综上所述，限制风险资本资助的新企业数量的是适于投资的机遇，而不是资本。或许休利特和帕卡德是因为针对新企业的专业化融资渠道很少才选择了自力更生、自我融资来开始创业，但是资本短缺无法解释在风险资本相当繁荣的那段日子里，《有限公司》500强企业中仍有较高比例的企业不得不自力更生。可获得的资金的增加不会使风险资本资助的新企业成为一种普遍现象，除非具有独特想法的、有天分的、想创业的人数也有了相应的增加。

4. 概要与结论

风险投资公司向企业家的精英团体提供创业基金，后者拥有创造性的想法或技术以及有关经营成就或技术成就的可证实的记录。资本、创意和技术使新企业可以跳到投资—不确定性—利润图的中部，而有前途的新企业要花掉许多年的时间才能到达这一部分。与有前途的新企业相比，风险资本资助的新企业还更多地依赖于事前计划和研究，更少地依赖于机会主义的调整。它们可以更容易获得资源，但是也面临着对资源数量和质量更为严格的要求。而且，风险资本资助的新企业的创办者的天分和动力是决定新企业成功与否的若干因素中不可忽视的两个。

第 7 章　革命性的创新企业

本章讨论提供革命性的新产品或新服务的企业，这是我们投资—不确定性—利润图之旅的最后一站。第 1 节概括了这种类型企业的差异化特征。第 2、3、4 节用三个革命性创新企业的例子阐述了这些特征。

在普通人的想象中，弗雷德里克·史密斯（Frederick Smith）创建的联邦快递公司（Federal Express）就是企业家精神的集中体现。史密斯对公司的前景有一个大胆的设想：公司将通过由喷气式飞机、卡车及人员组成的全国性网络为信件和小包裹提供可靠的隔夜送达服务。这位极富魅力的前海军陆战队飞行员以个人财富为抵押，从外部投资者和贷款者那里筹集了大约 7 000 万美元（这在 20 世纪 70 年代早期对个人创业者来说可是非常大的数目），建立了一支极度忠诚的员工队伍，并对管制者和政治家进行游说，在经历多次破产的威胁之后，终于使公司提供的服务成为一个无所不在的口头禅［“交给联邦快递”（to FedEx）］。

尽管类似的故事让人着迷，但是像联邦快递这种提供革命性新产品或新服务的企业却远非正常模式。尽管风险资本资助的新企业非常独特，但是革命性的创新企业却更为罕见。此外，许多转型企业追求的机遇与风险资本资助的新企业具有一样的投资、不确定性和利润特征。与此相比，在投资—不确定性—利润图上，革命性创新企业所占据的区域中新企业的数量却寥若晨星。只有极富传奇色彩的创业者才能从事要求大额投资以及具有较高不确定性的创新活动。

对这些特例的考察能加强我们对更为典型的创新活动的理解。不过，考虑到革命性创新企业的数量较少，我们无法用大量的例子来展示它们的特征。因此，我只好使用三个案例：弗雷德里克·史密斯创建的联邦快递公司；丹尼尔·路德维希（Daniel Ludwig）试图在巴西加里（Jari）地区的丛林里建立一家木材、纸浆和农业企业；摩托罗拉公司正在进行的以人造卫星为依托、以提供全球化便携式电话服务为目的的铱星项目。*

* 与前面提到的例子相比，本章的描述包含着更多的细节和感受，目的是展示这种类型的显著特征。我希望读者认为这些故事很有趣，对这些故事不感兴趣的读者可以跳过第 2、3、4 节。

1. 特征

下面我将讨论由企业家个人建立的革命性创新企业的特征；不过，如同我们将在第4节“摩托罗拉公司的铱星项目”中看到的，许多特征也可以应用到大公司开展的革命性创新活动之中。

初始条件。一家革命性的创新企业要对顾客的需求有着深刻的洞察力；这些需求常常是隐性的或没有被阐明的。革命性创新企业一般还必须具备革命性的新流程或者新技术；它们很少忽略能提供有价值的产品或服务的机遇，除非存在严重的技术问题。例如，对于可靠的隔夜送达快递服务，仅仅认识到这一市场还未被开发只是创建联邦快递的必要条件而非充分条件。要想用数量相对较少的飞机为大规模的城市网络提供这种服务，史密斯和他的同事还必须设计出非线性辐射式（hub-and-spoke）后勤系统。

革命性创新企业的创办者需要拥有大量的个人财富、关系网络和信誉才能为他们创立的新企业取得资金。革命性创新企业需要具备大量的资本来研究并修改新技术；获得专用资产或基础设施（彻底的创新常常排除了使用标准化或定制化生产要素的可能性）；让消费者和分销商了解新产品的优点；并弥补企业在达到临界点之前的亏损。举例来说，因为联邦快递不能使用商用飞机，史密斯不得不筹集大量的资本。为了提供独一无二的隔夜送达服务，公司建立了自己专用的喷气式飞机机组。喷气式飞机、网络中心、位于25个州的地面指挥所以及数百名经过训练的员工，必须在公司开门营业之前各就各位。在收入足以支付企业较高的固定成本之前，公司必须承受亏损（在开业之后的头26个月内，损失累计高达2 900万美元）。

机遇的类型。革命性创新企业必须有望获得很高的利润，以证明大量初始投资的合理性。例如，为了筹资创建联邦快递，弗雷德里克·史密斯必须证明自己有潜力在一个尚未开发的、价值10亿美元的市场中取得巨大的份额。百万富翁丹尼尔·路德维希在创办加里地区的林业企业时预期，世界范围内的木材短缺将给他带来与他在航运业积累的财富规模相当的利润。[①]与消费者偏好相比，革命性创新企业还涉及非常大的不确定性，如所研制的新技术或新流程是否有效，有时则会因为项目规模而引发管制问题。例如，在联邦快递的案例中，接受调查的消费者都表示他们需要可靠的隔夜送达的速递服务；但是实际上不可能确定到底会有多少人愿意为这种服务支付较高的价格，也不可能确定辐射式运输系统能否提供对这种服务非常关键的可靠性。民航委员会（CAB）同意放弃管制的意愿也是不确定性的一个来源，而这种豁免是联邦快递公司自营飞行业务所必需的。*

---

* 不过，不同于许多有前途的或风险资本资助的新企业，创新型新企业通常不会利用外部的振荡筹集资本。事实上，由于具有非常大的外部不确定性，消费者和投资者可能会对支持一项全新的产品与技术犹豫不决，直到环境稳定下来这种情况才有所改观。

计划与调整。革命性创新企业要求进行广泛的事前研究与计划以吸引大规模的资本，并协调不同种类的资源配置；正像我们将看到的那样，弗雷德里克·史密斯委托了两家咨询公司对联邦快递公司的理念进行独立的可行性研究。有前途的新企业的创办者常常在获得想法的数周或数月之内就开始创业，与此不同的是，从构思一家提供隔夜送达速递服务的企业到企业真正开始运转，史密斯一共用了八年多的时间。

在企业成立之后，对基本概念进行调整或改变的范围是非常有限的（原因与我们在讨论大公司和风险资本资助的新企业时提到的相同）。如果联邦快递公司的计划中的核心假设错误，企业就会失败。但是鉴于无法缩减的不确定性很高，而且不能通过事前研究来消除，创业者通常不得不改变计划中的一些重要元素。例如，为了获得足够的收入，联邦快递公司被迫采纳一种新的营销方式。

获取资源。革命性创新企业在获取数量与质量可以满足要求的资源方面面临着严重的障碍。它们必须吸引到大量的客户以抵消固定成本，较大的公司规模与较高的不确定性也要求它们去雇用天分很高、干劲十足的员工。企业家不得不依靠获得大额长期报酬的潜力以及参与革命性创新企业的愉悦感来吸引这样的员工。

取得成功的要求。与我们前面讨论的其他类型的企业相比，革命性创新企业想要成功就必须达到更为严格的要求。革命性创新企业的创办者必须以正确的基本理念开始创业，还要对付未曾预见的严重问题。成功既要有技术高超、有凝聚力的团队，也要有素质优秀、天分超群的企业家。创业者还必须能高度容忍不确定性和风险。正如我们将在弗雷德里克·史密斯和丹尼尔·路德维希的例子中看到的那样，那些将自己献身于伟大计划的创业者一旦失败将面对巨大的个人损失。

远见、毅力和个人魅力对创新型企业家来说也是非常关键的品质。我们已经看到，有前途的新企业的创办者常常根据短期机遇而不是长期计划来开始创业。坚持一个错误的观念反而会削弱其成功的概率。只要能完成几个关键性的销售任务，他们就不需要拥有多少个人魅力。与此相比，创新型企业家必须对未来有一个大胆的设想，必须拥有在严重的危机和挫折面前仍然坚持既定方向的毅力；他们还需要拥有传道能力和吸引及留住投资者、员工、顾客以及其他资源供给者的个人魅力。

2. 弗雷德里克·史密斯的联邦快递公司

弗雷德里克·史密斯创办联邦快递公司的过程很好地阐明了上述革命性创新企业的大多数特征。下面我将描述史密斯的背景（或“禀赋”）以及他是如何开发和研究这一理念，获取创立公司所需要的资源，克服数不清的危机，最终使联邦快递公司扭亏为盈的。我使用的事实和例证均来自罗伯特·西格弗斯（Robert Sigafoos）的著作《当然，肯定第二天送达》(*Absolutely*, *Positively Overnight*)。

背　景

弗雷德里克(“弗雷德”)·华莱士·史密斯(Frederick Wallace Smith)是孟菲斯(Memphis)一位富有的商人(也叫弗雷德里克·史密斯)和他第四任妻子萨莉(Sally)的儿子。他的父亲靠经营快餐馆和一条公共汽车线路发了家：1934年，老史密斯投资于一家名叫托德勒餐厅(Toddle House)的连锁餐饮店，当时这家连锁店还是惨淡经营，后来老史密斯把连锁店的业务扩展到整个美国。他还建立了美国南部最大的公交线路之一，后来卖给了灰狗公司(Greyhound Corp.)。1944年史密斯出生时，他的父亲49岁，母亲23岁。史密斯4岁的时候父亲就去世了，小弗雷德里克在孟菲斯由母亲抚养成人。

史密斯生下来就患有一种叫做儿童股骨头缺血性坏死的疾病，整个中学都要带着支架、使用拐杖。后来他的股关节疾病痊愈了，并且因为是所在预备学校的学生领袖和运动员而名声大噪。[②]1962年，他考入了耶鲁大学。与盖茨——盖茨在哈佛大学的第一学年就在研究生水平的数学课上取得了优异成绩——不同的是，史密斯在大学学业上并不出众。他毕业时的平均成绩是B-，评语说他是一个“差劲的学生”。[③]不过，史密斯要比盖茨活跃得多，他组织了耶鲁大学航空俱乐部，被选进了声名显赫的头骨和骨骼协会(Skull and Bones Society)，而且参加了美国海军陆战队的排长培训项目。

毕业时，史密斯被任命为海军陆战队的少尉，并被派往越南执行任务。1969年7月退伍时，他已经拿到了上校的头衔，获得过银星勋章、铜星勋章、两枚紫心勋章、海军荣誉勋章以及越战勇士十字勋章。据西格弗斯称，越南之战“唤醒了”史密斯，将他置于一个与他所熟悉的孟菲斯和耶鲁完全不同的远离特权社会的世界。*

1969年8月，在从越南回来后不久，史密斯购买了小石城一家公司的控股权，这家名叫阿肯色飞机销售公司(Arkansas Aviation Sales)的小企业当时的经营状况非常困难。1967年的时候，史密斯的继父——一位前空军将军——曾经接管过这家公司，当时公司提供涡轮螺旋桨飞机和商务喷气式飞机的保养维修服务。在史密斯控制公司以后，他将这家公司变为一家“野心勃勃的买卖二手商务喷气式飞机的企业”[④]。史密斯还开始投资于房地产。

史密斯购买阿肯色飞机销售公司和投资于房地产的钱来自他年满21岁时继承的一笔遗产。西格弗斯没有提供有关该笔遗产规模的数据，但是我们可以从后来发生的事件推算出这笔遗产的数额大约有几百万美元。史密斯还是弗雷德里克·史密斯

---

* 在越南的经历很可能帮助他铸造了一种极富魅力的人格，这种人格魅力日后激发了员工极大的忠诚。用西格弗斯访问过的一位员工形象的语言来说就是，“如果弗雷德·史密斯让联邦快递所有1.3万名员工在孟菲斯的赫尔南多·德·索托大桥(Hernando de Soto Bridge)上列队，然后说‘跳！’，99%的人会毫不犹豫地跳进桥下的密西西比河。这就是他们对这个家伙的忠心”(Sigafoos，1983，p. 23)。

事业公司（以下简称“事业公司”）的信托受益人，该公司的资产包括位于孟菲斯的房地产和施贵宝-比奇纳特公司（Squibb-Beechnut）的股票，这些资产在 1971 年的价值大约为 1 300 万美元。史密斯拥有事业公司 38.5% 的受益权；两个同父异母的姐姐弗雷德特（Fredette）和劳拉（Laura）拥有的权益份额稍少一些。位于孟菲斯的全国商业银行（National Bank of Commerce）是资产受托方。1965 年史密斯加入了事业公司的董事会，1971 年成为董事长。事业公司和他个人继承的财产为将来创建联邦快递公司提供了大量的资金。

到 1971 年，史密斯也已经“同当地银行建立了良好的信贷关系”。银行家们看到了“一位金融界的黄金男孩，一位聪明、潇洒、富有、自信而且经过了战争洗礼的领导者，他拥有已被证实的企业记录——虽然这个记录的历史还不到 36 个月”[⑤]。因此，当史密斯创建联邦快递公司时，他既拥有信贷资本渠道，又拥有权益资本渠道。

开发理念

1965 年在耶鲁大学撰写学期论文的过程中，史密斯就曾经构思过联邦快递公司的最初设想。论文认为在“对需要优先处理、对时间特别敏感的邮件——如药物、计算机配件和电子设备——提供高效的运输服务方面”存在着“巨大的市场空间”[⑥]。航空运输商没能为这个市场提供很好的服务，因为它们是建立在运送旅客的航线体系基础上的：“航空货运只能在一个专门为其设计的体系内运转，而不应作为客运服务的简单附加品。”[⑦]在现有的体系下，包裹“在到达目的地之前必须在城市与城市之间、航空公司与航空公司之间穿梭良久”[⑧]。论文并没有提供有关替代性系统的更多细节；这篇论文只不过是史密斯临时抱佛脚的作业而已，成绩是 C。

在开始经营阿肯色飞机销售公司之后，史密斯又想到了这个想法。这一想法的首次实践是和联邦储备系统（Federal Reserve System）签订的一个合作方案，就是“以隔夜送达为基础在联邦储备系统内运送现金托收单”[⑨]。当时的支票清算流程“非常烦琐而且没有效率。将支票分类后通过联邦储备系统发送到正确的联邦储备银行所在地经常要花两天或更长时间”[⑩]。史密斯提议的计划凭借“飞机从美国 36 个点收集现金托收单，航运到中央分类中心，经过一个晚上，然后将分好类的单据运往正确的送达地”[⑪]。1971 年 5 月，史密斯要求事业公司的董事会向一家将提供这种服务的公司提供 25 万美元的种子资本。史密斯承诺，他将在这家公司中投入与事业公司投资相等的个人资金。董事会同意后，史密斯于 1971 年 6 月 18 日成立了联邦快递公司。

6 月 29 日，史密斯说服事业公司的董事会为一笔价值 360 万美元的贷款提供担保，这笔贷款的用途是从泛美航空公司（Pan American World Airways）购买两架由达索公司（Dassault）生产的有 20 个引擎的猎鹰（Falcon）涡轮喷气机。史密斯声称，购买这两架喷气机将使联邦储备系统相信这个新企业是认真的，并促使对方同意签订为期五年的票据运输合同。有了这个合同，联邦快递就能获得贷款，购买更多的喷气式飞机。史密斯同父异母的姐姐和其他董事会成员同意用400万美元的施贵宝-比奇纳特公司股票作为购买猎鹰涡轮喷气机的贷款的抵押物。然而，买到飞机后不久，联邦储备系统的项目流产了——联邦储备系统的地区银行“无法就史密斯的提议达成一致，每一方都想自行安排运输网络”[12]。因此，到1971年夏天，联邦快递还是一家只有两架喷气式飞机、史密斯和两名员工的“空壳组织”。[13]

史密斯继续追寻建立航空货运公司的设想。一位投资银行家建议，史密斯应该委托第三方进行一项研究，这项研究将会“证实你对国内航空货运业现状的看法”[14]。1971年12月，史密斯以7.5万美元的费用聘请了全国性咨询公司A.T.科尔尼（A.T. Kearney）来估算“对货物提供优先运输服务”的市场规模、这个行业的资本需求和盈利能力。在委托A.T.科尔尼进行研究之后不久，史密斯又拜访了一家小得多的机构——航空探索规划集团（Aerospace Advance Planning Group，AAPG），这是一家总部设在纽约的咨询公司，由阿特·贝斯（Art Base）、文森特·费根（Vincent Fagan）、塔克尔·泰勒（Tucker Taylor）创建，这几个人曾经为泛美商务喷气机公司（Pan American Business Jets）销售公司专机。据西格弗斯称，“史密斯与泰勒、贝斯和费根一见如故，于是就付钱让他们也去做刚让A.T.科尔尼公司做的市场研究”，费用也是7.5万美元。[15]不过，两个团队都不知道对方在做同样的工作。

据在纽约领导A.T.科尔尼研究团队工作的咨询师罗杰·弗洛克（Roger Frock）称，史密斯“真的很想知道他的理念是否现实可行”。西格弗斯认为，史密斯为两个可行性研究支付15万美元另有两方面的原因。史密斯觉得“要有两个互相独立的研究以令投资者信服”，而且他“需要有关货物优先航运市场的统计数据以便交给民航委员会”。[16]为了使用猎鹰涡轮喷气机运送航空货物，联邦快递需要民航委员会特别的管制豁免。

A.T.科尔尼和AAPG用了大约六个月的时间完成了各自的研究——两家咨询公司独立地得出了相同的结论，优先货物有一个“尚未开发的、规模庞大的航空运输市场”，“年营业额在10亿美元以上”，“在至少100个主要城市的网络之内”没有隔夜送达的速递服务。咨询师们估计启动成本在650万美元到1 590万美元之间，企业成立6~12个月之内就能盈利。[17]公司将继续使用联邦快递这个名称，史密斯和咨询师为其制定了未来的发展战略：

公司将专注于小包裹的速递业务。按照史密斯的想法，联邦快递不会“像许多（与之相竞争的）货运机构那样在同一架飞机上又运老鼠又运大象”[18]。与其他运输商不同的是，公司将拥有属于自己的喷气式飞机和卡车，这将为服务的可靠性提供较高的保证。* 联邦快递会在“美国绝大多数城市而不仅仅是几个主要的大都市之

---

* 有批评者说卡车和飞机是两个不同的行业。作为对这种批评的回应，史密斯指出：“飞机和卡车都是交通工具。一个由飞行员驾驶，另一个由司机驾驶。这有什么不同呢？”（Sigafoos，1983，p.43）。

间”提供隔夜送达的速递服务。[19]为了向这么多城市提供服务，公司将使用曾为联邦储备系统设计的辐射式后勤系统。公司将有 23 架喷气式飞机投入运营，3 架留做备用。为了将飞机白天的使用率最大化，联邦快递公司还向有特别紧急需求的顾客提供当日包机的服务。

获取资源

史密斯必须获得各种各样的资源来完成创办企业的计划。下面我们将看到他是如何获得飞机、民航委员会的豁免、员工、基础设施、顾客和资本的，这些都是联邦快递提供隔夜送达快递服务所必需的资源。

飞机。如前所述，为了联邦储备委员会那个业已失败的合同，史密斯曾购买了两架猎鹰涡轮喷气机。在委托的两家咨询公司完成各自的可行性研究之前，他又迅速采取行动购买了更多的猎鹰涡轮喷气机。* 1971 年 12 月，也就是史密斯委托 A. T. 科尔尼和 AAPG 进行研究的那个月，联邦快递与泛美航空公司的商务机部门签订了一份购买 23 架猎鹰涡轮喷气机的期权合同。显然，这些猎鹰飞机的需求市场很萧条，泛美航空公司将这些飞机停放在靠近新墨西哥州（New Mexico）罗斯威尔（Roswell）的沙漠里，希望价格能有所回升。但是对现金的极度需求迫使泛美航空和史密斯达成了如下交易：联邦快递公司将为每一架猎鹰涡轮喷气机支付大约 126 万美元，大约将在 9 个月后的 1972 年 9 月提货。联邦快递公司为这份期权合同向泛美航空公司支付 115 万美元——这些钱是从当地银行借来的，由史密斯家族的信托企业——事业公司做担保。1972 年 2 月，也就是与泛美航空公司签订期权合同的两个月之后，联邦快递公司又购买了 8 架二手的猎鹰涡轮喷气机，这次主要是通过小石城的沃森银行（Worthen Bank）的短期票据来筹资的。西格弗斯写道，完成这次购买之后，“史密斯很是得意洋洋。他觉得自己已经垄断了猎鹰涡轮喷气机的市场，并且用很便宜的价格买下了这些飞机”[20]。

民航委员会的管制豁免。为了使用猎鹰涡轮喷气机，联邦快递公司必须获得特别的管制豁免。那时航空运输还被紧紧地控制在民航委员会的手中。史密斯计划把联邦快递公司办成一家“空中计程车营运商”，以避免那些“特许运输商”所面临的航线与航班限制。但是联邦快递公司计划使用的猎鹰涡轮喷气机违反了管理空中计程车的第 298 号条例，第 298 号条例禁止空中计程车使用起飞重量超过 12 500 磅的飞机。引证公众对隔夜送达快递服务的需求尚未得到满足的事实，联邦快递公司建议修改条例，将限制起飞重量改为限制有效载重能力。

民航委员会于 1972 年 1 月举行了听证会，史密斯关于扩大第 298 号条例管制之

---

* 西格弗斯觉得，史密斯“也留有一手”：如果航运事业没能实现，猎鹰涡轮喷气机就会被高价卖掉，以赚取差价（Sigafoos，1983，p. 49）。但这似乎有些说不通：史密斯以最快的速度将这种 12 座的商务客机改成了货运飞机，所费不菲。更有可能的是史密斯已经预先判断出了咨询研究的结论。

下的飞机的运输能力的提议，遭到了持有执照的运输商尤其是当地的航空货运服务商的强烈反对。持有执照的运输商声称，这一改变会为管制范围之外的空中计程车打开方便之门，导致不公平竞争。尽管如此，史密斯——在受人尊重的华盛顿律师拉姆齐·波茨（Ramsey Potts）的帮助下——还是占了上风，1972 年 7 月 18 日，民航委员会修改了第 298 号条例。当年晚些时候，休斯航空公司（Hughes Air Corporation）、中北航空公司（North Central Airlines）和美国航空驾驶员协会（the Air Line Pilots Association）联合向美国联邦上诉法院上诉，请求重新审理民航委员会的条例。1972 年 12 月 5 日，联邦上诉法院裁决民航委员会在解除第 298 号条例的限制方面行为正当。后来，一位联邦快递公司的律师评论说："如果联邦上诉法院的判决对休斯公司或其他人有利，那么就不会有什么联邦快递公司了。"不利的判决将迫使公司经历认证过程，这将对公司的融资能力产生"毁灭性的影响"。[21]

员工。西格弗斯写道，1983 年，在联邦快递公司已经成为一家价值数十亿美元的公司以后，"史密斯就是联邦快递。他本人和这家公司一样众所周知。绝大多数普通员工对此深信不疑；证券分析师对此深信不疑；竞争对手对此深信不疑；当然，弗雷德·史密斯看上去对此也是深信不疑。"[22]尽管史密斯与联邦快递具有如此紧密的一致性，但是西格弗斯认为，联邦快递公司的成功还是应该归功于"一支由高级职员和经理人员组成的忠诚的、有天赋的团队所做出的巨大贡献"，"当铺天盖地的广告都在介绍弗雷德·史密斯和他的联邦快递的时候，"他们"甘当幕后英雄"。[23]

比尔·盖茨和保罗·艾伦（以及我所访问过的大多数《有限公司》500 强企业的创办者）在创业早期"凡事都亲自动手"，而史密斯与他们不同，他从一开始就大量使用他人来为自己工作。他雇用了两家咨询公司对新企业进行规划，并频繁地访问纽约以考察研究的进度，而且带着从阿肯色来的随行人员。史密斯的随行人员一般包括：贴身助理厄比·特德（Irby Tedder）、律师弗兰克·L. 华生（Frank L. Watson）和来自小石城的威廉·N. 卡特（William N. Carter），还有他的私人律师罗伯特·L. 考克斯（Robert L. Cox），罗伯特同时还是事业公司的董事会秘书。[24]1972 年 5 月，在 A. T. 科尔尼的报告终稿交上来之前，史密斯就已经开始大规模地招兵买马了。和许多《有限公司》500 强企业的创办者一样，史密斯聘用了许多他所熟悉的或者亲朋好友推荐的人。不过为了获得高级人才，他也不只是使用这种非正式的招聘方式。

领导 A. T. 科尔尼研究小组的罗杰·弗洛克是第一批员工之一，他被聘为总经理，年薪 36 000 美元。尽管比史密斯的工资还要高出 1 000 美元，但是对在 A. T. 科尔尼工作了十年之久的弗洛克来说，"收入是大大降低了"。弗洛克回忆说，史密斯"非常有说服力"，他做出了口头承诺：如果联邦快递公司成功了，弗洛克就会得到公司的股票。数月之后，领导 AAPG 研究小组的阿特·贝斯也加入了联邦快递公司，负责制定营销规划并处理劳资关系。贝斯的合伙人泰勒和费根还留在 AAPG，但是他们也为联邦快递做了大量的工作。1974 年，他们关闭了自己的咨询公司，与贝斯一样加入了联邦快递公司。

史密斯还雇用猎头公司招聘许多关键性的技术人员。[25]他的劝说能力也发挥了巨大的作用，贝斯回忆道：

> 如果他想要的人不想接受他的条件，他真的会跑去做他们的工作。他会神采奕奕地描述联邦快递公司的光辉未来，联邦快递公司将成为《财富》500 强企业中的巨头，而他们应该是这个事业的一部分。当然，对有些人和他们的家庭来说小石城就是世界的尽头，而弗雷德·史密斯成功地打消了他们当中大多数人的顾虑。[26]

第一批飞行员有的来自部队，有的曾经驾驶过猎鹰的商务专机。史密斯还于 1972 年 10 月建立了由退伍军人管理委员会支持的飞行训练学校，专门训练猎鹰飞机的飞行员。政府为学员支付绝大部分学费，这为公司带来了“双重收益”——一个收入来源和一个合格飞行员的后备基地。[27]一年之后，在公司对飞行员的需求已经得到满足之后，公司关闭了这所学校。

基础设施。联邦快递公司和小石城动力公司（Little Rock Automotive，LRA）签订了改造猎鹰涡轮喷气机的合同。LRA 公司为猎鹰安装了大型舱门（原来的是 31 英尺高，新的是 74 英尺高），修改了机舱布局，安装了航空电子设备，并在机身喷上了联邦快递公司的名字。1973 年上半年，联邦快递公司收购了整个 LRA 公司。* 对 LRA 公司的并购为联邦快递公司提供了装备齐全的飞机修理库、飞行学校和办公场所。

1973 年 1 月，联邦快递公司将飞行作业基地从小石城搬到了孟菲斯。孟菲斯和谢尔比郡（Shelby County）当局的“管理层雄心勃勃，有志于推动能够创造额外收益的活动”。[28]史密斯认识领导管理当局的几位关键人物，他们同意将飞机修理厂的设备租借给联邦快递公司，并为这些设备的改进与办公管理和货物处理大楼的建设发行债券融资。小石城的公共管理机构与孟菲斯的无法相比。“机场当局提供的优惠租赁条款，”西格弗斯写道，“真是一大笔财富……很难相信还有哪个大都市的机场会和一家名不见经传的公司进行如此慷慨的交易，而且公司还是由一名年仅 28 岁、企业经验非常有限的年轻人管理。”[29]建设工作很快就展开了，到 3 月份，一个相对比较简单的、每小时能够处理 1 万个包裹的“中心”建成了。1973 年 3 月 12 日，联邦快递公司开始向一个包括 11 个城市的网络提供服务。

顾客。联邦快递公司在建设包裹递送系统基础设施的同时，还在为自己的猎鹰涡轮喷气机寻求其他用途。美国邮政服务公司（U. S. Postal Service）是公司的第一个客户，联邦快递公司赢得了为期三年的合同，从 1972 年 7 月 10 日开始飞行六条邮政航线。联邦快递公司的报价“很低”，因为“史密斯真的很想获得这些合同”[30]。那

---

* 当时 LRA 正处在破产的边缘，因为公司的主要客户——联邦快递公司——并没有付账。史密斯说服沃森银行借给联邦快递公司 250 万美元，用于对 LRA 的收购。

年夏天，联邦快递公司还试着向大型工业运输商提供包机服务。例如，福特汽车公司（Ford Motor Company）和联邦快递公司签订了合同，从伊普西兰蒂市（Ypsilanti）运输汽车部件到堪萨斯城（Kansas City）。不过，总的来说，这项工作没有取得太大的成功。史密斯试图利用他在阿肯色的公司专机销售队伍来推销包机服务；不过"这支作风浮夸、不受拘束的队伍"，"已经习惯于推销价值百万美元的飞机，并靠报销单过着奢靡的生活"[31]，他们对新任务并不能很好地适应。

事实证明，为公司的核心业务——包裹的隔夜送达快递业务——寻找顾客也极为困难。据销售队伍的主管迈克·菲茨杰拉德（Mike Fitzgerald）的回忆，服务运转的第一个夜晚——1973 年 3 月 12 日——是一个"大失败"。飞往孟菲斯的猎鹰涡轮喷气机上一共装载了 6 个包裹，其中一个还是史密斯的一位助手送给他的生日礼物。据菲茨杰拉德称，这次失败让公司意识到"还没有足够的城市和人群听说过我们"[32]。

1973 年 4 月 17 日第二次尝试的时候，联邦快递将网络扩展到 25 个城市。这一次猎鹰涡轮喷气机一共带回了 186 个包裹。西格弗斯写道："1973 年的夏天和初秋，为了让商业大众知道联邦快递公司，为了把潜在的顾客变成实实在在的销售收入，公司进行了艰苦的努力。"[33]5 月份，夜间邮件的数量平均达到 473 件，7 月下旬为 1 000 件，10 月为 2 517 件。不过，货物处理设备的设计能力可是**每小时**处理 1 万个包裹。对于未来的雇员、机场当局和当地银行家等各方，史密斯可以依靠他的关系网、说服力和远见来取得成功。但是，要想获得遍布全国的顾客以达到盈亏平衡，还必须进行大量的营销活动。正如我们将要看到的那样，改善与实施有效的营销战略所花费的时间与金钱，让联邦快递公司在几年内一直处在破产的边缘。为了获得能弥补固定成本的销售额，联邦快递公司所花费的时间超过了 27 个月——而不是最初估计的 6 ~ 12 个月。

资本。在早期阶段，史密斯融资还比较轻松。如果按照《有限公司》500 强企业的标准来看，联邦快递公司的初始资本需求虽然较大，但是与史密斯的个人财富和贷款能力还是大体相当的。不过，对资金的需求迅速攀升：例如，尽管咨询师们估计最初的筹备成本应该在 650 万美元到 1 590 万美元之间，但是根据西格弗斯的计算，仅仅为了购买猎鹰涡轮喷气机并将其从客运型改成货运型这一项，联邦快递公司就花掉了 5 610 万美元。因此，"史密斯的大量精力几乎完全被消耗在获取风险资本家和贷款人集团的投资上。同时，史密斯还要面对一伙债权人，他们纷纷要求还钱并威胁着要取消联邦快递公司对抵押品的赎回权或者采取类似的措施——没收猎鹰涡轮喷气机。"[34]

前面曾提到，1971 年夏天联邦快递公司从泛美航空公司购买了两架猎鹰涡轮喷气机，用的是由家族的信托企业——事业公司提供担保的贷款。1972 年 2 月当地银行又提供了购买另外八架二手飞机的贷款。1972 年 5 月，有了 A. T. 科尔尼和 AAPG 研究的初步结果，史密斯就开始寻求商业信贷设备公司（Commercial Credit Equipment Corporation，CCEC）的长期资助，该公司是控制数据公司（Control Data Corporation，

CDC）的分公司。* 1972 年 7 月 8 日，CCEC 公司和联邦快递公司达成了一项贷款协议，向后者提供为期十年、总额为 1 380 万美元的贷款。这项贷款是用联邦快递公司所拥有的十架猎鹰涡轮喷气机作质押才取得的。西格弗斯的记载表明（尽管他对这一点也不是很清楚），当初为购买这些飞机提供短期贷款的当地银行并没有获得对这批飞机的第一留置权。除了用这批飞机作保障以外，CCEC 还得到史密斯的个人保证以及事业公司提供的 200 万美元的担保。事业公司董事会还同意购买联邦快递公司 200 万美元的普通股股票。

从西格弗斯记载的历史我们看不出这 1 380 万美元都用到什么地方了。他关于阿肯色银行后来努力回收贷款的描述表明，联邦快递公司并没有付清其短期债务。** 推测起来，CCEC 公司的贷款可能被用来购买、改装更多的喷气机，建设辐射式系统的基础设施以及支付营运费用。无论如何，1 380 万美元的贷款和事业公司 200 万美元的净资产投资都远远不够支付联邦快递通过期权购买的 23 架猎鹰涡轮喷气机。史密斯必须筹集更多的资金才行。

为了给联邦快递公司筹集资金，1971 年 11 月史密斯开始和老牌的投资银行怀特韦尔德有限公司（White Weld & Co.）进行磋商。这家公司以前是怀特和韦尔德的合伙公司，曾经建议史密斯进行可行性研究。他们告诉史密斯说“第三方的观点能够大大减轻风险资本家的恐惧心理”，史密斯一直让怀特韦尔德公司的投资银行家们了解 A. T. 科尔尼和 AAPG 研究的进程；据史密斯称，他们对联邦快递公司的未来“极为热情”。1972 年 9 月，怀特韦尔德公司勾勒了一个草案，为联邦快递公司筹集风险资本。几个月后，该公司“派遣公司的要员霍默·里斯（Homer Rees）前往小石城并在那里待了一段时间，以便收集公司的经营和财务细节，并考察联邦快递公司的战略规划”[35]。

怀特韦尔德公司的时间安排和尽职调查妨碍了联邦快递公司在期权到期之前从泛美航空公司购买猎鹰飞机。1971 年 12 月购买期权的时候，年仅 27 岁的史密斯不是低估就是没有考虑到筹集资本所需花费的时间；1972 年 9 月期权到期时，为了再延长一个月的时间他不得不支付更高的价格。在这个当口上，史密斯可能只有控制时间了——怀特韦尔德公司甚至还没有拿出一个详细的融资计划，因此根本不存在为猎鹰涡轮喷气机付款的现实可能性。但是据西格弗斯称，如果泛美航空公司把飞机卖给了其他人，这将“宣判这家公司（指联邦快递。——译者注）的死亡。因为不可能迅速地找到猎鹰涡轮喷气机的替代品，也不可能再获得泛美航空给予的如此

---

* 史密斯和 CCEC 公司以前有过联系。在越南服役的时候，史密斯曾用继承的遗产帮助继父取得阿肯色飞机销售公司的控股权。后来，当阿肯色飞机销售公司出现财务困难时，史密斯也从越南回到了美国，他代替继父控制了这家公司，并用股票偿还了公司的一部分债务。CCEC 公司就是因为史密斯的干预而得到帮助的债权人之一。

** 西格弗斯还注意到，1972 年底，联邦快递公司的债务总额为 2 170 万美元，这个数字表明公司仍然欠银行 800 万美元的贷款。

优惠的条款”。[36]

1972 年 11 月，联邦快递公司请求了第二次延期，1973 年 1 月又请求了第三次延期。1 月份的谈判“更加痛苦”，因为“泛美航空急需现金”。联邦快递公司的一位名叫弗兰克·华生（Frank Watson）的律师说，公司在和“拒不让步、态度生硬的”谈判对手打交道。华生在纽约待了 23 天，“为了不让泛美航空公司把我们期权下的飞机卖给别人”而斡旋，“为了让协议保持有效，我们不得不进行艰难的谈判……在这些苦涩的会谈期间，联邦快递公司差点就一命呜呼了”。根据最终达成的协议，联邦快递公司一直到 1973 年 5 月 15 日都有权购买猎鹰涡轮喷气机，但是从 3 月 31 日之后，每拖延一天每架飞机的价格就要增加 1 500 美元。于是，用西格弗斯的话说，5 月 15 日成为“生死攸关的目标日”。[37]

在联邦快递公司和泛美航空公司进行谈判的同时，怀特韦尔德公司完成了它们的融资规划。1973 年 2 月 2 日，它们提议为联邦快递公司发行 600 万美元的股票和 400 万美元的次级债券（带有附属条款）。这1 000万美元将为联邦快递公司提供营运资金，并可使公司筹集相同数量的银行贷款。怀特韦尔德公司并没有保证它们一定能成功地筹集到资金，他们只是承诺会“尽力而为”。

怀特韦尔德公司还要求史密斯向联邦快递公司再投入 150 万美元的净资产。此时，史密斯和事业公司已经投资购买了公司325 万美元的股票。显然，因为和同父异母姐姐的关系已经变得紧张起来，史密斯不想求她们同意事业公司做进一步的投资。相反，他伪造了一份事业公司董事会决议的副本交给小石城的联合银行（Union Bank），以获得 200 万美元的贷款。决议声称，通过史密斯和事业公司之间的股票回购协议来为贷款提供担保，史密斯在决议上伪造了董事会秘书罗伯特·考克斯的签名。如果后来伪造签字事件曝光，史密斯将面临严厉的法律制裁。但是西格弗斯认为，1973 年 2 月，“如果没有联合银行的贷款，毫无疑问，联邦快递公司必将崩溃”。[38]

尽管史密斯可能阻止了一次“崩溃”，但是他和怀特韦尔德公司还是筹集不到 2 000 万美元。到 1973 年 4 月底，联邦快递公司的亏损已经累计达 440 万美元。“弗雷德·史密斯的个人投资，还有事业公司的投资大部分都随风而逝了，”西格弗斯写道，“死亡似乎再一次近在眼前。”[39]史密斯再一次使用伪造的事业公司董事会决议筹集了 100 万美元的短期贷款。[40]

5 月4 日，就在泛美航空公司的期权将要到期的前 11 天，怀特韦尔德公司的一位合伙人安排史密斯会见了亨利·克朗（Henry Crown）。克朗兼为实业家和金融家，他是大型工业集团企业通用动力公司（General Dynamics）的有控制权的股东。* 史密斯的介绍给克朗留下了深刻的印象，并在接下来的一周内安排史密斯和通用动力

---

* 克朗的个人财富超过 10 亿美元，他还进行了大量的房地产投资，并拥有希尔顿饭店很大比例的股票。

公司的几位经理进行了数次会晤。5 月 12 日，通用动力公司和联邦快递公司签署了一份协议，通用动力为联邦快递提供总值 2 370 万美元的贷款担保，而联邦快递赋予通用动力以 1 600 万美元的价格购买自己 80.1% 的股票期权作为回报。协议规定通用动力公司可以有三个月的时间决定是否行使该项权利；如果选择行使，联邦快递公司实际上将成为其子公司，但是如果通用动力公司决定不对联邦快递投资，其贷款担保也将自行终止。(通用动力公司因为提供了为期三个月的贷款担保仍然能获得联邦快递公司 6% 的股票。)

这一解决方案只是短期的，但是已经使得联邦快递公司能够行使从泛美航空购买 18 架猎鹰飞机的期权了。* 通用动力公司的企业银行大通曼哈顿银行（Chase Manhattan）提供了为期四个月的贷款，用这 18 架猎鹰涡轮喷气机做抵押。大通曼哈顿银行为了保护抵押品的价值，在贷款协议中禁止联邦快递公司将这批客运机改成货运机，但联邦快递公司的员工根本无视这些禁令的存在。[41]

通用动力公司派出了一个 15 人的技术小组，对联邦快递公司进行实地调查——我们已经看到，联邦快递公司已经开始运营了。这个小组“对史密斯手下所有关键人物进行了访谈，检查了公司的规划，并编写了‘最佳’‘中等’‘最差’的预测”[42]。小组的工程师测试了起落装置、货物处理能力和猎鹰涡轮喷气机的工作特性。7 月 12 日，技术小组上交了一份对联邦快递公司有利的报告，称联邦快递公司已经取得了“卓越的成就”，并预计将在 1974 年的财政年度开始盈利。[43]然而，1973 年 7 月 19 日，通用动力公司的董事会还是决定不行使购买联邦快递公司股票的期权。董事会对民航委员会的管制感到担心，怕会妨碍其投资；还担心对联邦快递公司的投资会分散管理层的精力，他们应该集中精力处理通用动力公司面临的紧急问题。

不过，通用动力公司还是同意延长大通曼哈顿银行的贷款担保期限，还表示愿意投资 500 万美元购买联邦快递公司的少数股权——一种不会将通用动力公司置于民航委员会管制之下的非控制性股权。**

1973 年 7 月 23 日，怀特韦尔德公司又加上新区证券（New Court Securities），重新开始为联邦快递公司融资。这次的目标还是筹集 2 000 万美元的风险资本和相同数量的长期银行贷款。除了通用动力公司可能投资的 500 万美元之外，保诚保险公司（Prudential Insurance Company）也表示会投资 500 万美元。保诚保险公司以前从来没有正式地向一家新企业投入过如此大规模的资本，而且在当年的早些时候它们曾写信给史密斯，表示不会向联邦快递公司投资。显然，阿肯色州众议院议员威尔伯·米尔斯（Wilbur Mills）——他是众议院筹款委员会（House Ways and Means Committee）的主席——的说情改变了保诚保险公司的观点。(米尔斯早先也曾经给亨利·克朗致

* 显然，联邦快递已经买下了期权合同中 23 架飞机中的 5 架。

** 通用动力对联邦快递的帮助不止于此，它还从联邦快递手中以 155 万美元的价格买了一架猎鹰飞机，然后租给联邦快递。这笔交易安抚了小石城沃森银行，该银行曾于 1972 年提供过融资，并威胁着要收回贷款。

电推荐史密斯。)[44]

为了筹集剩下的1 000万美元，怀特韦尔德公司和新区证券拜访了花旗集团(Citicorp)、美国银行、芝加哥第一国民银行（First National Bank of Chicago)、好事达保险公司（Allstate Insurance）以及几家私人有限合伙制公司的风险资本集团。感兴趣的人被邀请到孟菲斯观看联邦快递公司和通用动力公司技术小组的演示，后者刚刚完成可行性研究。1973年10月，投资银行家们已经召集了23位投资者，他们保证投资2 300万美元。

协议延期后银行贷款有了保证。大通曼哈顿银行、芝加哥第一国民银行和一些地区性银行同意提供2 000万美元的周转贷款，如果联邦快递公司达到了一定的财务目标还将提供500万美元的二期贷款。为了取得这些贷款，事业公司必须追加400万美元的投资。1973年11月6日，史密斯让事业公司董事会向联邦快递公司进行了150万美元的股本投资以及250万美元的次级贷款。一名董事会成员代表受托银行发表声明说他们别无选择："如果联邦快递公司关门，事业公司将承受540万美元的损失。我们现在的状况就好像已经抓住了老虎尾巴，绝不能在这个时候让它跑掉。"[45]追加投资之后，事业公司的风险投资量已经达到了625万美元。史密斯投入的个人资金也已达到250万美元，因此整个家族投入的资金合计高达875万美元。最后，在1973年11月13日，总额为5 200万美元的筹资活动终于结束了。

7月到9月之间，当所有的投资银行正在投入资金的时候，联邦快递公司却因为没有按时付款而面临着"逐渐升级的卖方诉讼"。[46]阿肯色州政府向公司施压，让公司偿付拖欠的销售和使用税。1973年9月14日，史密斯向员工发放了一份备忘录，请求他们推迟领取自己的工资或者将他们的工资单存起来。小石城的沃森银行借给联邦快递公司的资金已经远远超过贷款限额，而且将几家小规模的阿肯色州的当地银行组成银团为联邦快递公司发放贷款。沃森银行的员工每周都要前往联邦快递公司催促还款。据当年一位老员工回忆："每次沃森的人来的时候，我们就传话给猎鹰飞机让他们不要降落。如果他们把猎鹰飞机再给锁起来，联邦快递公司就完了。"[47]

或许有人认为史密斯购买猎鹰涡轮喷气机的期权，并在获得所需资金之前的1973年3月就开始运营的做法过于莽撞。不过，这种财务安排上的边缘政策可能也是必需的：亨利·克朗、通用动力公司和其他风险资本家可能不会仅仅根据一个28岁的年轻人起草的书面规划就对联邦快递进行资助。

获得盈利

1973年11月的融资让联邦快递公司有能力偿付原来的债主，但却没有留下多少现金储备，公司仍然在盈亏平衡点之下经营着。联邦快递公司和史密斯在公司财务状况最终稳定下来之前，还不得不再克服几年更加艰苦的日子。

燃料短缺是一个未预料到的问题。作为1973年石油危机的结果，联邦政府于

1973 年 11 月 1 日开始对航空公司实行燃料配给。分配的根据是 1972 年的消耗水平，但是由于联邦快递公司直到 1973 年 4 月才开始营运，所以没有现成的基准可以决定其配额的大小。根据西格弗斯的描述，“史密斯和他的助手聚集在华盛顿州新成立的内务部能源政策办公室，请求给予特别考虑”[48]。能源政策办公室同意分配给该公司 4 090 万加仑的配额。这个数量“被证明远远超过了公司的实际需求”；联邦快递公司直到 20 世纪 70 年代末期才达到这个消耗水平。“如此慷慨的配额，”西格弗斯写道，“让航空业内的许多人大吃一惊。他们说这是一家受到特别优待的公司，他们运营 8 个月后收入才只有 240 万美元。”[49]

1973 年秋天，公司采取了新的销售和营销办法。9 月，以前在美国联合包裹速递服务公司（UPS）从事销售工作的特德·萨特伊安（Ted Sartoian）被任命为销售主管。他代替了比尔·拉基（Bill Lackey），比尔此前的经验是推销商务专机。萨特伊安推行的是他在 UPS 公司使用过的“团队销售”办法。西格弗斯写道，他带着“8 个人的销售队伍拜访不同的城市，和这些城市所有的大型运输商接触一两个礼拜的时间。这是一场集中优势兵力迅速出击的运动，目的是获得直接的效果”[50]。

联邦快递公司还于 1973 年下半年对顾客重心进行了重新调整。根据西格弗斯的记载，经历了“许多次试验”之后，

> 公司的规划人员意识到，或许他们应该吸引的是那些使用埃默里航空运输公司（Emery Air Freight）的顾客，而不是那些使用 UPS 服务的顾客。埃默里公司有和工业客户做大生意的传统，UPS 则服务于完全不同的客户群体，他们主要运载以消费者为主的、不强调运输优先权的包裹。[51]

作为高级营销副总裁，文森特·费根的到来引起了另一次变革。与那些 UPS 公司的前员工不同，费根认为亲自拜访潜在的顾客是“成本高昂、没有效率的”[52]。他认为，提供给实地销售队伍的资源应该用在广告上。此外，费根还强调使用电视广告，其他公司——如 UPS 公司和埃默里公司——从来都没用过这种形式的广告。费根引入的另一项创新是对“前门”市场的注意，这个市场包括那些在法律公司、财务服务公司和咨询公司等领域工作的专业人员。而以前，联邦快递公司（以及其他运输公司）都将注意力集中在运输部门、收发室和码头等“后门”市场。前门顾客很少使用航空方式邮寄包裹；但是费根认为，如果联邦快递公司能引起他们的注意，这些顾客将带来巨大的收益。

根据西格弗斯的记载，费根的方法帮助联邦快递公司从低潮中恢复，但是并没有产生立竿见影的效果。1974 年上半年，公司继续和现金流问题作斗争。联邦快递公司没有及时收回应收账款的制度，顾客支付账单的平均时间为收到货物之后大约两个月。有些员工抱怨公司总是推迟发放工资单；肯萨斯城一位心怀不满的快递员还将站长作为人质，威胁要“轰掉他的脑袋”，除非联邦快递公司付给拖欠的 300 美元工资。（经过一场混乱之后，他得到了 300 美元，站长也得救了。）[53]

1974 年 2 月 12 日，风险资本集团和贷款人汇聚一堂，审查公司的经营状况。联

邦快递公司没能完成 11 月制订的收入和利润计划，为了避免（又一次的）“财务崩溃”，投资人和贷款人同意再投入 640 万美元的股本和 510 万美元的贷款。[54]这一轮融资计划在 3 月 19 日结束。

然而，就在结束前的 13 天，联合银行试图收回事业公司一项过期贷款的行动暴露了史密斯一年前伪造的签名。我们前面曾提到，1973 年 2 月为了从联合银行获得一笔贷款，史密斯曾伪造了一份事业公司董事会的决议。现在，当联合银行试图执行该决议中包含的条款时，董事会通知银行的职员根本就没有这么一项决议。于是，史密斯不得不在即将来临的融资活动中告知所有的投资者他曾犯过的错误。史密斯声称，他曾打算偿还联合银行的贷款，而且他是在和事业公司董事会就是否继续支持联邦快递公司的“年复一年的战争”中被迫做出这种欺骗行为的。[55]

3 月 12 日，投资人和贷款人集团在芝加哥召开会议，考虑史密斯在联邦快递公司的未来。大多数人决定让他留在公司，西格弗斯写道，因为“他们认识到他拥有真正的权力基础”：他拥有“员工对他的忠诚和献身精神”，而且对外部人来说“他**就是**联邦快递”。[56]不过，集团还决定招募一位经验丰富的 CFO 和一位经验丰富的 CEO。这次会议之后，第二轮融资于 3 月 19 日如期结束。[57]彼得·威尔莫特（Peter Willmott）于 5 月 6 日成为新任 CFO，威尔莫特以前曾担任过大陆烘焙食品集团（Continental Baking Company）的财务主管、博思管理顾问公司（Booz, Allen & Hamilton）的管理咨询师以及美国航空公司（American Airlines）的分析师。豪威尔·M. 埃斯特斯（Howell M. Estes）将军曾担任过一家军事和商业包租公司——世界航空（World Airways）——的总裁，从空军退役后，受聘担任了公司的 CEO。1974 年 6 月 1 日加入联邦快递公司时，史密斯成为公司的总裁。

1974 年夏天，联邦快递公司的生存问题仍然令人感到怀疑。托运人“对联邦快递公司提供的服务高度赞扬”，但是“仍然没有收入，没有现金流偿还银行债务”。[58]公司“面对的是成群的债主，从底特律市政当局到公司自己的员工。一天，底特律机场的官员把一辆救火车停在了猎鹰涡轮喷气机的前面，就因为联邦快递公司没有支付土地使用费。递送人员常常用信用卡为自己的快递车购买汽油，然后向公司报销。”[59]

在经过大量的努力之后，新区证券于 1974 年 9 月完成了第三轮融资活动。最初的 24 位投资人中有 17 位对这一轮融资进行了投资，共筹集到了 387.6 万美元。增发的股票的低价格使得“那些选择不参与增资的人感到非常痛苦”。例如，事业公司没有投资，眼睁睁地看着自己在联邦快递公司的股份被稀释到 0.4%，即使在此之前它曾经占股 11%。*

---

* 显然，史密斯设法避免了自己股权被严重稀释。在融资之前，他持有 9.8% 的有投票权股份，这个比例和事业公司 9.25% 的比例差不多。推测起来，因为史密斯既有参与融资的愿望又有参与融资的资源，所以他的股份在第三轮融资之后只是被轻微地稀释到 8.5%。

威尔莫特来到公司的时候发现“财务管理乱作一团”，他花了三个月的时间“才获得投资者能相信的财务数字”。他还敦促公司提高价格；与史密斯及其手下员工的想法正好相反，威尔莫特觉得“如果公司提供的是高质量的服务，顾客就一定会支付相当的价格”。[60]威尔莫特的观点占了上风，1974 年服务的价格数次提高。竞争对手的无动于衷显然限制了市场的振荡：如果埃默里航空运输公司或者航空快递公司（Airborne Express）在优先运输的小包裹市场上展开积极的竞争，西格弗斯认为，联邦快递将会不复存在。[61]

埃斯特斯将军的任期持续了九个月。史密斯对他“总是彬彬有礼”，而且和埃斯特斯从不发生“公开的争执”，只不过从不执行他的建议而已。[62]1975 年 1 月，这两个男人之间互相“保持距离”的关系终于结束了。1 月 21 日，史密斯通知联邦快递公司的董事会，一个联邦大陪审团正在调查他为获得联合银行贷款而伪造文件的事情；显然，是他同父异母的姐姐把这件事捅到联邦当局的。1 月 31 日，史密斯因为使用伪造文件从联合银行骗取贷款而被起诉。当晚，史密斯开车撞倒了一名行人并造成该人死亡。他被控告逃离案发现场以及持有过期的执照驾驶。（史密斯称自己没有停车是因为根本没有意识到他撞了什么人。[63]）

2 月 25 日，联邦快递公司的董事们召开会议考虑史密斯在公司中的前途。埃斯特斯将军和少数几个人敦促董事会解除史密斯的职务。然而，其他高级经理告诉董事们，如果史密斯被除名他们就集体辞职，而且联邦快递公司可能“在下周一因为大罢工而停止运转”。当天下午，董事会宣布“遗憾地接受埃斯特斯将军的辞呈”，并决定恢复史密斯董事会主席的职务。[64]阿特·贝斯将接替史密斯担任总裁，同时担任代理 CEO，直到为该职位找到新的人选。

1975 年 12 月，史密斯因为向联合银行提交伪造文件一事而被审判。根据西格弗斯的记载，史密斯的辩护建立在这样一个基调之上，那就是“我就是弗雷德里克·史密斯事业公司”，史密斯证明：

> 事业公司几乎 50% 的股份是我弗雷德·史密斯的，有些是我个人的，有些是托管给我的，而且当时我觉得自己就代表了事业公司。事情就是这么简单，而且我觉得两个（同父异母的）姐姐也是这么想的。她们都曾经给管事的银行家写过信说，“无论弗雷德里克·史密斯做什么，我们都支持他。”[65]

史密斯的辩护律师还让他“充分阐述自己在海军陆战队服役时在越南的作战经历，以及他是如何形成自己的商业理念并最终促使联邦快递公司成立的”[66]。经过十个小时的审议，法官宣布史密斯无罪。如果史密斯被判有罪，他将会面对五年的监禁。*

---

* 史密斯接下来又面临同父异母的姐姐提出的民事诉讼，说他在将事业公司的资金投入联邦快递公司的过程中行事鲁莽。最终，在 1978 年，史密斯同意购买两个同父异母的姐姐在事业公司的股权，收购按 1971 年的价格计算。因此，至少在弗雷德特和劳拉看来，这个新企业在经济上并没有取得多大的成功。

1975 年，公司的财务状况开始有所改进。1975 年 7 月，联邦快递公司历史上第一次获得月度盈利：55 000 美元。几乎是一年以后，公司宣布了第一次年度盈利，到 1976 年 5 月 31 日财政年度结束时净收入达到 360 万美元。1976 年，联邦快递公司还成为小包裹运输市场的领导者。联邦快递公司受理了全国所有低于 100 磅的优先运输包裹航运量的 19%，而第二大运输公司埃默里航空货运公司的市场份额为 10%，航空快递公司为 5%。[67]

然而，有两个问题限制了公司的盈利。第一，联邦快递公司正在逼近飞行能力的上限，而某些“地面”能力却没有得到充分利用。联邦快递公司要求民航管理委员会允许它使用 DC－9 型飞机，其有效载重量比公司正在老化的猎鹰涡轮喷气机要大，而且营运成本也要低。持有执照的运输商反对联邦快递公司的这个请求，民航管理委员会也拒绝了该请求。史密斯游说国会要求法律上的援助，但是也没有成功。

第二，联邦快递面临着严重的债务负担，整个 1975 年和 1976 年，公司被迫对偿债计划进行重新安排。1975 年 6 月，董事会决定继续进行股票上市的初步步骤，以减轻公司的债务负担。然而，公司以前向银行申请贷款时曾经以股票购买特许权作为担保，由于与银行就这一特许权产生争议，上市的准备工作被迫停顿下来。史密斯声称，考虑到经过连续几轮融资活动他的权益已经被稀释了，他对是否购买这些特许权拥有“优先取舍权”。史密斯“提醒贷款人，史密斯家族已经向联邦快递公司投资了 800 万美元，截至 1976 年，他只持有 8.5% 的权益，而家族所有的事业公司只持有 0.4% 的权益”。[68]然而，银行拒绝将这些特许权卖给史密斯。作为一种替代方案，联邦快递董事会和普罗莱特快递公司（Purolator Courier Corporation）发起了合并谈判，但是普罗莱特公司的管理层决定不再继续下去。

1977 年 11 月《航空货运管制解除法案》通过之后，这两个问题都得到了解决。该法案允许联邦快递公司使用更大的飞机，这使得公司的前景大为光明，“使各个方面都对公司产生了积极的态度”。[69]1978 年 4 月 12 日，联邦快递公司通过股票的公开发行筹集了 1 750 万美元，发行价格为每股 24 美元。公司给史密斯提供了一笔贷款，使他得以按照每股 5.25 美元的价格购买银行持有的特许权。（每份特许权赋予持有者以每股 2.5 美元的价格购买联邦快递公司股份的权利。）自此以后，销售额和利润迅速增长。1983 年 5 月 31 日财政年度结束时，联邦快递公司得到了 10 亿美元的销售收入（1978 年仅为 1.6 亿美元），8 900 万美元的利润（1978 年仅为 1 950 万美元）。史密斯“作为一颗冉冉升起的新星出现在企业家世界”，联邦快递公司也成为华尔街的“宠儿”。[70]

3. 丹尼尔·路德维希的加里开发项目

丹尼尔·路德维希的位于巴西加里河和亚马孙河汇流处的林业企业，在 1981 年是世界上“个人拥有的最大的地产”、“世界上最大的热带雨林公司”以及“由私人发起且没有借助于资本市场的最大的项目”。[71]当时，该项目包括 25.2 万英亩的林场，2 600 英里的公路，45 英里的铁路，一个瓷土矿，一个制浆综合企业以及为数众多的家畜、水牛和稻米农场。所有这一切都是“秘密地进行着，并且不受巴西人的限制”[72]。总部设在蒙特・杜拉多（Monte Dourado），建于一片空地之上，能够容纳 3 万人。加里项目也是一个巨大的失败：路德维希在该项目上损失了 5 亿到 10 亿美元的个人财富。

丹尼尔・路德维希和弗雷德里克・史密斯的故事在好几个方面都有所不同。1971 年，史密斯建立联邦快递公司的时候只有 27 岁；而路德维希购买加里的时候已经 69 岁了。史密斯继承了一小笔遗产；而路德维希积累了大量的财富，足以使他跻身于超级富翁的行列。史密斯是一位知名的公众人物；路德维希则“迷恋于隐居”，“几乎不为人知”。*[73]史密斯从一开始就广泛地依靠咨询师和助手的建议以及普通员工身上被激发的极大的忠诚；而路德维希的方法受“冲动”和“对自己直觉极度自信”的支配。他在加里使用过 24 个项目主管，平均六个月更换一次。

在下面这一节中，我将首先讨论路德维希的背景，接下来将讨论他是如何发展加里的创意、如何获得开发所需的资源以及如何导致这个企业最后垮台的。

背　景

关于路德维希的准确背景很难获得，因为他对个人隐私非常看重。1957 年，路德维希同意《财富》杂志的丹・桑德斯（Dan Saunders）对他进行了第一次也是最后一次深入的新闻采访。当时，路德维希已是世界第二大船主，并且积累了 5 亿美元的财富。关于他的个人生活，路德维希向桑德斯提供了如下描述。20 岁的时候他就以一艘船的船主和船员的身份开始了独立生活。他挣扎着度过了第一次世界大战后的运输萧条期，于 20 世纪 20 年代开始通过运输石油赚钱，但在大萧条期间差点垮掉。20 世纪 30 年代中期，他制订的海运融资计划使他赢得了属于自己的财富：他从一家石油公司获得一份长期租船合同运输该公司的石油，然后用这份合同做抵押申请银行贷款用来购买船只。租船合同会带来小额而稳定的收入，当合同到期时，路德维希将拥有这些已付清全部贷款的船只。

起初，路德维希买来旧船然后翻新；1939 年，他在弗吉尼亚州的诺福克（Norfolk）创办了自己的造船厂。在第二次世界大战中，路德维希获得了政府合同，为政府制造向欧洲和远东运输石油的油轮。战后，政府不再需要这些油轮，又把它们卖给了路德维希。路德维希此时已是美国第五大船主，拥有了一支可以在战后的运输

* 当 J. 保罗・盖蒂（J. Paul Getty）于 1976 年逝世时，伦敦的《星期日泰晤士报》（*Sunday Times*）写道：“根据专家的分析，‘世界上最富有的人’这个称号必然属于一位年迈的老人，虽然他自己看上去很不情愿接受这个称号，他就是几乎完全不为人所知的美国大亨——丹尼尔・K. 路德维希。”（Blundy, 1976）

业繁荣中牟利的船队。

1951年，路德维希从日本的占领军政府手中获得了一份租约，租下了位于吴市（Kure）（日本本州岛西南岸的港口城市。——译者注）的前帝国海军造船厂，他把自己的大部分造船设备都搬到了那里。路德维希告诉桑德斯，在那些年里，他对造船设计和船只结构进行了修改，减少了非必需的部件，增加了船只的载货能力。他还相信规模经济的力量：他开始不断建造越来越大的超级油轮，1948年他已经可以建造能装载3万吨原油的超级油轮，吴市的造船厂使他的造船能力一直保持领先。例如，1956年，吴市制造了当时世界上最大的载重84 730吨的超级油轮——宇宙领导号（Universe Leader）。

路德维希还尝试为固体货物（如铁矿石和煤）建造能自我卸货的船只以及既能运石油又能运固体货物的多功能大容量船只。为了充分利用他的运输能力，路德维希进行了多样化经营，业务范围包括在南美洲、大洋洲和其他一些地方进行采矿、放牧、炼油和制盐等活动。在桑德斯的采访发表之后，路德维希继续进行多样化经营，进入了房地产业、旅店业、银行业和金融服务业。因此，当他着手加里项目的时候，路德维希已经拥有了一系列名目繁多的、遍布全球的企业。

杰瑞·希尔兹（Jerry Shields）写了一部未经认可的传记——《看不见的亿万富翁》（*Invisible Billionaire*），提供了有关路德维希的更为关键的背景资料。据希尔兹称，路德维希并非白手起家：他是中西部一位有钱人的孙子，这个人拥有银行、木材厂和造船厂。希尔兹认为，路德维希早期涉足运输业与他父亲有着密切的联系。路德维希开始的时候是为一家走私企业向加拿大运输糖浆。1922年，在禁令的高峰时期，海关官员捕获并扣押了他与父亲共同拥有的一条运输船——默什尔号（Mosher），当时路德维希是船上的工程师。默什尔号装载了满满一船朗姆酒；路德维希和他的船员都被捕了，而他父亲却得以逃脱。不过根据希尔兹的记载，他父亲在华盛顿的关系迫使纽约区的律师撤销了对他们的起诉。[74]

根据希尔兹的记载，在20世纪30年代和40年代，路德维希很可能是利用与政府官员的关系而从中谋利的。例如，希尔兹认为，在战争年代，路德维希以“超过市场价格的价格”向政府出售旧船只；以“远远超过市场价格”的年金出租油轮运输石油；又以远远超过实际价值的数额收取损失油轮的赔偿费。[75]他通过国务院的说情以每月275美元的价格就获得了吴市造船厂15年的租赁合同。[76]不过，希尔兹也承认，“路德维希取得的许多成功都源自他的冒险精神：敢于探索许多胆小的企业家不敢去的地方”[77]。

发展理念

根据希尔兹的记载，在20世纪50年代早期，路德维希构思了一个计划，在赤道或接近赤道的地方大量种树，因为在这种地区可以很便宜地获得大片土地。路德维希觉得，如果他于20世纪60年代开始种树，那么到20世纪80年代早期就可以采伐这些树了，他预测届时将出现世界性的木材短缺。20 世纪 60 年代早期路德维希开始寻找一种能在热带气候下快速生长的硬木树。大多数现有的林业企业种植的都是软木树，例如松树、冷杉，其生长速度是硬木树的两倍；因此，硬木树将出现持续的供不应求。路德维希委托精通森林学的植物学家和其他科学家寻找硬木品种，要求能够在湿热的气候中和软木树生长得一样快，而且具有足够多的功能，能作为纸张、纸浆、木材和家具企业的原材料。

化学工程师埃弗里特·温库普（Everett Wynkoop）在尼日利亚为路德维希进行矿山勘探的时候发现了石梓树（gmelina），温库普发现尼日利亚人使用这种硬质的石梓树树干做矿井支架。英国殖民地办公室起初从印度和缅甸进口这种树，这种树坚固、耐用，每月的生长速度达到惊人的一英尺。在树苗种植后六年，就可以用作生产纸浆的原料；当树龄达到十年的时候，就可以作为木材收获了。

于是，路德维希在不同的地点做试验，看看在什么地方石梓树能够成功地生长。他发现树苗在墨西哥长得不好，但是在哥斯达黎加、巴拿马、洪都拉斯和委内瑞拉却长势喜人。其他木材公司的经理在考察“神奇树”之后仍然感到怀疑：石梓树和其他商用树种不同，长得有点弯弯曲曲，树枝朝向地面，因此无法成为又长、又直、没有树节的木材。然而，路德维希却不怕：他正是通过“公然违抗传统智慧、完成小人物认为不可能或太危险的任务”而变得富有的。[78]

在路德维希的设想中还有一个新奇的想法，那就是：在一个工业化国家建立一个“漂浮的工厂”，然后通过水路拖运到石梓树生长的地方。路德维希最初计划建立两个这样的工厂：一个纸浆厂，一个联合发电厂，后者将为纸浆厂提供电力。后来，路德维希又加上了一个新闻用纸厂和一个胶合板工厂。

工厂将是高度机械化的——路德维希建造超级油轮的经验使他相信资本替代劳动的好处（以及规模经济的重要性）。路德维希预计投资为 3 亿 ~5 亿美元，预期能产生 30% 的回报，年收益估计超过 3 亿美元。

汇集资源

20 世纪 60 年代早期，路德维希开始为自己的项目寻找合适的地点。根据希尔兹的记载，他在寻找一块靠近赤道的面积达数百万英亩的便宜土地，要有出口可以到达深水的工厂，所在国政府还要能够提供有吸引力的税收优惠并且“不干涉他的企业”。[79]路德维希几乎都要决定选在尼日利亚了，就在这时当地发生叛乱。1964 年春天，路德维希又把注意力转向了巴西，当时军队刚刚推翻了若昂·高拉特（Joao Goulart）政府。新的统治者亨伯托·卡斯特罗·布兰科（Humberto Castelo Branco）将军推翻了前政府“巴西人的巴西”计划，并且开始吸引外国资本。

1964 年 12 月，路德维希在纽约会见了巴西计划部部长罗伯托·坎伯斯（Roberto Campos）。坎伯斯对在巴西盆地发展牧场、矿山和木材厂尤其感兴趣。据希尔兹记载，只有一个障碍，那就是“亚马孙因素”（Amazon Factor）——一种说法，认为对该地区的投资注定要失败。* 这样一来，路德维希对该地区的兴趣就显得不同寻常而且大受欢迎。不过，路德维希还是继续对石梓树树苗进行测试，直到两年后的1966年，他才会见了巴西总统卡斯特罗·布兰科。布兰科承诺给他十年的免税期；无须支付一般关税就可以进口机器设备和原材料的权利；而且，据希尔兹称，他还保证路德维希"可以按照他觉得合适的任何方式经营该项目，巴西政府决不干涉"[80]。

1967年，路德维希以大约300万美元或每英亩约75美分的价格购买了加里河（亚马孙河的一条支流）两岸350万～400万英亩的土地。他开设了银行账户，初期每月会提供60万美元的营运资金。他还雇用了一名工程师鲁道夫·杜拉多（Rodolfo Dourado）开始清理丛林。[81]

路德维希在完成土地购买之前，从没有试着测试一下石梓树是否适应加里河流域的自然条件。金基德（Kinkead）称，他的两个雇员在驴背上和独木舟上考察了这片土地，但是"没有进行任何土壤测试工作"[82]。这一区域"从没有过商用林业的历史"[83]。除了南极和撒哈拉沙漠之外，整个地球上没有一处地方"像这里一样一片空白或尚未开发"。这里的气候"反复无常"，每年的降水量达100英尺。这里还时常受到虫害的侵扰，能在"一夜之间毁掉所有的庄稼和补给"[84]。疟疾、黄热病和痢疾则四处蔓延。

路德维希想完全控制这块土地，因此没有求助于任何外部投资者和债权人。同样，加里河流域之内的一切——所有的房产、运输服务、零售贸易等等——也都归路德维希所有。在这片和康涅狄格州一样大的土地上，除了路德维希，没有任何一家私人企业在此经营。

企业的成立

我们接下来就会看到，由于错误的初始假设、未预见到的情况以及路德维希的管理方式，加里项目受到了一系列问题的困扰。

20世纪50年代，路德维希为了在委内瑞拉建一个养牛场，曾使用巨型推土机将一片丛林夷为平地。但是路德维希使用同样的机械化方法清理加里丛林的行动却失败了，因为他没有真正地调查清楚该地区的生态和土壤条件。1967年，路德维希把18台推土机（卡特彼勒公司生产的"丛林粉碎机"）运到加里。建筑工人们把"树龄近150年、有的粗达12～15英尺的老树"砍光、烧尽。[85]在两年时间内，他们清理了大约25万英亩的土地，但是种下去的石梓树树苗却"很快就死光了"。显然，巴西全国植被的丰富性让路德维希做出了错误的推断，他想当然地认为加里地区的土

---

* 亨利·福特试图在这里建立橡胶厂就是亚马孙传奇的一部分。橡胶树遍布在亚马孙的荒野上，这样一来收集树液的成本很高。1927年，福特购买了4 000平方英里的土地，他称之为福特之地（Fordlandia），清理之后种上了橡胶树。福特显然没有预计到由于把树种植在一起而引起的病虫害传播的风险。到20世纪30年代，上百万棵树受到了树叶病的侵害，1945年，他关闭了种植场。

壤也很肥沃；但是事实上，亚马孙丛林只有“薄薄的一层地表土，而沉重的机械施工让原本就很脆弱的土质又受到如此挤压，结果连野草也无法在此生长”[86]。

于是，路德维希雇用了 2 000 名季节性劳工使用传统的“砍加烧”（slash and burn）的技术清理丛林，这样对土壤的破坏程度要轻一些。人称伽图斯（*gatos*，“丛林之猫”的意思）的独立承包商们从巴西偏远贫困的地区招来这些劳工。据金基德记载，“这些丛林之猫尽其所能地压榨这些劳工，有时为了省钱，甚至让他们吃廉价的猴子肉或鸟肉。”关于“不人道条件”的种种传闻传到了巴西政府那里，他们要求加里项目提供“像样的住房和工资”[87]。于是，路德维希开始建设蒙特·杜拉多镇。最终，他为了向这个镇提供社会化服务每年要支出 600 万美元。[88]

1970 年，一场特大洪水冲走了几乎所有的 400 万棵树苗。两年之后，护林人员发现大约 1/3 的林地已经变得沙化，无法承受石梓树的密集生长。还未长成的石梓树被移走了，原来的地方重新种上了加勒比海松树。这些松树更适合在沙质土壤中生长，但是与石梓树相比要花 2 ~ 3 倍的时间才能成材。

从积极的一面看，路德维希的员工意外地发现了一个矿藏量居于世界前列的瓷土矿，瓷土是用来制造瓷器的优质黏土。路德维希迅速开始了开采活动，并建立一家价值 2 500 万美元的工厂，每天的处理能力为 500 公吨。路德维希还着手开展了另一个规模很大的项目（并非原定计划的一部分），即在其地产的南部种植水稻，因为该处的土壤太过湿润不适合植树。到 1980 年，3 万英亩的稻田每年大概能产出 10 万吨大米。

路德维希的管理风格加重了加里项目面临的问题。项目预算“每个月都在变”，金基德写道：

> 路德维希来一次，就会在什么用途上又花掉 5 000 万美元。他会说：“在这儿建一个能容纳 500 名劳工的宿舍，在那儿修一条路。”如果加里项目的主管抱怨路德维希突然改变计划带来的成本，这位老板就会回答说：“你只要操心建工厂的事情就行了，钱的事由我来负责。”……如果有人向他建议对私人开发商和企业家开放他的领地以节约成本，他会说：“只要我活着，除了我谁都别想拥有加里，哪怕一寸土地。”既然对预算超支没有任何惩罚措施，人们逐渐认为路德维希有的是钱拿来烧。他们订购不必要的设备，也不努力削减成本。……
>
> 路德维希喜怒无常地更换经理人员更令混乱雪上加霜。项目的部门主管知道项目主管们是泥菩萨过江——自身难保，所以往往自行其是。当路德维希让五个人做相同的工作时——他常常这么干——混乱就变成了灾难。[89]

大量计划外支出迫使路德维希开始寻求外部融资。1972 年，在大通曼哈顿银行的带领下，一些银行向他提供了 1.5 亿美元的贷款。20 世纪 70 年代中期，路德维希曾试图让一些石油、纸浆和造纸公司向加里项目投资，但是都遭到了拒绝。于是，路德维希又向大通曼哈顿领导下的银行财团借了 4 亿美元——据希尔兹的记载，这是“向私人投资者提供的数额最大的贷款之一”[90]。

截至 1976 年，路德维希的支出已将近是最初预算的两倍，而他的林场开发却已落后于预定计划若干年了。[90]然而，受 1973—1975 年间世界纸浆价格翻番的鼓舞，1976 年 2 月 18 日，他订购了“漂浮的”纸浆厂和发电厂。曾经为路德维希制造超级油轮的日本吴市造船厂受命建造这两个工厂。每一个工厂重量为 3 万吨，长 250 码，几乎有 20 层楼那么高。纸浆厂的设计能力是每天将 4 000 立方米的纸浆木材转化为 750 公吨的纤维素。发电厂每天将燃烧 2 000 吨木材，发送的电力足够纸浆厂运转并满足加里项目所有的动力需求。这两个工厂都将建在中空的钢体船身上，这样一来就能漂到它们的目的地巴西。

日本进出口银行借给路德维希 2.4 亿美元用于建造这两个工厂，其中 1.75 亿美元由巴西国家发展银行给予担保。[超出项目预算的成本则由伦敦劳埃德银行（Lloyd's Bank of London）提供的 2 900 万美元的贷款给予资助。]

1978 年 1 月，两个工厂竣工了，一个月后开始了向巴西漂流的旅程。在大约三个月的时间里，拖船拖着这两个工厂绕过好望角、穿过南大西洋，沿着亚马孙河逆流而上 250 英里，又向西北走了 80 英里，最终到达了终点加里。与此同时，加里的劳工们建造了一个浅湖，湖底有用木桩支撑的平台，供两个工厂栖身。工厂到了之后就被拖进了这个浅湖。先是向钢体船身内注水，使工厂缓缓下沉，直到它们靠在湖底的平台上。接下来放干湖水，把工厂拴在平台上。

希尔兹写道：“这是迄今为止曾在水上移动过的规模最大的工业工厂。”路德维希再一次“公然向怀疑者和困难进行挑战，并完成了看似不可能的任务”[92]。由即将负责这两个工厂运转的巴西工程师、在吴市设计并建造它们的日本工程师以及纸浆制造方面的芬兰专家组成了一队人马，他们花了大约六个月的时间才让纸浆厂投入生产。

纸浆厂成功地开始运转了，然而很快就发现林场无法提供足够的纸浆木材使其满负荷作业。据希尔兹的记载，路德维希的护林人员为了保住自己的工作，曾在石梓树的生长速度方面对路德维希进行过误导：“他们把林场最好的产值当做平均值交了上去。”[93]1979 年，木材产量只是预期产量的一半，而成本则是预期的两倍。[94]

1979 年，路德维希面临着加里项目 6 000 万美元的贷款偿付，而此时的营运损失高达 4 000 万美元，另外还有 5 000 万美元的建筑成本。在其借款人的帮助下，路德维希委托克雷萨普–麦考密克–佩吉特咨询公司（Cresap，McCormick & Paget）“让一切走上正轨”。[95]按照克雷萨普的报告，路德维希卖掉了稻米农场（该农场每年损失 800 万 ~ 1 000 万美元），批准了一系列削减成本的措施，并允许巴西商人在加里地区开设商店、经营计程车[96]；成立了作为“路德维希与加里项目的项目经理之间的缓冲带”的经理委员会，对路德维希的政策和行为进行审查。[97]

这些措施使营运赤字从 1979 年的 4 000 万美元减少到 1980 年的1 000 万美元。但是这个新企业仍然“深深地陷在赤字之中不能自拔”，还有 2 000 万美元的建设支出和 6 400 万美元的债务负担。[98]而且，在与加里林业部门进行了一次“争论激烈的会面”之后，经理委员会发现石梓树的平均产量只是目标产量的 40% ~75%。[99]加里地区没有足够的木材供给来维持纸浆厂的运转，以使其保持在能够盈利的生产能力使用水平上。而与此同时，纸浆的价格开始下跌了。

1980 年 8 月，路德维希要求巴西政府支付加里地区每年为提供社会化服务而带来的 600 万美元的成本。否则，他将“停止林场项目，让数千人立即失业”[100]。1981 年 5 月，路德维希将加里地区标价待售，同年下半年又威胁不履行 4 000 万美元的偿贷责任；至今，加里项目的债务已经累计高达 2.6 亿美元。最终，巴西政府成立一个财团承担路德维希的债务（作为他对加里地区投资的回报），并使项目依靠少量的资金勉强维持下去。根据希尔兹的记载，路德维希已经向加里地区投入了 8 亿美元，“毫无疑问他失去了所投资的大部分资金”[101]。

4. 摩托罗拉公司的铱星项目

摩托罗拉公司斥资 50 亿美元创建全球移动电话系统的铱星项目（Iridium Project），是革命性创新企业的第三个例子。在第 5 章我曾经提到，大公司通常投资于风险可测量且可控制的大规模创新活动。铱星项目则提供了一个千载难逢的案例，展示了一位富有远见卓识的 CEO 是如何完成一项革命性的、具有高度不确定性的创新活动的。

根据哈迪（Hardy）的记载[102]，摩托罗拉公司的一位员工巴里·伯蒂格（Barry Bertiger）在妻子无法从巴哈马群岛较为偏远的一处地方拨通移动电话之后，于 1985 年产生了建立世界性移动电话系统的想法。伯蒂格与同事雷蒙德·利奥波德（Raymond Leopold）和肯·彼得森（Ken Peterson）进行了协商，他们在业余时间制订了一个计划，该计划包括一个拥有 77 颗低轨道卫星的网络，每一颗卫星都能同其他卫星通信，并通过“通路”地面站与地面电话系统相连。这样一来，该网络可以使用户从世界上任何一个角落向任何地方拨电话。

该项目的“技术上、制度上和政治上的复杂性”，哈迪写道，“让人头晕”：铱星项目的工程师必须啮合 25 000 个复杂的设计单元。他们必须把 350 万条通信软件线路与至少分布在 11 个国家的地面站连在一起，还要使其与另外 1 400 万根控制导航系统和呼叫转接的编码线配合，整套系统必须运行通畅。卫星制造过程必须从通常情况下的两年或更长的时间缩减到 5 天，而且卫星的成本——一般为 2 亿美元——必须减少 80%。铱星项目还必须从世界无线电管理行政大会（一个包括 140 个国家的国际性组织）和 200 个国家的管理当局手中获得频率使用权。

对全球移动电话系统的需求也存在着非常大的不确定性。据哈迪的记载，没有人能估计出高价位全球通用移动电话的市场规模。每分钟 3 美元，铱星项目的价格要远远高于以地面为基地的移动电话。阿瑟·D. 利特尔咨询公司（Arthur D. Little）

的技术咨询师认为，“头脑清醒的国际商人不会需要这个。在发展中国家或许会有市场，但是在大城市不行。”[103]

因此，当伯蒂格和他的同事提出自己的想法时，摩托罗拉公司的高级经理们没有显示出多大兴趣就毫不令人感到意外了。当时的董事会主席罗伯特·加尔文（Robert Calvin）在公司“年度巡视”的过程中听说了这个想法。在和伯蒂格会面两次之后，加尔文告诉摩托罗拉公司的总裁约翰·米切尔（John Mitchell）说：“如果你不为这个项目掏钱，约翰，我掏。用我自己的钱！”随后，摩托罗拉成立了一家分公司，名叫铱星公司（Iridium LLC），其中摩托罗拉公司占股25%。摩托罗拉公司还为铱星项目10亿美元的贷款进行了担保。

摩托罗拉公司董事会主席的位置和背景都非同一般，这有助于解释公司为何会对铱星项目进行投资。罗伯特·加尔文身为摩托罗拉公司创始人的儿子，从十岁开始就随着父亲进行各种商务旅行。1942年，在圣母大学（Notre Dame）学习了两年之后，他参军了。服完兵役之后就进入了摩托罗拉公司，而没有回去完成大学的学业。他从基层一步一步做起，最终成为公司的总裁和实际上的首脑。当时，摩托罗拉公司是一家制造汽车收音机和留声机的厂商，年产值2.27亿美元，是世界领先的两波段收音机和移动电话的制造商，而且是世界第四大半导体制造商。[104]1997年，罗伯特·加尔文持有的摩托罗拉公司股票的价值就超过10亿美元。加尔文在支持铱星项目时所展示的自信和良好的判断力，没有几家大公司的CEO可以与之相媲美。较为典型的CEO往往避免不确定的投资，这是一种规则，高层经理只对风险已知且调查清楚的项目下赌注。

5. 概要与结论

革命性的创新企业与有前途的新企业形成了鲜明的对照。联邦快递公司和加里项目近乎史诗般的传奇，与纳特康公司的气球出租、样品出版公司的工艺品目录、埃德温特软件公司的证券管理系统以及我们在前面几章中考察的各种其他《有限公司》500强企业相比，几乎没有什么相同之处。有前途的新企业往往从事小规模的半套利活动，用科茨纳的话来说，就是发现并修改“以前市场交易过程中所犯的错误”[105]。革命性的创新企业就其核心而言，则拥有一个熊彼特式的伟大创意。有前途的新企业尝试着寻求有利可图的机会市场，而创新型企业家则努力去改变现有的景观——在路德维希的例子中，差不多就是改变现有的地貌。或者我们可以对洛斯比（Loasby）的一句名言略加修改，改革者不仅对变化的数据做出反应，他们还让数据发生变化。[106]有前途的新企业可以在较低的产出水平上盈利；而在革命性的创新企业中，规模和盈利性是紧紧地缠绕在一起的。有前途的新企业的创业者常常通过弱化风险的重要性而将其分散给别人，而创新型企业家则面对并承担看得见的公共风险。

此外，虽然有前途的新企业的创业者拥有的某些品质不同寻常，但是变革者拥有的品质更是卓尔不群。

不过，我们应该注意到，革命性的创新企业不仅与创新活动的整体相比算是寥若晨星，即使与那些对整个经济景气有着持久影响的企业相比也是少之又少。联邦快递公司和铱星项目的不同寻常之处在于：它们不可能在较小的规模上或者以渐进的方式开始。较为典型的是，像微软和沃尔玛这样的公司以及像个人电脑这种行业，其创业模式更为适中。尽管它们具有革命性的长期影响，但是在一开始它们并不是“熊彼特式的”。路德维希的海运帝国并非始于对创新型超级油轮的投资。起初，他不过是买来些旧船加以修补，根本不必用自己的钱去冒险。与其他大多数创业者相比，路德维希达到较大规模和较大范围花费了几十年的时间，而不是几年的时间。在本书的第二部分，我们将考察从有前途的新企业到长寿组织的变化通常是如何发生的。

第 8 章　总结与归纳

下面这几节总结了我们讨论过的有关有前途的新企业和其他类型新企业的若干命题，并讨论了我们能够归纳出的结论。

1. 命题的总结

个人和公司在从事创新活动时的初始条件和资源禀赋各不相同，这包括资本、想法、资历和控制体系。这些资源禀赋的差异影响到：

- 他们所追求的机遇的性质；
- 他们对事前分析和计划而不是根据未预见到的情况进行适应性调整的依赖程度；
- 他们为了获得顾客、员工、贷款和原材料以及其他生产要素所运用的策略；
- 将成功的创新活动与不成功的创新活动区分开来的因素。

初始条件

大多数创办新企业的个人只拥有有限的禀赋——他们通常没有创新的想法、丰富的经验和老到的资历，他们还面临着严重的资本束缚。其个人融资手段也非常有限，而且因为他们不具备任何“可证实的”知识产权或人力资本可以投入新企业，他们也无法从外部投资者那里筹集资金。

在大公司从事创新活动的员工能够获得大量的资金，能够利用公司的声誉和关系网。不过，公司内部的控制系统限制了大公司创新者的处置权。大公司的创新活动要面对广泛的、多层次的审查，这种不可以避免的官僚症深深困扰着大公司；而且，根据代理理论，这是所有权和管理权分离不可避免的结果。

风险资本资助的新企业的创办者则拥有非同寻常的资源禀赋。与大多数个人企业家不同的是，他们一开始就拥有创新的理念，可以借此获得大量的利润和宝贵的人力资本。因此，他们可以从投资者那里筹集到大量的资金；不过，这样一来，他们也将自己置于外部的监督和控制之下。

革命性创新企业（例如弗雷德里克·史密斯的联邦快递公司）的创办者在创业

时拥有绝对超乎寻常的资源禀赋：惊世骇俗的创意、大笔的个人财富或者卓越的融资能力以及实现宏伟愿景的各项资源。同样，类似发起铱星项目的摩托罗拉公司这样的大公司，其经理人员不仅胆识过人，还拥有不同一般的工作经历，使投资者、银行家、供应商和员工等各个方面都对其极其信任。

机遇的性质

企业家拥有的禀赋和面对的束缚影响了他们能够从中挖掘利润的机遇的类型。有些人没有什么创新的想法或者也没有获得资本的融资渠道，他们最有可能在初始投资较低、不确定性较高的行业中谋利。资本的缺乏限制了企业家追逐机遇的能力，他们不能去开发需要大量事前投资的机会，但是这也使不确定性成为一个令人向往的特性：如果新企业的业绩不佳，创业者也没损失什么；但是如果环境有利，他们就能获得相当可观的利润。不确定性还有利于那些只是模仿他人想法或理念的企业家，使得他们能够通过自己的勤奋和才干或者通过参与短期内能够产生回报的竞争来获取利润。相反，那些追求不确定性较低的机遇的创业者则会发现，不论是勤奋还是才干都无法弥补他们在理念或技术的差异化方面的欠缺。

大公司则倾向于开发初始投资较大、不确定性较低的创新活动。他们拥有从事初始投资需求较大项目的融资手段，而且，严格的评估与监督要求也促使他们去开发少数几个大项目而不是为数众多的小项目。另外，对创新活动的多层次评估增加了对客观证据的要求，这限制了大公司能够忍受的不确定性。这并不意味着大公司总是避开明确的风险而只从事决策者认为一定会成功的项目。事实上，较高的利润目标必然需要规模庞大且不可回收的事前投入，这使得潜在的损失要比大多数新企业都大得多。但是一般来说，大公司的控制体系确实要求创新项目的提议者对预期收益何以超过预期风险做出书面证实。较高的不确定性（例如，由于消费者偏好的反复，法规、技术或标准的变动以及诸如专有技术等可证实优势的缺乏所造成）使提议者难以提供关于风险与收益的客观证据。

风险资本家会挑选一些优秀的企业家给予资助，他们创办的企业在投资规模和不确定性方面处于中间位置。风险资本的融资渠道允许——也要求——他们从事比一般企业家从事的规模更大的项目。同时，风险资本家的仔细研究与尽职调查也排除了那些自力更生的企业家常常从事的不确定性非常高的项目，或者在某些情况下，这种研究和调查会通过发现新的事实来降低项目的不确定性。然而与大公司的创新活动相比，风险资本资助的新企业选定项目的不确定性则相对较高而投资则相对较少。与大公司的经理人员相比，风险资本家的融资能力也相对较弱，因此他们无力投资于类似英特尔、默克或 IBM 所从事的那种超级项目。此外，风险投资公司的评估调查程序比较高效，可以使其忍受大公司通常所不能忍受的不确定性。

那些在想法上拥有完全创新的理念、在获取资本和其他资源方面拥有卓尔不群的能力的创业者，他们所追求的创新项目都要求很大的初始投资，同时也涉及极高的不确定性。由于这种企业家寥若晨星，这种类型的新企业也就寥寥无几。

计划与调整

初始的资源禀赋和束缚，尤其是资本的附加条件和可获得性，影响了企业家创业之前进行分析与计划的程度。绝大多数企业家在创业时面临严重的资本束缚，这使得他们没有办法进行太多的分析与计划。这些束缚还限制了企业家可以从中谋利的机遇的种类，从而间接地影响到事前计划的经济性。在规模小、不确定性高的新企业中，事前计划的收益很快就会被成本所超越：小企业承担不起大量的事前研究与计划的支出。高度的不确定性也限制了事前计划的价值。作为对事前计划与研究的替代，有前途的新企业的创办者依赖于他们根据未预见到的问题和机遇进行适应性调整的能力。

大公司的控制系统要求对新项目进行广泛的计划与研究。大公司的确偏爱大规模的项目，因为大量的预期利润能够偿付进行广泛的事前研究与分析的成本。大公司还偏爱不确定性较低的创新项目，因为决策制定者可以通过客观的研究与分析来验证预期的风险与收益。不过，与有前途的新企业相比，大公司在创新开始之后进行变动的次数也比较少。项目较低的不确定性以及他们进行的事前研究使得出现意外的可能性比较小。由于对计划的重大改变需要大量的签字和审批程序，大公司很难轻易改变既定的行动路线，而且大公司项目的规模和复杂性也不鼓励机会主义式的调整。

风险资本资助的新企业的事前计划与研究的程度处在大公司和有前途的新企业之间。通过风险资本为新企业融资的创业者必须向风险资本家提交商业计划书；而且通常情况下风险资本家会进行尽职调查和独立研究以验证计划书中提出的观点。虽说他们在这方面所做的工作比典型的有前途的新企业要多一些，但是与大型公司相比一般还是比较少：因为可用于研究的资金比较少，制衡机制不够严谨，而且机遇本身的不确定性也比较大。与此类似，在对新环境的适应性调整以及创业后的战略性调整方面，风险资本资助的新企业的激励和需求也处在有前途的新企业和大公司创办的新企业之间。

在革命性的创新企业中，很高的不确定性使得企业家很难制订出可靠的计划。与此同时，鉴于企业的规模非常庞大，为了筹集资本和协调资源，事先很有必要进行广泛研究并制订应急计划。像铱星公司或联邦快递公司这样的新企业涉及许多“机动部分”，它们必须以一种有序的方式整合起来。我们发现在企业创立之后，决策制定者会改变他们所用方法中的许多元素，但是与有前途的小型企业相比，他们不能在中途改变其核心理念。

获取资源

有前途的新企业由于其禀赋贫乏，从而无法轻松地赢得顾客、员工、供应商和其他资源供给者的信任。他们缺乏资本、历史记录和客观的竞争优势，这使得资源供给者不敢在这种新企业上下赌注。于是，创业者寻找“非典型的”个人和公司，他们要么没有多少选择空间，要么有着独特的需求和偏好，要么就是对自己所面临的风险没有正确的估计。创业者会向第一批资源供给者提供特别的优惠，如产品定制化服务和免费附加服务，借此来抵消资源供给者让别人先吃螃蟹的激励。创业者还会运用心理战术。例如，他们会模仿成熟公司的表面特征，创造一种永续经营的感觉；他们还会设计资源供给者所面临的选择令后者忽略自己所面对的风险。

成熟的大公司可以依靠其资本、声誉和以前的关系网来获取资源。资源供给者可以从公司对某项事业的资金投入和不可撤销的投入上找到心理安慰，大公司可以通过提供免费使用和长期合同来承担资源供给者的风险，它们可以用自己的声誉为创新活动担保。而且与有前途的新企业相比，大公司常常会强调而不是掩盖资源供给者将面临的风险，促使他们做出保险的选择：与成熟的大公司相伴同行。

正如许多新企业一样，缺乏历史记录和多样化的即期利润来源，对风险资本资助的新企业来说是一个问题。不过，它们也有一些优势：资本渠道、创业者和风险资本家所拥有的声誉和关系网以及创业伊始所付出的不可逆投资，这些都为新企业的前途提供了一些保证。这些新企业赖以立足的知识产权很有价值，这也使得它们可以通过共享具有升值潜力的企业股份的形式来吸引资源供给者。例如，风险资本资助的公司可以通过提供股票期权吸引有才能的员工。（对大多数其他新企业而言，股权的预期价值比较低，这使得它们难以通过提供股份的方式来吸引高质量的人才，因此，这种新企业常常被迫雇用就业机会有限的员工。）

与其他类型的新企业相比，革命性的创新企业在成立时拥有更有创新性的想法以及更加庞大的资本，它们在获取资源方面同样也面临着更大的问题。野心勃勃的计划需要高质量的人才——与有前途的新企业不同，如果只有平庸的员工它们实现不了自己的目标。同样，仅仅依靠为少数几位顾客提供特殊的产品和服务也难以让它们实现目标。即使能够获得大量的资本，它们也无法轻易承担他人的风险，因为这种新企业的不确定性实在太大了。不过，它们能为投资者创造无比丰厚的财务回报，为顾客提供独一无二且引人注目的利益（在联邦快递公司的案例中，它所提供的是市场上独一无二的保证隔夜送达的快递服务），给员工带来参与先锋事业的兴奋感觉。

在边缘企业中，获取资源的问题是次要的。这些企业只有少量的员工或者根本就没有员工。供应商无须提供不可逆投资或延期信贷，顾客的转移成本也比较低，即使新企业失败了也没有多大损失。

区分输赢的因素

对那些缺少资本或专有技术的有前途的新企业而言，成功建立在创业者的个人技能和内在才干之上。这包括：对模糊性的较高容忍度、对新情况和新信息的适应性、恢复力、对他人欲望与需求的感知力、解决问题和应对资本束缚的机智与谋略以及面对面推销的技巧。还有一些品质也比较重要，这包括：对风险或损失的容忍度、丰富的创造力和革新能力、先见之明或深谋远虑、领导和管理能力。换句话说，成功的有前途的新企业要求创业者具备某些特殊的品质和天赋，但并不要求他们是全能的超人。

大公司创新活动取得成功的要求在两个方面有所不同。第一，良好的预见性更为关键；错误的初始理念是无法通过机会主义式的调整来补救的。第二，因为大公司创新活动的规模较大，团队的质量和效能要比仅仅一两个人的能力重要得多。因此，大公司创建的新企业的成功取决于营销、生产、财务等各个职能部门的员工的才干，取决于对各个专业化职能部门加以协调的组织能力。

风险资本资助的新企业对以上这两个方面的要求都位于有前途的新企业和大公司的创新活动之间。与有前途的新企业相比，它们成功要求更多的预见性；与大公司的创新活动相比，则要求更多的适应性。与此类似，因为企业的规模较大，团队的角色比在有前途的新企业中更为重要；但是创业者的品质和才干也对结果有着相当重要的影响。这些才干也有所不同——例如，与有前途的新企业相比，管理规模较大的员工团队的能力对风险资本资助的新企业更为重要。

创建革命性创新企业的个人（或公司）要具备“超人的”品质，有时这些品质也被当成企业家所应具备的品质。除了成功的有前途的新企业创办者需要具备的品质（如适应能力和恢复能力）之外，创新型企业家还要具备超强的预见能力、非同寻常的冒险意愿、传教士般鼓舞他人的能力以及迅速建立并管理复杂组织的能力。

创建边缘企业并不涉及卓越的才干或技能；换句话说，一家洗衣店或草坪护理公司，即使其创建者才干出众，也不会比天资平平的人获得多得多的回报。

2. 一般命题

我们对典型的创新活动进行了分析，结果表明在组织愿意从事的创新类型与组织的决策流程之间存在着普遍的联系。不同类型的组织使用不同的规则对新的投资进行评估和监督。例如，在公开上市的大型公司里我们发现，组织层级和专业人员对创新活动进行广泛的审查。在合伙制组织中，我们发现制衡机制较少，企业更依赖于被法马和詹森称为合伙人相互监督的机制。在小规模的独资企业中，从事创新活动的决策权完全掌握在所有者一人手中。我们还发现，在某一特定的组织形式中也存在企业间的差别。在上市公司中，有些公司的管理层级和员工人数就比其他公司要少。与此类似，有些合伙制公司授予经理人员团队以非常大的处置权，而有些则依靠基础广泛的委员会来对创新项目进行评估和审批。

组织不能轻易地改变日常例程以适应个别机遇的特性。在正规的程序中，某一组织从事的所有创新项目都要经过最低水平的仔细审查和即时监督。短期中，组织评估、监督新项目的能力也是有限的。公司或许可以聘请咨询公司研究某些特殊项目，但是却无法迅速增加核心决策者可以付出的时间。审查的最低水平和审查的有限能力，二者结合起来限制了一个组织可以从事的创新项目的数量。

组织日常管理流程的性质有助于决定其融资渠道。像 IBM、英特尔和默克这样的公司，比新创企业更容易从公开市场上融通资金，后者的评估与监督能力既不够严格，也不够成熟。而且，由于公司必须将筹得的资本分配给有限的项目，它们对每个项目的最低投资额也有个目标。（例如，一家总共能获得 10 亿美元资金的公司，有能力评估与监督十个创新项目，这家公司将寻找投资要求至少为 1 亿美元的项目。）

日常管理流程还会影响创新活动的不确定性。公司的制衡机制越是严格，能够容忍的不可测量、不可量化的风险就越低。换句话说，昂贵的评估与监督程序最有价值的用途在于那些风险和收益都能加以客观评估的创新活动。

于是，我们发现公司之间存在如下专业分工：拥有严格制衡机制的组织从事的是不确定性相对较低、投资需求较大、可能利润较高的项目（假设获得较高的可能利润需要大规模的投资）。制衡机制不那么严格的组织从事的是不确定性高、投资需求低、可能利润低的项目。这种分工影响了组织对创新活动的搜寻模式，也影响了对意外发现的利用态度。成熟的公司鼓励（或者明确指导）员工寻找风险确定且有望获得高额利润的商业机会，它们还避免将资源投入员工意外发现或个人兴趣所在的规模小或不确定性高的投资机会。相反，大公司把这些机会的开发权卖给小公司或新企业（或者干脆就放弃了）。与此不同，发现或意外获得需要大量资本的创新机会的小公司，会把开发这些机会的权利卖给大公司或者与大公司联手成立新企业。

具有较高不确定性和较高初始投资要求的机会（在第 7 章讨论的“革命性”创新企业模式），不在常规的企业活动范畴之内。遇到这种机会的个人或组织会尝试着将其分解为一系列项目，使得不确定性降低或者资本需求减少。不过，在某些案例中（例如弗雷德里克·史密斯对提供小包裹隔夜送达快递服务的规划），机会的性质要求项目不能分拆。只有极有影响力或极为富有的个人、不墨守成规的大公司或者非营利性政府机构和大学才会从事这类项目。同样，那些投资需求和不确定性都比较低的机会也很少能赚到多少利润，这种机会也不在常规企业活动范畴之内；人们从事这类项目只是作为对低报酬工作的一种替代。

专栏文章《组织专业化：一种描述性分析》对不同的组织在不确定性—投资—利润图上位于不同的位置这一假说提供了简单的数学证明。将其扩展用于分析其他因素，例如对调整和计划的依赖、为了获取资源使用的战略、差异化因素，结论也都相当明显。

组织专业化：一种描述性分析

为了说明不同的公司如何形成专业化分工，从而进行不同类型的创新活动，我们将对可用机会的整体做出如下几个简化的假设：

所有的创新活动都需要一笔初始投资 I。每一项投资预期都会产生一笔现金流或“利润” P，项目的（奈特式的）不确定性为 U。I 可以为任何正数，U 在 $0\sim1$ 的范围之内变动（当收益的概率分布完全不可知时，U 为 1）。

P 随着 I 和 U 的增长而增长（即初始投资和不确定性越大，总利润就越大），但并非同比增长；I 和 U 都满足收益递减规律。

U 的收益递减速度比 I 的收益递减速度要快一些。因此，不确定性高、初始投资低的项目与初始投资高、不确定性低的项目相比，前者产生的可能利润要低一些。这一假设是基于创新所能带来的预期利润（而不是实际利润）而言的。在现实世界中，小投资带来大利润的情况非常罕见，除非项目一开始就拥有某项很有价值的资产，比如一项专利。

公式 $P=K_pI^\alpha U^\beta$（$K_p>1$，$0<\beta<\alpha<1$）与上述假设相符。这里应该引起注意的是，只有当 $P>I$（即：$K_pI^\alpha U^\beta>1$ 或者 $K_pI^{\alpha-1}U^\beta>1$）时，以利润最大化为目标的公司才会进行创新。

寻找并利用这些机会的公司具有各自不同的评估和监控程序以及不同的评估和监控能力，比如：

在项目评估和监控方面，每家公司都有固定的人员配备，也就是固定的管理能力，这方面总的费用设为 E 美元。

对于所承担的每个项目，每家公司必须投入的最小费用设为 $e_{\min}$ 美元，在此 $e_{\min}=K_nE$（即，总费用 E 较大的公司在评估和监控上的最低要求也较大）。这些条件决定了一家公司可以承担的最大项目数量（N）：

$$N_{\max}e_{\min}<E$$

或者，因为 $e_{\min}=K_nE$，所以有：

$$N_{\max}<1/K_n$$

每家公司的评估和监控能力决定其承担创新的可用总资本（C），同时也就决定了这家公司在任何创新活动中可以承受的最大风险（$U_{\max}$）。较大的 E 意味着 C 较大，同时 U 较小，因此：

$$C=K_cE \text{ 且 } U_{\max}=K_u/C$$

也即：

$$U_{\max}=\frac{K_u}{K_c}\times\frac{1}{E}$$

公司承担的项目完全一样（也就是说，公司无法承担需要不同 U 和不同 I 的项目）。

给定以上假设，我们可以推断：

因为投资收益递减，所以公司更愿意将其有限的资本投资于很多小型项目而不是投资于一个大型项目，但是公司所能承担的项目数不会多于 $1/K_n$。所以公司会选择这一最大项目数，从而投资 $I = C \div (1 \div K_n) = K_n C$，所以 $C = I/K_n$。

因为 P 随着 U 的增加而增加（而且对于投资引致的 U 在总量上并没有限制），公司投资的每次创新都有 $U = U_{max} = K_u/C$。

因为 $C = I/K_n$，代入上式得：

$$U = K_u \div (I \div K_n) = \frac{K_u K_n}{I}$$

换句话说，项目的 U 和 I 是负相关的。

我们也可以将 U（原文为 I，但是联系上下文判断应为 U。——译者注）$= \frac{K_u K_n}{I}$ 代入 $P = K_p I^{\alpha} U^{\beta}$ 中，得到：

$$P = K_p \frac{(K_u K_n)^{\alpha}}{U^{\alpha}} U^{\beta}$$

$$P = K_p (K_u K_n)^{\alpha} U^{\beta - \alpha}$$

根据上式可知，只要 $\beta - \alpha < 0$，即 $\alpha > \beta$，P 就和 U 负相关。

U、I、P 之间的这种关系与我们基本的不确定性—投资—利润图所反映的一致：拥有较大 E 的公司将投资于那些具有较低的不确定性和较高的投资要求的项目，从而获得较高的可能利润。拥有较小 E 的公司将投资于那些具有较高的不确定性和较低的投资要求的项目，从而获得较低的可能利润。[但是，这些公司的投资收益（P/I）更高，因为它们承担更多的不确定性。] 对于那些具有较大 U 和较大 I 的项目而言，拥有较小 E 的公司无力为其融资，而拥有较大 E 的公司又不愿意承担如此高的不确定性。而那些具有较小 U 和较小 I 的项目又"不经济"（即：$P < I$）。

第二部分 新企业的演进

在第一部分中，我们比较了有前途的新企业与大公司的创新活动之间的差别。在接下来的四章中，我们将分析企业是如何变化的——某些新兴企业如何发展成为大规模的长寿公司。接下来的几段文字是对以下几章的一个概览。我将对这几章中提到的方法和范畴、使用的数据、提出的命题以及章节的结构做一个综述。

绝大多数新企业最终并不能发展成为大规模的长寿企业。布鲁斯·菲利普斯（Bruce Phillips）和布鲁斯·科考夫（Bruce Kirchoff）根据美国政府小企业数据库中的数据估算，约有60%的新企业在创建之后的6年中倒闭，而有70%以上的新企业在8年内倒闭。[①]另外，有证据表明，那些存活下来的新企业，其规模大都一直停留在较低的水平上。《有限公司》500强企业——有前途的新企业中的优胜者——似乎拥有更高的存活率和增长率。1995年，《有限公司》杂志回访了“1985年上榜”的所有500家企业，发现其中只有19%的企业已经停业或者根本找不到。另外，有27%已经转手他人，6%已经公开上市。有48%的新企业在同一个所有者手下延续了10年——据《有限公司》称，这一数字几乎两倍于一般新企业的存活比例。而且，那些幸存者依然在持续增长。1984年上榜的《有限公司》500强企业，当年销售总额达到了74亿美元，拥有雇员达64 800人。到1995年为止，仅仅已知的233家幸存企业年收入就已达到了290亿美元，并拥有雇员127 000人。即便如此，1985年公布的《有限公司》500强企业中，仅有三家——微软、梅里赛（Merisel）和泰达特（TechData），被列入1995年《财富》杂志的美国500家最大公司的名单。[②]

与少数几家最终跻身于成熟公司行列的企业相比，年幼企业的发展过程具有更多的经济学意义。通过利用“熊彼特式”的创新来建立一家企业，而不是仅仅利用市场失衡赚取利润或者向少数客户提供定制化服务，企业家创造了新的资源组合方式并塑造了他们所在的产业和市场的结构。而且正如我们已经看到的那样，少数几家在规模上达到一定程度的长寿企业，在经济舞台上扮演着与众不同的角色：与个人企业家相比，它们能够从事规模更大的创新活动；它们良好的企业声誉和较强的生存能力，对它们与客户、雇员、贷款人和其他资源供给者的关系的性质产生了重大影响。

虽然理论研究和人们的普遍认识都认为，仅有少数新企业会发展成为长寿企业，但是人们并不确定哪些因素才是其中的关键。我们可以找到大量有关具体案例的历史数据，但却很少看到对“为什么一些新企业能够生存下来并取得增长”这一问题的普遍解释。我的分析表明：大多数新企业并非大公司的微缩版，它们的发展目标也并非是在规模和寿命上。如果将新企业最初所使用的方法应用于其后的发展，其结果不是倒闭就是停滞不前——这就是埃尔斯特所谓的进化的“局部极限”。建立一个能够基业常青的企业需要进行全面的变革。创业者必须制定雄心勃勃的长期战略并持之以恒，而不能依赖于对有利机会采取机会主义式的适应性调整。

只有卓越的企业家才具备进行这种变革的能力和意志。从羽翼未丰的新企业发展成为志得意满的大企业，要求创业者逐渐掌握新的技巧、扮演新的角色。创业者还必须具有不同寻常的雄心壮志以及对亏损的承受能力。创建一个“正面我赢，反面我也输得不多”的企业，从财务的角度来看非常具有吸引力。然而，一旦创业者带领新企业度过了充满未知的创业阶段之后，把企业卖给一个竞争对手或者是一个大公司比起自力更生地发展企业，通常能够带来更好的风险规避后的利润。而那些放弃这种退出权的企业家，最终有可能聚集极大的财富，但是他们也可能失去所有的财富。但是，他们想建立一个大企业的激励远远超过了使风险调整后的财务利润最大化的目标。

方法和范围

辨别长寿企业发展的一般特征所面临的问题主要源自缺乏普适性的框架或理论，而不是由于缺少数据。我们可以从研究报告、通俗传记和学者的历史记载中找到大量有关多数美国大企业发展的信息，然而，这一类著述大多关注某些特定公司的特殊事件，例如，研究为什么惠普公司进入了打印机市场，而不是集中于一个企业发展的普适性理论。纵观长寿公司的发展历史，很少会有重复的模式；至少从表面上看，它们的发展方式似乎都极具个性特征。为这些数据提供任何普适性的解释，都要求我们找到一种能从背景关系的干扰中筛选出共同因素的方法。不经过这样一道筛选，收集再多的长寿企业的数据（或者其对照组的短命企业的数据）都不可能为我们提供更进一步的见解。

我将继续使用第一部分中所采用的比较分析法。在第一部分里，我们通过与大规模成熟公司的已知特征相对比，从大批不同的有前途的新企业中辨别出一系列共同的特征，这些特征与大公司的截然不同。现在将利用新企业和大公司相互对立的特征来构架我们对这两种状态之间转化过程的探索。换句话说，我们对典型的长寿企业的起源和目标的认识，将有助于我们辨别出它们发展过程中非常重要的普适性因素。

与第一部分一样，这种分析方法十分强调企业家个人的贡献。我们将对他们在创办企业时所扮演的角色以及所面临的问题，与那些管理大规模成熟公司的经理人员在开拓新项目时所扮演的角色和所面临问题进行比较。我们还将考察那些会对企业家创办一家长寿企业的意愿和能力产生影响的个人素质。这种对企业家个人所扮演的角色和所具备的素质的关注，代表着对现有经济学分析的一种背离。正如我们将要看到的那样，企业演进理论常常假设当一个产业成熟的时候，规模经济等因素决定产业内的企业数量会最终稳定在一个水平，还假设企业的生存完全由机会决定。我认为，企业家个人的意愿和能力对企业的存续和增长，并进而由此对市场的长期结构会产生巨大的影响。由于雷·克洛克（Ray Kroc）的独特才能，麦当劳几乎将奥斯卡·迈耶（Oscar Mayer）（美国最主要的热狗销售商）变成了一个“矮子”——我认为，制造和销售汉堡包并不比制造和销售热狗的规模经济更大。一个产业并不会自然而然地汇聚到一种预定的结构，它们的发展过程也绝不仅仅依靠机遇，企业家的个人努力能够塑造一个产业的结构。但是我并不是说，类似技术或产品性能等外在因素对产业结构的塑造没有任何作用。我对于企业家因素的格外强调只是为了弥补前人对它们的忽略。

然而，与前面的章节相比，我将不再使用“entrepreneurs”（企业家）这个词来表达创业者的含义。我所使用的“entrepreneurs”（企业家）指的将是企业的最高决策者——一般也就一两个人。他们控制着整个企业，并且他们在该企业的资产中占据非常显赫的份额。他们不一定是企业的创始人，甚至不一定享有CEO或总裁的头衔。例如，创办并建立了柯达公司的乔治·伊斯特曼（George Eastman）在公司里只是财务主管。1939年，马文·鲍尔（Marvin Bower）从日趋衰败的麦肯锡威灵顿公司（Mckinsey Wellington & Co.）说服两名年纪稍大的同事与他合作创办了麦肯锡公司，这家公司日后成为全球化公司。作为该公司的主要缔造者，然而，直到1950年鲍尔才开始担任管理职务。1939—1950年，他一直是一位年长许多的合伙创办人盖伊·克罗克特（Guy Crockett）的副手。

这项研究的范围被限定在由羽翼未丰的新企业向成熟公司的过渡阶段，它并不涉及企业永续经营的问题。我们不会考察为什么只有一部分公司的寿命可以超过《财富》500强这类寿命长达数十年的公司。* 我们的目标是解释清楚像萨姆·沃尔顿这样的企业家是如何将阿肯色州一家小型特许连锁店发展成为沃尔玛这种价值几十亿美元的零售企业的。沃尔玛的经理们现在所面临的主要问题是如何维系这样一家成熟公司的增长，对于这一问题的分析之所以与我们的讨论有关，主要是因为这一分析有助于我们认识沃尔顿公司在转型阶段所面临的不同挑战。

商业研究对大规模成熟公司问题的普遍关注，就使我时刻牢记关注转型企业是格外重要的。例如，常规研究和人们的普遍认识常常将企业的不良业绩归因于经营范围过于宽泛或管理程序过于烦琐。事实上，大公司之间的对比也证明了那些产品更加多样化、管理费用更高的公司获得的利润较低。然而，考察新企业的发展过程为我们提供了一个不同的视角：我们发现，要成为一家大型企业，其资产、职能部门的设置和对管理基础设施的投资都需要具有更大的多样性。

---

* 阿里·德·格斯（Arie de Geus）的报告指出，在北美、欧洲和日本，渡过困难的创业阶段而生存下来的典型的大公司，其寿命一般为40~50年。然而，德·格斯也注意到了一些例外情况：日本的跨行业经营公司住友集团（Sumitomo）于1590年以铸铜店起家。斯道拉公司（Stora），瑞典一家生产纸浆和化学药品的大公司，早在7个世纪以前就开始了铜矿的开采。这些例子使德·格斯想到“一家公司的自然寿命可以达到两三个世纪，甚至更长”。按照德·格斯的标准，大多数商业公司还只是“处在发展早期阶段”的“后进生”。

数　　据

与从新企业的起源得出的推论相比，我依据了一套从某种意义上讲有所不同的数据和企业来阐述有关企业存续和增长的假说。我最主要的信息源包括由我的学生所撰写的有关成功企业家的关键史实（如在前言中所描述的）；我所撰写的有关一些杰出的长寿公司的详细案例研究（也包括一些没能存活下来的公司）；有关像微软这类公司的书籍和文章；像萨姆·沃尔顿这类企业家的回忆录。对于《有限公司》500强企业的访谈，我在这里使用的相对较少。我曾经在一些《有限公司》500强企业创立之后第七年的时候访问过他们的创立者，此时企业的未来前景还远远没有什么保证。与此形成对照的是，关键史实（在附录中列出）和案例研究（在参考文献中列出）涵盖了100多个“尝试过也实验过”的公司，它们存续和增长的时间至少有十年之久，有些案例则更长。这些公司的规模远远大于《有限公司》所列企业，比起一些《有限公司》所列企业的2 000万美元的利润中值来说，它们的收益也高达数亿或数十亿美元。

我从各个领域［例如，折扣零售业的沃尔玛公司；管理咨询业的麦肯锡公司；工程工作站领域的太阳微系统公司和医疗产品销售领域的医药销售服务公司（Physicians Sales and Service，PSS）］中选择样本公司，它们的发展经历也各不相同，这限制了我们所能归纳的普遍法则。例如，许多实例并不符合诸如生命周期模型这种简单的发展模式。但是在各种各样的样本中，几个关键模式的重复出现，特别是与企业家角色有关的模式，为我们归纳的可靠性提供了保障。顺便说一句，事实上我所使用的全部数据都来自公开出版物，因此我所提出的假说也公开接受他人的验证和质疑。

命　　题

正如我们将要看到的那样，一些生命周期模型表明，如果企业家愿意“放手”的话，任何企业的发展和成熟都具有一种自然趋势。与此形成对照的是，演进理论则认为随机事件会导致企业发展过程中的差异。我认为，一个企业的长期成长和生存绝不是简单的预先注定或者运气使然。相反，我认为：

- 在资产、协调机制和增长能力方面，自力更生的新企业和成熟的大公司之间存在着很大的差距。
- 要想弥补这个差距，企业家就得付出比创建有前途的新企业所需投资规模更大、周期更长的投资；换句话说，他们不得不从事位于投资—不确定性—利润图中间区域的创新活动。并且为了通过创新获得收益，企业家必须制定并执行长期战略，而不是依赖于机会主义式的适应性调整。

- 是追求战略的愿望和能力而不是机会主义方法需要一些在创业阶段并不起重要作用，而且只有很少创业者所具有的品质和技巧。

结　构

第9章和第10章是后几章的基础。第9章研究了实现长寿和增长所需的条件，而新兴企业通常无法满足这些条件。这一分析将有助于我们认清新企业与成熟的大公司之间的差距。第10章回顾了现有的企业演进理论和模型。虽然它们提供了一些有用的概念，但我们仍将发现，它们严重低估了企业家在弥补新企业和长寿企业之间差距上所做的贡献。第11章和第12章把新企业向成熟企业的过渡与企业家追求战略而不是机会主义方法的意愿和能力联系在一起。第11章考察为建立一家长寿企业，企业家必须承担的三个关键任务。第一，他们必须为企业设立并阐明一个雄心勃勃的长期目标或“存在的意义”，这种目标必须超越企业的生存和产生正现金流这种现实的目标。第二，为了达到长期目标，企业家必须制定相应的战略。第三，他们必须执行战略，也就是说把包含“战略”的一般规则和长期目标转化成具体的决策和行动。第12章分析哪些素质和技能会影响一位企业家承担这些任务的意向和能力。

第9章　消失的性质

这一章将分析新企业与大公司之间的一些基本差异。第1节提供了一些必要的定义，第2节讨论了为什么大规模的长寿公司会有非常广泛的资产组合，接下来的第3节进一步研究协调这些资产所必需的机制，第4节研究长寿与增长之间的关系，第5节将说明大多数新企业何以无法满足长寿和增长的要求。

从新企业转变为大规模的成熟公司需要进行根本的变革，而不仅仅是简单的扩大规模，因为这两种企业的性质存在着一些基本的差别（见图9－1）。新企业的利润来自少数几个（并且常常是转瞬即逝的）因素。新企业服务的市场规模也比较小，诸如此类的原因使得它们往往面临着严重的增长约束。相反，大规模的长寿公司却在产品、关系、知识以及其他类似的资产方面拥有广泛并且协调得当的组合，这使得它们能够在较大规模的市场上处于有利的竞争地位。因此，创立一个大型的长寿企业需要新企业极大地拓宽资产种类，建立有效的资产协调机制，并不断发展参与大规模市场竞争的能力。

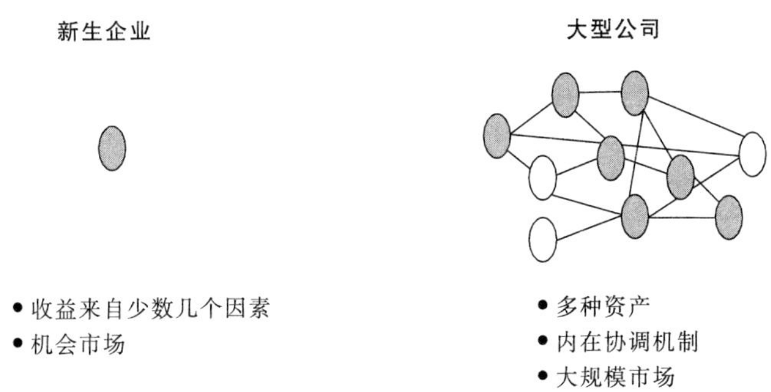

图9－1　企业属性的差异

本章的讨论要求我们努力把握几个较难理解的定义：为了分析企业的寿命，我们首先必须明确什么是企业寿命。同样，对企业增长的分析也要求我们必须界定企业的规模和边界。此项研究还使我们必须重新评价曾获得普遍认同的企业多元化、横向和纵向一体化以及增长之间的逻辑关系。但是，虽然我们将面临的是有关企业本质的基本问题，我却并不想建立一套新的“企业理论”。对于长寿和增长所需的条件新企业一般无法满足，我们之所以研究是为了指明企业家在建立一个大型长寿企业时会面临的问题。

1. 定义

很难简单明了地对企业的“长寿”和“规模”下定义。与一个实实在在的物质形态的生命体不同，“企业”是一个经济学和法学意义上的抽象名词，其范围边界和生命跨度也是一种模糊的概念。不同的理论因其所要分析的问题不同而采用不同的定义，例如，标准微观经济学对完全竞争市场的分析就假定：市场上参与竞争的所有企业都使用相同的技术或生产函数来转化相同的要素投入——资本和劳动力。这种理论对企业个体的增长和存活提出了质疑。

我采用的是所谓的“资源基础观”（resource-based view，RBV），这是由一些经济学家为了对企业增长进行有意义的分析而提出的一种理论演化而来的。1959 年，伊迪丝·彭罗斯（Edith Penrose）提出一种模型，该模型将企业视为一个“管理单元”（administrative unit），它不与任何特定的市场或技术相关联。给定适当的资源，它能够“生产出任何一种满足市场需求或者创造市场需求的产品”。不同的企业具备不同的管理性质，它们会进入不同的市场，从而产生出独特个性。正如我们将在本章后面的“寿命与增长”一节中所看到的那样，彭罗斯的模型有助于解释企业的增长趋势——企业边界扩展的趋势，正是这种边界勾勒出企业的“协作区域”。其他理论家，比如尼尔森和温特，采纳并拓展了这种将企业视为具有独特个性的实体的观点。他们的研究得出了企业是以资源为基础的观点，每家企业都具有独特的决策程序、历史、声誉和其他类似的、无形的、几乎人性化的特质。

按照 RBV 的方法，我将企业定义为包含有一组独特“资产”的实体。这里所指的“资产”有很广泛的含义：包含了企业的财产（如厂房或专利）、声誉（如公平交易或可靠性）、与顾客和生产要素供给者之间的关系以及竞争力或能力（如市场营销经验）。* 为了方便起见，我将统一使用“企业的”资产一词，即使这些资产实际上属于企业的“资源供给者”，例如股东、员工、供应商乃至补给物资的提供者等。虽然我们会自然而然地将企业视为一个统一的、有生命的实体，但我们应该记住，企业只不过是使用一个或几个委托人所拥有的资产的实体，委托人有可能调整其资产使用安排。例如，掌握了宝贵技能的雇员有可能跳槽到其他企业，或更有甚者，在仍然领取薪水的情况下，对企业的服务就已经开始缩水。与此相似，股东可以

---

* 现代 RBV 理论家对竞争力、资源、静态和动态能力等等之间的差异进行了更为细致的区别。我的讨论并不需要这样的差异，所以我使用的仍然是广泛意义上的“资产”。

（通过董事会）出售“企业”的全部或者部分资产。

将企业定义为一组独特的资产，会引出以下有关企业寿命和规模的说明：

寿命。此处的分析将企业的“生命”与其资产组合的连续性联系在一起，企业资产组合的构成会因各种不同的原因而发生变化。一些资产会变得没有价值或者逐渐消失：专利会过期、与客户的关系会恶化、有价值的雇员会退休或离开。与此同时，对创新的追求又会创造出新的资产。我们在第一部分中讨论过，企业长寿的价值（例如，从银行获得信用贷款的能力以及赢得顾客绝对的忠诚的能力）来自其连续性而不是同一性。我们可以把长寿企业比作谚语中的日本寺庙。在几百年的历史过程中，虽然寺庙的每一根房梁都被更换过，但朝拜者仍把它当做同一个庙宇，因为所有的变化是逐渐发生的。正如彭罗斯所写的，“一家企业的名称可能会改变，管理人员可能会改变，地理位置可能会改变，法律形式可能会改变，但是即便经历了这些普通的变化，我们仍然认为它是同一个企业，仍然可以为它的一生撰写故事。如果企业既没有因失去其核心经营人员而瓦解，也没有因被其他企业吞并而丧失独立的地位，那么处于危机时期的企业，其经营的连续性不管是由银行家还是由聪明的、富有天分的创业者来维持，都无关紧要。”①

企业的寿命与其向股东（或其他拥有剩余索取权的人）提供令人满意的回报的能力密切相关。长期亏损会导致股东关闭企业或采取清算措施。如果资产变现的价格超过了维持企业继续运营的预期收益，也会促使股东采取清算措施。因此，对企业寿命的分析事实上很难与对企业长期盈利性的分析区别开来。（然而，这并不意味着大规模的长寿企业一定会带来诱人的利润；一家企业的价值可能低于创业时发生的成本，但却高于清算价值。）

规模。我将把企业的规模视为其独有资产的影响范围。用经济学的术语来讲，这与企业所处的对价格有所影响的市场相对应。这个定义在某种程度上比彭罗斯的定义更为宽泛，后者按照企业的直接管控范围对其进行定义。这个定义与某些理论的差别甚至更为强烈，有些理论使用所有权标准或以雇佣关系作为界定企业边界的基础——任何归企业所有的资产或由企业雇用的人员都是“内部的”，其余的则是“外部的”。我的定义更接近管理学文献中的概念，指的是企业的“业务系统”、“价值链”和“差异化网络”：任何资产，不管从法律的角度看归谁所有，只要部分地或全部地被专门用于某个企业，那么它就是这个企业的一部分。

这一定义也带来一个问题，它使得企业的规模难以测量。当企业之间共享资产时（比如非常密切的供应商—客户关系），会导致企业边界的重叠。并且，习惯于按照资产或雇员对企业进行定义的读者可能会误解下面将要出现的一些观点。但是我相信，我的定义有助于确定那些事关企业寿命与增长的关键条件，如果使用更为严格的所有权和雇佣关系的方法来勾勒企业的定义，可能就会忽视这些关键条件。

2. 多元化资产

与新兴企业相比，大规模成熟企业的资产组合和经营活动具有更大的差异性。正如休利特和帕卡德在企业经营的第一年所指出的那样："鲜有仅凭单一产品就创造出一家成功公司的例子。"[②]一般情况下，成熟的大公司常常会通过各个独立的业务单位提供多种产品和服务。即使很少的几家坚持少量产品种类的长寿企业，如韦奇伍德公司（Wedgwood）（精细瓷器）和卡地亚公司（Cartier）（珠宝），也拥有许多资产，包括品牌、经销商关系网、熟练的生产工艺和设计能力以及营销能力。不过，这并不表明长寿企业一定会拥有范围广泛的资产或者能够行使多种职能的雇员，这只不过说明它们的整个业务体系包含了许多不同的元素罢了。现在的微软公司比起20世纪70年代时，已经变成一个更为复杂的实体。这不光是因为它现在出售更多的产品，拥有更多的技术，拥有能够执行更多职能的雇员，还因为更多的客户、分包商、附属产品和服务的供应商提供了与微软系统紧密相连的资源。

日益增长的差异性自然伴随着企业业务量的增加。随着企业的增长，其顾客、员工、位置和供应商都会增加，而且在某种程度上还各不相同。而且，更多的业务量使专业化成为可能，这又进一步增加了企业经营活动的差异性：举例来说，规模更大的企业能够将记账从财务控制职能中分离出来。差异性还以非常复杂的方式对企业的生存做出自己的贡献。正如我们将要看到的，由于"互补性"（或"协同"）效应和保险效应，基础广泛的资产能够延长企业的寿命。不过，它们也会造成一些负面问题，这就要求长寿企业具备有效的协调机制。

互补性

用于确定企业身份的独特资产（例如企业独一无二的产品、知识和关系等）就其本身而言价值是有限的，它们的最优化运用需要有其他独特资产的配合。如果不能提供有效的补充，股东和其他资源供给者就会撤回投入企业的资产。

为了说明这个问题，以一个拥有专利药品的医药公司为例。与完全竞争模型所假设的无差异商品的制造商不同，医药公司无法在匿名的拍卖市场上出售其独一无二的产品。为了实现专利的价值，医药公司必须获取配套的销售手段和市场营销能力；公司必须通过自己的人员、合资企业或者第三方分销商，说服医生在开处方时使用自己的产品。如果不能培训并运用懂行的销售队伍和营销人员，从药品中获得利润就会受到限制，从而促使股东为了实现专利价值而清算企业——也就是说，将资产重新安排到更有价值的用途上。* 下游的配套销售能力还有助于企业留住上游宝

---

* 我的意思并非是说互补性资产的投资回报率总是正的，只是说一旦进行了投资，利润将会提高，并且进行清算的激励将会降低。

贵的研发人员——无论是从精神上还是从经济上来看，为一家无法有效地销售研发人员开发的产品的企业服务，无法为研发者带来多少回报。这一观点适用于任何一种可以将企业的产品或服务加以差异化的资产：由于企业的产量是既定的，因此企业的价值就取决于企业发现那些将从产品或服务中获得最大效用的顾客的能力、对这些顾客就其将获得的好处进行教育的能力、分析其支付意愿的能力和讨价还价的能力。

保　险

广泛的资产基础还会为企业提供保险，以应对由于竞争对手的模仿、顾客需求的变化等引起的某一资产价值的损失。例如，具备强大营销能力和客户关系的企业，其产品优势的丧失或减少可能会降低企业的利润，但是企业不一定就会颗粒无收。股东没有必要关闭企业；营销资产为企业弥补产品优势丧失所致的损失赢得了时间。* 我们应该注意到，产品、技术和组织能力的多元化与仅仅拥有许多现金或者金融市场的融资渠道相比，能够给企业带来更为有利的保护。以大量的现金储备做保障会降低企业的盈利性，这种现金储备的回报率很低，还有可能令企业成为收购目标。而且，尽管在繁荣时期，生产单一产品的企业可能会轻松地在产权和债务市场上融通资金，但是一旦需求发生了变化或者竞争危及企业的盈利能力，这些资金来源的成本就会变得惊人地高昂。

对于保护企业免受新生代技术的超越而言，广泛的资产基础显得尤为关键。在某些高技术产业中，单纯依靠产品研发能力的公司，其寿命长度往往与其产品的生命周期相吻合。亨德森（Henderson）对影印产业、克里斯滕森对磁盘驱动器的研究以及其他类似的研究都表明，在技术竞赛的连续循环中，市场上的赢家通常不会重复出现。一个解释是企业在赢得一轮竞赛之后会产生短视症或变得无能——赢家意识不到来自下一代技术的威胁或者无法有效率地管理研发程序。如果市场上有几个有力的竞争者，在决定谁将率先成功地开发出下一代技术的因素中，机遇可能也扮演着重要的角色。因此，就像随机漫步假说（random walk hypothesis）告诉我们某一阶段的赢家在下一阶段中并不具备胜出的优势一样，我们也不应该认为5.25英寸磁盘驱动器竞赛的赢家同样会在3.5英寸磁盘驱动器的竞赛中胜出。

显然，多样化资产为落后者提供了一些保护。长寿公司通常并不是每一代新技术或每一个新市场的领先者。事实上，根据我们在本书第一部分的讨论，我们应该预见到，在被克里斯滕森称作“破坏性技术”——例如最早在“新兴市场或次要市场上被商业化的”个人电脑[③]——的开发中，大型公司应该是落后者。类似的技术“在主流市场的表现不如成熟产品”，而且它们与众不同的特征吸引的只是“少数边缘（而且一般是新）顾客”。[④]此外，正如第一部分所讨论的那样，大规模公司的决

---

* 然而，如果长期以来企业都无法扭转颓势，就会导致股东通过出售或清算企业实现营销资产的价值。

策制定过程不鼓励企业追求那些长期潜力高度不确定的较小的机遇。

广泛的资产基础赋予诸如 IBM、惠普和微软之类的公司追赶并超越领先者的机遇。(参阅专栏文章《赶超》。) 使用下一代技术的新参赛者可能会歼灭一家利润主要依靠制造某一代磁盘驱动器的企业，但拥有众多盈利产品、品牌、密切的客户关系、健全的制造能力、财务储备以及其他类似资产的公司，其持久力更为强大。多样化资产提供了被迪克西特（Dixit）和平狄克[5]（Pindyck）称为宝贵的“等待权”的保障，公司可以撑到有关市场规模和产品特性的不确定性降低到足够使得公司的决策制定程序同意投入大量资源为止。当然，这并不能保证企业一定会获得成功，但是这确实赋予后来者更多的赶超机遇。就拿 IBM 和惠普公司来说，与那些专攻微电脑的公司如 DEC、通用数据、王安电脑和普利玛（Prime）等公司相比，它们可以更轻松地对付以 CPU 为基础的工作站对其微电脑业务造成的威胁。

拥有多样化资产的企业给人们的稳定感可以创造积极的反馈效应，有助于企业拓展其资产组合。正如我们在第 4 章讨论的那样，人们认为生存下来的企业在说服资源供给者投资于对企业有价值的资产方面拥有一定的优势。举例来说，企业通常会做出含蓄的承诺，如果员工开发出对企业有价值但是对其他雇主作用有限的人力资本（例如销售人员掌握了有关企业产品种类的知识），企业会向员工提供长期回报。这些回报可能包括优先提升的机会和工作保障，这要视企业的存续而定。因此，在其他所有条件相同的情况下，拥有广泛的多样化资产的企业与依赖于少量差异化来源的企业相比，前者的员工从企业的承诺中获得的激励更大一些。*

企业长寿与基础广泛的资产之间的联系似乎公然违背了时下非常流行的“聚焦”战略，这种表面上的冲突主要源于定义和视角上的差异。许多描述性理论所推荐的聚焦战略探讨的是公司直接拥有的资产以及公司员工从事的工作，而我所说的差异性包含了扩展了的企业业务系统。人们发现更为聚焦化的企业其盈利性也更出色，但这通常也是在早已达到较高复杂程度的成熟公司之间相比较而产生的结果。我的观点是关于新兴企业的演进的，而且我更关心对企业的经营永续化而不是对财务收益最大化的解释；正如我曾经提到的那样，建立长寿企业所需要的投资代表的或许并非资源的最佳经济用途。

赶　　超

高技术产业中的长期幸存者似乎既依赖于赶超其他领先者的能力，也依赖

* 一些经济学模型表明，员工更愿意为专业化企业工作，因为在这种企业中他们有机会开发出能够用来“要挟”老板的技术。在与那些试图在年轻企业中谋职的人的讨论中，我认为只有一个例子似乎表明要挟老板的机会有什么意义。然而，在潜在雇员能够为大规模、多元化公司提供附加价值的情况下，我们常常会看到“要挟”主题的各种变奏。

于自身对新市场或新技术的开发。统治计算机产业超过四十年的IBM，“曾经差一点错过了计算机业务，”小托马斯·J. 沃森写道（他继承了他父亲公司首席执行官的职位）。他的父亲（也就是IBM的前任首席执行官）“将毕生精力奉献给”打卡机；在20世纪40年代晚期，打卡机占公司收入的85%。在20世纪60年代的微电脑领域及80年代的个人电脑领域，IBM也都是后来者。然而，公司的市场营销、销售和服务能力以及客户关系保护了IBM。正如小托马斯·J. 沃森在他的回忆录中所写的：

> 纵观IBM的历史，让我们取得成功的并非技术创新。许多次，我们都位居第二……（但是）我们的销售却一再超越了那些技术比我们强的人，因为我们懂得如何给顾客讲故事，如何成功地组装机器，如何紧紧抓住接触到的顾客。[⑥]

素来拥有技术领先之誉的惠普公司，其收益的相当大一部分来自其他企业率先开发出来的产品和市场。在公司的创业合伙人戴维·帕卡德的回忆录中有一个附录，其中有好几页列出的都是公司的革命性创新，例如第一个可编程的科学的台式计算器、外置胎儿心律监控器等等。然而，帕卡德指出，就现有的核心业务而言，惠普公司却是后来者。根据帕卡德的记录，1994年惠普公司总销售额的78%——累计200亿美元——来自计算机产品、服务和辅助产品。而1964年的时候，惠普公司并不销售任何计算机产品——惠普公司所有的收入（累计1.25亿美元）都来自器械产品。帕卡德写道：

> 这代表了我们公司及业务的重大变革。宣称我们预见到了计算机对企业的深远影响，并且做出了充分准备以及早利用计算机时代的优势，这无疑是令人愉悦的。但不幸的是，我们的发展历史并不支持这种骄傲的说法。更准确地说，我们是被迫进入计算机行业的。

为了进入计算机行业，惠普公司先是试图收购DEC公司，然后又是王安电脑公司。这些收购活动失败之后，惠普公司于1966年推出了测量系统的自动控制器，这成为公司的第一个微电脑——2116型。惠普公司发现，2116型产品更多的是作为单机而不是测量系统的控制器出售的，帕卡德写道，但是“后来我们才明白是怎么回事”。欧米伽项目（Omega）是惠普公司开发的有可能成为“世界上第一台32位计算机”的项目，该项目的取消就是惠普公司“对待计算机谨慎态度”的很好例证。由于费用问题、需要新的技术技能以及“严峻的营销挑战”，惠普公司没有按照欧米伽原型机继续研发。欧米伽退化成一种16位的机器，即HP3000，公司于1972年推出的第一台多用途的计算机。在个人电脑市场上惠普公司也是落后者——1992年，其市场份额还只有1%。于是，公司的管理层决定进军该领域，到1998年惠普已经成为个人电脑的第四大供应商，市场份额增加到6.6%。[⑦]

事实上，微软公司所有赚钱的拳头产品都是跟在竞争对手之后推出的。它的第一个操作系统MS-DOS推出的时候，数码研究公司的CP/M系统已经相当成熟了。Windows 的图形用户界面跟随的则是 Mac 操作系统。微软的电子表格软件 Excel 和文字处理软件 Word 面市的时候，莲花公司的 1-2-3 和 Word-Perfect 已经相当普及了。微软 32 位的操作系统 Windows 95 和 Windows NT 追随的是 IBM 公司的 OS/2 系统。微软最初力图推广的是自己的在线服务系统——MSN，这使网景公司的 Navigator 得以主导互联网的浏览器市场。此外，据 W. S. 莫斯博格（W. S. Mossberg）称，微软公司软件的第一版常常是“设计严重失误，缺少必备功能，有时甚至是完全错误的”。

但是在推出姗姗来迟并且“远远没有达到期望值”的产品之后，莫斯博格写道，微软一般“会进行大量的修补工作。修补工作从 2.0 版开始，通常在 3.0 版达到高潮，这时产品性能已经非常不错或者相当出色了”。显然，微软公司广泛的资产组合——公司的市场营销和分销能力、融资渠道、将顾客建议整合进产品修订中的能力、近似神话的不可战胜的名声以及严肃对待所有竞争对手的组织原则——使得它能够赶超早先的领导者。例如，微软最终统治了互联网；而且公司的浏览器 Explorer 在经历了大约四个版本之后成为网景公司 Navigator 的严重威胁，以至引起了司法部反托拉斯律师的关注。

我们在金融和专业服务领域也会发现类似的模式。投资银行业的高盛公司（Goldman Sachs）和管理咨询业的麦肯锡公司都是各自领域中的领导者和持续盈利的企业，这两家公司在进入新市场和提供新产品、新服务方面常常慢人一拍。以麦肯锡公司为例，在开拓海外市场、开发战略实践方面都落在了其他咨询公司之后。但是，麦肯锡公司有广泛基础的潜能使得企业可以追上并最终超越这些市场与服务的先行者。

我的分析违背了聚焦于某一重要领域的流行观点。正如我们将要看到的，差异性确实会引起成本的增加，但是二者之间并没有严格的关联。相反，成本的大小依赖于企业如何有效地应对差异化带来的问题。导致企业“没有聚焦化”或者“过度多元化”的原因，是企业没能制定出能够协调差异化资产和经营活动的有效机制，而不是差异性本身。有些企业一旦在多个地点经营就手足无措；另外一些企业则能通过全球化经营实现竞争优势。* 企业协调机制的质量对拥有多样化资产的企业的长期盈利性以及生命力有着深远的影响。

3. 协调机制

差异化既能带来好处，也会引起成本的增加，互补性也会引起潜在的冲突。例

* 在国家和政治组织中我们也能看到类似的模式。激烈的冲突会导致像巴尔干这样的小地区分崩离析，与此相比，良好的结构、规则和传统则使得美国能够享受大规模带来的许多好处。

如，如果企业的利润来自专业化的制造与营销职能部门之间的合作，这就难以评估各自的相对贡献。于是，两个部门可能为了让渡价格而争吵不休或者试图搭对方的便车。对于那些在匿名拍卖市场上出售产品的企业而言则不存在这些问题。衡量个人贡献的困难还会妨碍有才能的和有志向的员工加盟企业，他们会担心，在一个内部组织相互缠绕的企业中，任何突出的贡献对整个企业可能都没有多大影响，因此也不会得到应有的回报。

多样化资产提供的保障会引发道德风险问题，从而可能会导致企业的解体。大多数保险计划会诱使人们去欺骗集团中的其他人。例如，健康保险的购买者会更频繁地看医生，如果要自己负担全部的成本，他们可能就不会有这样的动力。由于所有的参与者都面临着相同的诱惑，保险公司支付的总保险抚恤金就会增加（除非公司能够监督并惩罚不必要的就诊行为）。较高的保险抚恤金反过来又会导致保险费用的增加，并使最健康的参与者放弃保险计划。

类似的问题可能会削弱业务多样化企业的风险分摊优势。例如，假设一家公司的能源部门弥补了炼钢业务的亏损，只要公司整体上是盈利的，炼钢单位的成员就不会那么心甘情愿地采取恢复盈利所必需的艰苦措施，如果炼钢业务属于一家独立的企业，情况或许会大相径庭。而且，运转良好的能源部门的成员将会对母公司有所保留——比如偷懒或者增加成本，或者干脆一走了之，到别的地方寻找更好的机会。例如，1988 年的早些时候，瑞士信贷第一波士顿公司（Credit Suisse First Boston，CSFB）并购部的布鲁斯·沃瑟斯坦（Bruce Wasserstein）、约瑟夫·佩雷拉（Joseph Perella）和其他一些人辞职创办了自己的企业，因为他们认为用自己部门创造的利润去补贴贸易部门的亏损是不公平的。[8] 近来，类似的一次争端还导致了安达信公司（Arthur Anderson & Co.）咨询部门和会计部门的分裂。

正如我们将在下面的论述中看到的那样，由于差异化而产生的问题仅仅靠诸如互补性资产的共同所有权或采用多部门的组织结构等简单的“结构性”措施是无法解决的。就像神经系统把遍布全身的各个专门器官结合起来一样，一家企业协调其多样化资产的能力也深深地根植于其日常工作、流程、规范、价值观和其他类似的组织特性之中，这些特性影响了员工、顾客、供应商和其他资源供给者的行为。这一协调能力是长寿公司的关键性无形资产*，企业不可能从货架上买到（例如，就像企业可以买到工资管理系统那样）或是从竞争对手那里复制来得到有效的资产协调机制，而且糟糕的协调机制会导致构成企业主要组成部分的独特资产的分崩离析。

---

* 亨德森（1994）曾探讨过一种不同类型的“综合能力”（integrative competence），即“跨越企业内部边界综合各种支离破碎的知识的能力”。我在此处关注的是，在传统的企业边界之内或之间，由于各个专业化单位和资源之间的协调而产生了各种问题。不过，我们得出的结论是相同的，即综合能力乃是“竞争优势潜在的强有力的源泉”。

共同所有权

一些“交易成本”学者将互补性经营活动之间冲突的缓和归因于共同所有权。下面，我将总结奥利弗·威廉姆森（Oliver Williamson）对共同所有权优点的分析，并对马克·葛兰诺维特（Mark Granovetter）的批评进行评论和扩展。

威廉姆森的分析。根据威廉姆森的理论，功能互补的独立企业之间发生的缔约成本最终会导致它们组建共同拥有的单一的“一体化”企业。他指出，制铁和炼钢企业的一体化无法通过热能节约得到解释，虽然据说通过将连续作业步骤一体化就能实现热能节约。“如果鼓风炉和轧钢厂之间有可能签订并执行复杂的短期契约，那么出于节约热能的原因而将二者进行一体化就没有必要了。然而正是极其高昂的缔约成本解释了为什么要进行一体化。”

按照威廉姆森的观点，从事制造过程某一环节的独立企业与邻近环节的独立企业之间的缔约成本极其高昂，这是由两种情况造成的。一种情况是结果的不确定性，另一种是买方和卖方的数量较少，当最小有效规模相对于需求量而言比较大时就有可能出现这种情况。不确定性使当事人难以预见到所有可能与交易相关的突发事件并将其预先写入契约之中。当买方和卖方没有多少其他交易对象时，就有可能产生“机会主义”行为（包括使用欺诈手段），这使得契约保护效用有限的问题更加严重。威廉姆森认为，将连续的作业过程整合为一家企业能够减少机会主义行为，并且能够通过“协调利益、激活更广泛的激励机制和控制流程”促进企业对意外事件的适应性调整。[9]单一企业的经理人员不用像相互独立的缔约方那样就如何处理新情况而没完没了地争吵，在权力等级井然有序的企业里，经理人员可以做出必要的决策。“失误和欺诈”的风险也降低了，原本互相独立的两个利润流的索取权被永久地汇集在一起。单一企业的成员在保护基础设施方面休戚相关，执行内部审计的能力对玩忽职守也形成了威慑。而且，统一的企业可以利用更为精确细致的柔性工具来解决冲突，促进“对不断变化的市场条件的合作性调整”。

威廉姆森承认内部交易存在着一些“障碍”。例如，组织的成员可能会为了达到个人目的而将交流系统转向个人用途。对内部采购的偏爱可能会保护那些本来没有生命力的内部职能部门，亚组织可能会置企业的整体目标于不顾而追求各自的目标。因此，威廉姆森指出，内部组织应该被视为具备“独特优势和独特缺陷”的“特征综合体”，只有当与市场交易有关的“缺陷”超过了一定高度的阈值的情况下，才会产生确定无误的优势。

葛兰诺维特的批判。在《经济活动与社会结构》（Economic Action and Social Structure）一文中，葛兰诺维特提出：“威廉姆森大大高估了组织内部等级权力（用他的术语来说就是‘命令’）的有效性。”[10]为了反驳威廉姆森关于内部审计与控制的效力的论断，葛兰诺维特引用了道尔顿（Dalton）的研究成果。道尔顿的研究表明，事实上各种欺骗手段都会破坏内部审计，而且“各种类型的成本会计都是极为武断的，因而容易沦为政治化过程，而不是以效率为基础的技术程序”。通过对一家大规模化工厂的研究，道尔顿发现，维修部门向各个生产部门提供的服务水平以及收费方式取决于这些部门主管的政治地位以及他们和维修人员的关系如何，部门主管可以“通过个人交情或者威逼利诱”获得优惠的待遇。葛兰诺维特指出，审计人员面临的又是另外一种情况。就像道尔顿的一位访谈对象所说的：“如果审计人员四处巡视，他们到底能发现些什么？而且就算他们发现了什么，他们也很清楚最好是什么都不说……（各部门的主管们）早就买通了成本会计。说审计有多么多么重要，这样的废话已经太多了。”[11]

威廉姆森的分析建立在事后解释的基础上。某一企业之所以进行垂直一体化，是因为内部交易成本低于市场交易成本，这是一种“显性优势”的说法，类似于根据“显性偏好”对个人选择做出的解释。葛兰诺维特指出，这种达尔文式的观点“无论用来分析什么制度都倾向于得出过于乐观的结论”。威廉姆森所引用的一些等级“缺陷”与市场“缺陷”的性质缺乏明确的区别，这也是一个问题。部门经理为了增加工资或奖金而就内部转移定价发生的争执，与相邻企业的所有者为了增加利润而发生的争执，二者有什么区别呢？一名管理者向下游的相应主管撒谎，与卖主对顾客的欺诈相比，所产生的交易成本有什么差别呢？

内在机制。葛兰诺维特的批判为一些交易成本分析的循环论证指明了一个解决办法。葛兰诺维特提出，垂直一体化的相对效率建立在“企业内部以及企业之间发展起来的具体的个人关系的基础上”。他写道：

> 即使已经达成了复杂的交易，仍然能在“市场”即企业边界之间发现高水平的秩序，也会在企业内部发现相应的高水平的无序。是会发生这种状况，还是会出现威廉姆森预期的状况，则依赖于企业之间以及企业内部的个人关系的性质和关系网的性质。我认为，无论是有序还是无序、诚实还是欺诈，与其说与组织形式有关，不如说与上述这种关系的结构有关。[12]

葛兰诺维特认为有些“具体的个人关系”促进了秩序和诚实，而有些则导致了无序和欺诈，这一观点与协调成本取决于最底层的内在机制的命题相呼应。互补性资产的联合价值取决于一些特定的因素，例如参与者的人格魅力、他们所遵循的正式的和默契的规则以及激励和控制机制，而不是取决于资产是否为共同所有。内部审计被政治化的程度或者与外部供应商之间关系的恶化程度，取决于许多情境因素和具体选择。因为有效的协调机制，垂直一体化的通用汽车公司才成为美国汽车行业的领导者，严重依赖分包商的丰田公司才得以主导日本市场。出于类似的原因，康柏和戴尔通过程度极为不同的垂直一体化成为美国个人电脑市场上的领导者。

企业协调机制的质量还会影响其在不同经营活动中使用共同资产的能力。在古典经济学的一个例子中，以获取羊肉为目的的牧羊企业，通常也有可能通过出售羊毛获利。协调羊毛和羊肉两种产品——实现水平互补性——所面临的问题，类似于协调互补性的上下游经营活动所面临的问题。举例来说，分享同一资产的各个单位可能会因如何分摊成本而发生冲突——羊毛业务和羊肉业务各自应该为牧羊的成本支付多少。即使所有权归两个部门共同所有，还是会因为资产的使用权而发生争执——共同的销售队伍应该对两种不同的产品分别投入多少精力，也会因盈利稍差的部门试图在盈利较强部门的成绩方面搭便车而产生冲突。分享资产所带来的好处是否能超过诸如此类的冲突所引发的成本，则取决于协调机制具体的、深嵌于内部的特性。

组织结构

威廉姆森和其他一些学者指出，对于多样化资产的协调问题，采用多部门的组织结构也是一个非常有效的解决办法。正如我们将要看到的那样，这个建立在历史学家阿尔弗雷德·钱德勒对现代产业组织研究的基础上的观点，拥有一个合理的经验基础。不过，它低估了多部门（或任何其他）的组织形式所必需的所有其他内生机制的重要性，这些机制在协调多样化资产中扮演着重要的角色。

简单地说，钱德勒的分析表明，美国产业从小企业群雄纷争到大公司占据主导的变革，源于某些企业所采用的拓展企业规模和范畴的战略。这些企业在“新地区、新职能或新产品”上的拓展，钱德勒写道，创造了“新的管理需要”。如果没有组织结构的变革，“就无法实现增长和规模所带来的技术、财务和人员上的规模经济”[13]。虽然动作有些缓慢，那些逐渐主宰所在产业的企业还是发展出了新型组织以满足新战略的管理需求。

钱德勒强调指出，多部门组织形式（后来被威廉姆森称为M型组织）的发展是一个关键性创新。企业的多元化发展对传统职能组织的“现有管理结构造成了无法忍受的张力”。“通过产品多元化获得的增长，增加了经营活动和企业家管理活动的数量和复杂性，”钱德勒写道。“企业要为不同类型的顾客或者世界各地的顾客制造并销售各种不同的产品，要为这些产品获得原材料供应，这一系列问题大大加重了部门总部的工作难度，使其难以进行系统化和理性化管理。对跨部门的产品流动加以协调甚至更为艰难。”[14]解决办法就是分权化、多部门的组织结构。采用这种结构的通用汽车公司“不仅在美国汽车市场上拔得头筹，还成功地拓展了其海外制造与销售活动，并将一切管理得井井有条。此外，由于管理结构的变革，公司得以大张旗鼓地执行多元化战略，成功地开展了各类引擎以及使用引擎的各种产品的制造与销售……”[15]

对历史学家而言，多部门组织代表着关键性的革新：麦克劳（McCraw）和泰德罗（Tedlow）称其为“20世纪的公司所取得的非凡成就之一”[16]。然而，钱德勒的数据显示，对多元化的有效管理需要付出更广泛的努力。用钱德勒的话来说，美国的工业家所采取的“拓展、联合与一体化战略”“要求在**管理的所有层次**（此处加有强调符）进行结构性变革与创新”。钱德勒赋予了组织结构广义的定义，包括“各级信息部门和权力部门”以及“在各级信息部门和权力部门之间流动的信息和数据”。从管理的角度讲，钱德勒的描述表明，高层经理人员所关注的不仅仅是如何将公司的经营活动划分给各个准自治部门，他们还投入大量的精力去解决那些决定着综合企业绩效的众多具体问题和决策。

例如，在 1921—1925 年间，通用汽车“设计了各种非常理性、非常系统的流程，使得公司既可以协调、评价各经营部门的工作，为公司制定整体方针，又能够保证产品从供应商到消费者的顺利流动，保证厂房、设备和人员的平稳使用……”[17]这些流程要求设计并使用详细的报告和规划，例如“价格研究”，其中包括每个部门对销量（按照单位和美元）、成本和利润的估计以及按照标准销量和下一年的销量预测估算的资本需求和投资回报率。[18]通用汽车的领导层还致力于人事决策的细节。例如，皮埃尔·杜邦的家族在通用汽车公司拥有大量投资，身为董事会主席的他会“以一种定期的和正式的方式”审查所有高级经理的业绩，并决定他们的工资和奖金。[19]

通用汽车实现规模经济和范围经济的能力，显然来自大量的管理决策和管理活动。公司制定了深植于企业内部且基础非常广泛的机制来协调其多元化经营，多部门的组织结构只是其中一个（虽然是非常重要且非常突出的）要素罢了。如今，通过所谓战略业务单位进行分权的原则已经非常普遍，但是有效的协调机制的复杂成分与结构却无法被轻易地复制或买到。因此，协调机制的差异仍然是企业盈利性与寿命的重要决定因素。（参阅专栏文章《有利的多元化》。）

综上所述，长寿企业更类似于那些进化到拥有许多专门化职能的物种，而不是古老的单细胞组织。企业拥有许多资产以维持其盈利性，资产不能孤立存在，它们的价值来自和互补性资产的联合。基础广泛的资产能够为企业提供保险以对抗个别单位的价值损失，这也有助于企业的永续经营。然而，差异性资产也会带来协调问题，而且难以用简单的方式加以解决——例如，互补性职能部门之间的冲突不会因为共同所有权而消失。相反，如图 9－2 所示，差异化的净收益取决于深植于企业内部的协调机制的质量。换句话说，长寿公司展示了高水平的、协调一致的差异性：协调机制使得综合企业系统产生的收益远远大于其带来的成本。

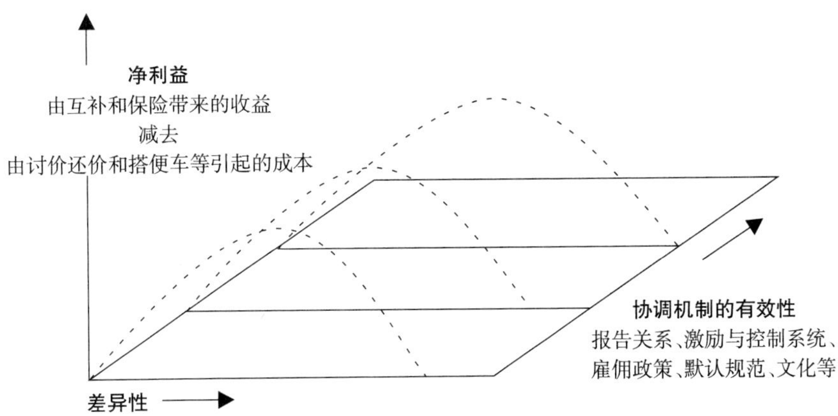

图 9－2　来自差异性的收益

有利的多元化

在多样化资产的管理中，内在协调机制的重要性可以通过一些极端的案例得到很好的说明，比如集团企业或非相关多元化。大多数研究表明，进行广泛多元化经营的企业，其资本回报率远远低于专业化企业或者进行“相关”多元化经营的企业。一般来说，股票市场实行“集团企业折价”（conglomerate discount）的做法，理由是拥有非相关业务的公司，其价值要远远低于各个单位的估价总和。显然，集团企业的协调成本常常会超过几个业务单位分享管理资源与资金来源所带来的利益。但是，正如1997年《经济学家》杂志对集团企业的调查所表明的那样，我们也的确发现了例外情况。

《经济学家》指出，美国的巨型集团企业——通用电气公司，在1979年杰克·韦尔奇（Jack Welch）出任公司主席之后，派发给股东的平均年收益高达20.8%，比股票市场的平均水平高出6%。波士顿咨询集团（Boston Consulting Group）对美国、欧洲和澳大利亚40家规模最大的集团企业进行的一项研究表明，前1/4的集团企业，其年收益率比市场上所有股票的平均收益率高出大约5个百分点。这些例子表明，尽管“平均看来”集团企业的成本超过了其收益，但是用《经济学家》上的话来说，“才华出众、训练有素的老板们”能够使非相关多元化取得成功。通用电气的方法并没有多少独到之处；实际上，在公司的年报和提交给华尔街分析家的报告书中，都明白无误地提到了这一方法。通用电气素以能够激励员工并从业务单位中获得最佳业绩而闻名，这显示出公司的高层领导在细节方面确实与众不同。

即使是协调相关的业务活动也面临着一些难题。例如，在20世纪80年代，金融服务领域出现了几次合并，试图创造“金融服务超级市场”。据推测，通过一个分销渠道提供各种产品必然会降低销售成本，并能提供更为便利的一站式消费。例如，在一种被人戏称为“短袜和股票”（socks and stocks）的战略的指导下，添惠公司（Dean Witter）设在西尔斯百货商店的柜台既卖保险，又提供经纪人服务，还发行信用卡，但这样的结合并没有达到原有的预期。在实践中，很难激励或者培训保险推销员去提供经纪人服务，而股票经纪人也不会“跨行销售”保险，不同业务的管理者互不合作。如果这种超级市场真能取得成功，那么设计者有可能会将其归功于自己卓越的战略眼光。

事实上，不同业务之间实现协同效应的战略要想取得成功，关键在于细微之处。正是因为使用有效的程序来挑选、培训、控制并激励员工，通用电气公司的总体价值才能超过非相关的部分之和。否则的话，即使并购的是几乎完全相同的业务，这种显而易见的规模经济也可能得不到实现。

4. 寿命与增长

一家企业的增长能力对其生存有着重要影响。从前面对多元化资产的讨论中，我们可以得出增长与寿命之间的一个显著联系。一家单纯依靠业主个人劳动的小企业是脆弱的，一旦业主丧失了技能或动力，企业将不堪一击。为了建立比业主所提供的劳动更为稳定的利润来源，企业必须投资于专有技术、品牌等类似资产，拓展顾客基础以分期偿还这笔投资，并且增加与企业拓展后的经营活动相适应的员工。下面这节讨论的是寿命与增长之间更为复杂微妙的关联。企业一旦达到某一固定的临界点之后，就不能轻易地停止增长。就像骑自行车的人必须不断前进以维持平衡一样，竞争的力量也常常要求企业为了生存而不断增长。我们还将看到，影响企业寿命的资产和协调机制又是如何影响其增长能力的。

增长的压力

惠普的创业合伙人戴维·帕卡德在回忆录中提到，这些年来，他和比尔·休利特曾“多次考虑过公司的最佳规模问题”。他们“不认为增长本身有多么重要”，但是最终得出结论：“持续增长对公司维持竞争力至关重要”。[20]1966 年，惠普公司宣布了一个正式的目标单子，共有七项，其中之一就是：“**增长**。将增长视为一种力量的量度和生存的必需。”[21]

彭罗斯和后来的学者如鲁宾（Rubin）曾经提出，企业的最优规模是一个动态的目标，因为企业的管理能力和资产规模都在不断提升。他们认为，经验的积累和决策制定规则的发展自然会导致企业管理人员和监督人员能力的提升。引用鲁宾的话来说就是：

> 假设一家企业刚上了一种新产品，在产品规划过程中，管理层会尝试建立下属必须遵守的决策规则。然而，总是会出现一些需要与高层管理者协商的问题。随着企业产品经验的积累，将许多类似的决策程式化就成为可能。一旦做出了某项决策之后，该决策将不再成为问题；将其确定为先例，下属就可以按照适当的规则行事。因此，如果经理人员在生产刚开始的时候是满负荷运转的，他就会发现，随着决策的不断程式化自己拥有了越来越多的时间。此外，由于经理人员在工作中积累了经验，他还会发现决策占用的时间变少了。[22]

在彭罗斯–鲁宾模型中，企业持续增长的目的是利用其逐渐增加的剩余管理能力。资产的累积也创造了类似的增长激励。资产单一的小型企业能够相对比较轻松地实现资产与需求的匹配，在资产为多用途的情况下尤其如此。正如彭罗斯所指出的那样，在拥有差异性资产的企业中，资产的规模或者不可分割性会导致某些资产的利用不足。举例来说，企业可能雇用了两名销售员，而其实际需求仅为 1.7 名。空闲的销售能力提供了制造更多产品以供销售的激励，反过来又有可能导致制造能力过剩等问题。

外部劳动力市场也会制造增长的激励。休利特和帕卡德认为增长与生存休戚相关，因为惠普的成长“取决于对高素质人才的吸收”，这些人“希望加盟能够为个人在事业上的成长和进步提供大量空间的企业”。[23]一家停滞不前的企业将面临人才流失的危险，因为企业无法为他们提供发展新技能的机会或者无法在经济上对他们创造的价值给予应有的回报。一旦企业的领导决心超越小规模的、家庭作坊式的企业（在这种企业里他们必须亲自做大多数工作）去建立更大的企业，并且开始招募有志向的人才，这个过程就很难停下来。他们必须保持增长，否则迎接他们的将是企业的解体。竞争的力量也有类似的效应。如果企业的竞争对手通过利用规模经济增加了市场份额，又或者顾客认为规模是企业长期生存的前提条件，那么企业就不能再维持小规模生产。而且就像我们在第一部分提到的那样，金融市场可以通过提供成本更低的资本，使竞争的天平偏向快速增长的企业。

增长还有助于减少企业内部的冲突。对人类行为的研究表明，人们对失去所拥有的东西的厌恶在程度上要远远超出得到相同价值的新财富所带来的快乐。当一块馅饼的总量既定时，人们之间的报酬就存在着此消彼长的关系。然而，如果馅饼变大了，相对份额的变化并不需要企业成员放弃已经拥有的收益，因此我们可以预计因报酬的分配而产生的恶意纠纷将会减少。增长还使成员对组织所取得的成就产生了自豪感，并促使人们将集体利益内在化。（不过，正如我们将在后面论及的那样，增长确实会因为增加了差异性而削弱企业的协调能力。）

增长的激励和压力是各不相同的。在某些组织中，管理者的关键任务可能不会收到学习效应和程式化的显著影响——例如，一位商学院前院长说，他在位第五年所做的工作和第一年完全一样，所花费的时间也几乎一样长。这类组织不需要从事新的经营活动以充分利用其剩余的管理能力。与此类似，一家高技术企业，其竞技场乃是赢家通吃的市场，因此企业必须从高度流动的劳动力市场上吸引雄心勃勃的员工，并从公开市场上筹集资金。与那些在招徕顾客和员工方面没有多少竞争并且自我融资的企业相比，高技术企业面临着更为强烈的增长压力。

不过，除了那些仅仅依靠领导的劳动的企业以外，没有几家企业能够完全躲开增长的压力。马萨诸塞州一家建筑产品分销公司的业主解释了他为什么会收购一家规模更大的公司并且接收了其债务，而最终导致了公司的破产。他创办了一家盈利的企业（“镇上的杰出企业”），这使他认为自己是“不可战胜的”。劳动力市场的压力也助长了他的狂妄自大，让他想拓展企业：“我曾雇了五个人并训练他们为我工作。其中一个人年薪 4 万美元，这在当时可是很大一笔钱。但是他要离开，我不得不从头开始招聘、培训新人来代替他。”

近些年来，随着劳动力和资本市场流动性的增加，随着人们对高额回报的野心勃勃的追求，增长的压力似乎被进一步强化了。坊间流行的一些轶事表明，商学院的学生和资深经理人员都非常乐意用一部分工作保障来交换在快速增长的公司工作所带来的刺激和潜在的经济收益。迄今为止，金融市场似乎也愿意为这类公司的股票支付较高的溢价。不过，我们在早先的年代也能发现类似压力的证据。一份 1956 年麦肯锡公司合伙人的会议记录记载了“办公室和员工规模的增长是合伙人提到的最多的问题”，并宣称合伙人的信念是：增长是“至关重要的”（尽管可能会有“许多形式”）。显然，增长的压力是市场经济普遍存在的特征。

增长的能力

一家企业的增长潜力常常与其产品或服务的市场规模联系在一起。不过，正如彭罗斯所指出的那样，从长期来看，企业可以进入新市场，向不同的顾客提供服务并生产不同的产品。这种长期增长的潜力取决于企业资产及其协调能力的生产能力。举例来说，假设一家餐馆的利润来自难以复制的资产，如位置、氛围和厨师的技艺等。这样的企业如果超出了现有的位置进行扩张就可能赚不到钱——关键性资产的性质决定了其市场是当地性的。与此相比，经营一家汉堡包店的专利方案就允许企业在全球范围内扩张。

由于增长必然要增加资产和经营活动的多样性，因此企业的协调机制会影响其增长潜力。任何两位顾客、两个位置、两位员工等都不可能是完全相同的。随着企业的扩张，协调问题也会随之而扩大；因此，除了要有单店经营的方案之外，像麦当劳这样的公司还需要具备协调散布在世界各地的经营场所的能力。即使没有重大的竞争威胁，企业也会因为协调能力的缺陷以及持续增长的压力而最终覆灭。这也许正是德·格斯所说的企业的自然寿命不到一个世纪的原因，也是为什么曾经被誉为杰出公司的企业后来解体的原因（见图 9－3）。

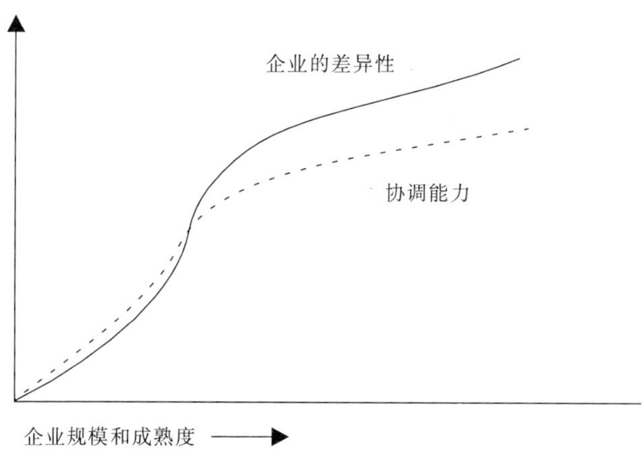

图 9－3　协调能力的限制

注：“协调能力”指的是为保证企业从中可以获得正的净收益，企业的协调机制所能允许的最大差异性。

企业协调机制的质量还会影响其扩张的**速度**——添置新资产的速度。对现有资产的协调类似于既定的军事关系的运作；各方根据以前达成的协议和谅解备忘录对意外事件做出反应。添置新资产所涉及的问题类似于达成新的关系，需要从零开始制定新的协议和谅解备忘录。这些问题与企业的增长速度成比例；一家餐饮连锁店的经营场所和员工的迅速增加所产生的困难要远远大于缓慢扩张所带来的难题。事实上，企业的覆灭常常是因为“过度”增长：正如惠普公司的合伙创建人戴维·帕卡德所言：“许多企业乃是死于消化不良而非饥饿。”[24]

一家企业消化新资产和新业务的能力取决于其内在机制，如激励与控制系统、招聘与培训惯例以及默认的行为准则。有效的机制使得类似 PSS 公司这样的企业既能够以极快的速度增加员工和顾客，又不会损害产品的质量，还不会面临现金枯竭的问题（参阅专栏文章《控制增长》）。

控制增长

1987—1995 年间，PSS 公司的销售额从 1 300 万美元增加到 5 亿美元，分支机构的数量从佛罗里达的 5 家增加到遍布美国每个州的 56 家，员工的数量从 120 人增加到 1 800 人。在 PSS 公司的创业合伙人帕特里克·凯利撰写的《迅速增长的公司》（*Faster Company*）一书中，这位现任 CEO 将公司的迅速增长归功于几个有关招聘、培训和激励员工的内在机制。这里我只讨论其中一个机制——PSS 公司的控制体系。据风险资本家、前董事会成员托马斯·迪克森（Thomas Dickerson）称，严密的财务控制在公司的增长中发挥了重要作用。迪克森指出，PSS 公司的组织结构赋予了一线员工大量的经营责任，同时还用“近乎实时的控制系统”密切监控结果。“每一家分支机构就像是 PSS 公司的微缩版，分支机构的管理者对达到销售、利润、库存周转和应收账款回收等目标负责。公司采取自下而上的方法设定这些目标——高层管理者每年都要拜访所有 56 家经营中心，并与 500 名销售人员逐一协商其个人计划。每天晚上，总部通过电子手段收取每位销售员的日销售成果以及每一个分支机构的应收账款和库存信息。”

PSS 公司的体系缓解了人员配备的紧张态势，使得公司不必招聘有经验的员工也能获得迅速成长。据帕特里克·凯利称，公司赋予了那些“没有多少经验的员工大量责任，其中许多人离开大学还没多长时间”[25]。控制系统还使得公司能够协调好长期增长目标与有限的内部和外部资金。PSS 为了成为全国性公司而成立的分支机构，需要 18 个月的时间才能开始盈利。新开张的分支机构会消耗现金并降低公司的账面利润——这是需要关注的事情，因为创业者帕特里克·凯利想要尽量避免公布亏损，这样一来 PSS 公司就能通过发行股票打通连接公开资本市场的渠道。公司的预算与现金管理体系使得 PSS 公司能够在不违反银行贷款协议的情况下或者是达到营业收入年度目标的情况下，设立尽可能多的新营业中心。许多缺乏这种系统的年轻公司最终耗尽了现金，“用死亡给它们的增长画上了句号”。

综上所述，在“多元化资产”和“协调机制”这两节中，我们考察了企业资产和协调机制与其产生长期利润的能力之间的直接关系。在这一节中我们又发现了一种间接联系：寿命与增长是息息相关的；企业的增长能力取决于其独特资产以及内在协调机制的性质。

5. 消失的要求

大多数新兴企业无法满足长期生存与增长的要求，它们缺乏广泛的有价值的资产基础，它们更类似于完全竞争模型中的无差异企业，这些企业使用相同的生产要素和技术制造与竞争对手相同的产品。而有前途的新企业，正如我们在第一部分看到的那样，通常会对已有的概念进行模仿或稍加修改。许多有前途的新企业利用市场失衡（“赶上一波浪潮”）赚得第一桶金，还有些企业则依靠创业者的个人能力来满足顾客模糊不清的需求。少数企业（占典型的《有限公司》500 强企业的 10% ~ 15%）在创业时的确拥有独一无二的技术或设计，但是依然没有广泛的产品品类或者深厚的研发、制造、分销和市场营销能力。新企业所面临的资本束缚使得大多数创业者无法对其业务体系向着多种经营的方向进行差异化改造。

新兴企业的资产和业务活动的范畴都比较狭窄，因而不需要广泛的协调机制。创业者本人就能履行大多数重要职能，甚至连一些琐碎的工作也能大包大揽。帕卡德写道，在惠普的创业早期，两个创始人“几乎每件事情都必须亲自动手——从发明、制造产品到定价、包装、运输；从与顾客和销售代表打交道到记账；从写广告到每天收工时打扫卫生”。[26]这家尚且年轻的公司没有正式的报告关系、人事政策、激励与监控系统等等，两位创业者依靠逐个判断和非正式的信息系统管理着几个结构松散的员工。

类似的企业如果不能拓展其资产就无法获得长期生存。那些赶上了新技术、法律制度或其他类似外部变革浪潮的创业者之所以在创业时能够取得成功，是因为当时需求超过了有效供给。但是，浪潮总有到达顶峰的时候；随着市场失衡的消失，许多没有差异化的供应商也随之消失了。那些依靠企业家的个人能力来满足顾客变化多端的需求的企业，一旦企业家的动力和技能受到了侵蚀或者面临更为凶猛的后来者的竞争，就会变得不堪一击。而且，生产单一产品的企业常常要屈从于技术或顾客偏好的变化，对此它们无能为力。

新兴企业还面临着严重的增长束缚。那些仅仅是赶上一波浪潮的企业不得不和后来者分享市场，较高的利润必然会吸引后来者进入市场。依靠企业家能力的企业则受到差异性资产的生产能力的限制。而少数几家制造“更出色的捕鼠器”的企业，如惠普，其增长则受到机会市场规模的限制。

新兴企业的确为建立协调性资产打下了一定基础。虽然20世纪80年代那些组装IBM个人电脑“兼容机”的创业者们大多已告失败，但是迈克尔·戴尔却以他的宿舍为平台创造出一个品牌，并在制造、物流和营销等方面积累了一些独特的能力。萨姆·沃尔顿开的第一家商店隶属于本·富兰克林杂货连锁店，但是他很快就积累了有关知识，发现了如何以不同的、更有利的方式来经营标准化的特许经营商店的诀窍，并且发现了折扣商店的市场机遇。休利特和帕卡德用他们从声频振荡器中赚到的利润进行了再投资，拓展了电子实验设备的产品种类。

即使是经营着非常不稳定的企业的创业者，也有机会发现外行人看不到的机遇。运转中的企业在获取资本、顾客、员工和其他建立企业资产所需的资源方面也享有一定优势。Sun公司的创业合伙人维诺德·科斯拉（Vinod Khosla）回忆说，他曾经打了100多个电话，试图招聘一位经验丰富的营销经理帮助他一起创业；“大多数人对我没有安全感。如果你只有26岁，看上去像个孩子，说话的腔调还有点滑稽，公司里只有两名员工，这时候给DEC和惠普的副总裁打电话肯定不会有什么结果……而且，没有人愿意离开一家成熟的企业，加盟一家甚至连六个月的工资都发不下去的什么新企业”。一年之后，Sun公司有了盈利，月收入达到了100万美元，这时公司得以从DEC公司聘用了一位高级经理欧文·布朗（Owen Brown）。科斯拉说道：“如果企业初具规模，并且已经运转起来而且有利可图，即使与一无所有相比它仍然非常小，人们在感觉上也会舒服许多。二者之间根本就是一个激变的非线性函数。”

尽管“初具规模”为下一步的发展提供了宝贵的平台，向成熟企业的发展还是非同寻常的。正如我们在后面几章中将看到的那样，在“有前途的”沃尔玛、Sun或惠普公司与成熟的《财富》500强企业之间有一条鸿沟，要想跨越它还需要杰出的企业家们数十年持之以恒的努力。

6. 概要与结论

上述材料为分析企业增长与寿命之间的关系奠定了一定的基础。我们采纳了资源基础观点，将企业视为包含一组独特的有形与无形资产的实体。我们将企业的生命期限与其资产的连续性联系起来，也将企业的规模与其经济影响的范围联系起来。我们发现，长寿企业拥有广泛的资产组合以及有效的资产协调机制。我们还讨论了寿命与增长之间的密切联系。决定寿命的因素表明，新兴企业与成熟企业之间还存在着很大的差距。

沿着这个思路前进，我们可以把长寿企业的创建过程视为弥补这一差距的过程，即投资于建立广泛的资产基础、制定这些资产的协调机制、克服增长的束缚。我们还可以对比一下创建企业与管理成熟企业所面临的不同挑战。创建企业要求创业者发展资产和协调机制，这一切几乎都要从零开始。而成熟企业的高层管理者关注的问题则是现有的资产与机制。假设现有的市场机遇是既定的，企业的资产是否会用于最佳用途？对新的、互补性资产的投资是否会增加企业总资产的价值？是否应该剥离某些部门，因为它们可能对其他企业更有价值？同样，创业者考虑的是如何建立协调机制，而经理人员考虑的则是如何不被协调机制束缚住手脚。“这里做事的方式”、正式的和非正式的组织规则以及多层次的决策流程，都有可能排斥高层管理者的工作，最终导致历史悠久的企业制度的颠覆。

大规模公司协调一致的差异性影响其发挥的经济作用。我曾在第一部分指出，大公司的控制系统和决策流程允许并鼓励企业从事需要大量事前投资的创新活动。本章的分析表明，这些系统还促进了差异性资产与业务的协调一致。因此，大公司的比较优势既包括较高的资本需要，也包括较高的复杂程度。与对冲基金经理乔治·索罗斯（George Soros）价值数十亿美元的货币投机相比，IBM 和英特尔等公司从事的项目具有许多机动部分。

这种观点和切斯特·巴纳德（Chester Barnard）、赫伯特·西蒙和阿尔弗雷德·钱德勒的理论有着密切关系，他们把企业的多面性管理结构和社会结构与企业的经济角色联系在一起。但是，这种观点与 R. H. 科斯（R. H. Coase）所提出的并由威廉姆森等学者加以拓展的“交易成本”理论更为一致。交易成本理论集中研究双边交易，这种交易既有可能发生在两个通过市场交易的独立主体之间，也有可能发生在企业内部，业主对交易双方的现金流都拥有索取权。虽然交易成本理论提供了许多有用的见解，但我认为它们还是遗漏了现实中企业组织协调机制的重要方面。

大型公司——从早期的铁路到现代的微软或英特尔——不仅协调双方之间的交易，它们还从事并管理涉及差异性的多方群体共同合作的创新活动。联合所有权（或雇佣）只是多边协调的一种工具而已；多方合作的有效性取决于多面性的、内在的组织神经系统。“企业”与“市场”之间的二分法忽视了企业协调能力的重大差异，以及因此而决定的专业化取向。小企业的业主亲自完成大多数协调工作，因此在从事不涉及许多专业化资产的业务方面有优势。随着企业协调能力的提升，它们趋向于从事更复杂的业务，管理复杂业务获得的收益能够冲抵由此增加的管理成本。因此，企业的发展涉及企业经济职能的根本性转变。

第 10 章　现有的理论与模型

这一章我们将考察一些理论和模型，它们或许有助于解释为什么有些有前途的新企业能够完成向大规模成熟企业的转变。第 1 节提出，虽然转变是根本的，但这种转变是逐渐发生的；第 2 ~ 5 节介绍了主流经济学理论、生命周期模型、演化理论和企业战略文献所提供的可能的解释。

绝大多数企业是逐渐走向成熟的。仅有个别企业从一开始就拥有人才、资金和战略，能够快速地推动它们进入大型成熟公司的行列。正如我们在绪论中所看到的那样，康柏公司拥有一支经验丰富的员工队伍、2 000 万美元的风险投资和一个商业计划，这使其在创业伊始就可以像一个经验老到的大公司那样运作，康柏公司在成立后的第一年就卖出了 1 亿美元的电脑。用一个生物学的类比来看，像康柏这样的新企业就像马的后代一样“早熟”，出生时就已经相当成熟，在出生后的几小时内就既可以看又可以走了。而大多数刚起步的企业，就像鸟、红狐狸和人等生物一样“晚熟”，出生时处于尚未发育成熟的不稳定状态。晚熟的企业需要许多年，通常是数十年才能建立起成熟企业所拥有的资产和协调机制。而且大多数新企业做不到这一点：与人的后代相反，新企业的夭折和发育不良是常态，存活下来并持续成长才是例外。在这一章里，我们将介绍一些理论和模型，它们或许可以解释为什么只有一些新企业能够转变为大规模的成熟公司。

1. 渐进的过程

新兴企业转变成为长寿企业要经历一个很长的、多阶段的过程，而不是一次性的变革。为了开发必需的资产协调系统，企业通常需要进行数十年的持续投资，原因包括如下几个方面：

资本束缚。要想开发能够支撑企业长盛不衰的资产，所需要的投资比创办一家有前途的新企业所需要的要多得多。企业家为了发展自己的品牌、技术、更广泛的产品类别和分销渠道等等必须进行各种创新，这些创新往往会产生大量的预算外开支和机会成本。正如我们在前面所看到的那样，没有几位企业家在创业伊始就能进行这种创新活动，因为他们在资本提供者那里还缺少信誉，企业的前景也极为不确定。随着创业者逐步建立起经营记录，有关其能力和企业前景的不确定性也随之逐渐消失了。他们可以获得更多的资本，并将其创新活动从投资—不确定性—利润图的左上角转移到中间区域。但是由于资本束缚的解除需要花费一定的时间，企业家无法一次完成对一整套配套资产的投资。他们更倾向于首先投资于一小部分可能带来最高收益的资产，而且在企业所缺乏的系统中首先采用标准的、容易获得的元素。此后，随着他们获得的资本越来越多，他们可以投资于范围更广的资产组合。例如，戴尔电脑公司的创办者迈克尔·戴尔为精明的个人电脑购买者提供低价的选择，原因就在于公司使用标准的零部件组装电脑，使用邮购方式销售电脑，没有任何宣传攻势，也不需要提供多少售后服务。随着内部利润的逐渐增加以及戴尔获得股票市场的融资渠道，公司得以投资建立品牌、广泛的后勤体系、销售和售后服务部门以及与供应商之间密切的关系。

先见之明。企业家事先无法轻易地预见到有效的配套资产体系的设计。例如，沃尔玛折扣连锁店与众不同的特征——专注于不受重视的农村地区、低价格、采购技巧、对信息技术的投资、员工文化，甚至店门口的迎宾员——具有深刻的逻辑性和内在的一致性。但是尽管我们现在可能非常崇拜这个体系，但沃尔玛的发展历史表明，公司的创办者萨姆·沃尔顿事先并没有设想到这些组成部分。一开始，沃尔顿在阿肯色州的一座小城镇购买了一家他称之为“一团糟”的特许经营商店。整个20世纪50年代他又购买了更多的特许经营商店，但是直到1962年才开办了第一家“沃尔玛”。在此后十多年的时间里，沃尔玛不断成长，期间经历了不断的试错，也遭受了多次的失败，但绝不是通过执行什么总体规划发展起来的。

在实践中学习。某些关键性资产，如知识和声誉，只有通过重复的行为才能获得。一家制药公司进行许多研究项目并从中总结出有效的管理流程和实践经验，借此培育出有效的新药开发能力。①随着时间的流逝，经验让产量更高的企业享受更低的成本。* 据波兰尼（Polyani）称，在某些案例中，从某项技术中有所收获的能力要求企业必须具有一种“难以说明的知识”，而这种知识只能从经验中建立。波兰尼回忆自己曾经观察到的，“匈牙利进口了一种吹制电灯泡的机器，同样的机器在德国运行得非常成功，但是在匈牙利则用了整整一年的时间才生产出一只完好无损的灯泡”。②

企业通过持续提供高质量的服务和产品与顾客建立良好的关系。历经数十年的努力和投资之后，企业培育出有价值的品牌和分销能力。例如，根据伊普（Ip）的观点，可口可乐公司将其在世界软饮料市场所占份额的50%归功于自己“辛勤培育的品牌”，1919—1998年间，公司在品牌建设方面的开支高达780亿美元（这是根据

---

* 根据著名的、在波士顿咨询集团广为运用的学习曲线效应，许多行业的制造成本是累计产量的函数。

1998年的美元价值进行通货膨胀调整后的数值)。[③]事实上，我们可以合理地推断出，培育这类无形资产所需要的时间和经验使得它们非常宝贵，也难以模仿。

随着资产的逐步完善，协调机制也得到了发展。在类似康柏这种业绩突出的新企业中，经验丰富的创业者很快就将自己的责任分配给员工，这些员工是为权责明确的岗位招聘的。在管理结构和管理体系还没有必要时，公司就已经建设完备了。这种情况还是比较少见的：《有限公司》杂志对1982—1989年间跻身于《有限公司》500强企业的创办者进行了一次调查，结果发现只有2%的创业者在初次创业时就建立了能够适应快速发展的管理体系。[④]一般的新企业负担不起维护齐全的管理机构所需要的固定成本，而且企业小规模的简单经营也不需要正规的管理体系和管理结构。只有当企业的资产和活动超出了创业者的个人能力，并且有能力承担相应的管理费用时，企业才面临发展协调机制的问题。(参阅专栏文章《滞后的组织结构和系统的发展》。)

滞后的组织结构和系统的发展

长寿企业很少在成立伊始就花费精力培育组织能力，而且在很长一段时间内仍然是在没有正式的组织体系与结构的情况下运营的。沃尔玛的创建者萨姆·沃尔顿写道：“有好几年的时间，公司只有我和商店的几位经理。”[⑤]因为“我们每天都忙于日常的管理工作”，根本没时间“建立公司的组织结构”，协调是通过“一群商店经理每个周六早上的聚会”来完成的，届时“我们会审查购买的货物，看看为了购买这些货物我们花了多少钱”。[⑥]公司通过突出商品促销，即“保持商人本色”弥补了公司的许多缺陷——不够合理的进货程序、不够理想的商品分类以及没有实际的后台支持。[⑦]与此类似，在头十年左右的时间里，麦肯锡公司的经营重点也是放在确立公司声誉和争取高质量的顾客群体方面。公司没有什么成文的政策或者管理委员会；大约十位合伙人会碰头、协商所有的主要决策。

最终，正式结构与系统的缺乏会限制企业的进一步发展。企业家无法亲自指导拥有大量不同资产的大公司的活动，他们需要制定诸如报酬制度、财务控制与组织文化等类似机制来协调各项专业活动和各个职能单位。成长中的企业还必须应对资本束缚，因此它们需要能够预测并监督现金流的机制，好让银行和其他投资者感到满意，因为这些资本提供者常常拒绝向控制机制和组织结构薄弱的公司提供资金。

马克斯(Marks)写道，到60年代(20世纪60年代。——译者注)中期，沃尔顿深受“所有者缺位现象”的困扰，这是由于“店铺开设得过多，以至自己——管理者——无法照料”所造成的；沃尔顿意识到他需要建立一个“无论店铺位于何处都能得到有效控制”的机制。沃尔顿成为“有史以来最会利用信息控制所有者缺位现象的人”，这使得他可以建立大量分布广泛的店铺，并且以极高的盈利水平经营这些店铺。与此类似，麦肯锡公司在打下客户基础之后，马文·鲍尔于20世纪50年代采取了几项措施来规范并修订公司的治理结构和招聘与提升政策。例如，公司采纳了书面形式的利润分享方针和新合伙人选举办法，并分别成立了利润分享、经理与计划委员会。这些创新使麦肯锡公司从一家只有5个办公室的美国公司转变成为国际性的大企业：1959—1966年间，公司在伦敦、日内瓦、墨尔本、巴黎、阿姆斯特丹和杜塞尔多夫设立了海外办事处。如果所有合伙人仍然使用过去的非正式的决策方式，那么很可能公司就不会有如此大规模的扩张。

尽管建立协调得当的资产的过程是渐进的，但这一过程的最终结果却是企业的根本变革。20世纪90年代的微软和20世纪70年代的微软几乎没有什么相同之处。而且，我们还将看到，将一家羽翼未丰的新企业变为成熟稳健的大公司需要企业家做出U形转变，并放弃（即使是逐渐放弃）那些使他们得以创业并运用有限的资本进行经营的政策。他们不得不走出舒适的机会市场，与大公司展开竞争。当年约翰·卡茨曼创立普林斯顿复习公司的时候，他的竞争对手是曼哈顿的私人家教，这些人的素质参差不齐。为了成为一家全国性的特许经营实体，他的公司不得不面对成熟的斯坦利·卡普兰（Stanley Kaplan）的连锁店。为了实现规模经济，企业家必须停止向顾客提供允许大量修改和定制的产品，转为生产更为标准化的产品。他们也不能再依靠机会成本很低的员工，企业的成长常常需要用高薪的职业经理来取代那些廉价但是经验不足的员工，企业必须对所追求的机遇做出更为慎重的选择。要想在特定的领域建立起知识和声誉，通常需要企业家放弃那些分散精力的盈利机遇。

这些变化意味着企业的目标发生了根本改变。正如西尔顿-布克曼系统公司的菲尔·布克曼所描述的：

> 在创业阶段，现金管理是最重要的事情。现金就是一切。那时候，我就是一个现金管理的狂热分子。我快让每一个人都发疯了，我要仔细地审查每一笔开支。如果有人超过了现金预算，他们必须对此做出解释。早些时候，100美元可是很大一笔钱。如今，我不得不告诉大家不必为小额开支斤斤计较，他们应该顾全大局。[⑧]

不过，很少有创业者能够成功地完成改造新企业所需的变革。本章余下的部分将回顾已有的相关研究，这些研究或许能够解释为什么向大规模长寿企业的演变是如此的不同寻常。我们将考察如下几个模型：主流经济学理论；受“生物学”启发的生命周期模型；尼尔森和温特的演进理论以及企业战略模型。这一考察将提出一些下一章会用到的思想和概念，但是我们也将看到，这些理论对新企业演进中的差异的解释能力非常有限。熟悉这些思想（归纳在表10-1中）的读者，可以跳过本章的这一部分。

表 10－1　　现有的理论与模型

主流经济学理论	• 没有尝试解释为什么某些公司能够达到令人瞩目的规模和寿命
生命周期模型	• 直接提出了新企业的增长问题 • 准确地反映了企业发展的渐进性质 • 不恰当地假设企业会遵循统一的成长路径 • 企业家角色的性质过分简单化
演进理论（尼尔森和温特）	• 提出了创新和经济变革的问题 • 假设企业的成长是运气和惯例的结合使然，而不是决策者有意识的选择使然 • 可能反映了大公司的现实，但是低估了企业家在新企业中的作用
企业战略模型	• 强调高层决策者的作用 • 提供了分析多阶段、多维度创新活动的框架 • 实际使用的是大公司 CEO 的视角；如果用来分析处于过渡期的企业需要进行调整

2. 主流经济学理论

对于为什么有些企业能够生存下来并持续成长而有些却不能，以及前者是如何做到这一点的，主流经济学并没有告诉我们原因。标准的微观经济学理论关注的是众多同质的竞争者之间的完全竞争，对这些理论而言，这从来不是一个问题。企业规模和寿命的差异对结果没有任何影响，某个特定企业的发展是不相关的——在这一理论中，把特性的变化视为现有企业的改变还是新企业的成立没有什么差别。事实上，有些理论家偏向于后一种做法——彭罗斯认为罗伯特·特里芬（Robert Triffin）就是其中一位，后者认为当生产者对成本与收益状况的评价发生变化时，成立了一家新企业的说法更好一些。[9]

经济学的分支产业组织理论（industrial organization，IO）研究更多的是寡头而不是完全竞争，该理论注意到了企业的规模和增长存在着差异。产业组织研究表明，一个产业的结构特征，包括竞争者的数量及其相对市场份额，对经济结构具有重要的影响。例如，乔·贝恩（Joe Bain）在 1951 年的一篇经典之作中表明，一些最大的 8 家企业的销售额占全部市场份额 70% 以上的制造业，与那些相应比例在 70% 以下的市场更为分散的制造业相比，前者的盈利水平几乎是后者的两倍。许多将贝恩的论文加以延伸的产业组织研究都是跨部门的——研究不同产业间结构（以及竞争者行为）上的差异如何导致盈利水平、效率、创新等方面的差异的问题。

有些学者还研究了产业结构如何随着时间的推移而演进的问题。有关产业演进的研究也指出，早期的市场进入者中有相当一部分企业都失败了，这一点与新企业较低的总体存活率相一致。例如，根据乔瓦诺维奇（Jovanovic）和麦克唐纳（MacDonald）的研究，1922 年，美国汽车轮胎业的增长吸引了 275 家企业进入这个产业。六年之后的 1928 年，轮胎厂商的数量缩减了一半多，为 132 家企业，到 1932 年，又缩减了一半多，只有 60 家。戈特（Gort）和克莱珀（Klepper）发现，在他们所分析的 46 个产业中也存在着同样的大面积退出的模式。

对为什么有些企业能够生存下来这个问题，产业组织研究者并没有深入地探究其原因。因此，结构性分析或许可以依靠类似规模经济这样的因素来解释为什么在汽车行业能够长期生存下来的竞争者的数量比管理咨询业内的公司数量要少。但是，结构性变量却无法解释为什么最后是通用汽车和福特公司主宰了美国的汽车市场，而其他大量新企业却不复存在；或者为什么麦肯锡公司历经几代合伙人依然兴旺繁荣，而大多数咨询公司的寿命仅限于第一代合伙人。对这类问题的详尽回答对经济学家而言似乎毫无必要，他们更感兴趣的是产业集中度及其对经济效率的影响。

考虑一下乔瓦诺维奇和麦克唐纳对轮胎产业的研究。他们写道："在美国的轮胎产业中，几个关键性的发明出现于 1910—1920 年这段时间。这些发明一经投入使用，立即使得产出规模出现巨大的增长。较早完成发明的企业能够获得产量和价值增加的回报；其他企业只能加入退出产业的大军。"[10]但是，为什么实际上所有企业都可采用的"关键性发明"[例如 1916 年发明的班伯里混合器（Banbury mixer），能够大大加速将橡胶和其他化合物混合在一起的过程] 却只被某些企业采用了呢？例如，是否因为某些决策制定者更有远见、更愿意在新技术上下注、能够获得资本或者拥有有效实施新发明所需要的组织建设能力？对乔瓦诺维奇和麦克唐纳而言，其研究的目的是解释为什么"随着产业的演进，最初厂商的数量会增加，接下来又会减少"[11]，就这一目的而言，这一模型足够了。模型中，"创新的成功是随机的，因此总有些厂商会先于其他厂商取得成功"[12]。*

3. 生命周期模型

"成长阶段"或生命周期模型对企业是如何发展的做出了预测，并就如何发展新企业向企业家提供了建议。该模型认为，企业的发展是以一种渐进的方式进行的；但是正如我们将看到的那样，他们对企业发展的假设过于宿命论了，低估了企业家的作用。**

---

* 有些研究产业组织的学者，如迈克尔·波特（Michael Porter）把企业的生存和发展与经理人员所选择的战略联系起来；我将在本章的"企业战略模型"这一节讨论他们的一些贡献。

** 在下面对生命周期模型的讨论中，我将集中于尼尔·丘吉尔（Neil Churchill）和弗吉尼亚·刘易斯（Virginia Lewis）的文章《小企业成长的五个阶段》（Churchill and Lewis，1983），该文章建立在麦克圭尔（McGuire）、斯坦梅茨（Steinmetz）和格里纳（Griener）等前人研究的基础上，并且被认为是该学科中的经典之作。

生命周期模型假设，如同人类在生理上和心理上经历的从婴儿到成人的发展历程一样，企业也以类似的可以预知的方式发展着，在成长的过程中也会遇到相似的问题。在不同的“成长阶段”，企业经理面临着不同的任务和首要问题，就像父母在孩子的不同年龄段面临着不同的挑战一样。“公司的发展阶段，”丘吉尔（Churchill）和刘易斯（Lewis）写道，“决定了必须涉及的管理要素。”[13]

这些模型与生物世界的共鸣使其具有天然的吸引力。它们让企业家感到欣慰，正如权威的育儿手册可以给父母带来的那种感觉，因为它会告诉父母在孩子“恐怖的两岁”阶段会出现什么、该做些什么。他们认为，随着企业的日渐成熟，企业家的工作就是逐渐地“放手”。不会授权的创业者会妨碍企业的成长，就像管得太严的父母会延误后代的发展一样。“随着企业的成长，”丘吉尔和刘易斯写道，“所有者花在具体工作上的时间应该越来越少，而花在管理上的时间应该越来越多。他/她必须增加其他人的工作量，这就意味着授权。许多创业者无法从具体工作中脱身以开始管理和授权，这就解释了为什么许多企业会在生命周期的阶段Ⅲ-G（‘成功—增长’阶段）和阶段Ⅳ（‘起飞’阶段）消亡。”[14]

正如我们在第1节中讨论的那样，对于企业发展的特征是渐进式的或“晚熟的”而不是一次性的或“早熟的”，数据似乎与这种观点相吻合。不过，生命周期模型过分夸大了这种生物学意义上的比喻，因为它们声称企业是沿着可以预知的阶段向前发展的。我们很少看到有证据能支持丘吉尔-刘易斯模型中的细节描述，例如，该模型认为营运计划是在阶段Ⅲ-D（“成功—自由”阶段）引入的，广泛的战略性计划则是在阶段Ⅲ-G（“成功—增长”阶段）引入的。据我观察，新企业的演进方式是不可预测、各不相同的，并不符合统一的发展模式。生命周期模型没有充分解释企业增长方式方面存在的巨大差异。

比如，我们很难将福特和通用汽车的历史映射到一个通用的演进模式之中。相反，如同专栏文章《福特与通用汽车》中所描述的那样，我们发现这两位竞争者培育资产和设立规章制度的方式存在着极大的差异，其创办者扮演的角色也存在着极大的差异。如果我们在一个大的产业范围内研究企业，出现拥有统一的发展模式的例子就更少了。一家管理规范的专业服务公司，其发展路径一定和一家折扣零售企业的大不相同。尽管沃尔玛和麦肯锡都是以渐进的方式来建立各自的组织能力，但是其控制、预算、激励、治理以及类似的管理体系几乎没有什么相同之处。沃尔玛对自动化的库存管理和后勤系统进行了大量的投资，麦肯锡则集中精力建立委员会制度，并花费大量时间致力于制定并执行员工评价与报酬标准。沃尔玛坚持在美国的偏远地区建立网点；直到1992年都没有海外网点，当年在国内的销售额高达550亿美元。而麦肯锡于1959年就建立了第一家海外办事处，当时公司的总营业量不过570万美元。1992年，也就是沃尔玛首次开拓海外市场的那一年，麦肯锡已经在31个国家开展业务了。

福特与通用汽车

福特汽车和通用汽车这两家日后主宰了美国汽车行业的企业，其演进方式有着显著的差别。福特的演进过程反映了创办者亨利·福特在工程与制造方面的兴趣。亨利·福特1863年出生于密歇根的一个农场，他从童年时代就对机械有特殊爱好。他曾经作为工程师进入底特律爱迪生公司（Detroit Edison Company），利用业余时间制造内燃机，并在1892年卖出了他的第一台“烧汽油的轻便马车”。1899年，身为底特律爱迪生公司总工程师的福特被开除了，原因是他的上司认为他的业余爱好占用他太多的时间。于是，福特创办了底特律汽车公司（Detroit Automobile Company），但是很快就由于和资金提供方发生纠纷而退出了公司。做了很短一段时间的赛车研发之后，他于1903年创建了福特汽车公司（Ford Motor Company，FMC），所使用的资本全部从朋友那里筹得。第一年FMC在一个改建的货车工厂生产了1 700多辆汽车。公司很快就迁往位于底特律的更大的厂房，并在加拿大建立了一家工厂。

福特想让FMC使用大规模生产技术来生产每个人都能买得起的汽车，但是公司的投资者中有一些不同意他这种想法。于是，福特收购了这些人的股权，取得了公司的控股权，并于1906年出任FMC的总裁。1908年，公司推出了T型车。这种车是在移动的组装线上生产的，每个机器专门进行很小的任务，具有极其细致的劳动分工。这种大批量生产标准化单一产品的系统节约了成本，从而降低了价格，而价格的降低反过来又有助于扩大消费者的需求。

通过在规模更大、更为垂直一体化的企业中复制这个模式，FMC发展起来。1919年，当福特提出要建立超大规模、拥有自己的炼钢厂的联合制造企业的计划之后，少数投资者表示反对，福特就购买了这些人的股权，然后在特拉华州（Delaware）重新注册了FMC。福特继续在靠近底特律的红河（River Rouge）建设他的联合制造企业，并且直到1927年还在生产T型车。

通用汽车公司在20世纪20年代赶上并超过了福特汽车公司，其发展轨迹却完全不同。早年公司是通过并购而不是建立自己的厂房成长起来的。创办者威廉·杜兰特是一位密歇根州州长的儿子，他在19世纪90年代曾从事过马车制造的生意。1904年，他买下了破产的别克汽车公司（Buick Motor Company），当时的别克只是汽车制造行业中众多小公司中的一家。以别克为基础，他说服了以前制造马车时的供应商向他提供制造汽车的材料，他还收购了汽车行业更多的公司。1908年，他成立了通用汽车公司，并将其作为将来并购时使用的控股公司。在18个月内，通用汽车先是收购了别克、奥兹莫比尔（Oldsmobile）以及一家位于弗林特的车体制造商，随后又收购了凯迪拉克（Cadillac）和奥克兰（Oakland）［已重新命名为庞蒂亚克（Pontiac）］的大量股票以及其他六家汽车公司、三家卡车公司和十家零部件公司。

快速的并购导致公司财务出现了危机。1910年，通用汽车公司的债权人强迫杜兰特放弃控制权。五年之后，在杜邦家族的资助下，杜兰特设法重新获得了控制权，并再次开始了他的并购狂潮。截至1920年，通用汽车已经收购了30多家公司。然而，那一年企业出现的低迷加速了新一轮的债务危机。杜兰特将通用汽车公司总裁的职位让给了皮埃尔·杜邦（Pierre du Pont），后者拥有公司债权人对他的信任。杜邦转而任命阿尔弗雷德·斯隆（Alfred Sloan）经营公司。根据麦克劳和泰德罗的记载，斯隆十分精通组织问题的艺术和神韵，帮助公司创造了“管理人际关系的系统。该系统可以理性地规划企业组织，提高其运作效率，正如亨利·福特设计的流水线对企业生产起到的作用一样”。

在斯隆的领导下，通用汽车采纳了多部门的组织结构，“将中央控制和分散决策的优点结合在一起”[15]。通用汽车公司被划分为若干个事业部（如别克、奥兹莫比尔和庞蒂亚克），每一个事业部负责一个按照价格确定的细分市场。福特汽车公司只提供单一的T型车，而通用汽车的各个事业部却满足了不同客户群体日益多样化的口味。与此同时，通用汽车并没有失去大规模生产的成本优势，因为公司使用了可用于若干个样式和模具的通用零部件。

我的意思并不是说，由于没有预定的发展路径，公司与产业的成长就不存在什么共同的特征。不过，我们必须认清对历史模式的确认和解释与具有预测价值的命题之间的区别。例如，阿尔弗雷德·钱德勒对大型工业企业发展的研究表明，企业的多部门的组织结构是在实行经营多元化战略之后经过长期的试验阶段才确定下来的。今天，鉴于分权管理的事业部制的好处已经被广泛认可，我们理应认为类似的滞后已不复存在——而钱德勒的研究中具有长期意义的假设应该是，战略的有效执行需要企业采纳恰当的组织结构和管理规范来配合。[16]因此，我将提出的企业演进模型并没有试图将经验的规律强加到一种重复发生的短期关系中去。相反，我将利用这些规律来找出创业者为了建立大规模的长寿企业所必须完成的关键任务以及为了完成这些任务所必需的技能和品质。

生命周期模型另一个显著的局限性在于对企业家职能的过分简单化。的确，对于企业家随着企业的成长“做得更少而放权更多”这个命题，人们提不出什么争议。然而，这个简单的“放手”指令却无法反映出诸如亨利·福特、阿尔弗雷德·斯隆、萨姆·沃尔顿和马文·鲍尔这样的企业家在数十年的时间内所从事的任务的复杂性质。由于我们将在下一章中探讨的几个因素，这些企业家将制定长期战略的梦想任务与战略执行的“实干”职能结合起来了。沃尔顿不仅制定了公司的战略，即“在无人注意的偏远小镇建立大规模的折扣商店”[17]，他还亲自驾驶飞机搜寻合适的地点。沃尔顿写道：

> 从空中我们可以检查交通流量，看看城镇向哪条道路发展，并且评估该地点的竞争力……我喜欢自己做这些事情，我会侧翼低飞掠过小镇。一旦挑中了一个地方，我们就会降落，看看谁拥有这块地产，当时就设法和他达成交易……我向你保证，零售公司中没有几家公司的老总像我这样到处到小地方飞行，考察各地的发展模式……[18]

沃尔顿用这种方式挑选了最初的120家或130家店址，到沃尔玛拥有大约500家商店时，他还继续“跟踪每一笔房地产交易，并且在签订任何类型的协议之前都会去视察大多数的地点”，因为“一个好的地点和我们为之付出的价格对一家商店的成功来说太重要了”。类似地，在马文·鲍尔掌舵麦肯锡的较长一段时间里，他在获得并指导几项关键性研究中起到重要作用。1956年，他指导了对壳牌石油（Shell Oil）在委内瑞拉的自营公司的研究，这个项目成为后来对壳牌公司的组织结构进行全面研究的一次“预演”，“他每次都会在那里花费数周的时间”[19]。1957年，他谈下了随后的组织结构的研究项目，为在伦敦建立办事处提供了基础。1962年，在得知帝国化学品公司（Imperial Chemical Industries，ICI）的主席有意在鲍尔“下次造访伦敦时”与之会面后，他立即飞往了伦敦。ICI是英国最大的工业企业，和ICI谈下来的研究项目为麦肯锡提供了一次“顾客突破”，此后麦肯锡在伦敦的办事处“挤满了新来的英国大客户”。

事实上，建成了长寿公司的企业家很少有人**曾经**在组织内专门扮演纯粹制定远景或类似政治家的角色。马文·鲍尔直到大约90岁都没有停止过客户研究工作。萨姆·沃尔顿写道，直到1991年“病得很厉害”的时候（1992年他死于癌症），他仍然全身心地投入经营上的细节问题：“如果我不在商店督促员工把工作做得更好，不在办公室审查数字看看接下来哪里会有麻烦，不在周六的晨会上带领大家呼喊口号，那很有可能我正驾驶着自己的飞机……检查凯马特公司（Kmart）停车场上的汽车数量。”[20]据报道，比尔·盖茨，价值数十亿美元的软件帝国微软公司的创业合伙人，仍然会审查程序员撰写的编码。心理分析学者、哈佛商学院的名誉教授亚伯拉罕·扎莱兹尼克（Abraham Zaleznik）认为，对企业的有效领导需要高层经理致力于“思考并从事有关产品、市场和顾客”的“实际工作”。如果高层经理“把人际关系、权力关系问题以及息事宁人的事情置于实际工作之前”，下属们就会上行下效。群体准则似乎“助长了一团和气的表面现象……从而程序变得比内容更为重要。人们的注意力就会转向组织内部的政治问题，而不是制造与销售产品和服务这些实际工作”[21]。

这并不是说沃尔顿和鲍尔的职能没有随着公司的发展而发生变化。事实上，接下来的两章会指出，要想建立基业常青的企业，需要企业家的职能发生根本性的变革。不过我也将指出，这些变革所涉及的责任极为广泛，绝非仅靠“放手”一词就能涵盖的。

4. 演进理论

演进方法（与生命周期模型相比）近年来引起了很多人的兴趣。有些学者认为，与一般的经济学理论相比，建立在自然选择基础上的模型能够更好地解释“现实世界”的现象。不过，我并没有广泛回顾该领域日渐增加的文献，而是集中探讨了尼尔森和温特的开创性作品，他俩的作品几乎已经成为演进理论的代名词。尼尔森和温特模型与主流经济学理论有很大不同，在对模型的显著特征进行总结之后，我将考察这些模型在何种程度上解释了新兴企业的演进模式。

演进理论和生命周期模型一样是建立在生物学比喻的基础上，但是二者之间有一个重要的差别。生命周期模型隐含地将企业的发展过程比作生物成熟的预定阶段，而这种阶段是被编入一个物种的基因编码中的。有关一个物种的天然属性是如何通过随机变异和自然选择而发生改变的模型，对演进理论产生了很大的启发。因此，演进模型中的企业发展过程并没有预先确定的模式。不同的公司以不同的发展速度成长，历史至关重要——公司的发展具有“路径依赖性”。

不同的特征

与标准经济学模型中正规的数学分析不同，尼尔森和温特使用多阶段计算机模拟来研究问题，例如，技术变革速度的解释、产业结构和公司研发间的相互影响以及创新和模仿间的相互作用。他们通常从一组公司（或者一个“产业”）开始，这些公司遵循特定的规则寻找新技术或对研发活动进行投资。接下来是一个随机过程——模型向每家公司运作成功的可能性分配随机概率。经过多轮随机分配之后，累积效应或递增效应使得某些公司比其他公司的增长速度更快，并且有助于产业结构的确定。

除了使用不同的建模技术之外，在有关公司决策流程的假设上，尼尔森和温特还背离了标准经济理论的一些基本假设。在传统的微观经济学理论中，具备完全信息、拥有完全理性的决策制定者能够找到问题的最优解。在尼尔森和温特的模型中，公司对新技术的搜寻——假设这是公司增长的重要前提——建立在“满意”行为而不是“最优”行为的基础之上。在他们较早建立的增长模型中，如果现有技术的盈利水平超过一定的阈值，公司就会保留现有的技术；否则，公司就会寻找新技术或模仿其他公司的技术。后来建立的模型假设公司追求的是满意的研发支出水平，他们只是例行公事地将固定比例的可用资金投入对新技术的搜寻。

对“程式化”的决策制定过程的强调，是将尼尔森和温特模型与微观经济学一般假设区别开来的又一特征。传统的微观经济学理论假设，决策制定者会对外部市场条件的变化做出最优的反应。而在尼尔森和温特的模型中，是公司内部的日常例程驱动着公司的行为。[22]在总结他们对“组织职能的现实情况”的观点时，尼尔森和温特写道：

> 因此，作为第一近似值，公司将来极有可能根据过去使用的例程做事。这并不意味着公司在不同时期的行为是完全一致的，因为例程可能会以复杂的方式对环境信号做出反应。但是，这确实意味着那种认为公司行为就是在大量备选方案——有些外部观察者认为这些备选方案对组织而言是“可获得”的机遇——中做出选择的观点是不恰当的。备选方案的数量没有那么多，其实是非常有限和特殊的；它们内置于公司的例程之中，绝大多数“选择”也是由这些例程自动完成的。[23]

对公司发展的解释

尼尔森和温特模型的某些特点为分析新兴企业的发展提供了有价值的观点。“满意”搜寻的概念非常关键，企业家的满意标准对公司的增长有着重大影响：与安于现状的人相比，雄心勃勃的企业家更有可能去寻找能够拓展公司资产的方式。与此类似，尼尔森和温特特别强调组织例程对公司行为的重要决定作用，这与我们前面讨论过的作为公司长寿的必要条件的内在协调机制十分接近：我们很容易使用“内在协调机制”这个术语来替换“组织例程”。

然而，将决策制定者个人技能和努力方面的差异完全排除在模型之外会限制模型对公司演进的解释力。尼尔森和温特一再坚持自己的理论是“熊彼特式的”。该模型涉及无数的连续变革阶段而不是即时达到均衡，从这种意义上来看该模型的确是熊彼特主义的。但是，乔恩·埃尔斯特（Jon Elster）对尼尔森和温特研究的评论深刻地指出，他们的理论并没有涵盖熊彼特“对超乎寻常的能力和精力的强调”[24]。他们只是隐含地假设所有的决策制定者都拥有相同的动力、远见和天赋。在他们的观点中，判断力在决策制定中所起的作用并不比标准微观经济学中的更为突出。他们的模型中虽然不再有一个总能找到唯一最优解的无所不知的决策制定者，但是却有一个起到同样作用的机械化的组织例程。

决策制定的纯粹程式化假设致使尼尔森和温特认为运气将决定企业发展的结果，原因是建立在组织例程基础上的决策结果难以预测。他们写道：

> 即使是在极为复杂的问题解决方面，组织所做的努力也是半例程化的，其大体轮廓可以在组织以前解决问题的经验的基础上预测出来。但是，解决问题行为的模式化只是在行为的直接结果中被模糊地反映出来，而在问题解决可能引发的公司行为的总体变化方面，这种模式化得到反映的程度更加模糊。外部观察者无法得知组织内部复杂的运营方式，从他们的角度看，结果是很难预测的，因此最好被视为随机产生的。[25]

此外，尼尔森和温特提到，在典型的竞争环境下，“运气才是最终将赢家和准赢家区别开来的主要因素——尽管技能和能力上的巨大差异能将竞争者与非竞争者区别开来”[26]。

尼尔森和温特的假设可能符合成熟公司的情况。在《经济变迁的演进理论》（*An Evolutionary Theory of Economic Change*）一书中，他们写道，他们的

> 理论框架最适用于那些所提供的产品和服务在长期之中看起来“没有变化”的组织——制造手工工具、给小学二年级的学生上课等诸如此类的产品或服务——而且，对这类组织来说，明确定义的例程在任何一个时点上都构成了其组织职能的大部分内容。

他们也关注那些规模已经很大、复杂程度已经很高的组织：

> 我们所面对的组织是那些面临大量协调问题的组织，主要是因为它们拥有许多职能各不相同的成员，这些成员在相对较少的产品和服务的生产中提供互补的贡献。在这样的组织里，大量成员的工作关系主要发生在成员之间而不是成员与组织环境之间。而且，尽管我们所描述的组织属于有高层管理的那一种，但是高层管理者主要关心组织的总体方向，而我们认为组织的规模和复杂性使得他们不可能指导或观察到组织职能的许多细节。[27]

我们研究的重点与此不同，我们想要解释小企业是如何变成复杂的大规模公司的。那些尚未建立起明确的组织例程或者尚未决定提供那种“长期之内看起来‘没有变化’的产品和服务”的企业才是我们关注的焦点，我们感兴趣的竞争阶段是“技能和能力上的差异”至少和运气同等重要的阶段。正如伊迪丝·彭罗斯在她的经典之作《企业增长理论》（*The Theory of the Growth of the Firm*）中提到的那样，“企业管理是一个可以确认的因素，如果没有它，任何持续的增长都不可能发生”[28]。假设所有企业都拥有相同的企业管理能力，这是对成长中企业的现实情况的严重扭曲。

在我们感兴趣的领域内，有意识的选择十分重要。在复杂的大规模企业中，组织上的约束可能会限制高层经理塑造主要政策（或“元例程”）的影响力。如同尼尔森和温特所指出的那样，更为具体的决策过程才能代表组织例程对外部刺激的反射性反应或自动反应。在小规模的新兴企业中，主要管理者要对产品、技术和人员等问题做出有意识的决策——虽然是在他们的信息和认知能力的限制范围之内。如果不把随机和例程的含义延伸到可以解释“万事万物”的程度，我们就不能不把这些有意识的、具体的决策和新兴企业的成熟联系起来。

建立有前途的机会企业的企业家通常遇不到明显的增长机会。寻找更大规模的机遇并投资于一组资产需要行动的意志以及对现状的不满，正如彭罗斯所描述的那样：

> 有时候扩张既非急不可待，也不特别明朗，在这种情况下，决定企业在调查扩张的盈利前景时所起到的作用确实需要企业家精神，企业可以选择是继续维持现状，还是投入精力和资源来查明是否还有尚未意识到的其他机遇。这一决策的结果取决于企业的“事业心”（enterprise），而不是取决于对这种调查能否带来诱人机遇的深思熟虑。因为，这实际上正是要决定是否需要深思熟虑。

> 这是真正“第一位”的决策，而且或许正是在这里，“企业家精神”或者企业家对“增长”的偏爱发挥了最大的影响。[29]

根据尼尔森和温特的模型，如今类似惠普这样的公司可能只是“程式化地”（routinely）将利润的固定比例投资于研发新产品或新技术。但是，这种例程却并非是自己产生的，也不是偶然出现的。惠普公司从 1938 年制造单一产品——200B 型声频振荡器——的公司起家，发展到 1952 年产品已超过 100 种，1957 年更是达到 300 种。创业者有意识地选择将所有的利润用于再投资（而且付给自己较低的薪酬），以扩展产品种类。戴维·帕卡德回忆说，1939 年初，公司的销售代表诺曼·尼利（Norman Neely）强调提供多种产品的重要性给他们留下了深刻的印象，于是他们决定研制声频测量仪器的全套产品。[30]直觉软件公司的第一个产品 Quicken 比其他个人理财软件拥有更多吸引人的特征，也更容易使用。公司的创始人认为，竞争者也会让他们的产品更易于使用，因此为了强化自己在分销商中的地位，公司研制了一系列面向小企业的产品，并在营销和促销支持方面加大了投资力度。

不是所有的企业家都条件反射式地投资于扩展产品种类和营销能力的活动。正如我在第 12 章将提到的那样，发展维系长寿公司所需的多样化资产会给企业家带来更多的个人风险，这种个人风险比建立新企业或者在企业成熟之后再进行扩张所带来的个人风险都要大很多。多元化经营的大型公司的 CEO 并不会因为失败的创新活动而面临多大的个人经济损失。企业家如果将利润用于再投资或者通过个人担保获取贷款投资于新资产（在新企业度过创业阶段之后），很可能会面临失去所积累的大部分甚或全部财富的风险。如果——有时确实如此——企业家果真通过个人担保借款为企业的投资项目融资，他们可能要面临个人破产的境地。因此，只有那些心怀鸿鹄之志并且能够忍受风险的人，才会进行建立长寿公司所必需的持续投资。

大胆、果断的变革对那些陷于固定模式的新兴企业而言尤为重要。正如在第 2 章所讨论过的那样，面临现金短缺的企业家会做出短视的选择，这会使企业陷入不利的“局部最大化”陷阱，要想脱离这个陷阱，仅仅从事较小的“渐进式变革”是行不通的。但是，如同当今若干成熟公司的例子所显示的那样，一位果断的企业家可以通过激进的变革来改变一家陷入僵局的企业。举例来说，IBM 在 1991 年刚成立时叫计算—制表—记录公司（Computing-Tabulating-Recording，C-T-R），由几家小公司合并而来。公司的产品种类包括标尺、咖啡研磨机、肉块切片机、时钟和一系列制表打孔机。1914 年，查尔斯·弗林特（Charles Flint），组建 C-T-R 公司的资本家，聘请了托马斯·J. 沃森（Thomas J. Watson）来经营这家公司。根据历史学家罗伊娜·奥利加里奥（Rowena Olegario）的记载，对 C-T-R 公司沃森拥有“雄伟的远景规划”。他淘汰了咖啡研磨机和肉块切片机，将 C-T-R 公司重新命名为国际商务机器公司（International Business Machines Company，IBM），“即使当时公司实际上并没有国际化”。沃森引进了几项创新，这些创新源自他在国家现金出纳机公司（National

Cash Register Company，NCR）工作时观察所积累下来的经验，这些创新能将一家鱼龙混杂的联合企业改造成具有一个卓越的销售和市场营销能力的正规组织。[31]

IBM 绝不是审慎选择的结果的唯一事例。在历史学家阿尔弗雷德·钱德勒的《规模与范围》（*Scale and Scope*）一书中，作者分析了美国、英国和德国共 200 家规模最大的制造公司的历史，我们发现其中有一个反复出现的模式。钱德勒写道：

> 这部书中讲述的制度历史是由单个企业家、业主和管理者所做的无数决策的结果。对这些决策制定者而言，他们所面临的选择是有限的，而且结果是不确定的。但是，选择几乎总是**存在**的。事实上，当他们集体做出决策时，决策制定者不能达成一致的次数和能够达成一致的次数差不多。[32]

这些“决策和行动”，钱德勒接下来写道，“在很大程度上决定了单个公司、产业甚至国家的绩效。”[33]

总结一下：自然选择理论为描述动态的企业世界提供了一个诱人的比喻。我们可以谈论为了生存而进行的达尔文式的斗争，也可以谈论企业的演进——也就是本书的主题。不过，在使用这些术语时，我们应该记住埃尔斯特对有意识的人类行为与自然选择之间差别的分析。正如在第 2 章中提到的那样，自然选择的过程是机械化的、短视的。“进化机器”会接受任何随机产生的突变，只要能赋予生物体更强的繁殖能力就行，而不管长期结果如何。它不具备等待或者为了未来而投资的能力，而人类的行为则包含着判断。我们不会自动地接受好的变异而摒弃不好的，我们有能力设想实际上尚未发生的变异，我们可以推迟获取报酬并且为了将来而投资，我们能尝试彻底的改变以摆脱不利的局部最大化。而且，我们还能彻底地改变所处的环境而不仅仅是去适应环境。

人类的这些特殊品质对企业的“演进”具有深刻的影响。企业家在判断力、想象力、做出长期投资的意愿方面的差异会影响到企业的寿命、规模以及市场的结构。自然选择过程的路径依赖或许使得猛犸象没有可能进化成长颈鹿，但是果敢能干的托马斯·沃森却能把 C-T-R 公司变成 IBM 公司，并借此塑造了世界范围内电脑行业的结构。为了把这些有意识的因素整合到对企业演进的解释中去，需要一些超越自然选择理论或生命周期模型中“放手”概念的新概念。下面这一节展示了我们如何从企业战略领域获得合适的概念和术语，该领域将帮助我们确认企业家在明显个性化的企业演进过程中所做的贡献。

5. 企业战略模型

企业战略研究突出强调了主要规则或政策的重要性。战略模型假设，多元化经营的大型公司的总经理或高层管理者无法有效地关注每一个细节问题。不过，他们可以通过制定并实施企业战略对企业的长期盈利做出重大贡献。这一命题与尼尔森和温特模型对随机性和例程的强调形成了鲜明的对比，不过却帮助我们把建立长寿企业所需要的多层面、多阶段的创新活动与企业家采纳战略方法的意愿和能力联系起来。因此，尽管战略研究隐含着从已经相当成熟的大规模公司的经理的角度思考问题，但我们还是可以对其分析框架稍作调整，用来分析新企业的演进过程。

在下面这一节中，我将简要概括一下企业战略领域内几个关键概念的发展过程，回顾一下对其方法的批评，然后讨论为了帮助我们分析企业家在转型企业中的作用，该模型需要进行哪些修正。

简要介绍

尼尔森和温特写道，战略这个概念是“由一群与哈佛商学院相关联的研究者提出的”。[34]下面的简要介绍显示出，战略领域具有相当广泛的渊源。* 随着大规模复杂组织的日益增加，这些组织的高层经理无力对组织进行微观层面的管理，同时又不想放弃对看不见的、无计划的“例程”的控制。战略的概念很可能就发端于此。例如，芝加哥大学的教授詹姆斯·O. 麦肯锡 [James O. McKinsey，又称“麦克”(Mac)] 在 1924 年出版的《工商管理》(*Business Administration*) 中提出了一种“一体化”或“高层管理方法”。1929 年麦克与他人合伙成立了一家咨询公司后，在《通用调查提纲》(General Survey Outline) 中拓展了这一方法。马文·鲍尔指出，该提纲是“一份对企业进行战略性通用调查的清单”[35]。它要求咨询师在考虑任何与组织有关的特定问题之前，先分析整个行业以及客户的竞争地位。它还强制推行

> ……一种顺序方法，要求按照既定的顺序考察管理要素：目标、战略、政策、组织结构、设施和人员——就是这个顺序。为了强调这种顺序方法，麦克会问：“你会为一艘行将沉没的轮船上蜡吗？”[36]

麦克的公司虽然后来解体了，但是他提倡的方法却被由马文·鲍尔和另外两名合伙人于 1939 年成立的麦肯锡公司所采用，并在公司范围内得到了广泛的运用。

1962 年，阿尔弗雷德·钱德勒，当时还是麻省理工学院的企业史学家，出版了影响深远的《战略与结构》(*Strategy and Structure*) 一书。该书研究了杜邦、通用汽车和西尔斯 (Sears) 的发展历程，主要是从这些公司高层经理的视角来研究的。为了对他们的决策和行动进行分类，钱德勒将制定战略性决策视为高层经理工作的关键部分。钱德勒将战略性决策与一般性决策区分开来，前者“显然主要是解决确定基本目标以及达到目标所必需的行动方针和程序的问题”，后者则与“在目标、方针和程序的更为宽泛的框架内的日常经营活动”有关。钱德勒对经理人员任务的分类和描述帮助构建了企业战略的专用术语。

肯尼斯·安德鲁斯 (Kenneth Andrews) 于 1980 年出版了一本全面的综合性著作

---

* 更为全面的总结，请参阅格潘凯·格姆瓦特的《从历史角度考察竞争与企业战略》(*Competition and Business Strategy in Historical Perspective*)。

《公司战略的概念》(*The Concept of Corporate Strategy*)。企业的战略就是“确定公司及其业务的目的与方针的模式”，它必须由总经理或总裁制定并贯彻执行。[57]制定战略(“决定做什么”)要考虑的因素有决策制定者的目标和价值观、公司的资源和能力以及外部或市场上的机遇与威胁等等。最优战略涉及目标、资源和机遇的良好“匹配”。战略的执行(“获得结果”)“主要是行政性的”事务组成，例如组织结构、激励与控制机制以及人员招聘计划的确立或修改等。

迈克尔·波特最初是一位产业组织经济学家，他的研究彻底改变了战略领域，这部分是因为他指出了产业组织研究证明会对产业盈利性产生影响的那些变量可以被企业战略学家用来确定一个产业的吸引力。正如格姆瓦特所说的：“产业组织经济学家关注的是公共政策而非企业方针的问题：他们关注的是如何使‘超额’利润最小化而不是如何使其最大化。”然而波特却设法“掉转产业组织研究的方向，转而研究如何使利润最大化的企业政策目标，而不是如何使‘超额’利润最小化的公共政策目标”。[58]对于波特1980年出版的《竞争战略》(*Competitive Strategy*)一书，格姆瓦特写道，“其成功在很大程度上归功于波特对产业吸引力进行结构性分析所使用的精致框架。”

波特的“五力”框架也整合了产业组织研究中的一些实际经验。* 将经验性规则整合进初步可行且一致的框架中，这对战略的制定过程产生了深刻的影响。波特的框架使得将公司的目标、机遇和资产相匹配的特殊过程更加系统化和标准化。他还为企业战略家提供了一套通用的词汇表，有助于将战略制定确立为一项专门化的企业职能。

批　评

奎因(Quinn)曾经批评过这种“自上而下”的战略研究方法，其根据是企业实践中很少使用“雄伟蓝图式的”战略计划。在研究过诸如通用磨坊公司(General Mills)、皮尔金顿玻璃公司(Pilkington)、IT&T和埃克森等公司之后，他得出结论：当成功的、管理有方的公司进行战略性变革时，“它们经常使用的方法与战略规划文献中常常描述的那种理性的解析体系几乎没有什么相似之处”。[59]奎因发现，战略一般是在次级系统的层面制定的，目的是为了响应紧急事件，对这些事件高层经理没有多少控制权——这一结论与尼尔森和温特有关例程的结论相一致。考虑到组织的这些现实情况，奎因建议管理者采纳“合乎逻辑的渐进主义”过程。与传统自上而下

---

* 根据格姆瓦特的观点，“管理者日常必须考虑很多变量，这些变量比经济学家所使用的简单模型中的变量要多得多。20世纪80年代晚期，也就是波特首次提出其模型框架的十多年之后，理查德·施马伦西(Richard Schmalensee)曾就五力模型对经验文献进行了一次检索，结果显示，五力中只有少数几个能够得到产业组织学领域经验文献的有力支持”(Ghemawat，1997，p. 13)。格姆瓦特的附图表明，47个论点中只有6个得到经验数据的有力支持，不过他指出：“这并不意味着其他论点与产业组织学的研究相冲突，它们只是反映出战略实践者的实际经验，其中也包括波特本人的。”

的预先制定战略的方法相比，奎因认为，“谨慎而理性的经理人员应该尽可能晚地做最后决定，以与可获得的信息保持一致”[40]。

但也有人认为，如果没有自上而下的战略，奎因所发现的渐进式方法可能会造成更大的破坏和混乱。塞尔兹尼克（Selznick）对大型组织的研究表明，组织领导人制定的例程和方针之间存在着互动关系。塞尔兹尼克写道，“组织程序对可能做出的方针的类型产生了深刻的影响，而方针反过来又决定着组织的运行机制……”[41]高层经理放弃制定方针的职能可能会导致企业的解体，或者至少导致无法实现塞尔兹尼克称为“使命”的工作。然而，在小规模的新兴企业中，下级单位的抵制和已经确立的例程却很少能限制高层经理的影响。[42]因此，这使得战略模型成为分析企业家行为和选择时的尤为诱人的一项工具。就我们的研究目的而言，企业的成长与寿命是企业家制定并有效执行正确的长期战略的能力的函数，这似乎是一个合理的命题。

修　正

不过，我将进行两点修正，以使建立在大型公司 CEO 视角基础上的战略模型能够适应新兴企业的范畴。第一，我要强调的是企业高层决策者的目标，在战略文献中它们常常被掩盖了。例如，安德鲁斯虽然指出了在制定战略时应该考虑高级经理的个人价值观和志向，但是他却把这个因素列为要考虑的清单中的第三项，在“市场机遇”和“公司能力与资源”之后。[43]后来在波特的著作中，我们也鲜能发现有关决策者个人目标的论述。

如果不将战略与要达到的目标联系起来，我们就无法评估战略的有效性。与此类似，如果我们预计到有意识制定的战略和结果之间存在因果关系，那么我们也应该预计到在目标与战略之间存在更重要的联系。对股权分散化的上市公司的 CEO 而言，他们应该追求股东财富最大化而不考虑个人偏好，这或许还说得通，至少人们普遍是这样认为的。但是，对完全拥有自己的企业或者可以选择从志同道合的投资者那里筹资的企业家而言，个人目标必定在战略的制定或执行之前，无论从描述性还是预测性的角度分析都是如此。因此，在解释不同的企业在成长与寿命方面的差异时，我将把企业家的目标和偏好作为显著的变量置于战略制定与执行之前。

第二，我将对战略模型做出修改，使之适合还没有开发出资产组合和协调机制的企业。战略学家专注于研究成熟公司，这使得他们假设企业活动已经有了多少还算稳定的基础。例如，安德鲁斯指出，在进行战略选择时“公司的优势与劣势应该与公司已有的与可获得的资源一起进行评估”，“在可接受的风险水平上与机遇和公司的能力”相匹配。[44]在安德鲁斯对战略的分类中，已有的、仍在运营的业务被假设为低增长型或强制增长型（通过并购竞争者、垂直一体化、区域扩张和多元化）。我们将在下一章看到，类似的假设得到的是一种更具分析性和推理性的战略制定过程，而不是一个新兴企业的 CEO 在实际当中使用的方法，因为他差不多都是从零开始的。

有关成熟企业的假设也影响到决策制定者所能操控的变量。例如，组织的方针和规则有助于决定企业协调机制的有效性，进而决定企业的成长和寿命。不过，一旦方针确定下来，要想改变它们就会造成巨大的破坏；而且由于成熟企业的 CEO 无法轻易地改变组织的方针和规则，因而在战略文献中它们就常常被忽略不计。在管理学文献中，组织方针的重新制定通常属于特定的“变革”或“危机管理”的范畴。在仍需建立协调机制的新兴企业中，组织的选择是战略制定中的重要变量。

6. 概要与结论

前一章指明了新兴企业和成熟企业在资产、协调机制和成长能力方面存在的巨大差距。在本章中，我指出要想弥补这个差距，企业家要进行许多配套性的创新活动，这些创新活动处在投资—不确定性—利润图的中间区域。现有的企业增长模型没有充分地解释为什么只有一部分企业家成功地完成了这些创新项目。尼尔森和温特的演化理论（以及一些产业组织模型）将企业成长的差异归于运气。生命周期模型假设只要创业者愿意“放手”，企业将顺着预定的阶段逐步发展。企业战略模型则强调高层决策者通过制定并执行长期战略在推动企业发展中所发挥的作用。战略制定与执行的概念为分析有目的、多维度、多阶段的企业家工作提供了有用的框架，这些工作都是将新兴企业改造为成熟的公司所必需的。不过，这一框架隐含着强调成熟企业经理人员关注的问题的倾向，对此框架需要加以修正，以适用于新兴企业所面对的特殊问题。

第11章　关键任务

本章分析了企业家在将新兴企业改造为长寿公司的过程中所面临的关键任务。本章按照顺序先后探讨了三个任务：确定目标、制定战略与执行战略。每一节都探讨了这些任务的性质和重要性以及它们在企业转型期间的特殊方面。考察这些任务有助于我们在下一章推断影响企业家偏好与能力的品质与技能。

将新兴企业改造成大规模的长寿公司，要求企业家采纳战略性的而不是机会主义式的方法。根据上一章提出的企业战略框架，我将讨论企业家必须完成的三项任务：

（1）清晰地阐述企业大胆的目标和“意义”；

（2）制定实现目标所应采取的“战略”——一整套通用规则或限制条件；

（3）有效地执行战略——也就是将通用规则转换成具体的行动和决策。

为了明晰改造新兴企业所必须完成的任务的性质，我会把它们和创办新企业以及管理大公司所面临的挑战加以区分。大胆的目标对于创办有前途的新企业来说没有非常重要的作用。而且，如同我们在第一部分看到的那样，这类企业的生存更多地取决于对未预见到的问题的有效调整，而不是企业家制定战略和执行战略的能力。在大公司的管理中，长期战略的确扮演了重要的角色。但是我们将看到，战略的制定过程和内容在企业的转型阶段和成熟阶段是各不相同的。

1. 目标

建立长寿企业的企业家都为自己的公司制定了大胆的目标。之所以说这些目标是大胆的，是因为它们描绘了一幅极为不同且难以实现的未来远景，无论是从收益、竞争等级还是地理区域等方面来看都是如此。企业家还清楚地指明了组织存在的长期意义，这有助于确定企业所提供的产品或服务的类别以及所要满足的需求的类型。

有前途的新企业的创建者或许拥有意义深远的远景，但这并不是创建新企业所必需的。1984年，莱恩·博萨克和桑迪·勒纳在家中创办思科公司时，并没有提出大胆的目标。五年之后，思科公司的风险资本家聘请了约翰·莫格里奇出任公司的

CEO，他确立了1亿美元的收入目标，这个数字是1989年公司500万美元收入的20倍之多。另外，大型公司的高层管理人员也没有必要为公司制定远景目标，除非公司处于停滞阶段或濒临破产。

接下来这一节讨论了大胆目标的采纳在建立长寿企业中是如何起到重要作用的，作为比较，也讨论了为什么在新企业或成熟阶段它没有那么关键。

目标的重要性

在好几个方面大胆的目标都有助于企业家建立大规模的长寿公司。

推动力。新兴企业不会自发地进行为建立资产协调系统所需要的创新活动和投资；根据满意原则，大胆的目标会刺激对这些创新活动和投资的搜寻。例如，1989年，帕特里克·凯利（Patrick Kelly）宣布医药销售服务公司（Physician Sales & Service，PSS）将成为美国第一家向医生办公室提供医药产品的全国性分销商。当时PSS公司只不过是佛罗里达一家不起眼的小公司，旗下只有7家分支机构。1988年，PSS公司成为《有限公司》杂志评出的增长速度最快的500家美国企业之一，但是公司仅有2 000万美元的收益，并没有达到能够支持全国经营所需的规模经济。凯利回忆说，像许多年轻的企业一样，PSS公司依靠的是“拼命工作”、“优秀的员工”、“凭直觉经营”和“许多好运气”。

成为全国性公司的目标出现在每一家分支机构的大幅标语上，出现在每一份公司文件中，而且凯利和他的高管层还不断重复这个目标。[①]这为寻求能够创造规模经济的创新活动提供了推动力。1991年，PSS公司开始了产品种类合理化的行动：有几个产品线的供应商被规范为一到两家，这样可以因为大额采购获得价格折扣。同年，公司成立了“PSS大学”，节约了员工培训费用。1994年，PSS公司研制了I-CON——基于手持电脑的订单提交系统，该系统加快了交货的速度并使得PSS公司减少了库存负担。

理由。正像我们在第3章中讨论过的那样，提供哪怕是不合乎逻辑的“理由”（“我能用一下复印机吗？因为我有些东西要复印”）都会产生心理上的诱因，促使人们做出特定的选择。仅仅依靠财务规划，企业家无法轻易地为建立大型公司所需的创新活动找到充分的理由。尽管开展企业创新活动的不确定性通常比创建企业的不确定性低一些，但不可逆投资以及企业家的个人财务投入都大大地提高了。正如我将在下一章指出的，建立大型公司所需要的创新活动或许并不能为投入的资源创造出最大的回报。但是一旦企业家使自己和其他资源供给者相信，他们的长期目标或远景就其本身而言是值得为之努力的，该目标就成为内心寄托或目标函数，为一系列投资提供了充分的理由，尽管这些投资的财务价值很难加以证明。

举例来说，1959年麦肯锡公司（在伦敦）成立了第一家海外办事处，在其后的8年中又在瑞士、荷兰、法国、德国和澳大利亚增设了办事处。这一扩张需要大量的预算外支出和机会成本，公司尚未有足够的人手满足美国本土客户对服务的需求，而转战海外的咨询师又丢掉了在以前的城市积累下的客户关系。此外，公司的高级合伙人不能以长期资本收益的形式来收回目前放弃的公司收入份额：因为麦肯锡的所有权计划规定，退休的合伙人必须按照“登记”价格而不是真正的经济价值出售他们手中的股份。然而尽管如此，麦肯锡的合伙人还是无一例外地支持董事经理鲍尔的海外扩张行动。显然，公司的成员已经认同了建立世界领先咨询公司的目标。这一目标为那些有可能不能满足个人财富最大化条件的投资项目提供了足够的理由。

获取资源。雄心勃勃的目标可以帮助企业从资源供给者那里获得所需要的投入。造就丰功伟业的承诺所带来的声誉以及所提供的心理愉悦，有助于说服员工和顾客对新兴企业冒险投入。例如，Sun 公司的创办者们采纳了与 IBM 和 DEC 公司在其主流业务上展开竞争的目标。[②]Sun 公司野心勃勃的目标有助于它们吸引高质量的人才，并得到潜在顾客的关注。Sun 公司的理念——建立使用摩托罗拉 68000 型 CPU、位图型显示器、UNIX 操作系统并与以太网相连的工作站——在 1982 年并非独一无二的。据 Sun 公司的创业合伙人、前任 CEO 维诺德·科斯拉回忆说，“这是唯一可行的产品设计，”而且截至 1983 年，“大概有 30 家公司执行完全一样的产品设计”。正如《数据自动化》杂志（*Datamation*）在 1983 年指出的：“使用 UNIX 和摩托罗拉 68000 的新系统正在变得和 IBM 的正统产品一样流行。”[③]但是只有 Sun 公司的创办者宣称他们将建立一家与 IBM 和 DEC 公司相抗衡的企业。这一大胆的目标为公司吸引来了高质量的人才，并使 Sun 公司在业内获得了很高的知名度：据科斯拉记载，在 1983 年 UNIX 贸易展览会上，“最重要的议程之一就是发布‘来自 AT&T、DEC 和 Sun 公司的新闻’”[④]。

管理学家巴特利特和戈歇尔（Ghoshal）特别强调目标的价值，目标中包含了员工能够认同并获得满足感的更高的“宗旨”。他们写道，“更胆大地表明自己是什么的公司一般情况下能够吸引并留住认同公司价值观的员工，这些员工对接纳自己的组织也变得十分投入。”[⑤]与此类似，顾客对于他们认为肩负着有价值使命的公司也会产生归属感。例如，苹果公司顾客的忠诚度似乎超越了理性的经济利益，他们甚至设法让苹果公司生存下来。相反，鄙视卖方的公司目标和价值观的顾客更热衷于寻找新的供应来源。

合作。为企业设定一个大胆的目标和“宗旨”有助于减少成员企业之间以及不同的专业化职能部门和次级单位之间的冲突。正如我们曾讨论过的那样，长寿公司必须协调好各种相互补充的资产之间的关系。这些协调问题很难解决，因为难以预料所有的意外情况并事先就此达成协议，还因为在联合生产中互补性资产的相对贡献无法精确地加以评估。例如，PSS 公司的顾客对其服务质量的满意程度建立在公司的销售人员以及后勤与送货人员的努力之上，但是对这两个团体的贡献我们很难做出评估并给予恰当的报酬。在某种程度上，或许可以通过向所有贡献者提供企业长期财务收益的一部分来协调各方的利益。但是，即使将收入与企业的总体成功联系在一起（例如，通过股票期权的形式），仍然会有冲突发生。例如，与销售人员相比，送货人员应该获得多少期权可能还会产生争议。

企业成员将长期目标内部化的行为可以减少类似的冲突。与从有限的资金中分配奖金或期权相对比，个人从对一个共同目标所做贡献中获得的满足感不会剥夺其他任何人获得类似的满足感。满足感这种内在的、无形的性质也缓解了可能因有形报酬和上级认可而产生的嫉妒性比较。因此，对于那些个人贡献无法准确衡量的员工，如果他们能对企业的目标和意义产生共鸣，就更有可能容忍自己感觉到的经济利益分配上的不公。PSS 公司在全国的快速扩张所带来的激动的分享，Sun 公司与 IBM 公司一比高低所带来的挑战的刺激，在促成个人之间和职能部门之间的协调方面都发挥了很大作用。

不同的特征与对比

在有前途的新企业的创业阶段，大胆的目标所发挥的作用并不像在企业的转型阶段那么重要。有些创业者或许拥有一个大胆的目标——据报道艾伦和盖茨就曾梦想让安装了微软软件的电脑遍布每一个家庭、每一张桌子，但是大胆的目标本身并不是创建新企业的重要前提条件。正如我们在第一部分看到的那样，有前途的新企业起步时规模很小。企业的创办者不必对许多员工的工作加以协调（与鲍尔和他的合伙人不同），也不用面对多少财务风险。通常，他们的头脑中并没有建立一家基业常青公司的想法。创业者常常是出于一些比较朴素的想法才创办属于自己的企业，比如想成为自己的老板，想挣点钱或者只是想当个自由自在的人。比尔·休利特和戴维·帕卡德创业时“只有试验性的计划，尝试着自己做一些事情”。[⑥]当他们制造各种各样的设备“挣点小钱”的时候，帕卡德写道，“我们的头脑里逐渐产生了”一个想法，那就是“或许这些设备中的某个可以被研制成一个可行的产品”。[⑦]1995 年，普林斯顿复习公司已经获得了 SAT 考试辅导市场上的领先地位，得到了 40% 的市场份额，相比之下，斯坦利·卡普兰的市场份额只有 20% 。[⑧]1981 年卡茨曼创办这家企业时，他“从来没有想过让普林斯顿复习公司成为一家全国性的企业；我想做的只是挣些钱好成立一家软件公司”。《有限公司》杂志曾问过 1982—1989 年间名列该杂志所选出的 500 强企业的创办者，他们创业的初衷是什么。只有 1/3 的人曾经计划尽可能快地成长，12% 的创业者计划维持较小的规模，27% 的人计划缓慢地增长，剩下的则根本没有任何计划——他们“只不过想自己干而已”。[⑨]

然而，对那些从一开始就将自己置于大量风险之下或者不得不从外部筹集大量资金的独特的企业家而言，从创业伊始就清楚地提出大胆的目标和明确的“宗旨”似乎更为重要。举例来说，马文·鲍尔和两名合伙人接手了一家惨淡经营的咨询企业在东海岸的业务和租金负担（他们对此承担无限的个人责任）用来创建麦肯锡公司。鲍尔回忆说，在大萧条期间，合伙人“在头脑中确立起成为美国顶尖级管理咨询公司的目标”，公司也将“基业常青”。尽管他们没有正式地宣布所制定的目标，但是三个人“经常会在他们之间讨论自己崇高的理想。如果当初我们没有这么野心勃勃、乐观并喜欢梦想，我们可能永远都不会有前进的勇气”[10]。

采纳大胆的目标或者为企业确定一个崇高的“宗旨”，对大型成熟企业的高层经理人员而言也不是什么重要的任务。拥有大胆的目标是建立长寿企业的必要条件，但是一旦企业已经成熟了，其基本的目标和价值观就无法轻易地加以改变。高层管理者可以修正或重申已有的目标，但是他们不能将其推翻重来。正如巴特利特和戈歇尔向经理人员所建议的：“新的价值观不可能通过紧急项目被灌输下去……事实上，大多数公司的目标应该建立在企业的优势上，并对现有价值观体系的缺陷进行修正，而不应该对价值观进行激进的变革。”[11]而且，过去的成就会限制成熟企业设立大胆的目标。Sun 公司的创办者能够做出与 IBM 一较高下的大胆宣言，这个目标涉及几何级数的增长率。IBM 公司的市值目前高达 1 540 亿美元[12]，超过了智利、以色列、尼日利亚和新加坡等国家的国民生产总值，其首席执行官就不会奢望达到与 Sun 公司相似的增长速率。大公司大胆的目标通常都限定在特别的创新活动（“成为个人电脑行业中的 No. 1”）和业务单位的层面上（见图 11－1）。

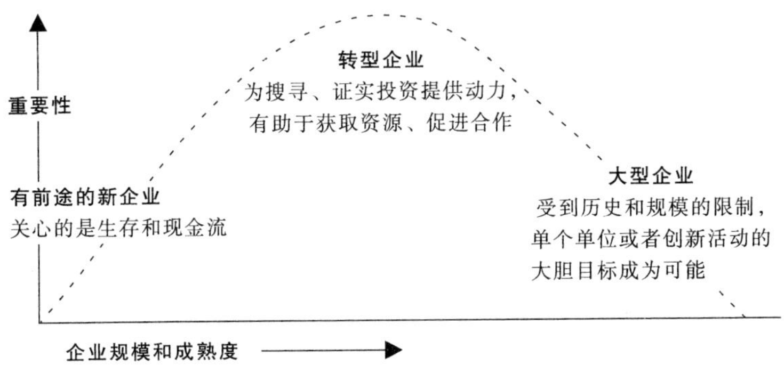

图 11－1　阐述大胆目标的重要性

2. 战略

建立基业常青的大公司，既要有长期的目标，也要有能将投资与创新活动导向目标实现的规则。这些规则——我称之为“战略”* ——有若干个维度。战略是一个定义宽泛的术语，它决定了企业将在何处以及如何增加价值、所追逐的机遇、企业产品品类的宽度和特点、定价策略、分销渠道、技术和研发工作诸多方面。我使

* 战略文献中包含了许多定义；我选择了一个相对简单、宽泛的定义，我认为这个定义最能反映出战略在转型企业中的作用。

用的战略一词，包括与企业的层级结构、员工的品格和素质以及非正式规则或文化有关的组织规则。例如，PSS 公司采取了提供广泛的产品种类的政策，并且收取比竞争对手更高的价格，同时提供送货更快、质量更高的服务。公司的目标顾客是独立营业或在小诊所工作的医生。从组织上看，PSS 公司的政策是雇用年轻貌美的大学毕业生（而不是经验丰富的员工）作为销售人员，对他们进行强化培训，制定富有挑战性的销售指标，支付慷慨的佣金，保持扁平化的组织，并且鼓励同心协力、“努力工作、尽情享乐”的企业文化。

下面这一节将讨论这种战略的重要性、它们是如何发展的以及在企业的转型阶段有什么显著的特征。

战略的重要性

许多企业家以因陋就简的方式创办了自己的企业，他们依靠对现有概念的模仿或稍事修改而向机会市场提供产品或服务。后来他们对产品差异更大、经营规模更大的业务的探索大多也是特殊的，而不是系统性的。企业家发现的创新机会有可能与初始业务密切相连，但也有可能毫不相关。发现的过程可能非常迅速，也可能历经数年而且磕磕绊绊，甚或企业家永远也找不到更好的商业模式。运气、对现状的不满程度、打破传统进行冒险的意愿，是诸如此类的因素而不是战略在其中起着决定性的作用。借用卡尔·波普尔（Karl Popper）的术语来说，差异化源泉的发现更像是一种归纳（inductive）过程，而不是一种演绎（deductive）过程。

无论企业家何时或者如何开始新企业的第一次差异化，它的范围通常都会很小。* 企业后来的资产扩张和例程完善都要求更为系统化的努力，而不是寻求差异化最初源泉时通常采取的机会主义方式。对能够产生预期收益的机遇进行投资而且对这些投资的相互影响不管不顾，这或许能让创业者发财致富。许多人就是通过房地产市场上一系列不相关的交易以及其他类似的交易发达起来的。但是，除非发生特别的巧合，否则一次性投资是创造不了一家拥有互补性资产体系的企业的。要建立这样一个体系，企业家必须制定战略。接下来我们将会看到，战略会强化企业家的目标在建立互补性资产过程中所起到的作用。战略能够促进各种创新活动之间的连贯性和一致性，有助于开发诸如专业技术和声誉这样的无形资产，还可以通过鼓励合作与团队精神帮助解决协调问题。

创新活动的一致性。企业通过持续不断地寻找并试验新的创新活动来开发新的资产。战略确定了限制条件或者特定范围，在这个范围之内的创新活动比随机选择的创新更有可能产生互补作用或协同效应。例如，沃尔玛现在的体系是多年持续变革的结果。萨姆·沃尔顿是一位狂热的创新者和模仿者，他会迅速地尝试许多新鲜

---

* 正如我们在前一章看到的，创业者缺乏能够一次性获得互补性资源组合的资本，他们也缺乏对各部件及其之间关系的预知。

的想法。但是他所有的试验全都符合低成本、大市场、折扣分销的长期战略，长此以往就为沃尔玛创造了显著的竞争优势。麦肯锡体系的发展过程也非常类似，其特征也是在长期战略的框架之内进行大量的试验，公司的长期战略是向著名公司的高层管理者提供独立的、高质量的咨询服务。合伙人会放弃或修正那些不符合这一框架的创新和行为，保留那些符合条件的。例如，1951 年，在一项有益的经理人员招聘惯例实行了 12 年之后，麦肯锡放弃了该惯例，原因就是合伙人一致认为该惯例可能会损害其咨询服务的客观性。

托马斯 · J. 沃森爵士（后来以“T. J.”而闻名）在 IBM 提出了各种各样的创新。根据奥利加里奥的记载，这些创新包括“向所有新来的销售人员提供专业化培训、赋予销售人员对其辖区的专属权以及实行销售定额制”[13]。尽管他本人不是工程师，“T. J. 在研制新产品中发挥了关键性作用”，并在整个 20 世纪 20 年代和 30 年代“将 IBM 公司的重心从低技术含量的机器转移到那个年代技术最先进的制表机和打孔机”。[14]他在 IBM 的产品中加入了打印机，这样一来制表设备“就可以适用于美国所有的大办公室”。[15]他制定了一项向顾客出租而不是销售产品的政策。在 T. J. 的领导下，IBM 公司扩展到了海外，到第二次世界大战结束时，在 78 个国家设立了办事处。T. J. 采纳了“分权法，他建立了完全拥有所有权的各国公司，但是公司的管理和人事主要由当地人负责”[16]。

不过，这些不同的创新却有一个共同的主题。整个 20 世纪 40 年代 T. J. 集中精力发展打孔机。被奥利加里奥称为“顽固坚持”[17]打孔技术的行为产生了一个令人难忘的后果，T. J. 拒绝了购买静电复印技术的机会。T. J. 的儿子小托马斯（Thomas J., Jr.）在回忆录中写道：“发明者切斯特 · 卡尔森（Chester Carlson）从皇后区过来，把专利交给父亲。这是我老父亲一生中错失的最大机会。”小托马斯也指出，尽管“有时父亲有点过于坚持自己的结论”，但是如果没有他“对打孔机的专注，IBM 公司可能会丧失自己的核心；就有可能变成像雷明顿兰德公司（Remington Rand）那样的大杂烩联合企业”。* [18]（而且，正如我们先前所讨论过的那样，从打孔机获得的现金流和互补性资产使得 IBM 公司得以于 20 世纪 50 年代进入电脑行业，虽然时间晚了些，但还是成功了。）

声誉和专业技术。除了促进不同创新活动和投资之间的协同性之外，规则和约束条件还有助于企业开发诸如专业技术和声誉这类资产，正如我们在前一章讨论过的那样，积累这类资产需要反反复复和持之以恒的努力。麦肯锡向著名公司的高层管理者提供服务的政策要求公司拒绝那些不符合此条件的项目，哪怕该项目有利可图。随着时间的流逝，这一战略重心使麦肯锡在高层管理咨询领域建立起良好的声誉和能力，该领域中那些对项目选择持机会主义态度的竞争对手发现自己难以与麦肯锡相抗衡。与此类似，惠普公司通过集中精力搞产品开发培育出自己的技术特长。

---

* 20 世纪 20 年代，雷明顿兰德公司和 IBM 公司同为美国制表设备市场上的领袖企业。

戴维·帕卡德写道，在第二次世界大战期间，随着公司产品品类的扩展，公司坚持做“设计用途为测试电子设备的仪器。这些产品反映了我们的战略，那就是专注于建立一组互补性的产品，而不是卷入许多不相关的事物中去”。据此，惠普公司在战争期间拒绝了一些很大的制造合同；帕卡德觉得公司应该“在设计与制造高品质的仪器方面建立起坚固的基础”。[19]

合作。组织政策可以凭着直接与间接的方式促进合作、缓解企业的协调问题。许多长寿公司，如惠普，采纳了旨在促进被戴维·帕卡德称为“宗旨与团队精神的共同认识”的政策。据帕卡德回忆，公司早年并不需要明确的方针政策，因为“我们都为了一样的问题工作”，而且“每一位员工都觉得自己是团队里的一分子”。但是随着公司的成长，“我们无法再将团队精神视为理所当然。我们不得不强调并强化团队精神”。[20]帕卡德写道，惠普公司提出的人事政策的“根本主旨转变为均分的概念——分担确定与达到目标的责任；通过股票购买计划分享公司的所有权；分享利润；分享个人和职业发展的机会；甚至均分业务上的意外挫折造成的负担”。[21]

同样，麦肯锡公司的创建者采纳的管理哲学也是赋予“尽可能多的合伙人对公司事务的参与权”。对所有重大决策必须征得所有合伙人的同意，即使这样做会耽误大量的时间。与其他一些专业服务公司不同的是，麦肯锡并没有将决策制定权集中在经营合伙人或小规模的管理委员会手中。为了缓和部门之间的冲突，公司制定了“一家人”（one firm）政策。根据该政策，所有的咨询师由公司而不是各部门负责招聘和提升；合伙人的利润分成从公司而不是从部门的资金中抽提；每一位客户都要被视为公司的客户，而不是哪一个部门甚或哪一个合伙人的客户。

组织规则还能以间接的方式促进协作、缓和冲突。微软只招聘所能找到的最聪明的人员，PSS公司则只招聘年轻漂亮的大学毕业生并向他们提供新兵训练营式的培训（淘汰率大约为30%），这两家公司的政策有助于创造志趣相投的骨干团队，他们能够相互理解并在工作中相互配合。塑造公司文化的政策因为鼓励那些不适合的人离开公司而强化了选择标准。长期规则和行为准则也提供了“制度性框架”，可以在此基础上根据意外情况进行调整；长期规则还增加了公司成员行为之间的可预测性。当面对意外的紧急情况或冲突时，有关各方可以求助于共同的问题解决原则并对过去达成的协议进行重新协商。因此，即使是生性好斗的人，只要能达成一致的行为准则，也能促进相互之间的合作。

正如上述讨论所表明的那样，有效的战略具有一个最优的精确水平。较为宽泛的战略为企业适应意外挫折或意外机遇留下了一定的空间，并且能够指导寻找互补性资产的方向。例如，一家帐篷制造公司决定将自己定位为“高性能户外设备”的提供者，这一决策可以刺激一系列产品的研制，这些产品可以使用相同的分销渠道和通用的品牌名称。与此同时，将目标和规则定义得过于宽泛，则会限制它们对企业各项工作的协调作用。有益的战略不仅会排除那些显然无利可图的业务，还会排除那些采用不同战略的企业可能会从事的业务。如果战略定义过于宽泛以至无所不包，那就等于没有战略。例如，宣布从事休闲和娱乐行业并不排除一家帐篷制造企业经营赌博或生产电影的可能，因此并没有为公司提出什么业务重心。

不明确的战略很难在企业中沟通，这也会限制战略的效用。长期规则的价值部分取决于企业的员工、顾客和投资者等关键人物对规则的理解程度。例如，清楚地知道该做什么、不该做什么，有助于指导员工们寻求创新与投资项目的实践。同样，企业要获取有益的外部声誉，也要求外部的关键人物理解该企业代表什么，能够指望它做什么，不能指望它做什么。如果企业的领导者不能清晰、简洁地传达他们的战略，要想获得上述理解显然是十分困难的。

综上所述，前一章指出，长寿公司不是通过一次性行动甚或一种预先计划好的投资顺序来获得协同性资产的。企业发展的过程是演进的，但并不是随机的，正如传说中的猴子不可能全凭运气就打印出《物种的起源》一书。更准确地说，建立长寿公司要求企业家制定能够达到公司长期目标的战略，用以指导公司的创新活动和投资。

不同的特征与对比

我们在第一部分看到，长期战略在新企业的创办中只发挥了有限的作用。对于 IBM 这样的多元化经营的大公司而言，制定总体战略确实是高层管理者的一项重要工作，他们不得不把大量的责任分配给更专业的下属，还要面对被散乱的日常工作所淹没的危险。不过，就像接下来要讨论的那样，我们发现在战略制定的内容与流程方面，转型企业和大公司之间存在着重要的差别。

使新兴公司的工作井井有条并突出重点的战略，其本身并不是对备选方案进行系统化寻找或审慎分析的结果。相反，这些战略来自创业者的目标和过去的经历以及对意外情况的适应，而并非是收益最大化的结构化方法的结果。

目标与以前的经历。企业家的总体目标会产生有关具体政策的规则。维诺德·科斯拉回忆了一下，Sun 公司建设通用工作站以与 IBM 和 DEC 在其主流业务上一较高下的目标，是如何决定了公司的产品研发决策的：

> 我们不愿意研制任何应用软件；（而且）无论何时，当我们面临选择时，我们都会选择通用计算环境。例如，我们应该利用我们的资源来生产 UNIX 开发环境下的更好的编译系统，还是应该生产一种快速的图形处理系统，就像 SGI 公司生产的那种？我们愿意选择更为通用的那个（即编译器），这才是我们和 DEC 公司相抗争所需要的。

建立大规模电脑公司的目标使 Sun 公司建立了一支直销队伍。科斯拉说，原因是：

> ……所有成功的电脑公司都是这么做的。我从没听说过哪家公司是通过第三方的分销渠道和第三方的销售支持取得成功的，这样做非常艰难，因为你也不知道怎么用这个直销队伍带来收益，关于这个分销渠道你知道的只是可能很

> 快就会有收益……我们的预测显示，如果建立一支直销队伍并进行直接支持，我们就会没有钱做任何事了。因此，营销活动就没有进入 Sun 公司的考虑范围。我们负担不起公关公司以及所有营销活动的费用，所以我们就在没有这些的情况下干开了。如果我们没有钱印制一本彩色手册，那就随它去吧。

影响企业家个性发展的经历塑造了他们的世界观，这些经历在决定企业战略的过程中扮演着重要的角色。沃尔玛向偏远地区提供服务的战略，其根源可以追溯到创办者萨姆·沃尔顿早年的偶然事件，正是这些事件使得沃尔顿进入了阿肯色农村地区的折扣零售业。沃尔顿在入伍之前曾经在 JC 彭尼公司（JC Penney）的百货商店工作过一小段时间。1945 年，他回到地方以后，决定和一个朋友在圣路易斯（St. Louis）合伙开设一家特许经营店。但是因为沃尔顿的妻子坚持要生活在居民少于 10 000 人的小城镇，他只好在阿肯色州的纽波特（Newport）购买了一家特许经营店。三年后，当店主拒绝续约之后，沃尔顿决定迁往本顿维尔（Bentonville），这是位于阿肯色州东北部的另外一座小镇。本顿维尔更靠近他妻子的老家，而且这个位置能让沃尔顿更加充分地满足一个小小的个人爱好——从岳父大人那里学来的打鹌鹑。到 1960 年，沃尔顿已经拥有了阿肯色州内外、总销售额 140 万美元的 15 家商店。如果情况允许沃尔顿在圣路易斯创业或者如果他发展了别的什么业余爱好，很可能他就会为沃尔玛制定完全不同的战略；或许他会发展出像诺德斯特罗姆（Nordstrom）连锁店那种在大城市为高消费群体服务的专业商店。*

约翰·钱伯斯（John Chambers）以前的经历影响了思科公司的技术战略。1991 年，思科当时的首席执行官约翰·莫格里奇聘用了钱伯斯继承他的职位。钱伯斯曾在王安实验室（Wang Laboratories）工作过，在那里他目睹了公司“令人心痛的衰落”。他从中得到的一点教训就是要避免依赖于单一技术——王安公司就是围绕微电脑建立的。当钱伯斯出任思科公司的领导之后，他设法通过收购小企业或者对其进行少数股权投资，使公司的技术组合多样化。1993—1996 年间，思科进行了 17 次类似的并购或投资。据公司的首席技术官（chief technical officer，CTO）说，1996 年，思科的技术库包含了大约一打技术。[22]

马文·鲍尔在麦肯锡公司实行的许多政策来自此前在琼斯戴公司（Johns Day）工作的短暂经历，该公司是克利夫兰市一家主要的法律公司。鲍尔回忆说，他在 1930 年进入琼斯戴公司的时候，得到了一个“为高级合伙人吉恩先生（Mr. Ginn）工作的机会。因为我已经听说了许多关于他本人以及他所塑造的公司的故事，我立即下决心弄清楚为什么公司会取得这么大的成功。通过在琼斯戴公司工作时的观察

---

* 诺德斯特罗姆的历史也同样表明了先前经历对长期战略的影响。1901 年，诺德斯特罗姆在西雅图开办了一家鞋店。创始人约翰·W. 诺德斯特罗姆（John W. Nordstrom）有三个儿子，他们在扩展到时装零售业之前建立了全国性的连锁鞋店。根据公司的记载，诺德斯特罗姆强调客户服务的战略就来自公司在鞋业的发家：“卖鞋是面对面服务的典范——在时装业中你在任何其他地方都不会看到销售员跪在地上尽力讨好顾客的情形。”（Moskowitz，Levering and Katz，1990，p. 223）

和分析，我头脑中开始形成日后带到麦肯锡去的计划”。鲍尔记录了琼斯戴公司的专业方法、招聘标准以及公司合伙人在克利夫兰当地慈善、社会和文化组织中的显赫声誉。如果鲍尔当初为一家广告公司或者会计事务所而不是为琼斯戴公司工作，那么他可能就不会像现在这么强调麦肯锡公司和合伙人的声誉与地位的重要性了。

同样，麦肯锡的组织原则也反映了鲍尔对公司的前身詹姆斯·O. 麦肯锡公司（James O. McKinsey & Co.）和麦肯锡威灵顿公司（McKinsey Wellington）的不满，在这两家公司工作期间，他目睹了其中的混乱状况和独裁领导。鲍尔对麦肯锡威灵顿公司（在某种程度上也包括詹姆斯·O. 麦肯锡公司）的经营合伙人实行的“控制型管理”感到厌恶，这使得他日后采用自愿式的治理结构（consensual form of governance）。与此类似，他对麦肯锡威灵顿公司内部各部门之间的争斗感到不快，这导致后来的麦肯锡采取了一家人政策。

适应。企业家不是一下子就完成了战略制定的——他们要根据意料之外的问题和机遇对政策的范围进行调整或扩充。例如，惠普的创始人在将近 20 年的时间内没有制定任何明确的组织政策。帕卡德写道：“直到 20 世纪 50 年代，我们还不怎么关注组织问题，因为也不需要去关注。我们拥有非常明确的相关产品组合，在同一个地方设计并制造产品，通过成熟的销售代表网络进行销售，而且公司是高度集权化的，在配备营销、制造、研发和财务副总裁的基本基础上组织管理。”[23]持续的增长和产品品种的多样化“暴露了一些组织上的问题”[24]，并促使创始人开始“考虑某种分权化的战略”。[25]1957 年，他们将负责产品研发的 90 名工程师分成四组，每一组集中研究一类相关产品。[26]研发小组成立之后紧接着就是进一步的“事业部化的步骤”，这是由于位于科罗拉多州和德国的制造部门在区域上的扩张以及公司并购新业务所引起的。但是到 20 世纪 60 年代中期，惠普已经拥有十多家“一体化的、自立的”经营事业部，每一个事业部负责研发、制造和销售自己的产品。[27]

休利特和帕卡德还根据公司的成长和多元化的需求对组织准则进行了修订。1957 年，公司第一次在公司外部召开了一次高级经理会议。大概 20 人左右的小组审查并研究了公司的一组目标，这组目标是由帕卡德在会前起草并与休利特讨论过的。就像帕卡德自己所描述的：“比尔和我常常考虑像我们这样的公司应该如何组织和管理。我们认为如果我们能让所有人同意我们设定的目标、理解我们想做的事情，那么我们就可以放手了，他们自己会朝着共同的方向前进。”后来在实践经验以及商业环境变化的基础上对 1957 年所讨论的原则进行了改进。[28]

公司最初的业务重点的增长机遇毕竟有限，这促使惠普改变了自己的产品和市场的重心。“到 20 世纪 50 年代晚期，”帕卡德写道，“多元化的需求已经很清晰了。我们正在成为电子仪器行业中大多数主要零部件的最大供应商。但是这些零部件算在一起年增长率也只有 6%，而我们的利润正在以 22% 的速度增长。显然，如果不进行多元化根本不可能维持这种增长。”[29]后来，惠普建立了专门从事晶体管应用的研发的单位。正如前面提到的那样，公司通过收购桑伯恩公司（Sanborn Company）进入了医药领域，通过兼并F&M科技（F&M Scientific）公司进入了化学分析仪器领域。[30]这些战略性的并购活动为惠普公司进入新市场奠定了基础，在新的市场上，公司可以利用并延伸现有的研制技术型产品的能力。

与此类似，沃尔玛公司战略中的重要元素也在应对意料之外的问题与机遇的过程中发展了几十年。配送中心和仓库成为公司扩张的基石：沃尔玛从一个州扩展到另一个州，有步骤地用自己的商店占领了配送中心周边的市场。每一家商店的位置在配送中心一天的行程之内，这样一来沃尔玛就能够以较低的成本迅速地更新商店的存货。据沃尔顿在1992年的估计，配送速度是竞争对手的两倍，而成本则比竞争对手低35%～40%。[31]据沃尔顿说，这一战略乃是出于生存的需要，公司从1961年开始建立第一个配送中心，因为"没有分销商拼命想为我们提供服务，不像较大城市的竞争对手那样。我们唯一的选择就是建立自己的仓库，这样就能以有利的价格购进大量商品"。[32]

对计算机和通信系统的投资是零售战略的另一个关键性要素。全国大众零售业协会的第一任主席阿贝·马克斯（Abe Marks）曾经写道，如果没有计算机化，沃尔顿不可能"用这样的方式建成这样规模的零售业帝国。他也做了其他许多正确的事情，但是如果没有计算机他做不成这些事情"[33]。不过，多年以来沃尔顿一直依靠的是初级的、劳动密集型的体系。沃尔顿写道：

> 到20世纪60年代早期，我们已经有18个杂货店和好几个沃尔玛商场……我们在墙上为每一个商店安装了一个小文件架用来放它们的现金收据和文件。我为每一个商店做了一个蓝色的活页账本。增加一个商店，我们就增加一个文件架。我想我们以这种方式至少开办了20家商店。那时，我和旺达·怀斯曼（Wanda Wiseman）每月都要对这些账本进行一次结算，登记商品数、销售额，登记现金，对照一下，然后结算。[34]

1966年，沃尔顿报名参加了IBM公司为零售店开设的培训课程。他意识到沃尔玛"必须得到更好的组织"，而且"很多人已经开始计算机化的工作了"。[35]培训课程之后，沃尔顿开始招募研制沃尔玛系统的人员。1968年，沃尔玛聘用了罗恩·迈耶（Ron Mayer）。沃尔顿写道，从此以后，"在精密设备和技术投资方面，我们公司要领先于其他大多数零售店"[36]。因此，在沃尔顿建立第一家商店20多年之后，沃尔玛战略的一个关键性要素才得以实现。通过利润分享以及其他福利项目"将员工视为合作伙伴"的原则被采纳的时间还要晚。沃尔顿写道，最初，"我太沉迷于如何取得6%或者更高的利润率，以至忽视了员工的一些基本需求。"[37]后来，在和工会发生了一些小冲突之后，沃尔顿开始"实践将员工视为合作伙伴的想法，很快这个想法就释放出改善我们企业的巨大能量"[38]。

尽管政策常常源自适应性调整，但是这并不意味着有效的战略总是处于不断变化的状态：为了指导公司的活动，规则需要一些稳定性。同时，建立长寿企业的有效战略也并非静止不变。目标和以前的经历会确定最初的政策。外部的发展，例如工会组织的驱动或者廉价计算能力的可获得性，导致像沃尔顿这样的企业家要重新修订最初的战略。正如惠普的例子所显示的那样，企业还有可能因为自身的增长速度超过了目标市场与组织结构和例程而采纳新政策的。这样一来，我们发现新兴企业从事的是两种类型的创新。有些创新，如惠普研制新型电子仪器的努力，位于现有战略的框架之内。其他一些创新，例如惠普对新市场的寻求，则是对现有框架的修正。成功的框架修正型创新会带来新的政策——例如，惠普对桑伯恩公司的购并导致了公司对医药产品市场的长期投入。有效的战略就像习惯法体系，既是内在统一的，又会根据情况的变化而适时调整。

分析与研究。尽管企业家以目标导向的方式制定战略，但是他们的选择很少伴有正式的分析或研究：对于替选方案是否能够带来更好的结果，他们没有进行多少研究就确定了长期规则。例如，麦肯锡的“高层管理者方法”——“只和客户的首席执行官联系并在征得其同意的情况下”工作以及“对客户的总体目标和能力进行深入调查”——属于一种信念。[39]1955 年 9 月 24 日，《商业周刊》的封面文章指出：

> 麦肯锡的一些竞争者嘲笑他们的“高层管理者方法”。其中有些人说：“当他们还在和总裁谈话的时候，我们已经进入了促销经理的办公室，拿到了新的市场调查的订单。”对此，麦肯锡的一位合伙人说：“我们一点也不会为了这个而烦恼。很久以前我们就决定，在咨询中我们考虑的绝不能仅仅是局部问题。而且，直到今天我们并没有错。”

正如“直到今天我们并没有错”这句话所表明的，企业家做出的是满意的而不是“最大化”的战略选择。事实上，即使到了事后，企业家也无法判断当初所做的决定是不是最好的。在公司的发展时期，公司面对的是大量难以计量的选择，更别说进行什么严格的对比分析了。为了说明这个问题，考虑一下全国旅行公司的创始人斯蒂夫·贝尔金的例子。1972 年，贝尔金开始为团体旅行联合会（Group Touring Associates，GTA）工作。GTA 开发包团旅游路线，通过邮件向各种相关团体（使用这些团体中的成员名单）兜售。大约一年后，贝尔金离开了 GTA 并创办了 TNT 公司，模仿 GTA 的业务模式。当时包团旅游行业仍处在初期阶段，利润率比较高，因此 TNT 公司从一开始就获得了大量的现金流。于是，贝尔金在 TNT 公司直邮能力的基础上通过邮购的方式出售诸如联营信用卡等产品。事实证明 TNT 公司的直邮战略确实物有所值；20 世纪 90 年代早期，贝尔金以 2 亿美元的价格卖掉了信用卡业务。但是，战略的这种重新定位与其说是对所有可选方案进行审慎的财务比较的结果，倒不如说是贝尔金对固定资产投资的厌恶。否则的话，贝尔金会选择建立一家垂直一体化的旅游服务公司，或许会因开发旅店和景区而大发其财。

在某种程度上，这些似乎十分武断的决策所带来的风险，由于企业战略的渐进发展而得到了缓解。尽管萨姆·沃尔顿、比尔·休利特和戴维·帕卡德等企业家在创业时经验有限，但是随着时间的流逝，他们对企业和市场产生了深刻的、几乎是直觉式的理解，这能够弥补他们正式研究与分析的不足。当萨姆·沃尔顿于 1945 年建立自己的第一家商店时，年仅 27 岁的他对企业知之甚少。他“被一个糟糕的租约欺骗了”[40]，这个租约根本没有续约权。到 20 世纪 60 年代和 70 年代沃尔顿重新确定沃尔玛的规则时，他已经通过第一手的经验和向其他企业学习积累了有关零售业的深刻见解。沃尔顿写道：“我拜访过的折扣店的数量以及它们总部的数量可能比任何人都要多——有史以来的任何人。”

而且，尽管备选方案的范围相当宽泛，不可能找到最优选择，但是企业家可以分析他们直觉偏好的价值。我们前面曾经提到，随着企业的演进，它们开始追求需要越来越多的初始投资、不确定性却越来越小的机遇。相应地，企业家既有选择也有动力认真地考察战略性创新活动的风险与收益。沃尔顿在 1945 年开的商店属于盲目的冒险，商店的收益完全取决于沃尔顿是否具有管理小型特许经营店的能力，面临着非常高的不确定性。沃尔玛建立的第一家配送中心，其经济贡献的不确定性则要小一些，也更容易分析。建设 72 000 平方英尺的设施需要更多的资本，这也赋予了沃尔顿更多的激励去进行研究和规划。类似地，在 20 世纪 60 年代早期，当惠普公司要进行多元化经营时，创始人也无法判断医药产品和化学分析仪器哪一个是最优选择。但是与 1939 年研制 200A 型声频振动器时的情况相比，他们有动力、也有手段更全面地分析对桑伯恩公司和 F&M 科技公司的收购。

公司战略。成熟企业的战略制定只涉及有限的选择，原因在于企业已有的大量资产与内在协调机制限制了可以选择的范围。像 IBM 这样的公司，如今已经拥有了顾客基础、丰富的产品种类、声誉、技术、人事政策、转移定价机制、行为准则等等。这些资产和机制不能轻易地加以改变，它们的获得成本也早已沉淀下来了。根据商学院学者安德鲁斯的观点，这些公司的战略制定涉及企业资产与市场机遇之间的“匹配”。同样，产业组织经济学家理查德·卡夫斯（Richard Caves）也认为大公司的“战略选择”就是“约束条件下的优化问题”（constrained optimization problem）；“最好的战略”是在企业资产和市场环境的约束下追求目标函数最大化。[41]

在匹配（或约束条件下的优化）过程中，决策者面临着有限的选择。20 世纪 50 年代晚期当休利特和帕卡德试图进入新市场时，他们可以考虑电信或流程控制这样的机遇而不是医药产品。迈克尔·戴尔早期也可以考虑进入电脑零售或者配套产品制造业而不是台式电脑的生产。如今，惠普和戴尔现有的资产限制了补充性市场的范围以及它们可以进入的行业。类似地，以前的投资和资产也会限制成熟企业在选择技术、制造能力、产品特征、定价、合资伙伴、方针、分销渠道和其他战略变量时拥有的选择的数量。

历史（或“路径依赖”）不仅会限制战略变量的价值或状态的可行范围，还会限制决策者所能考虑的可控变量的数量。一个重要的例证就是，成熟企业的高层管理者不能轻易地改变基本的组织方针和规则。像鲍尔、休利特和帕卡德这样的企业家花费大量的精力考虑与薪酬、提升、招聘和公司治理结构有关的政策，并考虑如何建立企业的基本规则和价值观，他们在组织成型阶段所做的选择对企业的协调能力和寿命有着深刻的影响。麦肯锡公司的董事经理或者惠普公司的首席执行官不可能轻易地改变组织的核心政策，他们也没有什么理由要这样做：如果组织政策真有缺陷，公司也不可能取得像惠普或麦肯锡这样的长期成功。因此，除非一家成熟企业面临着严重的危机，否则，企业的组织规则就代表着约束条件而不是变量；而且事实上，站在大型公司首席执行官的角度考虑问题的战略模型常常排除了组织这一维度。（参阅专栏文章《战略模型中的组织变量》。）

战略模型中的组织变量

长期以来，组织变量在企业战略文献中一直处于含混不清的位置。钱德勒在 1962 年对战略下的定义（“确定基本目标以及达到这些目标所需要的行动方针和程序”）以及安德鲁斯在 1980 年的定义（“定义公司的目的与方针的模式”），应该包括有助于企业达到目标并“给出公司定义”的组织政策。不过，钱德勒的核心论点——组织结构跟随于战略——却暗示了组织与战略之间存在着显著的差异。类似的模棱两可也反映在安德鲁斯对“经济战略”的论述中，以及对战略“执行”过程中某些组织政策问题的分类上。波特的理论框架对战略领域产生了极为深刻的影响，其框架则完全排除了组织变量。波特考虑的几乎完全是“经济”战略（这是安德鲁斯的叫法）的制定问题；无论是作为独立的还是与战略执行有关的变量，他都没怎么讨论过组织问题，这一点与钱德勒和安德鲁斯不太一样。类似地，对菲利普·塞茨尼克（Philip Selznick）称为企业“使命”或“目的”的概念——安德鲁斯的战略观点中充斥着这一组织关注的事务——也没有进行什么分析。

斯坦福经济学家戴维·克雷普斯（David Kreps）认为，波特和其他学者“脱离了经济学范式”，在其分析企业战略的方法中忽视了企业文化等变量。克雷普斯写道：

> 企业及其能力多多少少都被视为是既定的，而且人们依靠某个行业的有形特征来解释其盈利性。用这种方法，有时似乎存在着好的行业（或者行业细分市场）和差的行业：如果你在一个差的行业（进入壁垒低、有许多替代品、顾客和供应商的谈判能力强、有许多阴险的竞争对手），除了一有机会就逃脱出来之外你别无选择。如今，这无疑是对波特方法的一种讽刺。进入壁垒的大小、与供应商和顾客的关系，尤其是某一行业中的竞争规则，都是内生的，至少在某种程度上是如此。有时差的行业也能成为好的；而且，即使在差的行业中也能找到或形成好的市场定位（这或许是对波特方法更准确的演绎）。
>
> 这一方法从规范经济学那里继承了强大的遗产：企业是外生的、特定

的成本函数或者生产可能性组合，市场结构（也是外生的）决定了企业将如何发展。企业作为一种组织，其实际目的没有得到考虑。这真的非常奇怪，因为如果一个人具有经济头脑，他肯定认为企业本身能够履行某些经济（提高效率）职能。将那些为了提高企业的组织效率而设计的行动视为成功战略的组成部分（或许是最大的组成部分），是又往前前进了一小步。但是由于规范经济学没有从组织的角度解释企业，因此其对战略的这一部分内容没有做出相应的分析。[42]

近期的战略领域研究开始强调组织维度。据亨德森（1994）称，资源基础观（RBV）的日渐流行导致了“人们重新对不同的组织能力产生了兴趣”，有些学者认为“组织知识、结构、文化或‘能力’”代表着竞争优势的一个重要源泉。[43]不过，企业究竟如何培育内生的组织优势常常没有得到很好的说明。有些资源基础理论学派的理论家追随了尼尔森和温特的研究模式，没有将具有目的性的高层管理者包括进来。在他们的模型中，有价值的组织能力是偶然发展起来的，而不是通过有意识的选择。这一假设似乎与那些建立了长寿公司的企业家的实践相背离，后者在组织发展方面投入了大量的精力。或许在目的与结果之间存在着并非简单的联系，但是认为有意识的选择无关紧要是说不通的。

将组织变量排除在战略模型之外，尤其是“描述性”战略模型之外，根源或许在于这些模型是以成熟公司为导向的。从成熟公司经理人员的角度看，与传统的战略变量——如产品种类、市场、能力扩张等等——相比，组织方针更是难以改变。在经验研究中，测量问题也有可能导致组织变量被排除在外。研究者难以将投入组织建设的工作和投资量化，但是他们可以轻松地量化研发、广告或工厂上的支出。然而，在新企业中，各种规章制度尚未确立，有意识地制定组织政策对企业发展资产组合、克服增长束缚的能力具有重要的影响。因此，虽然我们无法量化安德鲁·葛洛夫（Andrew Grove）在英特尔或者比尔·盖茨在微软为根除自满的员工情绪和建立激烈竞争的组织文化而做的工作，但却不能因此轻视这些工作的重要性。

内部控制系统也限制了成熟公司的选择。正如在本书第一部分所讨论的那样，大公司对创新活动的评估与监控成本较高，这使得它们对预期利润也有一个较高的最低要求。高层决策者考虑的不是许多小的机遇，而是将自己的注意力集中于少数几个大的投资项目。例如，在20世纪90年代早期，惠普面临的关键性战略问题在于，是从价值数十亿美元的个人电脑市场上撤退，还是增加对该市场上的投入。对沃尔玛来说，这种关键性战略问题则是要不要向海外进军的问题。

所面临的选择较少，就可以对战略方案进行更为详尽的评估。在新兴企业中，创业者不得不决定他们想要培育什么样的资产，而不是寻求机遇与现有资产之间的匹配，面对数不胜数的可能性，他们只能依靠直觉进行符合满意原则的判断。在大公司，约束条件下的战略优化推动了相应的研究与分析，以挑选出最佳方案。惠普公司的决策者可以系统地调查在 20 世纪 90 年代进入个人电脑行业的利弊。

成熟公司的控制系统也提供了以系统方式评估战略的能力。新兴企业常常缺乏进行复杂的战略分析的人员，成熟公司的制衡机制具备专门进行战略评估的人员。尽管人员的数量有所不同，但实际上每一家《财富》500 强企业都有专门从事战略规划的高级经理人员和分析师，都建立了战略的制定与评估流程。他们还大量地使用管理咨询公司，有人估计，1997 年，大公司的战略项目为世界范围内该领域的前 20 家咨询公司创造了大约 63 亿美元的收入。[44]与此相比，20 世纪 60 年代萨姆·沃尔顿则亲自进行了许多分析和研究工作，最终完成了沃尔玛战略的制定。

商学院教授和管理咨询师为系统制定公司战略发展了许多分析工具和流程。在波特的“五力”模型中，分析人员会根据战略方案对五类因素的影响来评估方案，这五类因素会对企业所在行业的盈利性产生影响，它们分别是：与直接竞争对手的竞争程度、新加入者的可能性、替代品的威胁、买方的能力和供应商的能力。波特为分析这些因素并评估不同战略行动类型的影响提供了大量的直观推断和要素清单，这需要广泛地收集有关顾客、内部成本结构、竞争者、潜在进入者等等方面的数据。在其《竞争战略》一书中，波特指出“进行全面分析是一项繁重的任务”[45]。在其附录“如何进行产业分析”中，波特确定了 13 个主要的类别，有关数据应该按照公司、年份和职能范围进行收集整理。* 事实上，公司分析人员或许无法形成波特所建议的“产业结构与竞争对手概况的全景图案”[46]；但是与新兴企业的决策者相比，他们至少还有这样做的资源。

作为对这一节的总结，我们可以对有前途的新企业的战略发展过程做出如下描述。创业者以特殊的方式创建自己的企业，没有为发现可能的机遇付出任何系统的努力。他们为较小的机会市场提供服务，常常依靠个人努力和市场失衡来获取利润。通过果断但通常情况下并非系统的搜寻，有些创业者找到了规模更大的机遇，为建立能够维系长寿企业的协同资产体系提供了平台。该体系的发展既不是随机的，也不是充分计划的；相反，它是通过在企业的战略框架下进行的试验来逐步形成的。尽管包含了战略的长期规则为企业的创新和投资提供了一致的、系统的结构，但是战略制定本身是相当随意的和渐进式的。对于建立什么类型的企业或者采用什么规则建设企业，企业家事先会有所选择。企业家会在长期规则的指导下进行多次试验，并通过试验提炼或延伸这些规则。

企业在长期的发展中积累了一组独特的资产，这些资产会被最优化配置到数量

---

* 这些类别（其中又分成若干子类别）包括：产品种类；购买者及其行为；互补产品；替代产品的增长（速度、模式和决定因素）；生产和分销技术（成本结构、规模经济、附加价值、后勤和劳动力）；营销与销售（市场细分和营销实践）；供应商；分销渠道；创新（类型、来源、比例和规模经济）；竞争对手（战略、目标、优势与劣势、假设）；社会、政治和法律环境；宏观经济环境。

有限的市场机遇上。是这些累积的资产而不是企业家直觉的选择，为日后的创新活动确定了边界，并使得战略制定与转型阶段（见表 11－1）相比更具演绎性和分析性。有证据显示，过于束缚于现有资产的战略是僵化的，可能会导致公司的缓慢死亡。像哈梅尔（Hamel）和普拉哈拉德（Prahalad）这样的管理大师认为，高级经理应该“忘却”公司过去使用过的成功战略，并迅速“注销开始贬值的智力资本”。[47] 对这类建议的分析不在本研究的范围之内；就我们的研究目的而言，只要知道作为经验事实，成熟公司很少能够剥离其核心资产并成功地完成重大的方向性变革，这就足够了。

表 11－1　　战略制定：转型企业与大型公司

	转型企业	大型公司
职能	帮助创造协调资产体系	帮助维护并扩展该体系
内容	许多变量与选择	受到现有资产与既往选择限制的变量和选择
过程	基于企业家的目标、过去的经历以及对意外情况的适应性调整	有限的选择以及拥有的人员允许进行广泛的比较分析

3. 执行

建立长寿公司，除了需要制定战略之外，还需要对战略的圆满执行。执行的意思在此是指具体的决策和行动，与制定战略时对一般的规则或原则的选择相对应。例如，沃尔玛采取将商店设在小城镇的规则以及微软直接从大学招聘并训练程序员（不是招聘有经验的人员）的政策，根据我使用的术语，都属于战略制定的选择。找到具体店址（或候选人）并商谈租约（或报酬协议），按照我的用法，属于战略执行的范畴。类似地，采纳分权化组织原则属于战略制定决策。决定总部与分权单位之间具体的职能分工，设计、谈判、审查预算，为单位选择管理者并确定他们的工资和奖金，如此等等，都属于执行决策。

在我使用的术语中，战略制定和战略执行之间的差别与长期（或“战略”）决策和短期（或“战术”）决策之间的差别并不存在对应关系。正如我们接下来要讨论的，有关具体的选址决策和人事决策可能会对企业的演进产生非常重大的长期影响。

执行的重要性

执行的质量至少与规则及政策的制定一样重要，有时还更为关键。典型的企业战略更像喜马拉雅山的地图，而不是如何从瑞士银行账户提款的指南。在第二种情况下，指南是有价值的，虽然执行是日常工作。与此相比，攀登喜马拉雅山则富有挑战性，不是因为缺少可靠的地图，而是因为攀登本身十分困难。要想到达喜马拉雅山的顶峰，除了需要可靠的地图之外，还需要超人的意志、技术、耐力以及在困难条件下做出判断的能力。与此类似，尽管目标和规则有助于指导并协调企业的工作，但是建立长寿公司还需要卓越的执行或贯彻战略的能力。当竞争对手互相监视对方的战略时，执行就尤为重要。一家企业总体上的规则和目标一般情况下要在企业内部进行广泛的沟通，因此可能很容易被竞争对手所了解。如果竞争对手选择采用相同的战略，那么成功在很大程度上将取决于执行质量的差异。

在企业单个职能部门的层面上，执行具有明显的重要性。如果没有采购和商品推销方面的优势，没有萨姆·沃尔顿开着自己的飞机挑选合适店址的天分，沃尔玛可能不会成为一家价值几十亿美元的企业。如果 Sun 公司的软件或硬件工程方面比较薄弱，它就不可能获得工作站市场的巨大份额。据维诺德·科斯拉称，有几家企业靠着和 Sun 公司相同的产品规格和技术起家，但是对于制造优质产品所必需的制造工艺，他们却无法达到 Sun 公司同样的水平。对高技术企业来说，产品无法实现设计初衷是企业失败的一个普遍原因。例如，苹果公司在 1993 年隆重推出了牛顿掌上电脑。这个产品立刻成为了被嘲讽的对象，这不是因为苹果公司在战略上或营销上的失误，而是因为牛顿掌上电脑的笔迹识别系统——该产品的关键特性——无法令人满意地工作。

执行还会影响企业协调多样化资产与经营活动的能力。扎根于企业内部的协调机制的有效性取决于许多具体的选择，而不是几个总体的原则。例如，一项招聘团队成员而不是聪明但傲慢的明星人物的政策是否能产生满意的结果，这取决于实际招聘到的人员的品质。更进一步，我们或许能够预计到，特定政策的有效性取决于不断变化的具体情况。例如，营销和生产主管可能互相讨厌对方，因此，对这两个单位的有效协调可能需要调换其中一个或者两个主管。

不同的特征与对比

不论企业的寿命和规模如何，战略的成功都取决于战略的有效执行。尽管如此，我们还是发现，在高层决策者的职能和执行任务的性质方面，成熟企业和新兴企业之间还是存在着一些差别。

职能。大规模成熟企业的高层管理者通常只关注企业的主要政策，而将具体决策的责任委托给下属。（正如专栏文章《战略模型中的执行》所表明的那样，许多说明性的战略模型都反映出大型公司经理人员对战略制定的兴趣。）与此相比，出于几个我们在下一章将要讨论的原因，新兴企业的负责人却无法如此轻松地将战略执行的责任托付给下属，他们不得不在大政方针的制定和将其转化为具体的创新与投资中都扮演积极的角色。

比如，我们来看一下萨姆·沃尔顿在沃尔玛公司的作用。为了执行向廉价商品购买者提供超值服务的总体战略，沃尔玛从其他零售店那里获取了大量的创意。据一位前任店长回忆说，沃尔顿告诉员工去“查看每一个竞争对手，而且不要找他们的缺点，要找他们的优点。如果你有一个好的想法，那就绝不应该仅仅是一个想法而已，我们必须把它融入到我们的公司中来”[48]。而且，沃尔顿不仅仅依靠商店经理来寻找这些想法。唐·索德奎斯特（Don Soderquist）曾经负责一家连锁杂货店的数据处理系统，他描述了沃尔顿是如何与他见面谈论电脑的：

> 他想知道一切关于我们如何使用这个系统以及计划如何使用的情况。他把我说的每一句话都记在了一个黄色的记事本上。
>
> 第二天是周六，我去我们家附近的凯马特买东西。我走进服装部，发现这个家伙正在和一名店员谈话。我想：“天呀，这个人挺像我昨天见到的那个家伙……他正在把（店员）说的每一句话记在一个小小的笔记本上。”然后，他四足并用跪在地上看存储台的下面，他打开滑门说：“你下订单的时候怎么知道下面还有多少？”[49]

任务。在转型企业中，战略的执行还涉及一些不同的任务。下面，我将讨论企业家在战略制定中所面临的两个特别挑战：提升企业资源供给者的质量与建立组织的基础设施。

提升资源质量。在成熟公司里，现有的资源提供者基础在战略制定过程中代表着“约束条件”或者既定条件。在新兴企业中，战略更多地来自企业家的期望，而不是现有的资源存量。为了弥补理想与现实之间的巨大差距，企业家常常不得不对其资源供给者进行“重构”。他们不得不寻找新的员工、顾客和资本来源。

正如我们在本书第一部分看到的那样，许多新企业最初吸引不到一流员工。而且，由于基本战略仍然没有定数，尚不清楚从长期看需要什么类型的劳动力，因此雇用昂贵的、高质量的人才可能是鲁莽的。如果最初的业务概念被证明是不可行的，那么企业家不得不改变计划，而且仍然要付给未能充分利用的员工较高的工资。因此，在早期阶段，权宜之计统治了一切：创业者提供了绝大多数关键技术，他们为那些自己实在忙不过来的任务招募能找到的任何人。

不过，当确定了长期目标和政策之后，企业家就需要更多高素质的人才。快速成长带来的压力使得企业不能再对最初那些不胜任或缺乏经验的员工进行培训以使其出任要职了。有些人天生就缺乏能力或动力去承担逐渐增加的责任。而且，招聘有经验的员工能够为企业的远景提供证明，成为企业家建立长寿公司的承诺的一种信号。

战略模型中的执行

许多模型低估了战略执行的任务。他们认为，在几个政策维度中进行选择是长期盈利性的主要决定因素；这些模型总是或者隐含或者明确地假设，企业可以轻松地获得有效执行正确的政策选择的能力。例如，在1980年出版的《竞争战略》一书中，波特强调选择天然有利可图的产业以及产业子群的重要性。

从那以后，他的有关战略制定的理论有所发展，但是对政策选择的强调依然如故。在 1996 年发表于《哈佛商业评论》的一篇获奖论文《什么是战略?》(What Is Strategy?) 中，波特提出，运营效率 (operational effectiveness) ——比竞争对手更好地完成相似的任务——价值有限。“很少有公司能在相当长的一段时间内凭着运营效率在竞争中取胜，”波特写道，因为“最佳实践会迅速扩散。竞争者能够迅速模仿管理技巧、新技术、生产要素改进以及满足顾客需求的更好方法”。因此，长期利润来自战略定位上的差异性：“执行与竞争对手不同的任务”或者“以不同的方式执行相似的任务”。

新的战略制定论述有模棱两可之处。如果企业不以多少有些不同的方式执行任务，怎么可能获得运营效率（“比竞争对手更好地完成相似的任务”）呢？而且，我们怎么能预计到以相同的方式执行相同任务的企业的盈利性会有所不同？更为重要的是，这一观点的中心思想似乎缺乏实证的支持。我们可以找到几个公司的例子，它们做出了相似的政策选择，但是长期利润水平却非常不同，原因就在于战略执行上的差异。当考虑到细节的时候，竞争者就无法“迅速地模仿管理技巧”，而且“最佳实践”也不会像波特说的那样轻易地扩散。例如，高盛公司 (Goldman Sachs) 和摩根担保信托公司 (Morgan Guaranty) 在几十年的时间里一直享受着超额回报，它们一直提供相同的服务，从相同的劳动力市场上招募专业人员，并且使用和竞争对手相同的技术。它们的成功主要是因为具有难以模仿的提供高质量服务或者控制风险的能力。社会学家保罗·阿德勒 (Paul Adler) 对通用和丰田成立的合资企业新联合汽车制造有限公司 (New United Motor Manufacturing, Inc., NUMMI) 进行了研究。他指出，即使管理者可以近距离地加以观察，在实践中对制造过程和人际关系进行移植也充满了各种困难。[50]

波特的战略制定模型以及类似模型的核心有可能反映了它们对大型成熟企业的高层管理者的兴趣，这些高层管理者将许多战略执行决策交给下属去完成。此外，成熟企业在战略执行方面的效率通常来自难以改变的惯例和流程。因此，如同已经确立的组织政策一样，企业的“执行能力”代表的是限制条件而不是决策变量。不过，在新兴企业中，由高层管理者做出的具体执行决策对长期盈利性具有很大影响。

例如，聘用斯蒂夫·鲍尔默 (Steve Ballmer) 帮助微软获得了向 IBM 个人电脑提供操作系统的关键性合同。鲍尔默于 1980 年 6 月加盟微软，当时总经理斯蒂夫·伍德 (Steve Wood) 和他负责记账的妻子玛拉 (Marla) 刚刚离开公司。玛拉是不堪工作量的重负；她的丈夫则是看到了在数据点公司 (Datapoint) 的更大机遇而离开的：当时，微软的所有者比尔·盖茨和保罗·艾伦并不向员工提供股票。鲍尔默是盖茨大学时代的室友，他曾在宝洁公司工作过，并参加了斯坦福商学院的课程。后来盖

茨回忆说：

> 当我们的员工增加到30人时，公司也只有我、一个秘书和28名程序员。我要签发所有的支票、答复信件、接电话——这是一个很大的研发团队，但是仅此而已。于是我请来了斯蒂夫·鲍尔默，他很了解企业，但又不太懂计算机。[51]

在鲍尔默进入公司一个月之后，IBM公司就计划推出的个人电脑软件与微软进行了接触。鲍尔默的工作经验（盖茨开玩笑说，还有他的商务套装）帮助减轻了IBM对微软的不信任，对于将PC操作系统的开发交给这么小的公司，IBM确实有些担心，因为它可能无法提供后续的服务和支持。

思科的成长要求对公司的劳动力构成进行有力的变革。莱恩·博萨克和桑迪·勒纳于1984年创办公司时，劝说自己的亲朋好友为自己工作，工钱则迟些再付。在五年的时间里，创业者继续依靠这支临时拼凑起来的队伍：例如，一位70岁的退休物理学家担任工厂经理。[52]约翰·莫格里奇在1989年被请来管理经营公司之后，“建立了管理结构”。据莫格里奇称，公司“为所有主要的职能部门雇用了专业人士和有经验的员工——一位CFO、一位工程副总裁、一位生产副总裁，还有一位营销人员”，并且招募了专业化的销售人员。[53]

1996年，思科公司拥有7 000多名员工，成为加利福尼亚硅谷最大的雇主之一。那一年的每一个季度公司都招募了1 000名员工，公司最初的招聘政策也已经彻底改变了。公司不再依靠机会成本较低的员工，开始挑选“被动寻找工作者”（passive job seekers），也就是那些对现在的工作很满意、做得也很成功的人。据思科负责人力资源的副总裁称，公司努力想招聘的“前10%”类型的员工，一般不会在“其他公司的第一轮解聘中找到”，而且他们也不会“浏览招聘广告”。[54]

客户代表了另一个需要升级的重要领域。最愿意从新企业购买产品的顾客可能不适合企业的长期战略。正如Sun公司的例子所显示的，企业的生存可能会靠向新型顾客推销产品来维系。在创业的第一年，Sun公司向相对较小的学术性市场出售工作站（维诺德·科斯拉称之为“半生不熟的”）。科斯拉回忆说，大学可以使用“尚未充分开发的机器，因为它们自己就制作各种各样的杂牌产品，也不在乎投入资源。通常来讲，它们总是不断地尝试新鲜事物，这样就不必过分依赖整套硬件”[55]。科斯拉发现，Sun公司最初没有向商业性的“系统集成商”或OEM商出售产品，原因是Sun公司缺乏可靠性，其实这些顾客也是完全能够使用公司尚未成熟的工作站的。OEM商都转向了阿波罗公司（Apollo），这家公司的资本状况比Sun公司要好上十倍。阿波罗公司还拥有“出身名门的高级管理层”，在这方面Sun公司曾是“无所作为的矮子”。

Sun公司在推出工作站的第一年就设法向美国名列前50位的计算机科学系中的42个出售了自己的产品。与此同时，阿波罗已经拿到了卡尔玛公司（Calma）、奥图特罗尔公司（Autotrol）和门特图形公司（Mentor Graphics）这三家最大的工作站商业客户的订单，正在迅速地建立作为行业标准的技术平台。第二年，Sun公司设法从计算机视觉公司（Computervision）拿到了一份订单，该公司决定购买而不是自己制作工作站。据科斯拉称，如果阿波罗公司获得了计算机视觉公司的这份订单，对 Sun 公司来说一切“都结束了”。[56]

思科的创始人博萨克和勒纳最初是从大学的同行那里获得订单的。据莫格里奇称，“他们基本上是通过口口相传的方式卖给自己的同行。最初的顾客都是些狂热分子——就是那种领先于科技前沿的人。早期的顾客非常懂技术，而且非常宽容。”[57]莫格里奇为思科建立了系统化的营销计划，雇用了专业销售人员，并以商业顾客为目标。公司的销售额从 1989 年的 500 万美元增加到 1991 预算年度的 1.83 亿美元，公司获得了路由器市场 75% 以上的市场份额。

最后，新企业可能还需要改变资本来源。我们已经看到，新企业在资金上通常都是自力更生的，它们使用个人的或者亲朋好友提供的资金。如果有银行贷款，也是由当地的小银行提供的，这些银行找不到规模更大、更有信誉的借款者了。然而，这些来源通常都无法提供多少额外的资本。因此，企业后来的成长常常要求对资金来源进行升级，求助于专业化的风险资本、大银行的贷款或者股票市场，为企业的快速成长融资，并获得更为知名的资金来源所提供的信誉。

举例来说，1945 年，萨姆·沃尔顿靠着 5 000 美元的个人资金以及从岳父那里借来的 20 000 美元开办了第一家商店，即本·富兰克林特许经营店（Ben Franklin franchise）。他通过有限合伙制的形式融资成立了更多的特许经营店，其中商店经理只占有大约 2% 的股份，沃尔顿和他的亲戚持有余下的部分。1962 年，沃尔顿通过抵押财产获得的个人贷款为第一家开业的沃尔玛提供了 95% 的资金；他的兄弟和商店经理提供了余下 5% 的资金。直到 1969 年，沃尔玛的成长都是由内部资金和银行信用贷款资助的。1969 年 5 月，沃尔玛勉强躲过了一次债务危机，当时一位新的银行家对沃尔玛的扩张计划感到不安，拒绝为公司提供信用贷款。于是，计划每年至少开 12 家店的沃尔顿从保诚保险公司和麻省互助人寿保险公司（Mass Mutual）那里获得了 250 万美元的中期贷款，并于 1970 年 10 月完成了一次股票公开发售，筹集到 460 万美元。

博萨克和勒纳也是通过个人储蓄和借款为思科公司融资的。1987 年，他们从一家名叫红杉资本的风险资本公司那里筹到一笔资金。1990 年 2 月，公司上市，在接下来的 7 年里，公司股票的价值大约上涨了 70 倍。迅速升值的股票为公司提供了资金，可以用来购并其他公司，并扩展公司的产品、技术和客户组合。

建立组织的基础设施。就像大企业的员工相对比较固定一样，他们工作所遵循并相互影响的组织结构和组织例程也是相对固定的。制定并执行新的组织政策主要是危机时期的任务，大多数新企业则没有什么组织可谈；那些渴望建立长寿企业的创业者面临着艰巨的任务，他们必须从零开始，制定并执行有关建立组织基础设施的政策。

在建立基础设施的硬件部分时，如正式的报告关系、奖金计划和控制体系等，企业家通常会通过从成熟企业招聘有经验的管理者来获得这些企业的知识和经验。例如，尽管萨姆·沃尔顿对财务控制有着敏锐的直觉，并发展了合理有效的以纸为记录载体的控制体系，但他还是大量地依靠诸如来自达克维尔商店（Duckwell）的罗恩·迈耶等招募来的新人来安装计算机系统，以使沃尔玛得以迅速成长。咨询公司是获得正式结构与系统设计知识的另一条途径。在20世纪上半期，诸如杜邦和通用汽车这样的企业没有现成的模式可资借鉴，必须创造自己的组织结构。如今，有关组织的正式组成部分的知识可以通过直接或间接的方式买到。

不过，组织的“软件”部分，例如合适的规范和文化，则不能以相同的方式获得。埃德加·沙因（Edgar Schein）对组织如何“通过创业者的行为创造文化”进行了研究，确定了五个“主要的文化缔造与强化机制”。它们分别是：

（1）领导者关注、衡量和控制的事务；

（2）领导者对关键事件与组织危机的反应；

（3）领导者自身的榜样、教育和指导；

（4）分配报酬与地位的标准；

（5）招聘、选拔、提升、退休和开除的标准。[58]

沙因对公司文化的分析以及其他一些研究表明，如果只是雇用经验丰富的管理者或是咨询公司，并不能建立起有效的规范。企业家也无法轻易地模仿他们所仰慕的企业的文化；他们必须制定特别的机制，将文化“植入”特定的环境中去。因此，我们看到长寿企业之间存在着很大的差异性：据沃尔顿称，沃尔玛的文化反映了美国小城镇的传统；而麦肯锡的文化则代表了精英的、享有声望的专业服务公司的形象。创业者实现文化所使用的机制也有所不同。在沃尔玛，沃尔顿通常以阿肯色大学野猪棒球队式的欢呼作为经理人员会议的开场白，有一次居然还穿着草裙在华尔街上跳呼啦舞。沃尔顿描述了经理人员为了“让我们的员工成为一个大家庭”所做的其他一些“粗野”行为[59]：以总律师为目标的吐柿子籽比赛；和熊摔跤；让男的穿上粉红色的紧身衣，戴上长长的金色假发，在本顿维尔镇的广场上进行骑马比赛。

与此相比，鲍尔则坚持保守的穿戴；直到20世纪60年代，咨询师们还要戴帽子，穿长及小腿的袜子。他还很关心向客户提交的报告的外观，并撰写备忘录告诫公司成员不要滥用椭圆形。鲍尔描述了他建立“职业精神”的努力，职业精神乃是麦肯锡文化的一个关键要素：

> 我们在公司推行了建立职业精神的项目，这个项目的历史可没有什么引人注目的重大事件。这是一项苦差使，花费在这方面的时间数不胜数。我肯定提出了一系列非常单调的公司章程，并在公司和部门的培训会议上进行了一系列同样单调的演讲。公司还花费了数不清的时间在思考、客户服务、前瞻性客户关系以及公司内部关系等各个方面推广应用这种职业化方法。

尽管鲍尔塑造麦肯锡文化的方式似乎与沃尔顿的方式大相径庭，但是他们都对细节十分关注：在麦肯锡的文化中，建立职业精神的高度原则甚至包括对咨询师如何从服饰用品商店购物的指导。

4. 概要与结论

在前一章我们看到，新兴企业转变为成熟公司需要一个渐进的过程，需要随着时间的推移在部门之间进行有意识的协调。换句话说，企业家必须采取“战略性”方法。在这一章，我们考察了战略性方法中三个要素的重要性与各自的性质，它们分别是：为企业确立大胆的长期目标；制定达到这些目标所需要的一般性规则和政策；并将这些一般性规则转化为（或“贯彻为”）具体的决策。

与有前途的新企业的创建者采取的机会主义的或临时性的方法相比，发展企业的战略性方法有着显著的不同。我们看到，战略性方法与成熟企业的高层管理者所面临的战略性任务也存在显著的差别。已有的资产和组织规范限制了成熟企业的高层管理者所能操控的变量；例如，他们无法轻易改变公司的基本目标或者组织氛围。与此类似，大公司必须将创新机遇与已有资产进行匹配，这也限制了它们在技术与产品市场方面的选择空间。于是在选择余地较小（资源较多）的情况下，它们可以用更具演绎性、分析性的方法来找到战略。与此相比，在新兴企业中，企业家可以为自己的企业选择长期目标，确定企业将要开发的组织规范，确定目标顾客以及将要投资的资产。这些选择是以直觉的、适应性的方式做出的。在年轻的公司里，政策方针反映的是创业者的信念以及他们对意外事件的适应性反应，而不是推出战略的正式过程。

第 12 章　卓越的品质

本章考察了为了建立大规模的长寿公司，企业家必须具备的品质。前三节讨论了决定企业家在承担建立长寿公司所需任务时的意愿和能力的品质。它们是按照前一章使用的方法分类的：第 1 节讨论了哪些品质使得某些人更倾向于采纳大胆的目标。第 2 节和第 3 节讨论了影响企业家制定并执行长期战略的能力的品质。第 4 节考察了为什么缺乏建立长寿企业所需品质的企业家不能将自己的责任委托或转交给他人。第 5 节对比了企业家品质与企业内在的规模经济和范围经济，作为对企业寿命与规模的一种解释。

经营企业与创办企业所需要的品质是不同的，因为二者涉及不同的任务。在第 4 章，我们讨论了在不确定环境中通过机会主义式的适应性调整来创办企业所需要的品质与技巧，如对模糊性的容忍、思想开明、洞察力、应变能力以及进行面对面推销的能力。我们应该想到，建立大规模的长寿企业所采取的是战略性的而不是机会主义式的方法，其中必然涉及一些不同的品质。例如，我们将看到，追求雄心勃勃的长期战略需要企业家能够极大地容忍风险，这远远超过创办一家满足机会市场的新企业所需要容忍的程度。

许多有前途的企业的创业者并不具有建立长寿公司所必需的品质，他们也不能轻易地将关键性的企业建设任务的责任授权或移交给更合适的人选。只有极少数人同时具备创办企业与建设企业的意愿和能力，这就解释了为什么只有少量新企业达到了惠普、沃尔玛和微软这样的寿命与规模。这一解释与下面这种观点形成鲜明对照，即自然规模经济和“进入障碍”决定了企业的规模和寿命。我将提出，动力十足、能力超群的企业家，例如萨姆·沃尔顿和比尔·盖茨，能够创造规模经济和制造进入障碍，帮助他们的公司成为市场主导者。

1. 素质

我们在前一章看到，大胆的目标为企业家建立长寿公司的努力提供了激励和方向。下面这一节将目标所体现的胆识与企业家承担冒险的志向和意愿的性质联系起来。

志向的性质

创建一家有前途的满足机会市场的企业并不需要特别非凡的志向，而建立长寿企业的目标则来源于被熊彼特描述为“创建个人王国的梦想和希望；征服的愿望，为了成功本身——而非成功带来的成果——而追求成功；最后是创造的愉悦、完成使命的愉悦”[①]。

企业家志向的远大程度有所不同。有些“非常优秀的商人”，彭罗斯写道：

> ……（有些人）或许拥有高超的管理技巧和想象力；他们或许还是勤奋而有效率的劳动者，但是他们可能就是没有雄心壮志。在相同的情况下，那些志向远大的人会在对更多利润或者更高声望的无尽追求中不断扩展自己的疆土，而这些人则不会这么做。这并不矛盾：优秀的商人不一定就是特别有野心的人。而且，只要企业不是被那种总想获利的人所主导，就不太可能在规模上有很大的发展。[②]

企业家志向的性质也很重要，“创建个人王国的梦想和希望”和“对更多利润的无尽追求”会产生不同的结果。对利润的欲望并不需要企业家以建立长寿公司为目标，追求利润最大化的人可以利用转瞬即逝的机遇，不用留下任何永久的记号然后继续前进。为了说明问题，我们可以看一下萨姆·沃尔顿是如何评价自己与和他同时创办廉价商店的企业家之间在动机上的差别的。

> ……廉价商店最初吸引了许多创业者——有些人做过配送中心业务，有些做过房地产，这些人甚至都不是真正有抱负的商人，但是都看到了巨大的商机。你用不着是天才也能看明白，廉价商店是一个席卷全国的新潮流，各种各样的人都投身其中……他们会照搬康涅狄格或波士顿某家商店的样板，雇上几个可能懂行的采购员和管理员，然后开始四处开店。从 1958 年到 1970 年，到处是一派成功景象。[③]

最终，许多创业者在建立大型商场之后“失败”了，像凯马特“已经让机器运转起来，而且做得越来越好”[④]，最终也分崩离析了。其他人“把公司建设到一定程度，然后说，‘我挣的钱够多了！’于是卖掉公司买了一个小岛”。[⑤]沃尔顿同时拥有演员和创业者的双重性格，他写道，但是在内心深处他有着“想把事情做好、然后更好、乃至尽可能最好”的灵魂。他被人们误认为是“靠不住的”骗子——一会儿开廉价商店，一会儿“又去兜售汽车或者沼泽地”。事实上，他“从来没有做过短期的事情；我总是希望尽我所能去建立一个完美的零售组织”。[⑥]沃尔玛并没有停留在地区性企业的层面上，也没有把商店卖给其他全国性的连锁店[⑦]，因为沃尔顿想“传承一份事业”。

今天，积累财富与传承事业之间的差别尤为重要，因为并购市场非常活跃。如今，许多有野心的人创办企业的目的是把企业卖给规模更大的公司；他们的目标是发展能够补充其他企业资产的产品或技术，而不是建立属于自己的长寿企业。近几年，确实有几位创业者通过将企业在巅峰状态卖掉而大发其财，但是后来证明这些企业的成功只是昙花一现。

在有些案例中，最初纯粹为了金钱而创业的企业家日后却有了完全不同的志向。帕特里克·凯利回忆说，1983 年当他和合伙人创办 PSS 公司时，他们“只想挣钱。我们认为办公司的目的就是：赚钱。如果你能赚到钱，你就能拥有想要的一切”。五年之中，他们“赚了很多钱”。他们“每人都拥有了漂亮的房子、游艇和几辆汽车”。如果他们卖掉 PSS 公司，几位创业者就能获得几百万美元的收入，当时公司的收益为 2 000 万美元。凯利觉得他挣的钱足够满足个人消费需求了，然而这时在一次会议上他偶然遇到了一位演讲者，这位演讲者使他确信需要“有新的挑战。一种很伟大、但是从来没有人做过的事情”。于是，凯利为 PSS 公司确立了新的目标：成为第一家面向医生的全国性分销商。[⑧]

冒险的意愿

与创业时相比，对大胆目标的追求要求企业家承担更多的风险。正如我们在本书第一部分所看到的那样，新企业捕捉的机会通常并不需要多少事前投资。创业者在动荡的市场执行套利职能，或者为了满足顾客各不相同的需求提供定制化服务。他们没有投入多少资金或时间来开发专门性资产，而且他们还说服顾客和资源供给者承担很大一部分风险。然而，建立大公司却需要那种需要更多的事前投资的创新。沃尔玛公司建立了专用仓库，而没有依赖分销商。微软公司最初依靠口口相传以及与硬件厂商的合同卖软件，后来为了建立持久的品牌投资进行了广告宣传活动。戴尔公司最初只卖用非定制零件组装的电脑，此后则开发出自己的设计和制造能力。虽然这些创新活动碰巧都成功了，但是它们都需要进行风险很大、不可逆的事前投资。而且，要想培育出维系大型公司所必需的协调的资产体系需要进行许多创新活动，因而总投资额是相当大的。

尽管自力更生创业的企业家后来会通过外部投资者为其投资项目融资，但他们仍然面临着大量的个人财务风险。通常他们不能将自己那部分资本撤回，而且必须将自己那部分利润不断地进行再投资。如果企业倒闭了，他们可能要损失大量财产。他们还面临着新来的投资者强迫他们放弃控制权的风险。他们或许还要为银行贷款签署个人担保，将个人资产置于风险之下。1970 年，沃尔玛公司成功上市并付清了银行债务。但在此之前，萨姆·沃尔顿和妻子海伦“总是想方设法地借钱”。海伦和萨姆一起签署票据，“用房子和财产，我们拥有的一切”做抵押。[⑨]

克服增长的束缚也有风险。有前途的企业必须跳出原来的机会市场，到主流市场上同大公司展开竞争。例如，沃尔玛最初服务于农村市场。据一位分析家说，在农村市场上，沃尔玛的定价没有必要“那么精明”，采购合适的商品也不是那么关键，“因为消费者别无选择”[⑩]。为了扩张到全国范围，沃尔玛公司后来“与其他区域性廉价商店，如吉布森公司（Gibson's）和魔力玛公司（Magic Mart）展开了竞争”，并于 1972 年向身价数十亿美元的行业老大凯马特公司发起了挑战。[11]增长可能还要求将一些决策权委托给经验不足的员工，而这可能就埋下了公司衰败的种子。如同我们在前面提到的，PSS 公司不得不将“巨大的责任委托给没有多少经验的人”[12]。增长还需要建立正式的组织结构和管理体系，这就增加了公司的固定成本以及破产的风险。而且，增长还需要对营运资本进行不可撤销的投资——企业存货和应收账款的成本往往超过了其清算价值。

许多创业者在“一穷二白”的情况下轻松地创办了小企业，但是对建立大规模长寿企业所需要的投资却感到从心理上难以接受。正如一家连锁诊所的创始人所指出的：“刚开始创业的时候，你‘只要干就行了！’（Just do it），就像耐克的广告词说的那样。你还很天真，因为还没有犯过错误。后来你会知道所有的事情都可能出错，而且，因为现在你的资产值钱了，你觉得自己可能会失去很多。现在要我们再去冒险非常困难，而过去我们几乎想都不想就去做了。”从客观的角度看，第 21 家诊所的失败对企业生存所造成的威胁可能不会比第 2 家或第 3 家的失败更为严重。但是创业者在企业中积累起来的资产净值使他们自然产生了“厌恶损失”的倾向，（再加上更清楚哪里会出错）使得投资于新增诊所的风险显得更大，而不是更小。

由于担心失去积累起来的财产，有些创业者卖掉了自己的企业。在第 1 章我们提到了鲍勃·赖斯，他所创办的沃尔道恩钟表公司赶上了时尚手表的潮流。赖斯凭着 1 000 美元的资本起家，到 1994 年沃尔道恩钟表公司已经跻身于《有限公司》500 强企业，年收益超过 700 万美元，税前利润率超过 15%。然而，为了给沃尔道恩钟表公司日益增长的存货与应收账款融通资金，赖斯不得不拿出大部分利润进行再投资。截至 1994 年，他个人有 140 万美元的资金冻结在企业里。那一年 11 月，赖斯把沃尔道恩钟表公司卖给了一群投资者。“如果没有卖掉公司，我还能使公司持续增长，以后能卖出更高的价钱。对这一点，我非常自信。”赖斯说，“但是，我必须投入更多的资本，如果赶上销售低迷，我可能会丧失曾经唾手可得的收入。”

许多创业者不愿意冒险从事建立长寿企业所必需的活动；在第 4 章我们曾提出，是否创建有前途的企业取决于个人对模糊性而不是对风险的容忍度，这两个观点其实是一致的。而且，正如在那一章所指出的那样，有实验证明，对模糊性的厌恶和对风险的厌恶是不相关的。能够高度容忍模糊性的典型的企业家对风险的容忍度可能只是一般水平。只有极少数非同一般的个人，如萨姆·沃尔顿，才同时拥有创办不确定企业所需要的对模糊性的容忍以及建设企业所需要的对风险的容忍。

与财务收益的关系

尽管以上分析表明，从长期看，志向远大、对风险有较高容忍度的企业家更有可能成为市场的主宰者，但是这并不意味着他们就能获得超常的财务收益。在没有投入多少资本的情况下创办企业，然后开发出能够吸引其他公司或投资集团购并的资产，这种做法提供的回报与风险相比还是很诱人的。不过，预期的现金流并不能为建立大型公司所需的长期投资和不懈努力提供十分充分的理由。进取心极强的企业家也可能会成为“赢家诅咒”（winner’s curse）的牺牲品，他们为所获取的市场份额付出了太大的代价。

事实上，对创业者来说，最好的财务安排就是把企业卖给更为乐观或更有野心的竞争者。当然，让寻求进入新市场的大公司兼并也是一个不错的选择。大公司的经理人员常常认为他们可以更有效率地利用小公司的资产，并且愿意向创业者提供能够反映企业价值的价格。增长的压力也使得大公司急切地想要兼并新兴企业。

与此同时，如果竞争对手采纳了积极进取的增长计划，那么从长远来看，做出退出竞争或避免增长的决策可能是目光短浅的，而且风险更大。举例来说，只要硬件分销行业仍然是分散的，企业规模就是业主的个人选择问题——有些人满足于拥有一家商店，而有些人会建立小规模的区域性连锁店。然而，一旦像家得宝公司（Home Depot）这样的企业开始投资建立超级商店，并调动资源以批量采购的方式寻求全国性的规模经济，那么从长期来看，小规模的经营者承受不起原地不动的代价。劳动力和资本市场可能也会排斥机会战略。例如，如今在硅谷，一家没有采取高速增长战略的高技术公司，可能要在招募工程师或筹集风险资本方面面临困难。

此外，即使盈利丰厚的小企业，创业者也别指望能过上平静的生活。创业者午夜加班的日子常常无休无止，因为他们没有能力吸引有才能的员工；此外，由于没有伶俐的同事，他们发觉自己的生活既孤单又乏味。创业者可能还会被锁定在自己的企业中，因为个人的特许经营店很难出售；如果他们病了或者被工作折磨得油尽灯枯了，他们将面临财务上的危机。“我总是在跑呀跑呀跑，”一位企业家这样对我的学生说。尽管他的企业一年能给他带来 50 万美元的收入，但他还是抱怨说：“我每天要工作 14 个小时，我都记不起来上一次休假是什么时候了。我妻子总是花光我挣来的每一分钱，因此我不能甩手不干。我真想把企业卖掉算了，可是谁会买一家没有任何基础设施、没有员工的公司呢？”

综上所述，企业家的志向对于决定哪一家企业将获得增长起着很大的作用。在一个充斥着具备完全理性和先见之明的决策者的世界里，如果一位企业家决定积极拓展事业，（以顾客或资源为目标的）竞争对手要么跟进，要么放弃，当然，前提是如果他们可以选择的话。但是出于“对损失的厌恶”以及对挑战的恐惧，企业家会无视丧失长期竞争地位的可能性而做出目光短浅的决策。许多人会选择原地踏步，尤其是那些安于现状的人。因此，企业家的志向——即使在没有金钱基础的情况下——能够带来卓越的财务收益。从长远来看，与那些为了享受更好的生活方式而安于现状的企业家相比，拥有创建大公司志向的企业家甚至可以享受到更多的休闲时光。

在创建有前途的企业时或者在企业成为大规模成熟公司之后，雄心壮志和甘冒风险所起的作用就没有那么重要了。对新企业而言还谈不上什么冒险的问题，因为创业者本来就没有什么资本可以失去，而且没有较高的机会成本（见图 12－1）。与此类似，在大公司的管理中，雄心壮志和甘冒风险也并非关键因素。公司经理人员最典型的特征就是风险承担职能与管理职能的分离，他们无须将个人财产置于风险之下。而且，正如我们在前一章提到的，大公司已有的资产和经营活动也限制了它们进行大胆活动的能力。

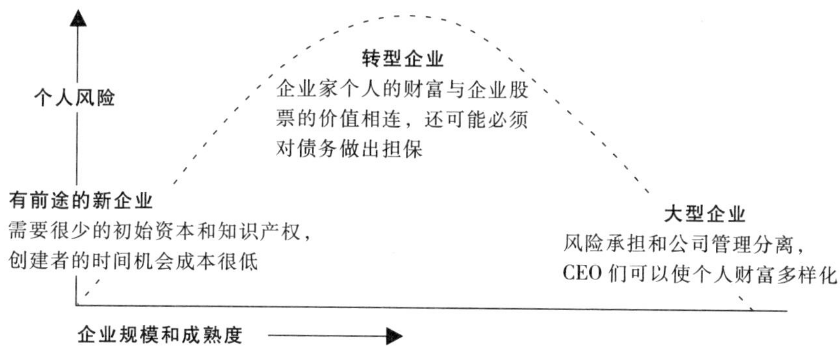

图 12－1　高层决策者面临的风险

2. 制定战略

对新兴企业而言，制定长期战略的任务会涉及一些智力因素，这些智力因素在创办新企业的过程中并没有发挥重要作用。这包括构想一个不同的未来的想象力、创造性的综合能力以及提炼能力。

想象力

正如我们在上一章看到的那样，对新兴企业来说，创业者无法通过将现有资源与市场机遇相匹配的方式来得出企业的长期战略。他们差不多都是白手起家，只能凭着自己的想象力从诸多方面来构想企业的未来，例如，将要服务的市场、需要获取的有形与无形资产以及组织的氛围和规范。预见未来可能性的能力和预言的天赋并不是一回事；建立长寿企业的过程意味着努力让未来符合个人的愿望，而不是进行精确的长期预测。

创造性的综合能力

创业者常常从其他企业那里得到许多战略要素。PSS 公司的帕特里克·凯利写道："我认为自己这一生中从没有过什么原创的想法。在 PSS，所有伟大的想法都是从别人那里借来的……"[13]但是与我们在创业阶段经常发现的对他人模型几近完全照搬的方式有所不同，企业家会从若干个来源对想法进行创造性的挑选和综合。凯利将 PSS 公司战略的基石归功于一系列不同的来源，有的来自斯堪的纳维亚航空公司（Scandinavian Airlines System，SAS），有的来自联邦快递公司，有的来自汽车零部件制造商达纳公司（Dana），有的来自能激励他人的讲师，还有的来自商业畅销书。马文·鲍尔在制定麦肯锡的公司战略时从琼斯戴公司那里借鉴了若干要素，这是一家位于克利夫兰的著名法律公司，他曾在那里当过律师。他借鉴了该公司提供客观独立的建议以及培育知名顾客的原则，但是，他却没有采取琼斯戴公司只设一个办事处（在克利夫兰）的战略。同样，麦肯锡还从其前身詹姆斯·O. 麦肯锡公司那里继承了"高层管理者方法"以及对培训的重视。但是鲍尔有意识地抛弃了既提供会计服务又提供咨询服务的战略和集权化的管理风格。

提炼能力

我们已经看到，新兴企业的战略随着创业者对意外机会与问题的调整而不断发展。对新政策的选择需要进行有意识的"人工"挑选，这有点像家畜饲养者所使用的方法，而不像自然选择的机械过程。创业者必须从解决具体问题的工作中超脱出来，并提炼出（通常是从一些粗略的数据中）一般性原则以指导日后的投资与创新活动。正如我们在前面提到的那样，沃尔玛之所以建立自己的仓库，是因为找不到愿意为其农村地区的商店提供服务的分销商。沃尔玛以仓库为中心进行扩张，这样每个商店的位置都在距仓库一天的行程之内。"我们会从仓库出发走到尽可能远的地方，开一家商店，"沃尔顿写道，"然后用我们的商店把地图上那个区域填满……直到整个市场已经饱和了为止。"[14]确定这一规则靠的不仅仅是解决问题的能力。"我们的增长战略是一种必然选择，但是至少我们较早就将其作为战略确定下来，"[15]萨姆·沃尔顿写道，"我们只是开始复制成功的做法，用压模制作饼干的方法复制一个又一个商店。"[16]

许多为了捕捉短期机遇而创业的企业家，无法完成从纯粹的战术导向到战略导向的转变，因为他们缺乏必要的想象力和进行综合与提炼的能力。有些人是"实干家"，拥有处理细节的才能，但是缺乏构架大企业所必需的想象力。其他一些人所具有的想象力似乎更适合于短期项目或短期交易。正如第 4 章所讨论的那样，他们可能在销售过程中显示出巨大的"战术性"创造力，能够获得延期支付条款，或者发现能低价租赁到未被充分利用的生产能力。但是如果要他们超越现状，想象一下公司在十年之后会是什么样子，他们可能会很不自在。在金融和房地产领域我们常常会发现这种以交易为导向的想象力。例如，"80 年代"的"袭击者"，像詹姆斯·戈德史密斯爵士（Sir James Goldsmith）、欧文·雅各布（Irwin Jacobs）、罗纳德·佩雷尔曼（Ronald Perelman）等人，在兼并诸如克朗·泽勒巴克、AMF 和露华浓（Revlon）等多元化公司中显示了令人瞩目的创造力，他们还以可观的利润出售了几个业务单元，但这些人在建设企业、促进企业成长方面却没有取得类似的成功。

企业家的想象力和创造力可能还受到专业视野的限制。例如，在高技术领域我们常常发现企业家拥有技术上的先知先觉，但是对制定营销政策或组织政策却兴趣索然。结果，营销部门可能只有几个唯命是从的工作人员。企业也有可能会制定出功能紊乱的组织规范，这是因为塑造企业文化的任务被错误地安排给了那些靠着技术特长或文凭招聘进来的员工。如果没有像微软的比尔·盖茨或者英特尔的安德鲁·葛洛夫这样的企业家，前瞻性地努力培育一种不安全的和偏执的企业文化，成功可能就会酿成骄傲和松懈。与英特尔、微软或惠普不同，当竞争对手研制出更卓越的技术时，这些企业更有可能土崩瓦解，因为它们缺少良好的营销能力、高昂的员工士气和迅速应对挫折的能力作为缓冲。

3. 执行

在上一章我们发现，执行建立长寿企业的战略需要对资源进行升级，并建设组织的基础设施。现在我们转而考察决定企业家执行这些任务的能力的品质。这包括：恒心、激励与威胁、学习新技巧的能力。

恒　　心

笼统的战略规则和具体的行动方案之间的一致性取决于企业家的恒心，根据字典中的解释，恒心就是“对某项事业持有坚定不移的信念”。在有前途的企业“机会主义式的”创业阶段，这并非一个重要的品质；事实上，对某一个想法持有强烈信念与“思想开放”是相互矛盾的，而保持“思想开放”又是适应变化多端的市场状况与顾客需求所必需的。不过，在执行建立顾客关系、企业声誉和组织基础设施的战略时，恒心就十分关键了。

专注于特定顾客或者特定需求，这种做法通常需要企业甘愿承担机会成本。正如我们在前面提到的那样，麦肯锡的合伙人为了建立“高层管理者的客户群体”，拒绝了销售经理委托的市场调查与研究项目。休利特和帕卡德在第二次世界大战期间拒绝了大批量的制造合同，集中精力研制高品质的仪器。[17]组织原则的执行可能要求解雇一些有能力的员工。帕特里克·凯利讲述过他是如何请一位早期的合伙人走人的故事，因为此人的管理风格和凯利要在 PSS 公司灌输的价值观相冲突。[18]1952 年，麦肯锡为了建立“精英”组织，开始对员工执行“要么提升要么出局”（up or out）的政策，即使该政策降低了公司的生产力（以及合伙人的收入）也在所不惜。承担这种机会成本的意愿，可能来自对基本原则的价值的强烈信心，还有强大的自我约束能力和推迟获取报酬的能力。

在极端的案例中，恒心引起的不仅仅是放弃增加利润的机会，可能还要用整个公司作赌注。换掉二流顾客和员工的战略对企业的长期生存或许极为重要，但是，能以多快的速度获得新资源却不可预知；完全放弃现有的顾客和员工所引起的现金流失可能会使公司遭受灭顶之灾。因此，为了继续进行资源升级，企业家要具备非同寻常的风险容忍度以及自我约束能力和对战略的信心。（案例请参阅专栏文章《提升特鲁瑞德公司的顾客基础》。）对“意志力有限”的人来说，延迟资源升级的激励可能是十分强烈的。

企业家对资源升级战略的“坚定不移的信念”可能会和他们的个人忠诚感发生冲突。他们既渴望发展公司，又觉得对创业员工负有忠诚或者责任的义务，许多人无法轻易地调和二者之间的矛盾。比尔·纳西（Bill Nussey）与他人一同创建了开发软件的达芬奇系统公司（Da Vinci Systems），他回忆说，随着公司的成长，“越来越明显，公司的需求已经超出了员工的能力范围”。解雇这些曾经“与公司一同奋斗、经历了风风雨雨并为公司做出了牺牲”的员工“是他做过的最艰难的事情”。即使是不理想的组织，企业家也担心改变有可能让情况更糟，对员工的忠诚感强化了这种担心，并为这种担心的合理性提供了依据。

提升特鲁瑞德公司的顾客基础

杰夫·贝伦斯（Jeff Behrens）是特鲁瑞德公司（Telluride Company）的创始人，这家公司专门提供与计算机相关的服务。贝伦斯回忆说：

我是在卧室里创建特鲁瑞德公司的。我独自工作，以每小时50美元的价格满足顾客所有的需求：组装电脑并安装软件，修改程序中的错误，开发软件，做一些数据库编程工作，还有一些网络和系统管理工作。那时候让我吃惊的是，人们会付给一个没有受过训练的小伙子每小时50美元的报酬。我还不太懂得如何做事，还不得不通过试错法找到问题。

三年之中，我雇了一名助理，还租了办公室。我仍然以小时为单位做任何能做的事情，不过越来越艰难。现金流难以预测，而且最让人恼火的是，那些我为之服务了一两年的顾客，还有那些每月向我支付500～1 000美元的顾客，竟然会撕碎我的账单，质问我为什么X工作要花掉1.5个小时而不是1.2个小时。为了让企业成长为一家可持续发展的企业，我们需要更多可预测的现金流以及不那么令人痛苦的客户关系。我们设计了“SMP”——系统管理计划（System Management Plan），顾客可以按照公司的规模和复杂程度每月支付固定费用，从而获得所需的全部服务。

变革是艰难而痛苦的。没有人想要这个SMP：顾客喜欢那种感觉，如果他们不给我打电话就不用支付任何费用。最后，我做出了恐怖而又冒险的决定，我告诉所有的顾客，他们要么接受SMP，要么就另请高人。在12个月的时间里，我们损失了 75% 的顾客，到了第 18 个月，我们只剩下了一位顾客。但是在这个过程中，我们能够找到更好的顾客，其实是用优质财源代替了劣质财源。我们挣的钱更多了，每个顾客带来的平均收入直线上扬。但是如果我知道我会只剩下一位顾客，我真的难以确定自己是否还有勇气这么做。

两年后的今天，我们又面临着新的转折点。公司的员工增加到 11 人，我们的 SMP 系统和联合服务带来了不错的现金流，我们能够轻易地找到业务并很好地响应顾客的需要。然而，聘用技术经理已经成为企业最困难的问题。优秀的技术经理价格昂贵，他们的工资比现有员工的高出 50% ~75%。我必须制定薪酬计划，以便招募更多的管理人才。这或许会迫使我们重新调整费率，重新评估甚至解雇现在的经理，结果或许会像引入 SMP 一样具有变革性和破坏性。我认为，如果想让特鲁瑞德公司持续成长恐怕别无选择。现在让我难以做出选择的是，我已经过上了不错的生活，又拥有一家虽然小但是足以生存下去的企业——与以前相比我可能失去的东西太多了！

激励与威胁

发展企业和创办新企业所需要的说服能力属于不同类型。我们已经在本书的第一部分看到，在创业阶段，创业者通过理解并适应他人的需求让后者对新企业进行适度的冒险。例如，他们向顾客提供定制化的产品和服务，向就业前景暗淡的人提供工作机会。此后，企业家面临的挑战从根据他人的需求和想法进行调整变成了使他人屈从于企业家的意志。

在这个阶段，企业家激励他人的能力起着更重要的作用。作为富有魅力的领袖人物，企业家必须塑造其他人的偏好和需求：例如，帕特里克·凯利必须说服员工接受并从内心认可建立全国性分销公司的目标；还有，鲍尔必须说服合伙人，创造一家“基业常青”的专业服务公司是一项有价值的事业，值得为此牺牲一些收入。企业家还必须让他人共同分享自己对手段和目的的信念，即对公司战略矢志不渝的坚持必将带来长期目标的实现。(我的意思不是说人人都可以像凯利和鲍尔一样忽视他人的内在需求和想法；每个人对他人世界观的理解力在促使他人按照自己的想法看待世界的过程中非常有用。)

威胁的能力，赫伯特·西蒙（Herbert Simon）或许会称之为提供“诱因”（inducements)，这些诱因导致他人放弃“进行选择的关键性权利”[19]，这种威胁能力强化了企业家的激励能力。在企业的早期阶段，创业者没有什么谈判能力，常常必须扮演恳求者的角色，因而这种能力无关紧要。事实上，正如我们在第 4 章提到的那样，为了推销产品，他们必须消除对方的戒心，不能让对方感到受到了威胁。当企业具备了提供正的诱因和负的诱因的能力之后，威胁就开始发挥作用了。例如，1980 年，为了从 IBM 公司获得关键性的 MS-DOS 订单，微软的领导者必须积极响应 IBM 经理人员的要求。在 IBM 公司的个人电脑取得成功之后，微软就可以对个人电脑制造商坚持苛刻的条件，以巩固自己在操作系统市场上的地位。

尽管威胁需要有客观基础，但是其有效利用则取决于企业家影响他人观念的技能。企业家必须理解并利用他人对损失和模糊性的厌恶——担心失去所拥有的，害怕备选方案带来的不确定性。企业家为了达到自己的目标，还必须具有非同寻常的敢于冒险的意志。通过有效地操纵他人的观念，企业家可以获得与实际谈判地位不相称的顺从。像比尔·盖茨一样建立了长寿公司的企业家常常被描述成“强硬的”或者“无情的”，他们似乎采纳了马基雅维利的建议，“要被敬畏而不是被爱戴”，这一切都绝非偶然。

学习新技巧

与创办新企业相比，执行企业发展战略所涉及的具体任务有所不同。比如，企业家必须和银行家进行谈判，而不是和供应商就延期支付条款讨价还价；必须将精力更多地用于营销方案的制定，并减少直销的投入；必须决定企业内的等级关系并制定规范，而不是利用素质欠佳的员工想方设法把产品卖出去。这些任务都需要技能，我们或许可以泛泛地称之为商务技能或管理技能，很少有创业者一开始就具备这些技能。正如我们在第一部分所看到的那样，像罗德·凯宁这样拥有广泛的企业与管理经验的创业者毕竟还是少数。在更多的情况下，长寿公司都是由像比尔·盖茨、迈克尔·戴尔、萨姆·沃尔顿、威廉·休利特和戴维·帕卡德这样的年轻人所创建的，他们在企业方面没有多少经验，也没有接受过正规培训。

这些人需要将自己从斗志昂扬的自力更生者改造成大型复杂企业的管理者，扩展自身技能的能力有助于决定他们能否带领企业实现从新兴向成熟的相应转变。发展新技术所需要的时间限制了企业发展的速度，这或许有助于解释像惠普和沃尔玛这样的企业为什么会花费数十年的时间才成长为大规模的成熟公司。然而，许多创业者缺乏学习新技能的意愿和能力。心理上“维持现状”的偏见，使得他们习惯于深化现有的知识，而不是将其技能体系拓展到新的领域。我们常常看到企业家不愿意“放手”，这可能是他们不能学习管理技巧的一个症状，这也导致他们总是在有限的规模和范围内经营企业。

综上所述：制定建立长寿公司的战略，要求企业家拥有能够构架一个不同类型的未来的想象力；对不同来源的原则创造性地加以挑选并整合进而形成整体一致的能力；从具体情境中提炼出一般规则的能力。战略的执行要求企业家对战略持之以恒或者坚定不移地投入；有激励他人的能力，如果有必要，还要具有胁迫他人服从自己意志的能力；有学习新技能的意愿和能力。

4. 对专业化分工的限制

有些企业家拥有创建有前途的新企业所必需的品质，但是其中很少有人还同时具备建立大型公司所必需的品质。这两类品质不仅有差别（见图 12－2），它们可能还会相互冲突。举例来说，在创业伊始所必需的开放思想，可能与日后对战略持有坚定不移的信念相互矛盾；或者最初利用他人对弱者的同情的能力与日后胁迫他人的能力也是相互冲突的。两类品质缺乏重叠的部分，这提出了下面这个问题：成功地创建了新企业的创业者既然缺乏建立长寿公司的能力，那么他们为什么不招聘员工以弥补这种品质的缺陷，或者将控制权移交给有能力的人呢？换句话说就是，哪些因素妨碍了公司建设的任务在不同的个人或者不同的时期之间进行专业化分工？

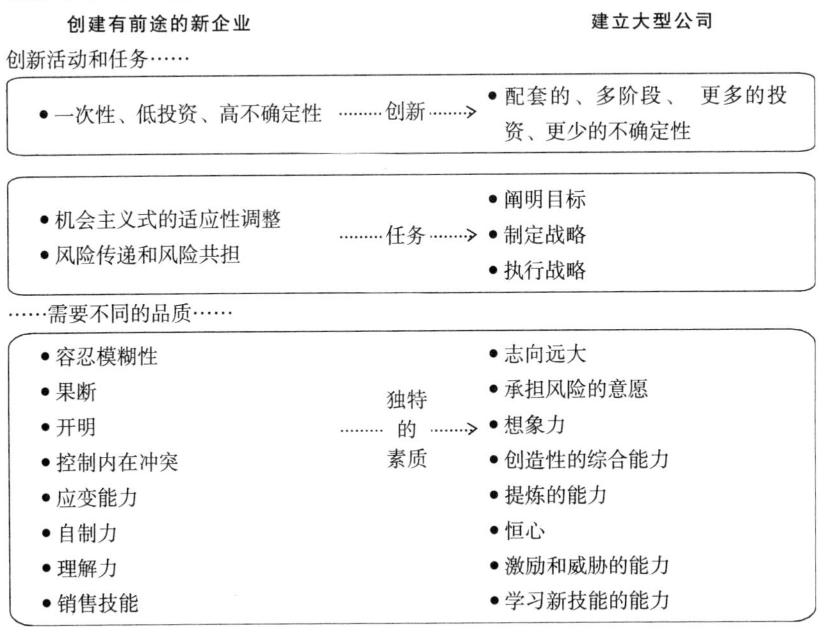

图 12－2　创新、任务与品质方面的差异

职能的不可分割性

企业家不能雇用他人为企业制定大胆的目标。顾问或者书本可能会提出富有煽动性的问题，但是建立大规模长寿企业的志向以及进行必要冒险的意愿必须来自企业家的内心深处。同样企业家也不能像成熟公司的 CEO 一样，将制定战略的任务交给咨询公司或者计划人员。我们已经看到，在新兴企业中，战略的制定更多地是一种创造性的行为，而不是推理式的行为。“给企业下定义”以及建立组织原则的问题，更多地取决于企业家的志向与先前的经验，而不是客观的分析与研究。起初企业家对长期战略做出先天的或者多少有些武断的选择，日后再根据新的问题和机遇进行调整。

个人在战略制定的能力上会受到创造性的局限，这在一定程度上可以通过合伙制得到缓解。合伙制在新企业中非常普遍，我研究的《有限公司》所列企业中有70%是合伙制企业。《有限公司》杂志对1992年它所评出的500强企业的调查也显示，约有2/3的新企业是以合伙制的形式成立的。[20]合伙制的一个优势在于注重细节的创业者和提供战略规划的创业者之间的联合，前者可以照管企业的经营事务。举例来说，马文·鲍尔与盖伊·克罗克特（Guy Crockett）协作创建了麦肯锡；克罗克特感兴趣的主要是“日常经营事务”，而鲍尔的主要兴趣则属于“概念性的和长期性的”。

在某种程度上，只有当企业家们拥有互补性优势（而不是相互重叠的局限性）并能像团队一样相互协作时，合伙制这种解决方案才是有效的。有证据显示，协调问题限制了合伙人团队的人数，即使很小的团队也会因人际关系的矛盾而解体。例如，在我研究的《有限公司》所列企业的样本中，以合伙制形式成立的新企业中有2/3的企业只有两位创始人，没有一家超过四位。1/3的合伙制企业在创建7年之后原来的合伙关系都有所改变。

战略执行的具体任务的授权问题有一些微妙而且常常被误解的特征。很明显，为了公司的持续成长，企业家必须将自己的许多任务放手交给下属去做。比尔·盖茨和保罗·艾伦不再为微软编写任何程序，迈克尔·戴尔也早就不再组装电脑。同样清楚的是，企业家必须进行转变，从几乎不花时间制定长期战略向在该领域投入大量精力转变。然而，这并不意味着他们可以集中精力只考虑战略的制定，而将执行留给其他人。尽管企业家必须完成的具体任务的性质有所改变，但在很长一段时间内，他们作为“实干家”的能力依然非常重要。

执行任务的授权受到顾客、员工、投资者、贷款者以及其他资源供给者对企业家而不是企业的信任程度的限制。一家新建企业的信用与声誉和创业者的信用与声誉息息相关，因此，在下订单或者提供信用贷款时，顾客和银行家通常会要求创业者密切参与交易。Sun公司从CVD公司得到的至关重要的商业订单，都是在公司的创业合伙人和CEO维诺德·科斯拉竭尽全力之后才拿到的。同样，对于壳牌石油公司和ICI公司这样的突破性海外客户，马文·鲍尔也是亲自商谈研究事宜。

有些政策来自具体的决策，这使得很难将战略制定与战略执行彻底分开。像萨姆·沃尔顿这样的企业家能够从具体的问题和机遇中提炼出方针政策，因为他们与企业的日常经营活动有着紧密的联系，这种联系有助于他们控制对错误政策的不当采用。当给予某位顾客或员工特别优惠时，可能就会出现这种情况，为错误的营销或薪酬惯例定下先例。

企业家必须运用具体情况具体判断的方式来调和长期战略和当前资金约束的矛盾。尽管转型企业能够比新企业获得更多的资金，但是发展机遇对战略性投资的要求常常超出他们能够获得的资本。因此，企业家在阐述富有远见的战略时，还必须对具体开销进行严格控制。例如，沃尔顿在对沃尔玛公司计算机化的长期投资和对单个项目的严格审查之间实现了平衡。沃尔顿写道：

> 沃尔玛的每个人都知道，我曾经对所有这些技术开支进行过极其严格的控制。所有这些家伙都喜欢谈论这件事，他们会说我从来都不想要这个技术，说他们为了达到目的如何放弃了自己的生活。事实是，我真的想要技术，我知道我们需要它，不过我只是不能下决心说："好吧！就这样，需要什么就花钱买吧。"我总是怀疑一切。让他们想一想，或许技术并不像他们想象的那么好，或者技术并非像他们承诺的那样是一种一劳永逸的解决办法，这样做对我很重要。对我而言，如果他们认为自己有机会证明我是错的，他们似乎应该再稍微努力一下，更仔细地权衡一下各种关系。如果我真的不想要这个技术，我就不会为了它大把大把地撒钱了。[21]

企业高层领导所作的具体决策有助于确定企业文化。惠普、麦肯锡或者沃尔玛的创始人不仅清楚地阐述了一般原则，还利用具体机会表扬服从、惩罚违背，赋予这些原则以生命力。除非企业家能够"以身作则"并密切监控下属的行为，否则机会主义的偏差会导致组织所信奉的准则和实际执行的准则之间出现巨大反差。

连续性的价值

有些人只具备创业所需要的技巧，有些人虽然没有创业的能力但具备守业的能力，因此前者把控制权交给后者似乎是最优选择。然而，这种事情似乎不会经常发生：1985 年登上《有限公司》排行榜且 1995 年收入超过 5 亿美元的企业（包括微软和甲骨文）中，只有一家企业例外，其他所有企业的 CEO 依然工作在管理岗位上。[22]有证据表明，像惠普、沃尔玛、微软和麦肯锡这样的长寿企业是由企业的创始人经过数十年的努力建立起来的。在有些案例中，例如 IBM、3M 和麦当劳，虽然创始人很早就引退了，但我们还是发现了类似的领导连续性，承担领导责任的是一些在企业尚未定型时就已经获得控制权的人。我们前面提到过，托马斯·J. 沃森爵士于 1914 年，也就是企业成立三年之后，加盟了 C-T-R 公司，此后 40 年的时间里一直由他经营着公司（后来他将公司重新命名为 IBM）。将一家濒临倒闭的砂纸厂改造成 3M 的威廉·迈克奈特，在 1929 年到 1969 年之间先后担任了该公司的总裁和董事会主席。

当然，也有例外。例如，桑迪·勒纳和莱恩·博萨克于 1984 年创办的思科公司。1989 年，风险资本家聘请了约翰·莫格里奇经营这家公司，当时公司价值 500 万美元，拥有员工 35 人。1991 年，莫格里奇从王安电脑公司请来了钱伯斯；莫格里奇成为董事会主席后，钱伯斯被任命为首席执行官。据莫格里奇称，他已经实现了将销售公司的销售额增加到10亿美元的目标；他相信思科有潜力达到100亿美元，但是他已经61岁了，不想再为此付出5年的时间。[23]

公司创始人的目标和动力限制了高级管理层变更的频率。企业的创始人通常不愿意放弃控制权：风险资本家多少是强迫勒纳和博萨克离开思科的管理团队的。有些创业者没有意识到自己缺乏建立大公司的能力，还有些人选择了经营小型企业，以便能够提供充裕的收入和惬意的生活。有些创业者没有多少选择的余地，只能和自己的企业同呼吸共命运。举例来说，如果休利特和帕卡德或者比尔·盖茨在企业的转型阶段离开，没有证据显示他们一定能找到报酬更丰厚的事情打发自己的时间。

那些选择了继续前进的企业家常常发现，从财务角度看，把企业卖给其他公司比将控制权交给另外一个人更划算。我们前面提到过，有前途的企业作为被兼并对象比保持独立获得的价值更高。这类兼并使得被出售的公司的独立性不复存在，但是从长期看有助于保持高级管理层的相对稳定；兼并导致了资产从一个公司向另外一个公司的转移，而不是首席执行官的指挥棒从一个人的手里传递到另一个人的手里。

从积极的一面看，如果企业家拥有（或者能够培育出）必需的技能，他们的持续领导也能帮助企业达到令人瞩目的规模和寿命。我们曾经提到过，在创业初期，企业的价值与创业者个人的知识、技能、声誉和背景息息相关；企业的所有权不能转移给他人。像惠普和微软这样的例子表明，即使公司已经获得了独立的资产组合，领导的连续性依然十分宝贵。很显然，暂时的专业化分工——随着所需要的技能的改变，将企业的控制权交给合适的新人——是有缺陷的，其缺陷类似于将企业家责任进行分割的后果。通常，我们在长寿企业看到的不是接力赛跑或者频繁地更换门卫，相反，我们看到的是企业家角色与技能的逐渐演变。

综上所述，将新兴企业改造成大规模的长寿公司，需要企业家完成许多相互关联的任务。他们必须运用自己的想象力制定长期战略，设计组织的结构和体系，塑造企业的文化和特性。除了承担这些创造性的和梦想性的职能之外，企业家还必须持续从事日常经营活动，进行各种艰难的、具体的选择。在描绘广阔的前景以激励并吸引人才的同时，企业家还必须严格控制各种开支和现金，密切监控营运绩效。这些任务之间的相互关系使得很难将它们下放下去，企业家也无法轻易地将其知识、人际关系和背景转移给他人。有些人拥有不断拓展其技能与角色的卓越能力与意志，企业通常是在这些人的领导之下才达到令人瞩目的规模和寿命的。

5. 与产业结构的关系

在第10章我简单地提到了产业组织研究者的观点。我认为，建立大规模的长寿公司要求企业家具备卓越的意志力和能力。他们对这个命题有不同的看法。产业组织研究认为，类似技术水平和消费者偏好等因素决定了产业的规模经济水平，进而决定了竞争者的最优数量。如果规模经济水平较高，竞争力量会消灭大多数企业，只保留几家；如果不存在规模经济，我们则会发现该行业充满了众多小企业。外部创新提高了规模经济的水平，减少了能够存活下来的企业的数量，同时提高了这些企业的平均规模：回忆一下乔瓦诺维奇和麦克唐纳所举的例子，1916 年出现的班伯里混合器导致轮胎行业股价暴跌。要想在这种衰退中存活下来，不需要卓越的志向或多样化的才能，只要运气好或者具有迅速进行创新的远见就行了。

规模经济和范围经济预先决定了市场上生存者的数量，为了评估这一观点，我们先来回顾一下有关的证据，接下来我们将考察因果关系。我认为，决定某个产业的规模经济与范围经济的不仅仅是外部性因素，企业家建立长寿公司的努力也是非常重要的决定因素。

证　据

根据谢勒（Scherer）1980 年的文献，标准的产业组织理论假设“市场结构（即某一产业竞争者的数量与规模）或多或少是由诸如技术（以及）消费者对广告的接受程度等变量决定的”[24]。对不同产业的产业集中度（通常按照前 4 家企业的市场份额衡量）进行的国别比较似乎支持了这一假设。“各国集中度模型存在的相似性，足以令人怀疑有一些共同的决定集中度的力量在起作用，”[25]谢勒写道。萨顿（Sutton）1996 年的评论也指出：“根据集中度水平对产业进行的排名，国与国之间的情况极为相似：在某个国家由少数几家企业把持的行业，在别的国家可能也由少数企业把持着。绝大多数研究支持这种规律，并将其解释为对如下事实的反映：某一市场所特有的技术和偏好模式在不同的国家可能都是相似的。”[26]

根据产业组织模型，限制市场上竞争者数量的外部变量，同样也影响到市场上现有企业的寿命。该观点指出，为了达到最低水平的有效规模需要进行较大规模的不可逆投资，这对“先行者”（first-mover）抵制新进入者起到了保护作用。因此，如果生产的“最低经济规模”是市场总需求的 1/10，我们会发现无论什么时候市场中的企业都不会超过 10 家，而且随着时间的推移，我们看到的始终是这 10 家企业。

企业史学家和产业组织研究的观点产生了共鸣，即诸如技术等外部因素决定了企业的规模和寿命。例如，考虑一下阿尔弗雷德·钱德勒的观点，他观察到在“具有相似特征的产业”中存在着大型现代工业企业的“集聚”（clustering）现象。[27]在 1990 年出版的《规模与范围》一书中，钱德勒分析了 1973 年世界上所有员工超过 20 000 人的工业公司的行业分布。在 401 家公司中，289 家（72%）聚集在食品、化学、石油、原料金属、机械和运输设备行业，只有不到 23% 的企业属于烟草、轮胎、新闻用纸、平板玻璃、罐头、剃须刀和照相机行业，只有 5.2% 的企业来自纺织、服装、木材、家具、皮革、印刷和出版行业。[28]据钱德勒称，大型公司在特定行业的集聚反映了“生产过程”中的发明或重大改进，为实现“规模经济与范围经济的成本优势”带来了“前所未有的”机遇。[29]在服装、木材、家具、印刷和其他类似的行业，“大规模的现代企业仍然相对较少”，设备与厂房的改进无法带来“大量的”规模经济。在这些行业中，大公司享受不到“显著”超过小规模竞争对手的成本优势。[30]

另一位历史学家麦克劳写道：

> 只有特定类型的产业适宜进行大规模经营。这类产业要么具有显著的规模经济（电业、钢铁、炼油、化学、汽车制造），要么具有范围经济（制药、廉价零售店、名牌快餐店）。纵观美国历史，企业家们曾经试图在天然不具有规模经济的行业中创造出大企业，但是他们一无所获。每一个人都知道全国饼干公司（National Biscuit）[隶属于雷诺兹-纳贝斯克控股公司（RJR Nabisco）]，但是从没有人听说过全国小商品公司（National Novelty）、全国制盐公司（National Salt）、全国淀粉公司（National Starch）、全国墙纸公司（National Wallpaper）、全国绳索公司（National Cordage），所有这些公司都在成立之后不久就销声匿迹了。标准石油公司（Standard Oil）位居世界规模最大的公司之列，但是全国绳索公司（National Rope and Twine）如同过眼云烟般迅速消失了。美国钢铁公司（United States Steel）的业务蒸蒸日上，而美国纽扣公司（United States Button）则如昙花一现，转瞬即逝了。[31]

企业家的角色

在预定的产业结构和企业家的才能之间可以通过以下简单方式来取得调和：外部的规模经济决定了市场上竞争者的数量，而每个企业家的能力决定了他们的地位。不仅仅是运气，许多品质决定了哪位企业家能够成功地适应创新的出现，像班伯里混合器一样的创新提高了企业的有效规模水平。幸存者更需要市场份额，他们更愿意冒险对新技术进行投资，并且具备筹集必要资金的能力；他们能够卖掉大量产品；而且，他们可以建立有效的机制以解决实现规模经济的过程中所涉及的协调问题（例如制造和营销部门之间的矛盾）。

类似的逻辑还可以用来解释为什么许多企业的市场份额远远大于只按照规模效应预测的结果。规模效应为集中度水平确立了较低的限度——最低水平的有效规模决定了市场上能够存活下来的企业的最大数量。事实上，我们常发现竞争者的数量没有那么多。几位观察者曾指出“实际的集中度水平似乎远远超过了（最低水平的有效规模）设定的水平”[32]。我们或许可以将这一差异归因于能力卓尔不群的企业家，他们获得的规模经济比由技术或偏好等因素“预定”的水平高许多。

然而，我们可以超越这一简单化的调和方式。熊彼特在1939年的《商业周期》（*Business Cycle*）一书中指出，创新“既非抽象和不可知的，也非机械和预先注定的”，只有卓越的企业家才能够利用创新的潜在机会。[33]熊彼特指出，在18世纪晚期的英国，棉纺和羊毛两个行业都提供了创新的机遇，但是只有棉纺行业有能够利用这些机遇的企业家。我们可以将企业家能力与创新之间的关系延伸到产业结构的分析中：下面我将提出，那些似乎明显决定了产业结构的外部因素常常是企业家努力的结果。技术和偏好的差异导致了产业间制造、营销或者其他方面的差异，这些差异反映了企业家试图在所在行业建功立业的志向和才能。

制造经济。正如前面所提到的，钱德勒对出现新的制造流程的产业和没有出现新的制造流程的产业进行了对比，前者通过大规模生产实现了大量的节约，而后者却不能通过提升规模来大幅削减成本。但是，前一类新的制造流程是从哪里来的呢？钱德勒和其他学者的研究指出它们来自具备多种才能且雄心勃勃的企业家。

例如，亨利·福特将汽车的生产方式由成批处理改造成基于流水线的大规模生产。福特不仅仅是一位“机械天才”，历史学家麦克劳和泰德罗指出，他所具备的才能以及带来的一系列创新正是大规模生产成功的原因所在。为了降低员工周转率，福特向工人提供了5美元的日薪，这是当时市价的两倍还多。当时，由于流水线工作具有“令人体力衰竭、头脑麻木的问题”[34]，公司的员工周转率有时会达到每年300%～400%。福特对“大众型汽车的性质”具有“敏锐的”直觉，并且看到“恰当的汽车设计是压倒一切的第一要素”。[35]

考虑到他所处的时代，我们可能还要赞美一下福特非同寻常的组织能力。麦克劳和泰德罗指出，福特“很不愿意将自己的权力下放给他人”[36]，他们还将他“冲动型的企业家精神”与阿尔弗雷德·斯隆的性格进行了对比，斯隆是一位“有耐心、擅长说服工作、系统化的组织人”，是他一手缔造了通用汽车。[37]但是我们应该注意到，福特公司从1911年生产4万辆汽车成长到1925年生产140万辆汽车；公司通过包括6 400位分销商的分销体系来销售这些汽车。1997年，福特在北美地区制造了168万辆客车[38]，只比1925年的产量增加了约20%。1925年，福特的员工人数超过了10万人，其中5.8万人在红河工厂工作。历史学家戴维·刘易斯写道，在20世纪20年代中期，红河工厂占地面积超过1 115英亩，“无疑是世界上最大的工业用地”[39]。今天，虽然我们已经积累了关于大型组织的大量知识、大量的职业经理人以及复杂的信息技术，但仍然难以想象，如果没有相当的组织才能，一位企业家何以能创造出福特汽车公司这种规模的企业。考虑到20世纪20年代的条件，我们可以公正地说福特的组织能力不仅是非常优秀的，而且是实现大规模生产带来的经济效益所必需的。

凭着利用新技术的热情和能力，优秀的企业家也可以促进提升规模的创新。埃里克·冯·希普尔（Eric von Hippel）的研究表明，在许多行业，促进产品创新的往往是产品的使用者而不是制造者。[40]因此，雄心勃勃的渴望主导市场的企业家会敦促供应商开发新设备、提高有效规模的最低水平。例如，在钢铁行业，安德鲁·卡内基（Andrew Carnegie）“狂热地追求成本领先，对改进流程进行了大量投资”，而他的竞争对手则在“集中精力缔造或破坏价格联盟”。[41]他的企业是许多创新——如托马斯流程（Thomas process）——的第一个实现者。如果卡内基采取了与竞争对手相同的方式，这些创新在商业上的用途可能发展不到今天这个程度。

或许，汽车和钢铁制造业有着某些不同于木材和家具行业的内在特征，这使得前者可以获得更高水平的规模经济。就我所知，有关自然规模经济的观点并没有清晰地解释这一差别。相反，这些观点隐含地假设了如果家具能像汽车那样进行大规模生产，肯定早就有人这么做了。我认为，这种达尔文式的假设公然违背了历史证据——卓越的企业家在推出产品和流程创新的过程中起到了关键作用。

营销与分销经济。在从软饮料到大型机的许多行业中，规模经济与范围经济更多地来自营销与分销部门，而不是单位成本随产量提高而急剧下降的生产部门。正如前面曾经提到的那样，有些学者认为这些经济效益来自消费者“偏好”或者“对广告的接受程度”等外在因素；对于那些消费者更容易接受广告的产品类别，我们发现规模经济更强、进入壁垒更高。

纽扣和绳索的内在特性与功能可能会使得想实现全国性的营销与分销的努力难逃失败的命运。产品特性的差异却无法轻松地解释为什么生产口香糖的里格利公司（Wrigley）能够建立起全球品牌，而棒棒糖公司却不能。消费者天生更容易接受可乐饮料和钻石的广告，使得可口可乐公司（Coca-Cola，有时简写为Coke。——译者注）和戴比尔斯公司（DeBeers）可以获得比销售姜汁汽水和红宝石的公司多几倍的收入，这两者之间似乎并没有明显的联系。或者，我们来看一个最近的例子，即星巴克公司（Starbucks）的咖啡店在全国的扩张。我们恐怕不能将其归因于美国消费者的口味在咖啡这一产品存在了几个世纪之后发生了突变。

正如亨利·福特在汽车的大规模生产中发挥了关键作用一样，小威廉·里格利（William Wrigley, Jr.）、（可口可乐的）阿萨·坎德勒（Asa Candler）、（星巴克的）霍华德·舒尔茨（Howard Schultz）也在口香糖、可乐饮料和咖啡店行业中创造了营销和分销上的规模效益。这些企业家拥有的不仅仅是“营销天赋”，他们像福特一样，履行着一系列需要具备不同品质才能完成的任务。他们构想着如何在一个由众多小企业割据一方的市场上建立大型企业，他们承担了大量的个人风险，他们要制定战略，调动资源，招聘、激励员工并建立有效的组织。正如专栏文章《星巴克与咖啡关系公司》所表明的那样，如果没有霍华德·舒尔茨的雄心壮志和卓越才能——建立拥有广泛协调性资产（如良好的位置、品牌、采购和推销能力）基础的大型企业，咖啡零售业依然会是一种“天然”的当地性或区域性行业。

网络经济。我们可以将有关企业家的志向与能力的观点延伸到利用网络经济的企业。近年来，W. 布莱恩·阿瑟（W. Brian Arthur）和其他人一直强调一种新现象，即某些技术与标准享受着递增的规模报酬。众所周知，互联网标准或者计算机操作系统的价值随着用户数量和配套软件的供应商数量的增加而增加。这种网络效应会导致一种技术控制整个市场，正如VHS格式的录像机和Qwerty键盘（即标准键盘）所表现的那样，即使从技术的角度来说beta格式或者Dvorak键盘的性能更出色。然而，网络经济的好处并非“必然”如此。例如，在大型机和微型机的全盛时代，硬件制造商研制自己平台使用的操作系统。结果，20世纪70年代文字处理和其他应用软件产生的文件无法在不同的系统之间使用。当占支配地位的技术或网络标准真的出现时，没有理由说它们一定要由一家企业拥有或控制；相反，我们可以预计用户更有可能接受类似于公共产品的标准和技术。的确，许多经常被人们引作网络经济的例子，如VHS、FORTRAN等计算机语言、标准键盘、互联网、IBM的PC构架以及UNIX操作系统等，都是建立在多少属于公共领域的标准的基础上的。

星巴克和咖啡关系公司

星巴克公司的起源可以追溯到1971年三位咖啡热爱者创办的一家企业。到1998年，星巴克公司已经成为美国领先的咖啡零售商，拥有1 600多家店面，几乎每天都有一家新店开张。公司的发展展示了企业家在实现营销与分销规模经济中的成就与才能。

传统的咖啡零售业属于地方性或区域性行业。和该领域的其他一些企业一样，星巴克公司在1971年到20世纪80年代中期只在一个城市——西雅图——经营。1982年，公司的创始人聘请了霍华德·舒尔茨，“将营销知识带入这个管理松散的公司”。一年之后，舒尔茨前往米兰（Milan）做了一次采购旅行。回来以后他决心按照意大利咖啡吧的模式建立全国性的咖啡连锁店。舒尔茨的老板反对这一想法，因为他们“只想做咖啡豆的生意，不想涉足餐饮业”。1986年4月，舒尔茨离开了星巴克并创立了自己的咖啡吧，一举获得成功。第二年，也就是1987年，舒尔茨从他从前的老板手里买下了星巴克。

从1987年到1993年，星巴克的店面从11家增加到270多家，从西雅图扩展到西部的波特兰（Portland）等城市，又扩展到中西部地区的芝加哥（Chicago），后来一直到东海岸。在每个市场上，星巴克采取的战略都是在交通高度密集、十分醒目的位置开好几家店，每一家的位置十分接近；如果有可能就兼并竞争对手。“店面设计十分精巧、诱人，”约克（York）写道，星巴克的店面“非常宽敞、明亮，用许多精制的木材、闪闪发光的蒸馏咖啡机、艺术品做装饰，还播放歌剧音乐。”星巴克还印刷了直邮目录，提供自己的咖啡和制作咖啡的机器。他们认为这样能够支持新开业的零售店，还能强化在现有市场上的品牌认同度。1992年，星巴克上市。

舒尔茨从百事可乐等公司聘请了经验丰富的管理人员，建立了公司的组织基础。他宣称星巴克的“竞争优势”来源于两个方面——“我们的咖啡和我们的员工”。为了保证咖啡的高品质，星巴克进行了垂直一体化经营，并向员工提供25小时的岗前培训。对员工的投资包括向所有员工（包括兼职者）提供极为优惠的健康保健等福利以及股票期权。

我们可以将星巴克公司的发展与咖啡关系公司（The Coffee Connection，TCC）的发展做一下对比，后者是由乔治·豪厄尔（George Howell）在美国东海岸城市波士顿（Boston）建立的。1975年，豪厄尔和妻子还有一位合伙人在哈佛广场（Harvard Square）开了一家咖啡店，教顾客如何“鉴赏、品味一杯优质咖啡”。哈佛广场的这家商店最初成立时是专门零售咖啡豆的，后来逐渐发展成一家咖啡吧。1976年，豪厄尔在波士顿开设了第二家商店。不过，此后公司的成长相当缓慢。法斯特里奇（Fastlich）、纳科斯基（Knakowski）和莱塞（Lesser）将TCC公司的缓慢成长归因于“缺乏制度与控制，并且过于依赖来自豪厄尔的不断监控……而他的时间被管理、招聘、选址、监督、代理商关系和采购弄得支离破碎”。舒尔茨从百事可乐请来了职业经理人，豪厄尔则不然，他“试图从企业内部培养几个关键人才”，因为他觉得外面来的人不具备“为TCC公司独一无二的顾客群服务所必需的咖啡背景和教育程度”。

与星巴克公司完善的营销与推销工作相比，TCC公司“始终坚持强调质量第一的战略，没有进行任何实际的推销活动”。公司的“管理方式是‘松散的、消极的’”。除了咖啡的质量都属上乘，店内墙壁上陈列的都是惠邱族印第安人（Huichol Indian）的艺术品之外，这些咖啡店几乎没有任何相似之处。

1989年，星巴克公司与豪厄尔进行了接触，出价收购TCC公司的店面。最初被豪厄尔拒绝了，而且为了抵制星巴克公司打入波士顿市场，TCC公司采取了防卫性措施，他们与东海岸一家名叫奥邦佩恩（Au Bon Pain）的面包连锁店成立了合资企业。然而，当星巴克公司决定在波士顿成立自己的咖啡店时，豪厄尔最终还是将TCC公司卖给了星巴克。

企业家必须具备卓越的能力才能创造并控制重要的网络标准。微软对个人电脑操作系统的长期控制类似于打字机厂商对键盘布局的完全控制，这是一种不同寻常的结果。据我分析，这种结果基本上源自微软的缔造者比尔·盖茨以及（从1980年之后）斯蒂夫·鲍尔默上尉的个人能力，他们为微软建立起不可战胜的近乎神话的形象。正如专栏文章《自我实现的预言》中所讨论的那样，因为微软让用户、硬件厂商和配套产品的供应商都相信，无论微软选择哪个市场都必将大获全胜，所以才能建立并拥有关键性的标准。

综上所述，企业家的目标和能力有助于塑造市场结构。正如我们在第一部分看到的那样，企业家们试图在机会市场上创办企业。他们利用各种微小的机遇，服务于各种特殊的顾客需求，或者利用信息不对称来低买高卖。通常，他们的新企业对产业结构没有什么持久影响。支离破碎的市场格局依然如故。但是当企业家拥有非同凡响的意志和能力时（或许他们已经开始利用外部的市场条件了），在他们为建立大规模长寿企业的努力之下，整个经济前景都会为之改观。

自我实现的预言

人们普遍感觉比尔·盖茨几乎毫不掩饰对胜利的渴望，这种看法在微软控制个人电脑软件的过程中发挥了非常宝贵的作用。据华莱士（Wallace）和埃里克森（Erickson）称，盖茨在媒体和计算机行业的声誉可以从一些新闻标题中略见一斑，例如《新闻周刊》的“他们所憎恨的神童”，《纽约时报》周日版的“一朝少年变大佬”，还有《西雅图邮讯》（*Seattle Post-Intelligencer*，p. 380）的“从计算机神童到恃强凌弱的百万富翁”。华莱士和埃里克森写道，“只要与比尔·盖茨有关，商业就是一场战争”（p. 381），盖茨寻找“任何能让微软获胜的商业机遇”，他们说。对微软做事方式的抱怨非常普遍，不仅有来自宝兰德软件公司（Borland Software Corporation）的主席菲利普·卡恩（Philippe Kahn）、Adobe 公司的 CEO 约翰·沃诺克（John Warnock）等竞争对手的，还有来自以前的同事和合作伙伴的：

3Com 公司的创始人鲍勃·梅特卡夫（Bob Metcalf）在 20 世纪 80 年代晚期与盖茨联合成立了一家销售企业，他把这次灾难性的合作比作“与黑寡妇蜘蛛的交配——除非你很幸运，否则休想生还”。梅特卡夫说，微软欺骗了 3Com 公司，导致了 1991 年该公司第一次产生了数百万美元的季度亏损。

盖茨冷酷无情的名声可能只是出于不太成功人士的嫉妒心理。不管它们是从哪儿来的，普遍流行的这些说法——盖茨决不允许微软失败，可能会将“负激励”施加于一些妨碍他的人——曾经帮助微软击退了蓝色巨人 IBM 的进攻。不可战胜的形象似乎是微软的 Windows 95 战胜 IBM 的 32 位操作系统 OS/ 2 背后的关键因素。IBM 的 OS/ 2 与当时的 Windows 3. 1 完全兼容，而且在 Windows 95 上市的几乎两年前就能够稳定地供应市场了。IBM 的管理层一再证实他们将长期支持 OS/ 2，并用 10 亿美元的营销与促销投资证明了自己的承诺。尽管如此，一度令人敬畏的 IBM（像微软一样，曾经是司法部反不正当竞争的调查对象）似乎无法克服自己在公众心目中在个人电脑软件方面年老力衰的形象。顾客和独立的软件销售商都准备等待 Windows 95 的上市，而不是接受一个在他们看来终将失败的操作系统。

6. 概要与结论

建立长寿企业与创办新企业不同，在这个过程中，企业家必须完成不同的任务、发挥不同的作用。他们的先天素质以及完成这些任务的能力取决于一系列不同的品质。企业家为自己的企业设定大胆目标的愿望取决于其志向的性质以及对风险的容忍度；制定协调创新与投资的长期战略要求企业家具有广泛的想象力、创造性的综合能力以及从具体情境中提炼一般原则的能力；战略的执行要求有持之以恒的毅力、鼓舞或胁迫他人的能力以及学习新的管理技能的能力。

创办新企业与发展企业所必需的品质只具有有限的相关性，这有助于解释为什么只有很少的企业能够成为长寿公司。创业阶段的成功取决于个人进行机会主义式的适应性调整的能力。正如我们在第一部分所讨论的那样，对模糊性的容忍、洞察力、应变能力以及面对面推销的能力等品质与技能决定了哪一家新企业会生存下来。只有那些敢于第一个吃螃蟹的人才拥有建立大规模长寿企业的志向，才能容忍必要的牺牲和风险。于是，在这些雄心勃勃的企业之中，经过竞争的淘汰与筛选保留了一些精良的企业，这些企业的领导者拥有（或者能够发展出）制定并执行健全的长期战略的能力。长寿企业的演进取决于真正出类拔萃的企业家的不懈努力。

第三部分 社会意义

接下来的两章探讨了本研究所蕴含的更为广泛的社会意义。第 13 章讨论新企业对创新与长期经济增长的贡献。第 14 章考察有助于新企业形成与增长的条件。

当前对新企业与转型企业的社会贡献的兴趣可以追溯到熊彼特对传统经济学理论的挑战。熊彼特认为，是打破现有均衡状态的新技术和新“组合”，而不是别的什么——比如资本存量的稳定积累——带来了资本主义经济的长期增长与发展。经济学家罗伯特·索洛（Robert Solow）1956 年和 1957 年的论文似乎证实了熊彼特的观点。据经济学家斯蒂格利茨（Stiglitz）称，索洛的论文提出了“令人震惊的”实证性发现，“在过去的一个世纪里，经济增长的绝大部分应该归因于技术进步”①。据索洛称，1909—1949 年间人均工时产量增长了一倍，其中只有 12.5% 是由资本使用量的增加而引起的；剩下的 87.5% 则完全归功于“技术变革”。②

索洛的结论“令人惊奇地经受住了 30 多年广泛而彻底的研究”③。对某些学者而言，索洛的“生产力剩余”指出了企业家所扮演的关键性角色。根据鲍莫尔的研究，任何技术变革或创新“在其引入阶段都要求有企业家的创新精神”。“如果忽视了企业家的角色，对过去所取得的增长中的相当大一部分我们就无法做出充分的解释。”④尽管由于我们在绪论中讨论过的某些原因，绝大多数正式的增长模型都不包含明确的企业家变量，但是研究技术变革的许多学者，如斯坦福大学的经济学家内森·罗森伯格（Nathan Rosenberg）、畅销书作家乔治·吉尔德（George Gilder）以及政策制定者，都同意鲍莫尔的观点。

我对自己是否要加入这一讨论犹豫不决。我对技术创新领域不太在行，有关增长理论与增长模型的知识也非常浅薄。我从事这项研究的目的不是想从中得出一些有关“宏观”效应的结论，比如企业家的职能、公共政策如何影响企业家的成就等。我担心这样会产生合成谬误。“对《有限公司》500 强企业有好处的对经济增长也有好处”，这种说法无疑是夸大其词，就像通用汽车的主席查尔斯·威尔逊（Charles Wilson）在 1953 年所说的对通用汽车有好处的对美国也有好处一样。因此，我在下面这两章提出的观点只能作为临时性的假说。

虽然如此，我还是要表明我的观点，原因在于：首先，我的数据的确显示出一些与流传甚广的观念相冲突的命题——例如，有关典型的新企业所涉及的活动的创新性，以及风险资本的可获得性在决定企业家的供给数量上所起的作用。其次，我想证明一下以大量案例为基础的研究方法的价值。我希望证明，通过对基层观点的正确综合，能够为创新研究的传统计量经济方法提供有益的补充。

第 13 章　重新审视熊彼特

本章将考察熊彼特提出的有关创新（“新组合”）与经济增长之间关系的三个命题。第 1 节讨论熊彼特关于大公司在开发创新中的作用的命题；第 2 节讨论他对激进式或非连续创新的观点；第 3 节讨论创新在何种程度上会导致对现有结构的迅速取代（“创造性的破坏”）。

在探讨新企业对创新乃至对长期增长的贡献时，熊彼特的思想以其广博和影响而成为一个很方便的理论框架。熊彼特的著作在内容和形式上都涵盖甚广。40 多年里他著书数千页，其中不乏睿智、深刻的观点，但也有自相矛盾之处：埃尔斯特将熊彼特描述为一个“难以捉摸的”作者，甚至在一个段落里他都有可能前后不一。[①] 那些睿智的观点有着很强的生命力，按照罗森伯格（Rosenberg）的说法就是，“他的影响是如此巨大”，以至“他的模型已经被所有的创新活动所共同接受”。[②] 本章将重新审视被罗森伯格称作“熊彼特体系”的体系中的一些要素。对于熊彼特的中心论点——创新引致长期增长，我们认为没有问题，存在问题的是他对过程的描述。

在讨论的过程中，我将多次提到过去 20 年间所发生的微电脑革命。这一方面反映了我个人对这一领域的兴趣，另一方面也反映了这一行业在经济中的重要作用和显赫地位，以及在我的研究中从事这一行业的公司的比重。前面曾经提到，我努力避免使研究集中于某一特定经济领域中的企业（例如“高科技”），因为研究的目的是要得出对于各类有前途的企业都能适用的模式。但是，正如在第 1 章中讨论的那样，个人电脑革命的迅猛之势使得新企业多聚于此。虽然与个人电脑有关的产品和服务占全美国 GDP 总值的不到 5% *，但是《有限公司》500 强企业中超过 1/4 的企业与此有关。

1. 成熟企业的角色

在其早期的著作中，熊彼特将企业家个人放在整个创新过程的核心位置，但是

---

* 正像在第 1 章中提到的那样，根据美国商务部的报告，一个广义的“信息技术”产业包括所有与计算机和通信有关的部门，其产值占 GDP 的比重在 1985 年为 4.9%，而 1993 年为 6.4%。

后来他宣称大公司将不可避免地取代企业家的职能。在他 1911 年的著作《经济发展理论》(*The Theory of Economic Development*) 中，熊彼特将资本主义创新的功劳归之于企业家，他们“具有梦想，必将建立自己的王国”，也“必将征服整个世界”。但在 1942 年的著作《资本主义、社会主义和民主》(*Capitalism, Socialism and Democracy*) 中，他却把“王国”放在了“征服者”的前面。在创造巨型企业的过程中，熊彼特此时宣称，企业家将自身的职能抹杀了。这种“完全机构化的巨型产业单位”可以自动地发现并开发创新所具有的各种“客观潜能”，它已经“成为发展的最有力的推动器”。

接下来的部分将讨论对熊彼特假说的现有研究以及我自己的不同看法，我认为新企业和成熟企业具有相互补充的职能。

现有研究

绝大多数研究者并不直接比较新企业和成熟企业的贡献，而是研究大公司的创新是不是比小公司多。艾克斯 (Acs) 和奥德莱希 (Audretsch) 的综述表明，经济学文献通常假定大公司具有如下优势。它们可以承担具有高额固定成本的开发项目，也可以通过同时开展多个项目来分散风险；它们可以轻易地为创新活动带来的意外成果找到用途；它们的营销和分销能力可以为新产品的研发带来更多的收入，大规模的产量也放大了从成本递减的创新中获得的利润。[③]

而另一方面，按照谢勒的看法，小公司也可以“对创新做出重要贡献”，因为“它们不那么官僚，不存在等级森严的组织中‘刻板、生硬的层级关系’，而这会扼杀许多大胆的尝试”。它们还可以比较轻松地维持“一种高度兴奋的激情”，因为“挑战、人员和潜在收益之间的关系非常紧密”。[④]依据小型组织信息处理能力的特点，阿罗 (Arrow) 得出了类似的结论。他认为小公司在开展创新项目上具有优势，因为它们可以在创新团队的个人之间有效地共享信息。大公司无法准确地评估这样的项目，因为组织内部的信息传递存在扭曲现象，然而，它们在与外部资本市场的沟通方面具有优势，可以为大型创新项目取得资金。[⑤]

企业规模和创新活动之间关系的实证研究没有得出明确的结论。这种研究通常采用两种间接指标：研发支出，代表创新活动的“投入”；专利申请数，代表创新活动的“产出”。谢勒指出，对研发支出的研究“倾向于支持熊彼特的假说，即规模越大创新越多”，而对专利申请数的研究则“稍微倾向于反对熊彼特的假说，即大公司并非发明专利的沃土”。[⑥]这一结果可以有“两种不同的解释：一种是就研发支出的每一元钱来看，大公司取得的发明专利比小公司要少，另一种是大公司更少地为所取得的发明申请专利”。[⑦]

温特提出，外部条件（例如产业中人力资本的重要性）决定了创新到底是采取有利于小公司创新的“企业家体制”，还是有利于大公司创新的“程式化体制”。[⑧]艾克斯和奥德莱希的实证研究支持这种双体制的观点，认为它们都只是“市场结构的产物”。他们发现，程式化体制存在于“资本密集、集中、高度联合、生产差异化产品”的产业之中，而企业家体制则存在于“高度创新的产业，其中熟练工人的使用比较关键，大公司占据了市场的大部分份额”。[9]

互补性职能

第一部分的数据和分析给出了一个不同的视角来看待大小公司的争论。正如下面将要讨论的那样，我的研究表明 IBM 之类的大公司和《有限公司》500 强之类的小公司对创新和经济增长的贡献是不同的，它们的职能是互相补充的而不是互相替代的。

成熟企业。正如我们已经看到的那样，类似 IBM 之类的大公司在从事大型创新活动时具有若干优势，最明显的优势得益于它们可以从投资者那里调动大笔资金。不断增长的收入和退休、养老计划已经使得中产阶级成为投资基金的一个重要来源，在这样的时代里，大公司所具有的这种中介作用尤为重要。

除了资金以外，大型创新通常还需要许多顾客、雇员和其他资源提供者提供数量巨大的不可逆投入。成熟企业的有形资产和无形资产都为赢得这种投入提供了优势。现有业务的现金流加上可以从资本市场上比较方便地融通资金都为各类资源投入方提供了可信的合约性的安全保障。以前建立起来的声誉既有助于形成一种信任，使得各方相信企业不会在无法合约化的事件上采取有损其利益的机会主义行为，又有助于形成一种带有必要的模糊性的承诺——例如，不会惩罚创新失败的员工或者提供“良好的”售后服务等。

成熟企业还在解决开发大型创新项目的协调问题上具有优势。大型项目要利用规模经济和范围经济，需要确保众多人员齐心协力，还要解决特殊资源提供者之间的各种冲突。具有成熟的协调机制的成熟企业在这方面具有明显的优势。

微电脑革命证实了成熟企业的重要贡献。斯蒂芬斯（Steffens）认为，从 1981 年末到 1982 年末，计算机、办公设备和消费者电子产品行业的诸多大公司［如 IBM、施乐、DEC、日本电气（Nippon Electric Company，NEC）和三洋（Sanyo）］的进入发展了个人电脑。IBM 利用自己“庞大的营销能力，投入相当多的资源”。[10]它建立了“一家高度自动化、高产量的组装厂，具有很强的规模经济效应”；它鼓励第三方软件商开发高效率的应用软件；它“利用高额折扣将销售渠道从个人用户转向公司用户”。IBM“成功地使个人电脑在大公司的数据处理经理的心目中占有了一席之地”，当时 IBM 在全世界通用型大型机市场的份额为 61%。它打破了一个“观念上的主要市场壁垒，即存在于很多数据处理（data processing，DP）部门人员心中的观念，认为个人电脑是一种不惹人喜欢的东西，肯定不属于公司信息系统的一部分”。IBM 对公司市场的渗透非常成功，以至在大约 18 个月的时间里个人电脑供不应求。这为许多新企业创造了一个机会，即它们可以制造 IBM 个人电脑的兼容机，又叫“克隆机”。[11]IBM 的进入也造就了它“在业界日益上升的专家地位”，这使得竞争者必须在市场营销上投资，特别是在广告、分销渠道和售后服务支持方面。[12]

英特尔和20世纪80年代后期以来的微软都在创新方面投入巨额资金，这使得它们可以成功地保持绩效的持续提高和成本的持续下降。英特尔为研发奔腾系列CPU总共花费超过40亿美元，而公司的第七代CPU——摩赛德（Merced）的研发成本预期将超过80亿美元。[13]英特尔的创业合伙人之一戈登·摩尔声称，公司通常会将收入的5%～10%投入研发："英特尔的财务绩效图可以显示，收入会时好时坏，利润也会大幅波动，但是研发支出却是沿着一条平滑的指数化增长曲线在上升。"[14]英特尔在CPU的制造和销售方面也投资巨大。建造一家新的半导体生产厂的成本远远超过10亿美元，1997年公司在销售、行政和管理（SG&A）方面的开支为35亿美元。最近几年，微软在研发和销售软件方面的开支也是如此。1997年，微软在研发上的开支为25亿美元（略低于其公布的130亿美元收入的20%），在SG&A上的开支为35亿美元。一位分析家认为，个人电脑制造商已经严重依赖于英特尔和微软的研发，而只将自身年收入的2%～3%投入研发。[15]

新企业。我们可以通过下述方式来看看新企业所特有的、与成熟企业具有互补性的职能：新企业放松了那些因大公司必须遵守规则而产生的限制。在第一部分中我们看到，详尽的审核和权衡制度（或者叫做"内控制度"）使得大公司能够将对创新风险的承担（the bearing of the risks of innovation）从对创新活动的筛选、评估和实施中区分开来。这些体制为大公司提供了融资渠道，但也限制了它们从事小的、具有不确定性的创新的能力。通过填补大公司在机遇选择上的空白，自力更生的企业家可以帮助发展那些初期看来前景不太明朗的技术。根据克里斯滕森的看法，许多新的"破坏性的"技术一开始无法在主流市场上竞争，只能在一些非主流的机会市场中生存。例如，个人电脑在1975年时只能算是微型机和大型机的一种拙劣的替代品，主要是一些计算机爱好者对它感兴趣。公司决策者（就个人电脑而言，甚至任何客观分析家）无法预测哪一种新产品或者新技术会成为主流；而企业家有能力而且有兴趣开展不确定的、有市场机会的项目，他们可以帮助筛选和发展"最适合的"产品或者技术。例如，在1975—1980年间，一些计算机的维修工和爱好者不断地就个人电脑进行一些低成本但也不那么科学的试验，他们优化个人电脑的技术，还开发了使其吸引力大增的商业应用软件。这些个人企业家的分散努力累积起来就减少了关于潜在的个人电脑市场空间的不确定性，也为IBM公司的进入铺平了道路。我们可以注意到，一种类似的模式后来也出现在Internet技术的发展过程中。

企业家追逐新机遇的意愿有助于创新被认知后的扩散。新企业为创新提供配套的产品和服务，而这些产品或服务的收入太低，大公司根本不感兴趣。例如，在20世纪80年代，许多新企业为个人电脑提供安装和维护服务、生产"附加的"硬件和软件、出版教育类的书籍和录像，在IBM公司努力使个人电脑成为一种主流产品的过程中，它们既利用了IBM，同时也帮助了IBM。新企业还有助于克服新技术面市后的市场失衡，打印机数据线零售的毛利高达90%就是一个很好的例证。大公司通常不会捕捉这种小额的、通常也很短暂的获利机会。

成熟企业对长期战略的执着容易造成市场刚性，而随机而动的企业家却很好地缓解了这种局面。我们在第二部分中已经看到，对于服务的市场和提供的服务，大公司有着自己的原则，对这些原则的坚持使它们具备了宝贵的技术和商誉。但是这些原则也让成熟企业无法签订最优的合同，也导致了不合理的资源配置。例如，IBM 公司对个人电脑提供一套标准的服务和支持，这种标准对于一些有经验的客户来说有些多余，但对于那些技术新手却又远远不够。同样的道理，当个人电脑的供给短缺时，IBM 公司对所有经销商都“一视同仁”的政策使得个人电脑的地区配额与地区的实际需求状况相互脱节。有些地区的客户对个人电脑非常重视，愿意花高价购买，但是 IBM 公司却不会因此而为该地区提供更多的个人电脑。新企业利用了这种不合理的资源配置，帮助缓解了这种局面。有些新企业将个人电脑低价售给那些不需要多少支持和服务的客户，另一些（那些“高附加值转售商”）则对那些需要支持和服务的客户售以高价。新兴企业还操纵“灰色”市场，它们从 IBM 公司的授权经销商那里收购多余的个人电脑，然后倒卖到个人电脑短缺的地区。这样，IBM 公司对所有经销商“一视同仁”的声誉得以维持，而企业家则帮它把计算机运送到最需要的地方。

通过类似的方法，企业家也可以帮助大公司降低标准化雇佣政策所形成的成本。为了促进合作和团队精神，大公司总是设法雇用那些适合自己企业文化和规范的员工。然而，这种政策限制了它们为某一给定任务雇用到最佳人选的可能，特别是在一项技术的早期阶段，此时许多有能力的个人都缺乏适应大公司组织氛围的背景和气质。大公司可以通过将任务外包给新兴企业的方式来缓解此类问题，因为新企业可以应付那些难缠的职员，因为新企业不太强调团队和组织氛围，它们无须束缚于此。在利用那些不循规蹈矩的程序员方面，IBM 无须损害公司文化，它可以让那些可以很好地发挥其聪明才智的新企业来对付。

成熟企业所采纳的雇佣政策着眼于长期关系的最优化，新企业有助于满足它们的短期劳动力需求。[16]诸如 IBM 之类的大公司传统上采用的雇佣政策都承诺：内部提升；提供工作和收入保障以鼓励员工认同组织目标，发展适用于“特定公司的”、对其他公司无甚价值的专业技能。这种政策的有效性取决于政策的实施是否持久不变。与书面合同中的承诺不同，这些政策通常具有一种模糊的“尽力如此”的特征——例如，公司“支持”内部提升，但并不禁止从外部雇用职员；但是除非环境使然，对政策的背离总会损害其可信度。而且，为了促进团结协作，政策必须具有普适性：公司不能为了鼓励某些员工在人力资本方面做出高度“特定”的投资，就轻易对其提供工作保障。

在员工中实施差别待遇的困难为发展新技术和新市场提出了一个尖锐的问题。企业在开发一项新产品或者进入一个新产业的早期阶段所需要的人员，会在此后变得多余。例如，个人电脑的营销在初期需要手把手的、宣教式的销售人员，但是随着顾客经验的增长，他们对产品越来越熟悉，对于这种服务的需求就会呈现下降的趋势。如果成熟企业为这种临时服务雇用职员而后又解雇他们，那就是拿着公司的优秀雇主的声誉冒险。它们可以转而依靠新企业来解决这个问题，新企业的雇员不会要求很高的工作保障，也缺乏很多的工作机会来满足自身需求。

用外包合同来解决雇佣政策的僵化性也会产生一些成本，因为投资只针对特定公司有价值的资产，所以“外部员工”会要求较高的工资，算作对无法拥有公司雇员所享有的工作保障和提升机遇的一种补偿。这些外部员工可能也不会像公司雇员一样衷心认同公司的目标。但是，似乎没有证据可以证明承包商会不负责任或难以控制，这与广为接受的理论正好相反。一些理论家接受西蒙的观点，他们断言雇员比外部员工更易屈从于等级制度。这种控制理论看起来与日常的经验不符。举一个极端的例子来看，底特律的汽车工人用轮圈痛打工头的行为是广为人知的。我的第一手资料可以显示，“外部”管理顾问和投资银行家为了使客户满意，通常比内部员工的工作时间更长。那些建立雇佣关系模型的大学教授，他们对研究生的控制要多于学校雇用的助理人员。我对《有限公司》上榜企业的创建者的访谈显示，大公司客户对他们的压力与教授对研究生的压力一样多，他们，而不是那些“朝九晚五”的雇员，更容易接受大公司提出的反复无常的苛求。

当雄心勃勃的企业家想要建立长寿企业时，新企业和成熟企业间职能的互补性就会发生变化。在微软停止为 IBM 提供服务而决定与它展开竞争的时候，两家公司的职能开始出现重叠，由熊彼特假说引起的关于大公司创新的争论也就比较切题了。“转型期的”微软比初创时更容易在资本市场上得到融资，但是与成熟的 IBM 比起来还是略逊一筹。另外，微软正在形成的决策机制和策略却给了比尔·盖茨更大的行动空间，他可以比 IBM 的 CEO 更加大胆地实施自己的想法。然而，有关的分析已经超出本书讨论的范围。

2. 非连续创新

根据熊彼特的观点，对经济影响重大的创新打乱了“循环”，它们是“巨大的”和“自发的”，而不是“微小的”和“适应性的”。它们如此剧烈地打破了“均衡点”，以至“新的均衡无法从旧的均衡处通过微小的步骤来实现。只要你愿意就只管一辆接一辆地添置邮车就是了，但是这并不能使你得到一条铁路”。[17]

熊彼特还把创新（“实现生产方式的新组合”）与发明区别开来。他写道：“发明的过程和实现相应的创新是两件完全不同的事情，不论是从经济的角度还是从社会的角度来看都是如此。”[18]发明只要没有在实践中得到应用，就“与经济无关”。[19]他还区分了创新和随后由模仿和改造而引起的扩散。从事一种新的组合意味着一个不寻常的事件，需要在经济方面具有超凡的领袖气质。但是“人们一旦克服了社会对未曾尝试的崭新事物的种种抗拒，不仅做同一件事情要简单得多，而且从各个不同的角度做相似的事情也不困难，所以最初的成功总会产生集群效应”[20]。

一些学者，尤其是内森·罗森伯格，对有关彻底创新的重要性和独特性的观点表示怀疑。接下来的部分将对这些批评做一总结，然后拓展开来。

罗森伯格的批评

罗森伯格在 1976 年的著作《对技术的看法》（*Perspectives on Technology*）中指出，熊彼特对创新的严格界定已经造成了“在创新与其他活动之间人为的概念分离，这不仅包括与创新相连的那些活动，而且包括实际上是整个创新过程主要部分的那些活动”。这使得我们“将注意力过多地集中在创新过程的非连续性上，而忽视了其连续性的一面”，而且忽略了创新过程中关键的后半段。[21]

根据罗森伯格的观察，在熊彼特模型中，新组合之前的发明活动是“在幕后进行的，是看不见的。出现在熊彼特舞台上的发明已经是完全成熟的”[22]，并为商业应用做好了准备。事实上，我们无法轻易地区分发明和创新，“因为对于一些发明而言，一旦基本的创意建立起来，可能并没有严重的技术障碍可以阻止其实施，而对于另外一些发明而言，这种障碍是难以逾越的，只能通过费时费力的研究和试验才能克服”[23]。

罗森伯格对把发明与“一项产品或工序初期的基本概念化”联系在一起提出质疑，因为他假设“一旦基本的概念和知识取得了突破，所有‘真正的’问题就都解决了”。罗森伯格写道：“荧光灯的发明是在 1859 年，回转罗盘是在 1852 年，摘棉机是在 1889 年，拉链是在 1891 年，雷达是在 1922 年，喷气式发动机是在 1929 年，静电复印是在 1937 年，所有这些发明日期的确定都是选在实际取得重要进展的那一年。但是所有这些年份都与产品无关，甚至与技术可行性阶段都相距甚远。”[24]在初期的概念化完成之后还有许多问题，解决它们还需要“延续性的发明活动”。实验室条件下制取某种新物质（例如：聚乙烯）的技术或许已经解决，但是商业化生产工艺的产生可能还要很多年。或者一项发明可能在技术上可行，但是要在经济性上超越现有的技术可能还需要很多的改进，这种改进是“在性能方面，通常采取不显著的、不引人注目的方式进行”。例如，早期的柴油机非常庞大，没有经济可行性；在耐高温、耐高压的新材料出现之前，早期的喷气式发动机效能非常低下。[25]在这种情况下，按照熊彼特的模型，创新者无法仅仅从“已经适合商业应用的”发明中做出选择，然后从中推出一种新的生产工艺。[26]

熊彼特把新组合的扩散看做与创新截然不同的、次要的职能。对于这一观点，罗森伯格同样也提出了质疑。在“首先推出一项新技术的创新者所必需的高度领导性和创造性活动与其后的采纳者仅需的模仿性活动的对比”中，熊彼特给予了“完全不同的评价”。事实上，罗森伯格认为，创新的扩散不仅仅需要简单的模仿。“一系列性能方面的改善”“循序渐进的调整和改进”以适应次级市场的要求以及配套性

投入的推出“对一项原始创新的经济效用起着决定性的影响”。[27]这些持续不断的活动

> 对于扩散过程的速度至关重要。那种认为有几个汽车迷开着车在乡间到处惊吓牲畜就代表汽车的创新已经完成的观点，从经济学的角度来看是很可笑的。从经济学的角度来看，创新不是一项定义明确的独立活动，而是与创新过程紧密相连的一系列活动。只有经过大量的修正、调整、上千次微小的改进，在可以使用崭新的大批量生产工艺，并在一整套的配套设施终于齐备的情况下，创新才取得了经济上的重要地位，这在汽车工业上表现为从维修点的网络化到公路体系的普及化。即便这些后期的准备在科学上没有什么新意，也算不上什么崭新的知识，它们仍然是对知识的使用，而这会提高创新活动的生产力。[28]

虽然罗森伯格遵循熊彼特的分析，认为“重大的创新”涉及“向一种全新的生产函数的重大转移”，但是他没有为这种一次性的突破提供例证。这种情况是否很多，我对此表示怀疑。我们在第7章中看到，联邦快递创业时曾拥有一种革命性的创意，但即使是这样的企业仍然需要多年的改进才能使自己的产品或者服务获得商业上的可行性。更为一般的情况是，众多个人和公司在数十年的时间里从事大量的改进，才使得一项新产品或者新工艺获得显著的进展。

对批评的拓展

微电脑在1975年之后的发展很好地印证了罗森伯格在1976年的书中所探讨的连续型创新的模型。我现在使用的便携式电脑（一台糟糕且过时的1996型）虽然比我在工学院读大学时的整个计算机中心的电脑的速度还快、功能还多，但是看起来与其先驱——牛郎星电脑——之间毫无共同之处。牛郎星的爱好者们从他们的计算机上获得的实用价值比世纪初那些汽车迷们从汽车中获得的还少。缺少基本的输入输出设备（例如键盘和打印机），牛郎星的爱好者们甚至连牲口都没法吓唬。无数的创新将这个怪物变成了一种无处不在的事物，其中的一些——鼠标、图形用户界面以及电子表格——代表着概念上的突破，而另外一些（例如文字处理软件）则是从大型机和微型机那里借鉴而来的。不断提高的性能和不断增加的功能成为这一产业的一种标志——Excel 7.0就是经历了漫长的升级过程才从第一代电子表格Visicalc演变而来。配套的创新在这种升级中起到了至关重要的作用。新的微处理器、存储设备和操作系统，新的通信技术（例如局域网和Internet），生产方式和分销渠道上的创新（例如“根据订单生产”的过程），以及新市场的开启（例如家庭对计算机的需求）都在互相促进，使得性价比可以不断得到提升。

第一和第二部分中的案例研究都表明，这种并非一次完成而是持续不断的创新不仅存在于高科技行业，而且存在于出版业和零售业。我们看到，《滚石》杂志的创办者詹恩·温纳吸取了若干以前的摇滚杂志的经验。在对折扣零售店做了几十次实地考察之后，其中包括罗得岛的安霍普公司（Ann & Hope）（被认为是这一概念的始

作俑者）及加利福尼亚的费德玛特公司（Fed-Mart），萨姆·沃尔顿才开办了第一家沃尔玛零售店。而且我们已经看到，沃尔顿至死都没有停止过创新，他不断地借鉴别人的创意并将其融入沃尔玛的实践。

我们的研究还表明，需要对罗森伯格的观点加以拓展。第一，关于创新应该是持续渐进的而不是一次完成的观点，第一部分讨论的不确定性与投资间的逆向关系为其提供了另一种解释。具有开创精神的个人在心理上愿意接受初期的不确定性，他们也不用去迎合外部投资者或老板的要求，但是却无法筹集足够的资源来飞速发展。大公司拥有充分的资源可以进行大额投资，但是却因为必须进行尽职调查而选择等待时机，直到创业者已经解决了一些不确定性。

第二，涉及序列适应的配合问题。在创新的早期阶段，企业家在别人的基础上进行创新的方式就好像宴会上大家一起在编造一个故事，每个人在前人的基础上再加上那么几句，可想而知这种创新方式是一种较为随机的模式。这导致了技术进步上的随机性，这在微电脑产业的早期阶段已经得到了验证。在基本的技术发展路径建立之后，有意愿和资源去追求长期战略的企业开始涌现或者进入这个行业，创新顺序与初期相比方向性和目的性都变得更强。有战略眼光的企业在搜索和选择创新时不仅要符合自身内在的预定技术路径，而且要满足其控制市场的目的。例如，即使 RISC 技术的 CPU 可能是一种更先进的技术，英特尔仍然继续研发 CISC 技术的 CPU 以支持其原有的平台。有战略眼光的企业还能影响那些机会主义参与者的创新。例如，从大约 20 世纪 80 年代开始，英特尔在 CPU 以及微软在操作系统上的战略就帮助无数提供配套产品和服务的企业决定了产品的选择。

如果成熟的大型公司完全控制了一个市场（这种情况如今可见于汽车、商用飞机和胶卷等产业中）并可以阻止新企业的进入，我们将有理由预期，它们所采用的战略或多或少地会支配新产品和新工艺的发展，偏离既定发展路径的机会也将受到限制。我们还会进一步看到，拥有控制权的企业在创新时将会考虑对其现有业务基础的影响。例如，它们将更关心新产品的“后向兼容性”（正如我将在下一个部分讨论的那样，“创造性的破坏”），将力争避免造成对现有收入的侵蚀，从而创新将沿着一个更可预见的路径发展。

第三，我们可以将罗森伯格的命题拓展到大公司的发展之中。诸如 IBM 之类的大公司，代表着一种“新组合”或者创新的生产方式，它可以将资本、劳动力和其他投入以一种独特的方式转换成产品和服务。就像绝大多数创新性产品和服务一样，这种公司的发展也是渐进的。我们在第二部分看到，从羽翼未丰的 C-T-R 公司到成熟的 IBM 公司，这种“剧烈的”转变经历了几十年的时间，其中既有大胆的创举，也有大量的增量调整和适应性变化。我们又一次发现，配套的创新在此起到了重要的作用：一项创新的有效性，比如生产方面的创新，经常取决于其他方面发生的并行的变化。

3. 创造性的破坏

熊彼特认为，“不断出现的创造性的破坏”是一种“资本主义的基本因素。它是资本主义存在的基础，是每一个资本家必须持久关注的事情”。[29]创新的代价就是破坏：汽车必定要取代马车，超级市场也必定会取代乡间货栈。

虽然熊彼特生动的比喻已经众人皆知，但是其潜在的命题并没有得到仔细的研究。詹森在其1993年的论文《现代工业革命》（The Modern Industrial Revolution）中提出，自从熊彼特在《资本主义、社会主义和民主》一书中提出创造性的破坏这一观点以来，对退出和削减问题的研究一直非常有限。[30]我将在下面证明，间接的证据表明新的组合对现有结构的取代通常都是逐步的、缓和的，而不是突然的、激变的。在导致企业倒闭和工人失业方面，诸多其他因素的作用都使得新组合的作用黯然失色。

取代的速度

在第二部分中我们讨论过新技术的发展是渐进的，这限制了它们取代现有产品和现有工艺的速度。汽车并不是一夜之间就取代了驿站马车和轻便马车。1885年，卡尔·本兹（Karl Benz）和戈特利布·戴姆勒（Gottlieb Daimler）在德国制造了一种柴油驱动的交通工具。不久，阿尔芒·标致（Armand Peugeot）在法国也制造了一辆可以使用的汽车。汽车制造在美国开端于1893年，当时马萨诸塞州斯普林菲尔德（Springfield）的杜里埃（Duryea）兄弟制造了一辆单缸发动机驱动的马车。6年以后，也就是1899年，很多个人和大约30家美国公司已经制造了总共大约2 500辆汽车。[31]10年以后，根据美国统计局的报告，汽车的注册总数已经达到了32 900辆，其中包括1903年售出的11 200辆客车。[32]根据历史学家麦克劳和泰德罗的看法，美国汽车工业的“标准化”阶段滥觞于福特T型车的推出，这带来了大众市场的真正发展。当时是1908年，距离杜里埃兄弟的单缸马车15年，距离戴姆勒-奔驰的柴油车23年。

而且，绝大多数的创新是在一片处女地上开始的，这不像市区的重建项目那样必须拆除破旧的建筑。成本问题和可靠性问题经常使新技术无法满足现有的主流需求。早期的汽车很不可靠，无法取代驿站马车来运送邮件；其成本高昂，无法成为主流的运输工具。与早期的个人电脑相仿，它们只能转而吸引少数几个喜欢时髦产品的个人爱好者。* 顾客的转换成本和以前的投资都使他们不愿意使用新技术来满足

* 熊彼特自己注意到，创新创造出对自己的需求而不是满足原有的需求。在《经济周期》（1939，p. 73）一书中，他引用了汽车的例子。

目前所需。例如，20 世纪 80 年代以后，个人电脑变得既便宜又可靠，这足以使其从少数爱好者组成的边缘市场进入主流的商业应用。但是即使个人电脑在办公室里随处可见，它仍然不能取代众多传统的大型机，因为对已经安装的系统进行转换需要很高的成本，更别提很多 MIS 人员由于害怕自己的人力资本变得过时而不愿意转换了。电子制表软件，这个曾经为个人电脑开拓了商用市场的“王牌软件”，可以使用户执行许多分析和模拟计算，而他们中的许多人以前从未如此频繁地使用电脑，而这些分析和模拟计算也是他们原本不愿意手工计算的。

成熟的大型公司所面对的“增长压力”经常将它们创新的目的引向满足新需求和新市场，而不是对现状进行改进。对收入、利润、人员、市场控制力等等进行扩张的欲望是大公司新增投资和开展创新的主要推动力。它们通常只有在下述情况下才会很不情愿地资助那些会侵蚀现有业务的技术，那就是如果它们不开发的话，竞争对手就会开发。罗伯特·克林格利写了一部通俗工业史，书中提到，IBM 公司在 1980 年之所以支持开发个人电脑项目，是因为它认为个人电脑的出现不会减少对 IBM 公司其他产品的需求。克林格利写道：“销售个人电脑所带来的每一美元都将是原本不会流入 IBM 公司的一美元。”[33]大公司所占有的巨额财产和资源以及它们对某些市场的控制都表明，这些公司对新技术替代作用的成见 * 很可能会对技术进步产生重大影响。

个人电脑的出现是对现有技术的市场进行拓展而非取代，这一现象是“数字革命”的共性。新型通信服务——电子邮件、新闻组和“聊天”——为 Internet 和美国在线（America Online，AOL）等在线服务提供商创造了至关重要的大量用户。这些服务看起来并未严重侵蚀到传统的通信领域，如电话和信件服务，而且互联网和局域网上的信息传播以及网上冲浪的兴起也没有对其他产品和服务造成显著的威胁。确实也有一些新技术从一开始就对现有产品形成冲击。Sun 公司和其他一些制造商生产以微型电脑为平台的工程工作站，它们都将产品瞄准了原来小型机占领的市场。新的在线服务提供商，如城市漫游（Travelocity）、亚马逊（Amazon）和电子交易（E-trade）等公司的对手分别是传统的旅行社、书店和证券经纪人。然而，信息技术在经济上日益增长的重要性来自替代效应，不论其程度如何，这种观点对我而言总是有些难以想象。根据 1998 年美国商务部（Department of Commerce）的报告，信息技术（IT）部门在全国 GDP 中所占份额由 1977 年的 4.2% 上升到 1990 年的 6.1%，进而上升到 1998 年的 8.2%。[34]这可能并不是因为计算机已经取代了传统的产品和服务，而是因为 IT 业对增长的贡献超乎比例：根据商务部的数字，IT 业的增长对实际经济增长的贡献超过 25%[35]，这几乎是它在经济中所占比重的三倍。

当然，创新对旧产业的削弱可以不通过争夺顾客的方式，而通过争夺资本、劳动力和其他投入等方式。快速发展的公司可以为投资者和企业家提供机会来实现高

---

* 我们在耐用消费品中看到的“有计划的报废”现象与这一原则相一致。底特律每年的新款汽车以及软件的新版本都会刺激对耐用商品或不易损商品的新的购买。

额的收益和创业的激励，而这些在增长缓慢的领域里都是不可能提供的。证券市场为IT企业的吸引力提供了一个鲜明的指示器。商务部关于IT业的报告显示，五家大公司——微软、英特尔、康柏、戴尔和思科——总的股本市值从1987年的不足120亿美元增长到1997年的超过5 880亿美元。* IT业为工人提供的工资也较高。商务部估计，总共有740万人服务于IT部门，其人均年收入约为46 000美元，而整个私人部门的人均年收入仅为28 000美元。[36]这一工资差额确实削弱了低增长产业和低增长公司的活力，但是这一过程却是渐进的、不易察觉的。

同样，起初满足“新”需要的技术却在长期中占领了传统市场。汽车和卡车确实取代了轻便马车和驿站马车，使用包交换技术的网络电话也许有一天会使得现有的以线路为基础的电信系统显得过时。** 但是，这种取代的步伐往往要比有关老技术如何过时的宣传所声称的要慢得多。《纽约时报》在1938年评论说，打字机“正在取代手写”，而佩特罗斯基（Petroski）在书中却提到1990年铅笔的销量为140亿支。[37]20世纪70年代文字处理机问世时也曾有过类似的预言，声称打字机会很快消失。在为一家打字机生产商提供咨询的过程中我发现，尽管1977—1981年文字处理机的销量增长了14倍，但美国境内打字机的需求量仍然保持稳定，大约每年100万台。

尽管新型计算机不断抢占大型机的市场份额，但是就在小型机面市后30多年、个人电脑面市后20多年的今天，大型机仍然是一个重要的类别。全世界大规模计算机（或大型机）的销售收入在1997年为160亿美元，而1982年的数字是162亿美元（见图13－1）。同期，大型机在整个计算机市场上所占份额大幅下跌，从1982年的

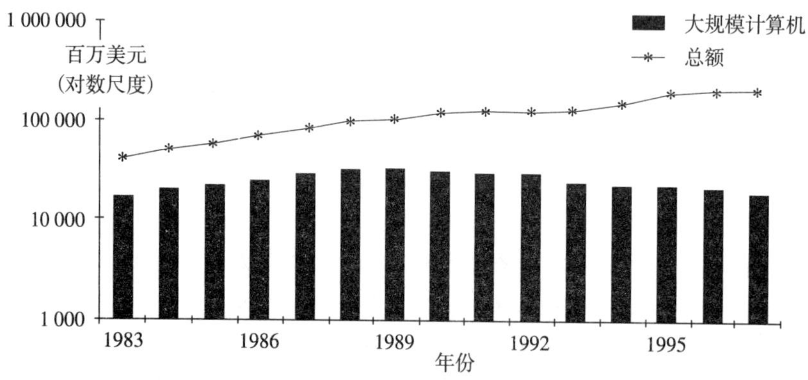

图13－1　计算机收入

注：只包括内置配件，不包括所有外置配件和软件。
资料来源：麦肯锡数据库；麦肯锡分析。

---

* 就在本书写作期间，虚拟书店亚马逊公司的股票市值已经几乎两倍于邦诺公司（Barnes and Noble）的股票市值，而后者是传统连锁书店中的佼佼者。邦诺公司在过去的三年中利润“丰厚”，而亚马逊公司从来没有一年盈利，并且前者的收入是后者的19倍（Mayer, 1998）。

** 然而我们应该注意到，快速增长的移动电话却没有产生这种效应。

大约 42% 下降到 1997 年的 9%，虽然此间总需求由 380 亿美元增加到 1 830 亿美元。虽然其总收入份额大幅下跌，但 IBM 公司的大型机业务仍然规模巨大，而且有利可图。1997 年，大型机及其配套储存设备为 IBM 公司创造了 57 亿美元的收入。小型计算机的联网也许终将淘汰大型机，但是大型机的灭绝将不会是一阵急剧的“创造性破坏”的后果。

突出的特点

新组合造成“破坏”的强度有时候也会像其替代速度一样被夸大。下面我们将看到，只有一些行业（例如，驿站马车和打字机的制造业）被新组合完全取代。其他一些因素，如无能、自负和增长压力等，对企业的失败和萧条影响更大。

小公司的更迭速度明显较快——在美国每年有大约同样多（大约 750 000 个）的企业开张和倒闭，其中绝大多数与创造性的破坏无关。我们在第一部分看到，绝大部分新企业都诞生在草坪维护、美容院和建筑等行业，因为这些行业对于技术、特殊技巧和资本的要求比较低。例如，据科考夫和菲利普斯估计，“低创新型”新企业的数量是“高创新型”新企业的 5 倍。[⑧]这种低创新型企业的倒闭就不能归咎于新组合对它们的取代。实际上，企业的倒闭影响甚微，当然，业主除外。例如，根据邓百氏咨询公司（Dun & Bradstreet）的估计，近 90% 的倒闭不会给债权人造成损失，供应商和银行显然不认为这些企业值得信赖。

某些高速增长型公司确实会被下一代的技术创新引起的竞争所超越，这种情况在高科技行业尤为显著。我们曾经提到，亨德森和克里斯滕森分别研究过摄影器材和磁盘驱动器行业中的此类现象。20 世纪 70 年代出现的专门生产文字处理机的制造商胸怀大志，如王安电脑、CPT 公司、NBI 公司，然而它们在 80 年代却被基于个人电脑的文字处理软件打败，因为后者可以在低得多的成本上提供同样的功能。但是，超越性创新只是导致有前途的新企业倒闭的一种因素。正如我们在第一部分看到的那样，很多有前途的新企业是由于耗尽了本来就短暂的机会才倒闭的。除非它们的创业者可以找到一种更加持久的利润来源，否则他们不得不关闭自己的企业。第二部分的讨论表明，管理不能随企业发展而提高也会危及企业的生存。财务控制不力会导致资金短缺，统一战略缺失会导致精力分散，层级关系混乱会导致组织动荡，这些都是企业家会面对的问题。

对于成熟企业的生存而言，新组合的威胁更加微弱。正如我们在第二部分讨论的那样，IBM 之类的多种经营公司可以通过看似有害的创新来保护自己，比如使用大型机来取代基于打孔卡的数据处理机。创新通常只会在与久拖未决的固执和拒绝结合在一起时才会造成致命的伤害，大公司由于没能防御创新而无法生存的例子，在过去的 20 年中我很少看到。而且新组合的破坏力应该只是大公司倒闭的一个次要原因，很多大公司是由于“内部”管理失误而导致失败的。我的前东家伊·艾弗·哈顿金融债券投资公司（E. F. Hutton）被迫并入其对手希尔逊·莱曼公司（Shearson

Lehman)，其差劲的内部管理先是引起空头支票丑闻，然后在 1987 年证券市场崩盘时实际上已经破产。国际收割机公司（International Harvester）已经消失，那是因为在 1980 年，管理层罢工以拒绝与美国汽车工会（United Automobile Workers）签订协议。根据弗林特的说法，罢工“持续了六个月，彻底摧毁了这家公司”。[39]公司采取的财务政策也是其失败的原因。詹森写到：“20 世纪 80 年代中期高杠杆率的出现导致了 20 世纪 90 年代早期大公司破产率的上升。”[40]

在最近大公司“缩小规模”的运动中，创造性的破坏好像也起到了适当的作用。根据詹森的研究，1973 年以后开始的“第三次工业革命”产生了严重的“产能过剩，企业进而有了退出的需求”。[41]作为这一现象的一个表现，詹森指出《财富》100 强企业在 1979—1989 年的 10 年中总共削减了 150 万个职位，占职工总数的 14%。[42]技术变迁有助于削减一些过剩产能。例如，子午线轮胎比老的斜纹层轮胎的使用年限多 3~5 年，这造成了轮胎产业的产能过剩。桥梁和汽车等在设计上的改进减少了金属使用的密集度，使用电炉将废铁熔炼成钢的小钢铁厂也提高了炼钢的生产率。

在诸如石油、化学、钢铁、制铝和汽车等成熟产业急剧削减产能的背后，技术进步只是其中的一个因素。在这些领域里，我们没有证据表明变化是激进的、难以预料的。子午线轮胎对老式轮胎的取代是渐进的。金属和能源的消耗增长只是更加缓慢，但是并没有下降，因为经济增长带来的需求增加幅度超过了使用效率提高造成的需求减少幅度。我们也很难将技术创新与被詹森称为“白领企业官僚”的广泛削减联系在一起。[43]巴特利特和戈歇尔的报告指出[44]，一些大公司几乎将其中间管理层次的数量削减了一半。*

在产能过剩的原因方面，美国及国外大公司经理所面对的增长压力至少与技术变迁同等重要。这种压力使得公司在需求增长缓慢或下降的情况下依然投资于新的生产能力，它还助长了管理职位的扩张：根据卡夫斯和克雷普斯的报告，在 1970—1980 年间，中间产业的决策、行政、管理类职位的增长比实际产出的增长快 20.6%。[45]大公司核心竞争力的盈利性帮助掩盖了过剩的实际生产力和管理能力。詹森的分析指出，很多因素迫使公司在 1973 年以后削减产能。这些因素包括：石油冲击，这导致了油价在 1973—1979 年间上涨了十倍；税收政策；运输业的放松管制；电信、金融服务业在美国的兴起；国际贸易的全球化以及一些前社会主义经济向以市场化为导向的资本主义经济的转型。技术当然也包括在内，但是根据前面的讨论可知，许多革命性的技术进步不仅创造了现有产业的过剩产能，而且为它们开辟了新的市场。

---

* 关于大公司在“缩减规模”和“结构再造”过程中裁掉的白领职位，我们没有准确的数字。AT&T、IBM 和埃克森等公司在 1980 年的公告显示，这一数字非常可观。诺里亚（1996，p.24）的报告指出，在 1978—1992 年间《财富》100 强企业大约 75% 的裁员为白领雇员。

4. 概要与结论

熊彼特对新组合重要性的研究经受了时间的考验。主流微观经济学假定生产函数是已知而稳定的，与这种理论相比，熊彼特的贡献显得尤为可贵。然而，熊彼特关于创新过程和创新机制的思索与观察到的现象明显不符，这表现在以下几个方面：大公司的程式化创新只是探索新组合的一种重要模式，但并非主导模式。主要的创新通常是经过很多步骤发展起来的，而不是一步跨越促就的。主要创新对现有结构的取代也不是迅速完成的——新组合一般首先满足新需求，其后只是逐步地取代现有产品和现有工艺。

罗森伯格声称，熊彼特式的框架没能很好地将技术困难和主要创新所必需的“干中学”效应融入其中。熊彼特没有研究资本的可获得性和组织结构问题，这可能会造成其结论的局限性。熊彼特指出，出资者而不是企业家承担了探索新组合的财务风险。然而，他没有充分分析出资者在何种条件下才会愿意承担这种风险。

这些条件具有重要的经济含义。诸如 IBM 之类的成熟企业之所以会享有大规模融资的便利，正是由于它们具有一套评估创新的客观过程，而这一过程会筛掉风险太大的项目。企业家个人可以从事不确定的创新活动，因为他们不用受制于严格的审查程序，但是他们也无法筹集大额资本来资助创新。创新的不确定性与投资金额之间的这种权衡关系表明，企业家个人和成熟大公司的职能是互为补充的，这也有助于解释为什么新组合的发展是渐进的而不是激进的。

财务和组织上的束缚也有助于使创新远离对现有产品和现有工艺的取代之路。企业家个人缺乏必要的资源去直接挑战现有的秩序，而拥有资源的大公司却不愿从事会降低现有收入和利润的创新。

第 14 章　便利条件

本章分析影响有前途企业形成和发展的条件。前四节考察了对一般新企业的形成具有影响的因素：社会态度、技术、主流的企业风气（ethos）以及税收和管制政策。第 5 节考察了决定有前途企业增长的因素。第 6 节讨论了对公共政策的意义。

新企业和成熟企业之间的职能是互补的，我们刚刚得出的这一结论并不意味着两者之间的关系是固定不变的。从 20 世纪初到 20 世纪 70 年代初期，美国大公司的产出和就业人数都在稳定地增长。但是这一趋势已经得到了抑制并有可能发生逆转。戴维·伯奇在 1979 年的报告《工作岗位的产生过程》（*The Job Generation Process*）中指出，小公司创造了 82% 的新增工作岗位。报告中所用的定义和方法引起了不少争论。但是，无论确切的数字到底是多少，面对过去 20 年中《财富》500 强企业不断下降的职工总数，美国国内新增的几千万个工作岗位显然应该归功于"企业家"部门雇佣人数的不断增加。数据还很明确地表明，大部分新增工作岗位应归功于有前途的新企业（或者被伯奇称为"活跃分子"的企业）的形成和发展，而不是那些数量众多的边缘企业。

虽然新企业和企业家的概念非常流行，但其复兴背后的因素仍未得到很好的研究。戴维·麦克莱兰 1996 年的《走向成功的社会》（*The Achieving Society*）一书，应该是系统研究促进自营职业发展的因素的最新代表作，而且，麦克莱兰并没有区分边缘企业和高增长企业。现在，政策制定者和分析家经常以风险资本支持的新企业作为研究对象，这些案例虽然生动有趣但是难免以偏概全。以艾克斯和奥德莱希（1990）的报告为例，在解释为什么制造业就业总数中小公司所占份额在美国增长显著而在欧洲却呈下降或停滞态势时，他们认为，"就业增长差异的主要原因在于：欧洲各国政府被理论研究所误导，政策扶持的对象是大公司，而美国有着大得多的风险资本市场，科学家和有经验的管理者愿意放弃稳定的工作而同企业家一起承担新企业的风险"[①]。

事实上，有前途的新企业通常不需要风险资本的支持，也不需要经验丰富的科学家和管理者来分担风险。正像我们已经看到的那样，绝大多数有前途的新企业并不需要多少资本。创业者在其选定的产业中有一些经验，但是通常也知之不多，而且他们不会使用高薪经理人来开创事业。本章将探究影响自力更生企业的形成及其后的扩展的那些“外部”或者“环境”因素，这将有助于解释最近这些企业的复兴现象。

1. 社会态度

少数“天生的”企业家在任何条件下都会感到有种压力驱使他们必须创业。而下面要讨论的是，社会态度是如何影响那些比较典型的个人——就是那些会在创办有前途的企业和从事其他职业之间进行选择的人——的成就，又是如何被他们所影响的。

地位和认可

社会对企业家的认可和奖赏程度会以不同的方式影响个人创办有前途的企业的意愿。在不尊重企业家的社会里，新企业的创办者主要是一些离经叛道者或者主流社会的局外人。相反，在给予企业家很高地位的社会里，主流人士也会被声望和精神奖励的影响所吸引而投身于这种职业。众所周知，从众心理可以影响很多个人的选择偏好。当我们看到其他人重视某种行为或者目标时，我们通常也会重视。

从众心理可能也会影响成员面对创办有前途的新企业的不确定性时的意愿。在第 4 章我们曾经提到，实证研究表明，社会因素会对不太明确的厌恶感产生影响。如果“其他像我们一样的人”（而不是少数与众不同的离经叛道者）看起来愿意冒险尝试创办新企业，自己对未知的恐惧可能就不再是一个很大的障碍了。

公众和媒体对新企业的兴趣可以间接地增加潜在企业家对重大成功的可能性的估计。媒体对引人注目的成功的报道远远超出了这些成功事例在新企业整体中的代表性，这种对大赢家们的称颂也与媒体日常关注的令人遗憾的事件，如大屠杀、政治丑闻、自然灾害以及大公司高管的失误等，形成鲜明的对比。这反映了新企业创办的得失之间存在着巨大的不平等。有前途的新企业即使失败（与 IBM 公司的错误或者是充满无穷魅力的风险资本资助的企业——比如 GO 公司——的彻底失败相比）也无关紧要，不值得报道。即使报道，内容也缺乏吸引力。结果只能是将注意力集中在更有趣、更难忘的赢家身上，这使得人们（通过“可获得性”偏见）会高估重大成功的可能性。

信　任

对于企业家而言，既能实现丰厚报酬又没有多少不利因素的机会经常要取决于顾客或者其他资源提供者承担风险的意愿。正如我们将要看到的那样，这种意愿需要一种近乎天真的乐观主义信任，这有别于成熟市场上促成交易正常进行的那种准合同化的信任。

社会学家指出，信任——我们可能将其泛泛地定义为在他人身上冒险的一种意愿——是经济发展的先决条件。阿罗写道："实际上每一笔商业交易本身都具有信任的元素，任何跨越一定时期的交易更是如此。世界上大多数经济落后的国家都可以用缺乏互相信任来解释，这种观点可能有些道理。"[2]弗朗西斯·福山（Francis Fukuyama）在其1995年的《信任：社会的美德与繁荣的源泉》（*Trust: The Social Virtues and the Creation of Prosperity*）一书中，将德国和日本这种"高信任度"的繁荣社会与意大利和中国这种"低信任度"的发展中社会做了比较。[3]1998年的一部由迭戈·甘贝特（Diego Gambetta）主编，集合了若干领域诸多学者的成果的论文集——《信任：公司关系的成功与分裂》（*Trust: Making and Breaking Cooperative Relationships*）——也表达了同样的观点。

文献表明，互相信任减少了正式合同的谈判成本和协议执行的监督成本，从而有利于经济交换的发展。它使得原本由于信息不对称而难以成交的交易得以进行：例如，如果大家都认为经销商会把次品当做特价优惠品来卖，二手车市场就无法在一个有效的价格上出清。[4]互相信任也有助于克服妨碍合作的"囚徒困境"之类的问题。文献还表明，在某些条件下，理性的自利心理可以维持信任关系。当各方参与的是一种反复进行的交易时，对被排斥的恐惧以及对被阿克塞尔罗德（Axelrod）称为以牙还牙报复的恐惧都会阻止对信任的违背。阿克塞尔罗德使用钻石市场作为例证，"市场成员的交易方式非常有名，他们以口头保证和握手的方式进行数百万美元货物的交易，这关键在于参与者知道他们之间的交易会一直重复下去。因此，任何投机取巧的企图都不值得。"[5]

然而，理性的自利心理不容易解释信任是如何促成新企业的形成的。与钻石商不同，有前途的新企业的创业者们通常既年轻又缺乏经验，他们没有已建立的信誉可以冒险。即使有，新企业"正面我赢，反面我也输得不多"的特性也会怂恿企业家冒险使用吹嘘和误导等手段。正如专栏文章《广告推销员的推销》中表明的那样，企业家在走投无路之际也会求助于精心设计的骗局。

广告推销员的推销

菲利普·卡恩在接受《有限公司》杂志的采访时，津津有味地讲述了自己的宝兰德软件公司是如何通过欺骗一位《比特》（*BYTE*）杂志的广告推销员而创立的。

《有限公司》：据说宝兰德公司是由一则广告创立的，如果没有这个广告，我们也就不可能坐在这里谈论这家公司了。这种说法的可信度有多高？

卡恩：确实如此。1983年11月的《比特》杂志上刊登了一则整页广告，这使得公司运转起来。如果没有这则广告，我将会走投无路。

《有限公司》：如果你当时真的身无分文，你又是如何支付广告费的呢？

卡恩：这么说吧，我们说服了他们的广告推销员，让他给予我们优惠条件。我们只想在《比特》上面露脸——而不是其他任何微电脑的杂志——因为《比特》是给程序员看的，而他们正是我们想要的广告受众，但是我们负担不起广告费。我们认为唯一的办法就是说服他们给予我们优惠的信用赊账条件。

《有限公司》：他们给了？

卡恩：当然，他们没有主动提供。我们所做的是，在那位广告推销员进来以前——我们在两间小房子里办公，但是我雇用了临时员工，好使我们看起来是一家非常繁忙的风险资本支持的公司——我们准备了一份表格，上面是一份假的计算机杂志广告计划。在那份表格上面，我们故意把《比特》划掉了。当广告推销员进来的时候，我们安排让电话铃声此起彼伏，临时雇员忙里忙外。在他看见那张他认为不该看见的表格时，我立刻把它拿到一边。他说："等一下，能让我们帮你上《比特》吗？"我回答说："我们不太想在你们的杂志做广告，受众不对。""你应该试一下。"他恳求道。"坦白地说，我们的计划已经定了，而且我们也负担不起。"于是他说如果我们让他试一下的话，他可以给我们非常优惠的条件。我们预期可以卖出 20 000 美元的软件，这样至少可以支付广告费。而我们却卖了 150 000 美元。现在想起来，这很可笑，可当时非常冒险。[6]

而且，声誉激励和以牙还牙策略的有效性取决于对不诚实的清晰识别，而对一家充满了不确定性的新企业而言，这通常很难建立。收了钻石不付钱、以次充好、在"囚徒困境"博弈中背信弃义，在事后都可以很清晰地辨别出来，而企业家的虚伪和奸诈却并非如此清晰。当他人在一家新企业中碰运气时，他们同时依赖两方面的因素：创业者的诚实、天赋以及有利的外部环境。所以，当出现差错的时候，他们（以及第三方）经常无法判断原因是由于企业家不诚实、没有能力还是运气不好。

我们在第 3 章中看到，为了代替"客观上"可信的承诺，企业家会使用各种策略来利用他人的认知偏见、反射性行为以及对弱者的同情心理。这些策略的成功与否所依靠的习惯和态度，与维持互相了解的各方之间正在进行的交易的习惯和态度完全不同。在一种有益于新企业的社会环境中，顾客和资源提供者并不会过多地追问企业家的背景。他们假定其他人通常都是诚实的。我们访问过的一位商人这样说道："我愿意一开始相信别人都像其表面所表现的那样诚实，除非后来事实证明恰恰相反，通常这样都行得通。只是在一个流氓和一个恶棍那里行不通，但是总共能有多少流氓和恶棍呢？"他们不理会过去的事件，例如，托马斯·J. 沃森爵士曾被判犯有非法限定价格罪（后来在细节问题上被推翻），而梅西百货公司（R. H. Macy）和亨氏食品公司（H. J. Heinz）都曾反复遭到失败。[7]他们将欺骗视为环境使然，正如卡恩对那位广告推销员的欺骗一样，他们甚至会与自己认为不诚实的人进行交易。一位房地产开发商告诉我们："人们其实就像妓女一样，他们为了自身的利益与他们不信任的人做交易……我就曾与一些极其讨厌的人做过生意。但是买卖确实很好，我就得接受这种事实。"

生活在对新企业友善的社会中的成员通常有些短视。他们只关注即期利益，而忽视长期风险。如果事情不顺利或者他们的信任遭到了破坏，他们只是耸耸肩膀，继续前进。"你不能让报复心理缠住。那会使你无暇顾及其他任何事情。"一位商人告诉我们。另一位把报复称作"双重损失。你先是损失钱财，然后你又损失时间……（如果你咬我，）我将不再与你发生任何往来，但是我不会报复。我不会仅仅因为要享受对你进行报复的快感而起诉你"。

这种态度显然为欺诈行为创造了可乘之机；对合法新企业有利的环境，也为沼泽地冠名权的销售和锅炉房内的证券交易创造了便利条件。相反，钻石市场通行的准则、为交易顺畅而优化的社会文化可能并不是最有益于新企业的准则和文化。对陌生人的不信任、长期记忆以及以牙还牙的信念限制了爽约的行为，但是同时也不利于年轻、资本不足的企业家创办新企业。在一个多疑、报复性的社会里，我们可以预期，成熟企业可以将承诺与其名字和资本联系起来，从而承担大部分的创新活动。

这并不表明，对违约的绝对容忍可以带来有利于新企业的社会环境。一种"毫无定数"的体制将沦落为无序的霍布斯状态，对任何商业都不利。对于不能履行承诺的人，必须有某种受制裁的风险存在，或者某种方式可以辨别不折不扣的骗子和孤注一掷的企业家，比如像卡恩等人，虽然他们使用欺骗的手段但是建立的是合法企业。我的结论很简单，封闭的、不宽恕的社会保证了商人的正直和交易的顺畅，但却使得创办企业非常困难。"企业家式的"体制依靠的是比较弱的社会谴责力量（而不是排斥）以及鼓励大多数人在大多数时间内诚实守信的道德准则。虽然无政府状态对于二者都不利，但在交易顺畅和新企业的创办之间确实存在着一种难以两全的关系。

反馈效应

社会因素既影响一段时期内新企业活动的水平，其本身又受到前一段时期新企业活动的影响。就某一时点而言，新企业引起的注意力和收入的分配不均会导致正反馈效应：因为成功企业家的所得超过失败企业家的所失，新企业活动的魅力和刺激得到增加，而这又反过来鼓励更多的人去试一试运气。赢家团体的滚雪球过程逐步扩展，以至将"主流"人士（而不是"离经叛道者"）也包括进来，这就为"每个人都能成功"的信念提供了支持。随机的观察表明，今天的美国已经到达了这一阶段，很多大学生和公司职员曾经想要往管理层的顶部攀登，而今梦想的却是开创自己的事业。

然而这种扩展也有局限，对模糊性的天生的厌恶感就是其中一种限制性因素。

社会接受的滚雪球效应将吸引越来越多的带有厌恶感的个人参与其中，但这也有一个极限。开创一项事业比寻找一份工作需要更为清醒的选择：没有校园招聘人员或者猎头公司会与人签约来创办一家企业。不论创业多么流行，还是有些人会因为对模糊性过于强烈的厌恶感而不能跨越自营创业的鸿沟。他们也许会谈论甚至想要创业，但是最终还是会选择那条阻力最小的途径，走向为别人工作的终点。

有利可图的机会的可获得性是第二个限制性因素。我们已经看到，绝大多数有前途的新企业都是利用现有的条件而不是从事自己的创新，但是这种机会的供给实在有限。IBM 个人电脑的出现为大量新企业创造了销售配套产品和提供配套服务的机会，但这种机会并不是无限的。如果企业家的数量超过了可获得机会的数量，我们可以预期失败的比例将会上升，以至创办企业的魅力和夸大成功率的“可获得性偏见”被逐渐削减。

第三个限制性因素，随着企业家的增多，有利于创业者利用他人承担风险的社会态度和准则减少了。顾客给“奋斗的企业家”一个机会的心理部分源于企业家数量的稀少。如果他们变得像长话服务推销员一样到处都是，这些新企业的创办者就享受不到同样的善意了。随着不能履约的企业家越来越多，新企业活动的增多只会带来怀疑和不宽容现象的增加。乐观主义和宽容的社会氛围需要将奸诈和无能控制在一定的限度以内。同样，企业家用以赢得信任和获得订单的策略也会随着使用次数的增多而变得不再有效。换句话说，有前途的企业为创业者提供了有限的自由选择的宝贵机会，因为诸如对模糊性的厌恶感和对销售技巧的不宽容等因素限制了尝试利用这些技巧的个人的数量。

2. 技术

在前面一章里我们讨论了新企业是如何促进技术变迁的。现在，我们转而关注新技术对新企业的作用。虽然有些文献研究技术如何影响规模经济和企业规模的分布，但是我认为这些结论不能简单地套用到新企业的活动中，因为后者是由不同的因素驱动的。

根据艾克斯和奥德莱希的观点，“新的柔性技术的实现”乃是“导致（近来）小公司纷纷出现的最具决定性的因素”。他们写道，在 20 世纪的绝大部分时间里，“工业技术的进展促成了大批量生产，或者是使用具有特定用途的机器来生产标准化的产品”。这种技术“天生”就是非柔性的，更有利于大公司。诸如可编程机器人和数控机床之类的新技术的出现，使得“柔性的”小批量生产可以在成本方面与标准化产品的生产相当。不断变化的消费者偏好也支持向柔性技术的过渡：艾克斯和奥德莱希认为，“消费者偏好从标准化的、批量生产的产品向强调风格、注重个性的产品转变”，已经减轻了“小规模生产所固有的成本劣势”。[8]

实证研究也表明，生产工艺的变迁已经影响到了企业规模的分布特征。在1990年的论文中，艾克斯、奥德莱希和卡尔森（Carlsson）总结说："有充足的证据表明，至少某些柔性技术已经提高了小公司的生存能力。"其后，他们又研究了从人口普查局（Bureau of the Census）得到的工厂级数据，发现工厂规模的中值"趋向于变小，特别是应用可编程机器人和数控机床最为广泛的机械制造业降幅最大"——也就是说，柔性生产工艺应用最为广泛。[9]但是历史证据表明，可以增加小公司的生存能力并减小工厂规模的工艺并不总是导致小公司的增多。在1947—1958年间，一项对125种产业进行的研究表明，就产业内前八大厂商的销售份额而言，67种产业下降，只有48种产业增加。当代经济学家约翰·M. 布莱尔（John M. Blair）将这种大厂商份额的下降趋势归因于"技术变迁方向的根本性变化，不再是集中创新，而是转向分散化的技术"，例如"中央动力单元被单个电动机所取代"。[10]然而，在1947—1958年间我们并没有发现新企业数量的大规模增加。

柔性生产工艺看起来并没有在我研究的《有限公司》上榜企业中发挥多大的作用，我只遇到过一家企业在生产中采用机器人，没有一家使用数控机床之类的工具。顾客偏好的分散化似乎也没有影响我所选取的样本中的新企业，因为它们中近90%其客户是其他厂商而不是最终用户。资本束缚阻止了绝大多数创业者使用柔性生产工艺来开创自己的事业。一家只有基本配备的机床生产厂需要数十万美元的设备，而一套反映最新技术水平的设施可能会要数百万美元。风险资本可以承受如此巨额的投资，它们也确实为制造机器人设备的新企业提供过资金，但是据我所知，没有哪一家实力雄厚的公司使用这种设备。所以，那些在汽车工业中普遍运用的定制化生产工艺虽然可以为现有厂商带来巨大的改变，但却很难对新企业的活动造成显著的影响。

一项技术变迁要想对新企业产生根本性影响（而不是降低产业集中率或者厂商平均规模），就必须能够减少企业家所面临的各种约束条件。"数字"革命，也就是"信息技术"革命就是一个很好的例子，它使得前景广阔的新兴企业能够克服资本束缚，赢得顾客。

计算成本和通信成本的迅速降低使得创办一家企业所需的固定成本和经常性开支不断下降，大批受资金困扰的个人已经可以承担这些费用。在我写作这部书的时期，一个雄心勃勃的企业家已经可以用几千美元就置办好一间装备精良的办公室——包括一台电脑、一台打印机、一部传真机和一台复印机，就连语音信箱和互联网的月租也不会超过50美元。而且，文字处理、会计和税务软件也只需几百美元，而这些软件的应用每年可以为企业家节省数万美元的人工成本。这些方面的发展虽然对成熟企业也有影响，但对自力更生的企业家的影响难以估量。尽管租用一部电传机仍然需要大量的资金和慎重的考虑，但买一部传真机、申请一个e-mail账户却已成为平常之事。

新技术还缓解了企业家面临的信用问题，因为新技术的应用模糊了实力雄厚的成熟企业和资金紧张的新企业在表面上的差异。文字处理软件（具有拼写检查功能）和激光打印机的应用，让任何企业都可以制作出非常专业的商业信函；桌面出版系统和彩色复印机的应用让新兴企业能以很低的成本印制出非常精美的产品手册和宣传品；通信技术的发展也使成熟企业的形象优势逐步丧失。《纽约客》（*The New Yorker*）杂志上登载过一幅漫画，一只卡通小狗把前爪放在键盘上，标题是《在网络上，没有人知道你是一只狗》。过去，接线员和秘书的电话礼仪可以让来电者感受到公司的大家风范；而今，来电者很难判断他们到底是把语音信息留在了一个数百万美元的 PBX 系统上，还是留在了电话公司提供的每月只要 10 美元的语音服务系统上。

数字革命已经为备受资源约束困扰的企业家创造了可资利用的机会。在第 1 章中我们提到，很多辅助性产品和服务的收入太少，大公司对此毫无兴趣，而提供这些产品和服务并不需要多少先期投资，很多新企业就是利用这些机会起步的。而且，与柔性生产技术不同的是，信息技术进步所创造的机会并不会取代现有的技术，也不会取代现有的厂商，只是新企业所面临的资本和信用壁垒相应地降低了。

我们将进一步考察数字革命对新企业的帮助，数字革命导致了对新技术的信任，而正是这种信任对新企业的成长大有裨益。在上一节我曾经指出，有利的社会态度导致了新企业的迅速发展；在对数字科技进步的有利预期和数字科技进步的加速实现之间也存在着类似的（而且很有可能是重叠的）关系。戈登·摩尔在其发表在 1965 年《电子学》杂志上的一篇论文中提出了著名的“摩尔定律”——每隔 18 个月，一块芯片上可以集成的晶体管的数量就会翻一番。这一定律为说明预期在数字革命中的作用提供了一个很经典、很重要的例证。虽然摩尔定律很难被称作一条自然规律或者经济规律，但却成为了一个非常具有影响力的、具有自我实现及自我验证性的预言。那些相信摩尔定律的半导体企业会努力投资以实现摩尔定律，下游顾客（如个人电脑制造商）和配套产品提供商（如应用软件提供商）会在设计产品时将 18 个月视为一个周期。这样，当新的芯片出现时，人们会发现市场已经成熟，而这反过来更加证明摩尔定律的正确性，从而鼓励在制造和使用新的芯片方面作进一步的投资。

技术变迁滚雪球式的发展似乎已经在大的供应商和用户中间造成了一种强有力的信念，使他们觉得有必要抛弃那些传统的审慎分析，以争取在投资上能先行一步。例如，电话和电报公司正在积极推广“宽带”入户技术，因为它们相信互联网的传播将导致先发优势。同样，由于预期互联网将会无处不在，在标准尚未确立、投资可行性尚未证实的情况下，《财富》500 强企业就纷纷急不可待地投资于网站建设和电子商务。值得注意的是，这种态度与当年企业对个人电脑的出现的态度截然相反。个人爱好者们在未得到官方批准的情况下，把个人电脑带入了商业世界，有时是通过把部门预算从其他用途转移过来实现的。在 IBM 公司开始生产个人电脑、电子表格、文字处理等应用软件显示其价值之前，个人电脑一直得不到公司用户的认可。

而今这种对新技术的确信无疑，有助于新企业利用机会市场提供辅助性产品和服务。例如，网络的发展为 HTML 的工具和培训创造了需求。当顾客急切地去拥抱新技术的时候，他们更愿意给新企业一次机会。比如，很多公司客户急切地想建立自己的企业网站和局域网，而又不愿意坐等 IBM 或者安达信的相关部门的到来，也不愿意因此增加内部雇员，这时它们更愿意尝试一下未曾接触过的新企业。

3. 公司的信心

公司的信心不仅会使其偶尔打破常规，而且会影响到其日常的创新行为。一种“乐观的”气氛会增加公司采取创新的比例，而悲观的假设和预计会强化有前途的新企业的创新作用。

虽然企业的控制系统应力争保持客观性，但主观判断在评价创新时仍然起到非常重要的作用。在诸如投资回报期和投资回报率等传统标准方面，显然需要主观判断来决定关键值临界点的选择。在基于现代财务理论的方法中，主观选择的作用则比较隐蔽，比如在现金流的净现值分析中。对一个项目而言，计算恰当的贴现率需要估计项目的系统风险（或者叫做 beta 值）、最优资本结构、无风险利率以及风险的市场价格（或者叫做“市场风险贴水”）。这些估计值需要对方法和数据做出主观选择，而这些估计值的高低会对总体结果产生很大的影响。（参见专栏文章《现金流净现值的不确定性》。）

现金流净现值的不确定性

在《关于现金流折算分析法的忠告》（A Cautionary Tale About Discounted Cash Flow Analysis）一文中，威廉·萨尔曼[①]（William Sahlman）提醒说，为了完成净现值分析，我们必须做出许多假设。例如，为了计算出正确的贴现率，我们必须估计项目的预期系统风险，也就是“beta 值”。但是我们只能计算出历史的“beta 值”，而我们都知道这一数值并非稳定不变。在估计市场风险价格时我们也会遇到同样的问题。在计算长期项目的无风险利率时，是否将产出曲线的形状考虑在内就众说纷纭。换句话说，在估计现金流折算分析模型的参数时，存在大量的计量错误和理论上没有解决的问题。而这些错误和不确定的结果却绝非无关紧要：在一个模拟的食品产业项目中，萨尔曼的结果显示，虽然资金成本的中值为 15%，但是真实贴现率小于 12.6% 和大于 17.4% 的概率却为 50%。贴现率的不确定性导致了净现值的不确定性。在萨尔曼使用的这个模拟项目中，净现值的中值为 1.37 亿美元，而贴现率的不确定性会导致实际净现值有 50% 的概率会小于 0.73 亿美元或者大于 1.92 亿美元。而这还是在假设项目的现金流为确定的时得出的结果，如果加上一个“轻微的”现金流不确定性，那么实际净现值就有 50% 的概率会小于 0.28 亿美元或者大于 2.26 亿美元（相对于 1.37 亿美元的净现值中值而言）。

这种主观性使得决策者容易受其他公司的同行们和资金提供者们的习惯和假设的影响。例如，经理和财务分析师共同认可的假设将影响单个企业对关键变量的估计值，比如市场风险贴水（在以前，可能使用投资回报率），而这些假设又反过来取决于管理界和财务界所普遍认可的乐观度。我们有理由相信，比较乐观的情绪将产生比较乐观的估计值，而这些估计值将带来创新活动总量的上升。

占主导地位的公司信心还会影响大公司探索创新的意愿和能力。在第二部分中我们讨论过，创新会增加一个企业资产和经营活动的多样性，还会加剧协调的难度；如果企业对解决这些问题持乐观态度，它将会在更广阔的范围内探索创新。与此类似，如果企业对新的利润来源持乐观预期，它就会维持比当前经营活动所需更多的管理能力。

在过去的几十年中，美国产业界和证券业高级管理者的态度似乎发生了明显的转变：他们不再对增长机会持乐观态度，而是对主营业务的优势和自由现金流的最大化充满信心。我们将会看到，这一转变促使了大公司的衰退和新企业的发展。

在发现、利用利润增长点和协调多样化资产方面，美国企业的管理者曾经对自己的能力充满信心。根据钱德勒的观点，美国企业起初是通过以核心业务为中心的垂直整合和地域扩张来发展的，然后它们进入相关产业领域，进而于 20 世纪 60 年代开始在非相关领域内开展多样化经营。股票市场对于这种扩张趋势并不反对，虽然也有争议，但还是接受了企业的这种做法。20 世纪 60 年代，投资者对企业在非相关领域进行兼并反应积极，他们对多种经营的大公司评价很高，甚至高于对互助基金的评价。[12]咨询师和学者们也纷纷研究这种扩张模式，而这更助长了这种模式的流行。波士顿咨询集团（Boston Consulting Group，BCG）也提倡公司采用基于“学习曲线”的战略，这种战略强调积极抢占市场份额，因为竞争各方谁拥有最大的累计产出，谁就拥有成本优势。咨询公司还提供相关的分析框架（比如 BCG 的增长份额矩阵）来帮助企业管理非相关的产业。经济学家奥利弗·威廉姆森强调企业内部资本市场在分配资源方面的优势，这为多样化经营提供了经济学上的支持。

20 世纪 80 年代出现了一种完全不同的风潮，即专注化成为优于增长的企业目标。在关于前几十年的多样化增长模式是否为一种倒退的问题上，虽然研究结果还明显地相互抵触，但是兼并的风潮却被打破了。例如，钱德勒的研究表明，在 1965 年每 11 起公司兼并案例只有 1 起公司分拆案例。[13]而在 1978—1992 年，根据诺里亚（Nohria）的统计，在《财富》100 强企业中，公司分拆案例超出公司兼并案例 36%。[14]股票市场也对具有非相关性多样化经营的公司另眼相看，在评估其价值时使用“多种经营折扣”。学者们（包括作者本人）也开始注意到公司内部资本市场的诸多局限。

在对多样化经营的批评下，管理者相信公司核心业务的市场已经过度膨胀，应该收缩业务范围，多余的资源失去了原来的预期价值。新的风潮似乎把彭罗斯和鲁宾的增长模型推上了倒车档。在他们的模型中，冗余的管理能力和资源激励公司去发现新的利润增长点。而现在，公司急不可待地为多余的资源寻找最佳的获利途径。

商业咨询师也开始推广缩减计划，帮助企业缩减编制的“再造”研究成为一项赚大钱的生意。斯特恩·斯图尔特（Stern Stewart）的经济价值分析法（economic value analysis，EVA）和BCG的投资的现金流回报分析法都是在考虑项目资金成本的基础上来测度业务的利润量的。这些测量方法都鼓励管理者缩减经营中使用的资金量，而且都隐含地假定剥离资产并不会损害宝贵的增长途径（或者雇员士气）。股东们对此假设也深信不疑，对老牌公司的规模缩减化战略反应积极。

新的信念直接限制了大公司的创新举措，也间接促进了新企业的兴起。再造计划为新企业创造了承接大公司“业务外包”的机会，很多被解雇的职员开创了自己的事业。根据职业介绍公司查林杰-格雷-克里斯马斯（Challenger，Gray&Christmas）的统计数字，在20世纪90年代，大约20%被解雇的经理人员开创或购买了属于自己的实业公司或咨询公司。[15]而且，随着对雇佣关系长久性观念的动摇，在自己创办企业和为大公司工作之间，人们心目中的稳定性差距也在缩小。

4. 税收和管制政策

税收和管制政策的影响必须总是在个案的基础上予以考察。在接下来的部分，我将在不同的政策如何决定大公司和新企业间的比例方面做一些尝试性的考察。

税收政策

投资的税收抵扣。加速折旧等类似因素会降低投资的资金成本，而这些因素总是对成熟企业有利，因为它们比较容易进行债券和股票融资。对于那些依靠积攒的血汗钱创办劳动密集型企业的企业家个人而言，类似的因素却没什么用处。同样，研发支出的税收抵扣也是对大公司有利，它们有资金进行研发，也可以从日常经营中单独划拨出一部分资金以进行税收抵扣。而新企业却很少能利用这种税收抵扣，因为它们通常只是通过模仿他人的创意或者在别人创意的基础上进行少许修改来开始自己的事业的，而且其后的研发活动也与其日常经营纠缠不清。

股息的双重征税。股息会被征税两次——首先是通过公司所得税的形式，然后是通过个人所得税的形式。这会促使公司将利润再投资到公司“内部”项目上，而不是将其支付给股东。双重征税问题对业主自营的小公司影响有限，因为最高管理层可以为自己支付高薪和高额奖金，而避免支付股利。

资本所得税税率。对资本所得（而不是日常公司收入）征收较低的税率也会促使公司从事创新。这会鼓励企业通过各种可以抵扣税款的开支（比如研发、广告等）将当期收入转化为净资产的提升，还会鼓励企业发展新产品或者拓展新市场。较低的资本所得税税率对绝大多数新企业的经济状况影响甚微。正如我们在前一章中看到的那样，绝大多数自力更生的企业（与有风险资本支持的企业相对比）其创办者并没有期望通过 IPO 或者出售公司来实现很高的资本收益。

个人所得税。个人所得税对于新企业形成的影响取决于现行税收系统下的逃税或者避税机会。较低的个人所得税有助于个人积累创业所需的资本，从而应该有助于新企业的兴起。而且，正如上面所提到的，业主自营企业的经营利润对个人所得税也非常敏感。但是，如果作为业主比作为职员更容易逃税或者避税，较高的个人所得税税率也可能会促使个人创办自己的企业。

管制政策

管制对于企业行为的影响取决于一系列因素。

固定的遵从成本。诸如那些提高产品安全性的管制措施具有很高的事先遵从成本，这会阻碍备受资本束缚的企业家进入某一产业。例如，我们几乎从未在药品开发和医疗设备领域发现过自力更生的新企业。只有成熟的制药公司和一些风险资金支持的后起之秀可以负担得起数千万美元的美国食品药物管理局的认证费用。与此相反，没有管制的健康食品和营养品市场却是新企业的理想温床。

对小公司的排除。有些管制措施经常将小公司排除在外，特别是有关雇佣条件的管制措施。而在另一些领域（比如移民法或者最低工资法），管制者却无法对小公司进行有效的监管。不论是权利上还是实际上的管制豁免，都使得大公司不得不依赖于小公司来提供某些服务，服务的范围涉及广泛，从物业管理（工作经常又脏又累，收入还低）到签约编程（需要为外籍员工办理工作许可证）。

长期责任。有些工作，比如清除石棉，需要冒承担巨大的长期责任的风险。在这些领域，成熟企业再次求助于新企业，因为新企业“没有什么好怕的”。成熟企业希望借此避免未来的诉讼和罚款对公司资产和现金流造成损失。

未预料到的结果。管制政策的重大变化（比如航空业和电信业的放松管制）常常会造成市场混乱和无法预料的机会，而灵活的小公司比成熟的大公司更容易利用这些机遇。

5. 增长的便利条件

在第二部分，我们验证了这样一个命题，那就是：只有杰出的企业家才能将有前途的新兴企业转变为基业常青的成熟企业。因此，新企业的数量有助于确定完成转变的数量；创办新企业的个人越多，就越有可能出现具有带领企业完成这种转变所必需的冲动和能力的企业家。然而，新企业的数目众多并不必然保证大赢家的数目众多。数据表明，美国和欧洲具有比例相当的小企业和新企业。美欧之间真正的差距可能在于，欧洲新兴企业的业主很少想去建立一个像微软和戴尔一样的企业帝国。接下来我们将看到，促成新企业兴起的因素并不必然与有利于新企业发展的因素相一致。

社会态度

在1979年的《商业之轮》（*The Wheels of Commerce*）一书中，经济史学家费尔南德·布罗代尔（Fernand Braudel）对市场经济和资本主义作了区分。单纯的“资产阶级准则”只能维持前者的正常运行，而后者的持续发展需要积累巨额资本的能力和动力。与此类似，我们可以说，尽管资产阶级准则和对商业有利的社会态度可能足以鼓励个人去创办企业，但是引导企业家去建立大型公司的社会风气却有着完全不同的特点。社会必须赞成或者起码要尊敬那种积累巨额财富和巨大能力的动力，而且要将商场上的胜者视为一个“堂堂正正的好人”。社会必须接受“赢家通吃”的游戏规则，必须容忍企业家在争夺统治地位时采取一些粗鲁的竞争策略。如果一个社会对某些个体在发展过程中将他人远远甩在身后的做法不以为然，如果一个社会器重有天分的业余人士更甚于通过系统努力达至成功的专业人士，那么这种社会态度会阻碍一般的企业家去尝试建立巨型企业。*

公司信念

在此，我们会看到相当多的重叠部分——公司信念的特征对新企业的成长和对新企业的兴起具有非常相似的影响。大公司的悲观信念将导致其减少资本需求和人员需求，而这为雄心勃勃的企业家发展自己的事业提供了帮助。如果大公司削减开支，资本市场将会把部分剩余现金配置给那些发展中的小公司。** 大公司的人员缩编策略同样会有助于小公司的发展，因为这会增加小公司的人员供给，这些雇员了解大公司的系统和工艺，而这些经验正是新企业的创办者所缺乏的。

大公司对待多样化的态度也会影响到小公司在发展过程中遇到的竞争性抵制。

---

* 我以前的一名学生马奥罗·普莱托拉尼（Mauro Pretolani）认为，不同社会经济阶层的态度也起着重要的作用。据普莱托拉尼称，与欧洲的其他许多国家相比，意大利有更为强烈的创业传统。但是创业者主要来自体力劳动者或蓝领阶层，这些人满足于创建小公司。来自社会中上阶层的人可能有建立大公司的追求，但是却被吸引到诸如医药和法律等行业。

** 例如，在过去的十年中，股票回购量超过了股票发行量。而且尼德汉姆资产管理公司（Needham Asset Management）的一份报告称，大公司（即那些市场股本超过10亿美元的公司）操作了绝大部分股票回购。这段时期小公司股票的净供给则增加了。

我们已经看到，新企业通常会在只有小公司互相竞争的市场上出现。如果它们的成功吸引了大公司的加入，竞争的加剧会限制它们的发展空间。只要大型零售商（比如沃尔玛和凯马特等超市运营商）不进入办公用品的折扣销售领域，斯特普尔斯公司就能非常轻松地从一个地区级销售商成长为一个全国级销售商。总而言之，只要大公司的管理者对公司进入新的商业领域的能力缺乏信心，只要谨慎的聚焦与合并战略占据企业发展战略的主流地位，处在转型期的新兴公司就很有可能达到它们的发展目标。

税收和管制政策

促进新企业形成的政策有时会阻碍它们其后的发展。正如我们提到的那样，拥有企业所给予的避税机会会鼓励个人去创办属于自己的事业。在遵守有关企业的管制政策方面，比如工作场所的安全性、工作机会的平等性和工作时间不超时等方面，小公司有着比大公司更低的遵从成本，这就导致大公司会将一些工作外包给企业家经营的小公司。然而，正是这些条件会阻碍企业的发展。在欧洲和亚洲，我曾经遇到许多企业家，他们都不想扩展自己的事业，因为害怕发展壮大会引起税务机关和管制机关的注意。他们都选择了一种被加尔布雷斯称作“安静的生活方式”，或者通过拥有几个小公司来满足自己的雄心壮志。* 相反，那些阻碍小公司进入的管制措施却对其发展有促进作用。例如，遵守产品安全规定的成本很高且相对固定，这会促使企业扩大产出以摊销这种固定成本。

诸如反垄断法之类的政府政策也会对企业家统治市场的发展动力起到直接的限制作用。一些历史学家的研究表明，相对于其他国家而言，美国孕育了更多的大型公司，部分原因在于美国社会对于企业扩张有着更为宽容的态度。在美国建国初期，杰斐逊（Jefferson）等领袖所关心的主要是政府权力的高度集中问题——那时，企业权力的集中问题无关紧要。麦克劳认为，当 1880 年前后第二次工业革命开始的时候，“小”政府所留下的“权力空白”为美国企业成长为“巨型”企业创造了条件。[16]后来，“反垄断的”政治家确实想努力控制大公司的权力扩张，但是正如麦克劳指出的那样，他们的反垄断立法却“不等于反大公司立法”。反垄断“最显而易见的目标”就是巨型企业，但是“大多数诉讼”却指向了采取串谋行动的小公司团体。[17]

与此形成鲜明对照的是，在封建社会时期的中国，拥有无限权力的政府积极地压制大公司的出现，因为害怕它们会威胁自己的统治权威。布罗代尔写道，政府的权力无所不包，遍及“公共建设、灌溉、道路和运河”等方面。为了对付可能出现的饥荒，政府承担了农业生产的责任，政府事先支付给农民报酬而且装满政府粮仓

---

* 一位商人提供了一个卡夫卡式的故事，声称他在一年之中依次让不同的公司经营同一家工厂，这样每家公司都能享受到小公司的乐趣。（不过，我没有核实他的说法。）

以备不时之需。一个“敏锐的管理机构”管理并控制着商业活动——例如，所有进入和离开的船只都必须经过港口所在地行政官员的批准。“在这样一种环境下，不论是商人、高利贷者、货币兑换商还是手工业者……都没有多少权力。政府在认为合理的情况下有权处罚任何人或向任何人征税，它还可以以维护公共利益的名义将个人拥有的过多财富宣布为……不道德或者不公平的。”

布罗代尔认为在一个“对一切完全掌控，对任何想要‘异常’富有的个人都表现出显而易见的仇恨”的国家里，任何大规模的私人企业都是不可能获得支持的。[18]

资本和劳动力市场

金融市场的传统和结构对企业成长所产生的影响远大于对企业创立的影响。对于绝大多数新企业的创业者而言，金融市场的运作方式无关紧要，因为他们在筹集外部资金方面面临着几乎无法逾越的障碍，只能利用有限的资金开始创业。有些企业有很高的利润空间，它们完全可以通过留存利润为后期发展融通资金，比如说微软。对于大多数其他企业而言，后续资金的可获得性是后期发展的一个重要的决定因素。比如说沃尔玛，它的发展就高度依赖于银行信贷、有限合伙股东的股本、保险公司提供的贷款以及股票市场的上市融资等因素。因此，金融市场可以影响企业家发展大公司的能力和意愿。

在鼓励公司发展的金融市场上，资本不是被限定在现有的公司内部而是流动的。富于想象力的金融中介机构互相竞争，提供范围广泛的金融工具。乐观的前景使得它们更看重潜在的收益而不是过去的绩效，它们会为了预期的现金流而提供信贷。如果金融市场对公司发展并不看好，悲观的投资者就会只投资于蓝筹股，而对发展中企业的贷款就要求很苛刻的条件。

获得资本的条件也很重要。有关个人和企业债务分隔的市场传统（以及法律条款）会影响企业家获得发展资金的意愿。如果资本提供者要求企业家以个人名义承担企业债务（比如通过个人担保）或者有过投资失败历史的企业家很难创办新企业，我们就可以预见，将会有较少的企业家试图扩展自己的事业。相反，如果市场允许企业家即使在破产之后仍然可以不用担保就能融通数亿资金［如唐纳德·特朗普（Donald Trump）］或者允许企业家可以违反合同条款［如奥斯卡·怀亚特（Oscar Wyatt），滨海公司（Coastal Corporation）的创办者］，这种环境就会鼓励他们将企业做大。[19]

为有工作经验的人服务的人才市场同样也是对于企业成长的影响大于对于企业创立的影响。虽然有前途的新创企业通常是由没有工作经验、缺乏工作机会的员工组成，但是其后的发展却常常要求企业家必须能够从成熟企业那里引进有经验的员工。这种员工加入转型企业的意愿部分取决于他们的离职成本和再就业的风险。例如，养老金的可转移性和“工作变换”的可接受性都有助于转型企业吸引有经验的员工加入。相反，如果成熟企业经常要求员工必须服务至退休年龄才可以领取养老金或者提升主要通过内部选拔，就会阻碍有经验的员工到转型企业去一试身手。

6. 对公共政策的建议

对于公共政策对企业家个人的帮助，前述部分对其有效性和正确性提出了诸多问题。在接下来的部分我将提出，政府政策对促进新企业的形成和发展不会有多大作用。对于企业家个人优惠的政策也不见得就比对成熟企业优惠的政策更合理。

对于影响个人创业意愿和能力的因素，我们已经做了非常广泛的考察（虽然还不能说是完全的）。我们认为，政府很难通过影响这些因素来创造出一种对企业家更“有利的”环境。公共政策很难使创办企业变得流行，也很难将成功的企业家变成大众偶像。政府的奖励和承认只能追随而不能决定什么“时髦”：比如，在猫王获得流行乐坛的地位之后很久，美国邮政局才发行了印有其头像的邮票。对于社会如何达到诚实（与欺骗）的最佳平衡度以支持新企业，企业界如何从乐观的扩张战略转向悲观的收缩战略，我们都知之甚少，更不用说有能力去管理了。同样地，尽管政府能够支持科学研究，但我们仍然不能预言哪种项目会产生有助于新企业的技术。

即使是像税收和管制这种与政府活动直接相关的因素，也不能为帮助企业家提供有效的工具。虽然个人会因为逃税、避税或者规避管制而创办企业，但是这些似乎并不能作为设计税收和管制政策的一个合理因素来考虑。与此类似，虽然在美国食品药物管理局（Food and Drug Administration，FDA）对于企业家活动有着重大影响，但在讨论其作用时，这并不会成为一个主要因素。如果出于对公众健康负责的考虑，必须对新药的研发严加监管、对健康食品的标签严格要求，为了资金缺乏的企业家的利益而削弱这些条款就不再那么理直气壮。

那些旨在缓解企业家资金短缺的政策看起来尤其值得怀疑。我们已经看到，绝大多数企业家使用其自有储蓄或者从亲朋好友那里借到的少许资金来创办自己的企业，因为他们没有多少可作抵押的人力资本和知识产权。对于公共机构而言，它也会像职业投资者一样面临一个难题，那就是如何识别出那些天生具有领导一个企业所必需的能力的企业家。为所有的创业者提供资金将会导致大范围的资源配置不当（即使没有融资的便利条件，每年仍有将近 100 万人试图创业）和造假机会。

而且，有前途的新企业所做的大多数贡献正是来自其面对的资本束缚。资金的贫乏迫使企业家进行低成本的试验，这解决了市场和技术的不确定性问题，也为其后大规模的投资奠定了良好的基础。资金的贫乏还促使企业家去发现那些未被充分利用的资源，比如劳动力大军中的非熟练或者非主流的工人，并为他们提供在职培训的机会。

对于那些需要巨额前期投资来研发新技术的新企业（比如生物科技领域的新企业）或者那些正在努力扩展其规模和范围的厂商而言，资本的可获得性确实是一个问题。在这种情况下，资本所得税和投资税收抵扣等税收政策、金融市场的管制措施和中介工具的选择能起到很大的作用。但是至少在美国，似乎并没有证据表明资本密集型的新企业和转型企业面临资金短缺的情况。而证据表明，风险资本和 IPO 市场显示了过分的热情去为它们提供资金支持，这有点儿像美国联邦储备委员会（U. S. Federal Reserve Board）主席艾伦·格林斯潘（Alan Greenspan）所定义的那种“非理性繁荣”。例如，对互联网革命性潜力的乐观估计可能已经导致了过度投资，并且吸引了很多缺乏内在能力的人去创业。大规模融资的易获得性还使得一些缺乏经验的企业家以一种超过其管理能力提升幅度的速度去扩展企业。比如，我们也许会怀疑，如果比尔·盖茨、戴维·帕卡德和比尔·休利特在创业期就必须应付股票市场上数十亿美元的股票市值，他们还能否建立起这些基业常青的企业。

个人电脑产业就是一个很有用的参照。20 世纪 70 年代，自力更生的企业家们在资本非常有限的条件下进行了早期的实验。到了 20 世纪 80 年代，对于那些具有可查记录和明确技术的公司和个人，资本在很大程度上变得充裕起来。微软、莲花和戴尔等公司在收入、利润和管理结构初具规模之后公开发行了股票。而且，以网络公司的 IPO 标准来看，这些公司的股价并不高。

理查德·佛罗里达（Richard Florida）认为，风险资本家通过“从现存公司中拉出发明”的做法资助了太多的新企业。佛罗里达写道，在硅谷，“每一个新想法似乎都会导致一家新公司的成立——一种既浪费又无效的做法……关键性的科学家、技术人员和管理人员的突然离职使得现存公司备受折磨。很有前途的项目被放弃，公司很难在已经取得关键性突破的项目上继续下去……过多的风险资本虽然会导致更多的新企业创立，但实际上也会对国民经济造成损害”[20]。

我们无法轻易地验证佛罗里达的说法，但就公共政策是否应该偏向于新创或转型企业这一命题，他提出了一个根本性的问题。很多类型的个人和组织都在进行“企业家式的”活动，这些创新经常是互补的，但是在某些情况下也会重叠。本章就影响不同类型竞争者之间比例的诸多因素进行了讨论，但是对于什么才是二者之间的最优比例，我们并没有给出定论。虽然企业家似乎在从事小的、不确定的行动方面具有优势，但是成熟公司在操控大型项目方面更加训练有素。在这样一个崇尚公司收缩的时代，我们不应该忘记在美国大型公众持股公司经历的长期历史。一些大型公司的经营回报很低，根据詹森的数据，通用汽车在 1980—1990 年间在研发和投资项目上花费 672 亿美元，而结果是期末公司总值只有 262 亿美元。[21]在 1985 年，通用汽车只要花费 215 亿美元就可以买下丰田和本田的全部股票。法马和弗伦奇（French）对 1950—1996 年间非公众持股公司经营回报的估计却与前者截然不同。根据法马和弗伦奇的统计，在 46 年的时间里，这些非公众持股公司的年回报率是 12. 11%，而它们同期的资金成本为 10. 72%。如果这些公司的投资数以万亿计，这一结果会更令人吃惊。

因此，对于政府而言，似乎没有什么理由表明它应该去控制不同种类公司财富的潮起潮落。20 世纪 60 年代，欧洲国家的政策制定者们曾经非常重视培植大型“全国冠军”企业，而今已是时过境迁，宠爱不再。然而，这并不意味着政府应该从事一项更为艰巨的任务，那就是将资金和其他资源引向众多且分散的企业家或者准企业家。将精力放在营造企业经营的良好整体环境方面，比关注任何一个特殊的企业家现象更为值得。

7. 概要与结论

有诸多因素对新企业和大公司之间的相对比例的确定有影响。这包括：对企业家的社会态度、技术变迁的特点、大公司决策层对于未来的展望和信心以及税收体制和管制模式（见表 14－1）。然而，同一因素并不必然会有助于新企业向大公司的转型——企业的发展取决于一套不同的条件（见表 14－2）。公共政策很难影响新企业形成和发展的外部环境，甚至也没有证据表明，政府应该去影响个人、转型企业和大公司之间创新活动的相互比例。

表 14－1　有利于新企业的条件

社会态度	• 企业家能够获得社会认同，并具有社会威望 • “乐观的”信任
技术变迁	• 有助于自力更生创业的产品和服务 • 快速、不可预测变化的预期
公司决策层的信心	• 对于有利可图的增长机会和多样化发展机会持悲观态度
税收和管制政策	• 企业相对于个人而言具有纳税优势 • 遵从管制的固定成本较低 • 管制负担随企业规模的扩大而相对减少 • 管制的快速变化会导致市场失衡

表 14－2　有利于企业发展的条件

社会态度	• 强调出人头地 • 容忍“赢家通吃”
公司决策层的信心	• 对于有利可图的增长机会和多样化发展机会持悲观态度
税收和管制政策	• 税收和管制负担不随企业规模的扩大而增加 • 固定遵从成本提高了企业的最优规模 • 管制负担随企业规模的扩大而相对减少 • 容忍企业拥有市场控制力（也就是说，反垄断法较松）
资本和劳动力市场	• 资本和劳动力的高流动性 • 有限的个人债务（也就是说，宽容的破产制度）

结　论

当我们开始这次研究之旅时我曾说过，我们的目的是要为一个重要但尚未好好开发的领域勾勒出其主要特征。最后这一章将概括一下前面讨论过的一些要点，并为进一步的研究提供一些启示。我的观点是暂时性的——只是一些探索性的研究，尚不能得出确定的结论。但是为了更清楚地阐明我的观点，我省略了“或许”与“可能”这些应该对下面这些命题加以限制的字眼。

1. 概述

有前途的新企业

只有一小部分新企业——占总量的5% ~10% ——对经济增长或就业创造具有较大贡献，或者有潜力向所有者提供大额回报。绝大多数都是“边缘型”的小公司，在成熟的市场上提供常规化服务，如修理草坪和美容。这些边缘企业的创建和消亡的频率很高，但是对经济的影响非常有限。

资本束缚。大多数有前途的新企业创建时都非常缺乏资金，只有少数极具潜力的新企业才能从风险资本等专业中介机构那里筹集到资金。大多数有前途的新企业的创建者由于没有什么可以证实的人力资本或专有技术——他们往往经验不足，常常通过复制别人的想法或者对之稍作修改来创办自己的企业，因此筹集不到多少外部资本。

不确定的机会市场。有前途的新企业其“最大可能”的利润潜力比较低，但是由于所追逐的机遇的性质，它们至少还有机会获得大额回报：有前途的新企业聚集在机会市场上，该市场的特征是，由于技术、管制或其他类似的外部变化，或者由于消费者需求变化多端，产生了较高的不确定性。较高的不确定性与较低的资本成本和机会成本为企业家创造了一种“正面我赢，反面我也输得不多”的事业。与此相比，边缘企业所面临的较低的不确定性意味着它们的老板甚至连获得大额利润的机会都没有。

机会主义的适应性调整。有前途的新企业的创建者往往是在以前的工作过程中或者出于偶然得到了新的想法，而不是通过系统搜寻才获得的。他们在事前的市场研究或规划方面投入的精力非常少。他们没有多少钱，而机会往往又转瞬即逝，具有较高的不确定性，因此广泛的研究与计划没有多大价值。事实上，创业者依靠的是对意外问题与机遇进行机会主义的适应性调整。

获取资源。为了给他们的“自由选择”添砖加瓦，创业者必须赢得顾客以及其他“资源供给者”，让他们对自己的企业冒险一试。由于新企业缺乏历史记录和资本，资源供给者不愿意和它们做生意。创业者通过各种方式克服这种心理上的障碍。例如，向资源供给者提供特别优惠，利用他们的认知偏见和条件反射的倾向，并通过发现具有特殊需求或者特殊意愿的资源提供者来为他们承担创业风险。

性格与技能。由于不确定性较高又缺少计划，意外事件在有前途的新企业的创办过程中起着非常重要的作用。然而，成功绝不仅仅是因为走运。创建一家拥有“自由选择权”的新企业，要求创业者对模糊性具有极高的容忍度。对意外情况的适应性调整需要创业者具有果断行动的能力，既要思想开放，又要充满自信，还要具有阅读零乱或者隐晦数据的能力。此外，吸引顾客和其他资源要求企业家能够很好地控制自我意识，同时还得具备应变能力、洞察力和推销技巧。诸如对风险或损失较低的厌恶程度、远见和领袖魅力等类似的品质，虽然人们传统上将其与创业者联系在一起，但是它们在创办有前途的新企业的过程中并没有发挥重要的作用。

创新的专业化

与有前途的新企业相比，IBM 和宝洁等大规模的成熟企业捕捉的机遇通常是不一样的。这些大公司有能力也有动力去开展规模更大的项目；因为大公司拥有经营的历史记录以及评估投资项目的制衡机制，因而能够从各种来源（而不是几个亲戚朋友）筹集到资本。而且，它们往往将精力集中在少数几个创新项目上，这些项目的高额预期利润足以弥补较高的评估与监督的固定成本。大公司总是避免不确定性：对尽职调查的要求阻止它们从事风险无法加以客观证实或分散的创新。必须履行的调查流程和层次众多的决策机制，很难在不确定的环境中迅速做出必要的方针调整。因此，大公司的比较优势在于那些需要大量事前投资以及严格执行计划的项目。对下一代微处理器斥资数十亿美元进行研发就是一个实实在在的例子，这是成熟的半导体公司（如英特尔）必然首选的创新项目。

风险资本资助的新企业与“转型”企业追求的都是中等规模、不确定性居中的创新项目。风险资本资助的新企业的创始人具有可证实的人力资本，转型企业具有一定的历史记录，这使得它们在投资者那里可以获得比大多数新企业更高的信用，但是与“蓝筹”公司相比还差很多。与此类似，风险资本（或企业发展资本的提供者）的调查程序以及新兴企业刚刚建立的内部控制体系，也都位于有前途的新企业所采用的“先干后调”的方法与成熟的大公司所采用的广泛的制衡机制之间。“居中的”声誉和控制体系导致企业专门从事投资与不确定性也居中的项目，例如米奇·卡珀推出的较出色的电子表格（Lotus 1-2-3）以及沃尔玛公司建立的第一家内部配送中心。

这些特定的类型显示了一个通用的假说，即创新活动的投资需求和不确定性之间存在着一种反向关系。不同的经济组织根据其历史记录和决策流程，专门从事特定区域内的创新活动。经验不足、“一无所有”的创业者是一个极端，大规模的成熟公司是另一个极端，一系列有经验的个人和年轻企业位于二者之间。偶尔的情况下，我们也会看到像联邦快递公司那样的“革命性”创新企业，但是那只是普遍原则的一种例外。

企业的演进

将有前途的新企业改造成大规模的长寿企业必须进行根本性的变革，而不是简单的“升级”。新兴企业的利润常常来自在动荡市场上进行的套利活动、业主劳动的准工资性报酬或者差异化产品，而后者只出现在很少的一些案例之中。与此相比，大规模长寿公司的利润则来自许多有形资产和无形资产，例如制造工厂、专利、客户关系和专有技术。大公司拥有严密的内在协调机制对各种不同性质的资产和经营活动进行协调，而在相对简单的新兴企业中，创业者必须亲自履行综合与协调的职能。而且，大公司可以凭借把握的市场规模、资产的生产能力以及自身的协调机制来维持其持续增长。新兴企业服务的市场比较特殊、主要资产——企业家——的能力有限，以及协调机制没有建立，这些都会对增长构成严重束缚。

从新兴企业向成熟企业的转变，要求进行持续的、有目的的投资。企业只有通过渐进的方式才能建立起一套搭配得当的资产体系，因为资本束缚限制了单项投资的规模，而建立顾客关系、专有技术和其他类似的无形资产又需要时间。这一过程并不是预先注定的，不像婴儿长成大人的一般过程；创业者必须有意识地放弃对短期现金流的追求，转而关注长期投资。但是，尽管投资的顺序和模式不是预先确定的，但也并非随机的或机会主义的。建立长寿企业需要在不同部门、不同时期之间进行投资与工作的协调，尤其是企业家必须确定并阐明大胆的目标，必须为实现这些目标制定一整套通用规则（或战略），并将这些规则转化为具体的行动和决策（即战略的执行）。

相对于机会主义式的适应性调整，坚决贯彻战略要求企业家具备一定的品质与技能，虽然这些品质与技能在自力更生创建企业的过程中并不重要；对大胆目标的追求要求企业家志向远大而且对风险具有较高的容忍度；制定战略要求企业家具有想象力、创造性的综合能力以及提炼能力；而战略的有效执行要求企业家具备坚定不移的信念、鼓舞或胁迫他人的能力以及学习新技巧的能力。

许多新企业的创办者并不具备这些素质；他们也无法轻易地将建设企业的关键性任务移交或授权给别人。很少有企业可以达到令人瞩目的寿命与规模，这是因为只有极少数人**同时**具备创办企业与建设企业的愿望和能力。

对经济变革的意义

投资与不确定性之间的此消彼长（以及科学发现的渐进性）限制了出现大规模技术（或生产函数）突变的可能性。有些企业家可能具备承担不确定性的先天素质，但是却没有从事大规模创新所需要的资本；而拥有资源的大公司又不能容忍不确定性。因此，重大的技术变革都是渐进性的，是通过许多企业家和企业的互补性工作逐渐实现的。因陋就简的新企业通过进行廉价的试验，帮助解决了新技术早期阶段的不确定性，而且通过提供配套的产品和服务推动了技术的扩散。成熟企业、转型企业以及风险资本资助的新企业能够获得更多资源，所以它们会从事需要大量事前开支的研发工作，投资于大规模生产，并帮助创造大规模市场。不同类型的企业拥有不同的利益和能力，但是这些不同的利益和能力却把它们引向了同一种技术，那就是创造新市场的技术，而不是替代现有产品和现有企业的技术。有前途的新企业的创办者具有服务新市场和新客户的倾向，因为他们没有资源在现有市场上和在位者们展开竞争。资源丰富的大公司也有着同样的偏好，因为它们害怕自己的现有收入和利润受到侵蚀。当新技术和新"组合"确实能替代现有产品和服务时，受到威胁的经常是那些能力有限的小公司。熊彼特所说的"创造性破坏的风暴"卷走的是乡村百货店和定位狭窄的微电脑制造商，而不是具有广泛的业务范围和资产组合的《财富》100强企业。

在市场的形成阶段进行创业的企业家，其目标和素质会影响市场的长期结构。市场决不会因为既定的规模经济与范围经济而自然收敛于特定数量的竞争者。尽管外部创新提供了灵感（例如微处理器对个人电脑的启发），市场参与者的投资与选择有助于决定最低有效规模、品牌名称的重要性、顾客的转换成本以及其他长期结构性特征。建立大规模的主导企业需要非凡的动力和能力，具备这种素质的企业家有助于创造有高进入壁垒的集中化市场结构。如果企业家的志向或能力都不突出，我们看到的更有可能是支离破碎的市场或者根基不牢的企业。

2. 遗留问题

本书探索的领域具有极大的潜力，能够提升我们对重要经济现象的理解。我相信，上面总结的命题理应进行进一步的完善与挑战。例如，虽然我对企业演进的分析比先验主义或随机发展理论更贴近现实企业的发展历史，但也不过是一个粗略的、不完整的框架而已。企业家们常常寻找可以模仿的成功模式，我相信，只要他们继续如此，企业的演进还有更多规律可循。本书所包含的数据和分析既提出了新的问题，也指明了对以下问题提出假说和理论的必要。

机会评估。标准的现金流贴现分析法假设，多元化经营的决策制定者拥有无限的融资渠道。尽管这些假设可能接近于大公司决策者所面临的情况，但是与有前途的新企业的创建者却毫不相干，后者面临着严重的资本束缚，在一段时期内只能从事一个项目。对这些人来说，所需要的预付现金、回收期、总利润和其他诸如此类的参数是决定项目吸引力的关键要素。但是我们却没有一个规范性或描述性的理论，来把这些要素系统整合到企业家是否进行某个项目的决策中去。

不确定条件下的决策。现代理论的假设排除了（奈特式的）不确定性问题，他们声称决策制定者可以（或者应该）对其决策结果的概率做出主观估计。我们在第4章看到的对模糊性的厌恶的试验证明，在很多情况下，这是一个不现实的假设。但是对于应付不确定性的其他方法（如“机会主义的适应性调整”），我们的了解也非常有限。

契约。不确定性和资本束缚在决定新企业与顾客以及其他资源供给者缔约的能力中也发挥了重要作用。不确定性为各方预期意外事件制造了困难，并使得他们对于“最佳成果”、“公正”以及诸如此类的模糊概念所作的承诺模棱两可，这就造成了大量的信息不完备现象。当企业家违背已经达成一致的条款（例如向顾客提供后续维护）时，资本束缚使其他人很难收回自己的投资。标准的契约理论忽视了类似的问题，它们隐含地假设概率和意外情况都是“已知的”。例如，在戈德堡（Goldberg）所谓的“新古典经济学的典型契约”[①]之下，各方明确地界定了各自将要履行的责任，在违约与绩效之间存在明显的界限。近来的经济学文献中增加了对不完备契约的重要性的认识。例如，津盖尔斯（Zingales）指出，“公司治理结构”的存在缓解了股东所面临的契约问题，因为股东无法对所有影响其特定投资收益分配的事件做出预测。[②]这些想法最终或许有助于我们分析新企业的缔造者所面临的契约问题。

企业发展。通过确定并解释长寿企业在发展过程中出现的个体差异，而不是把数据塞进某个通用的模型中去，我们在发展一般性理论的道路上可以取得更大的进展，这恰巧和库尔特·费希尔（Kurt Fischer）研究人类发展的方法非常相似。费希尔指出，标准的发展理论过于强调普遍的一致性，而忽视了代表人类发展普遍特征的差异性。他认为，对差异来源的研究（传统理论视之为随机的）揭示了差异内部的组织模式。举例来说，弄清楚为什么有些婴儿手脚并用爬行的时间只有几个星期，而有的却长达几个月，这有助于解释在行走之前爬行的总体一致性。[③]

产业结构。有命题指出，极具才能和志向的企业家有助于塑造产业的结构性因素。该命题令人对成熟公司在该领域所扮演的角色提出了疑问。成熟公司内部的制衡机制限制了它们在产业内领导变革的能力了吗？或者融资渠道令它们成为变革更有力的代表者？在何种程度上，在什么情况下，它们充当了制动装置，妨碍了企业家领导的企业支配整个产业的努力？它们在决策制定过程中的差异又起到了多大作用？

3. 新的研究方法

对诸如此类问题的研究涉及对变革的关注：关注新的生产可能性、消费者需求、企业和市场结构的演进，而不是在现有市场结构之下由现有厂商对现有资源所做的分配；关注不断变化而不是稳定不变的现象。对变革的理解反过来要求改变经济分析的规范和方法，现有的经济分析使学术研究更偏向于静态现象。毫无疑问，读者一定已经注意到了，或许还感到非常困惑，本书与公认的研究惯例有许多背离之处；在下面这几段文字当中，我会解释为什么会出现这些背离，并且探讨为什么它们是必要的。

让我从最无伤大雅的一点开始吧：我们需要提升直观推断与实践经验的地位。目前的学术研究重视归纳性理论而瞧不起直观推断的“细目清单”，这导致了研究者忽视上面提到的那些问题，例如不确定条件下的决策与签约以及严重资本束缚之下对机会的评估，对这些问题很难形成一般性的理论。或许有一天某位天才学者能够为这些问题找到封闭式的分析解决方案，但在此之前，我们应该承认特别的或者临时性规则的效用，对这些规则的研究已经使工程和制药等应用领域取得了很大的进步。在找到更好的替代方法以前，为什么这些规则就不能在深化我们对经济现象（例如，面临资本束缚的创业者如何为了获取资源达成契约或者如何评估机会）的理解中发挥重要作用，我实在找不到什么理由。

与此类似，我们必须承认对企业和企业家进行定性的案例研究的重要性。很明显，这样做是有风险的：借用诗人布莱克（Blake）的诗句就是，案例研究者有时“通过一粒沙子看到整个世界”，我也担心案例支持者的视野和记忆会扭曲他们提供的数据。另外，大量客观的抽样资料也有自己的局限性。我们应该牢记熊彼特对以经济总量数据为基础的研究的批评：“这些研究停留在对表面现象的分析上，没有深入研究背后的工业流程，而后者才是真正重要的。这导致研究者机械地、形式主义地对待几个孤立的等价值曲线，将自己的毕生精力献给总量分析而得到的却是事务本身并不具有的因果关系。”[④]而且，我们可以采取措施来改善弄巧成拙的问题，可以研究由许多人编写并解释的大量案例。例如，我在本书中依靠的就是亲自进行的访谈和案例研究、我的学生所写的上百篇论文以及大量企业家的传记和回忆录。我也曾试图比较自己和学生对相同数据的解释，借此限制我的解释的特异性。*

通过研究特定案例取得进展需要经济学理论也有相应的拓展。我们不能“只是观察”：我们需要假说用来过滤、组织相关的事实，但是目前许多有关企业家和企业的经济学理论只关注非常狭隘的数据类别。现代“企业理论”的局限性为更宽广视野的作用提供了很好的反证。为了区别等级制企业与充满独立决策者的市场，现有理论强调诸如权威与控制等概念。现有的文献很少论及组织合作的问题，不过也有例外，如阿尔钦（Alchian）和德姆塞茨 1972 年发表的论文。现有的理论更关注“委托人”和“代理人”之间的双边囚徒困境博弈，而不是多边性合作。对群体或团队

---

* 例如，我要求选修我的课的学生阅读《成功企业家的故事》（*Tales of Successful Entrepreneurs*），里面涵盖了相对原始的数据；还要求他们分析本书所讨论的一些问题，而且是在学期早期。

的正式分析［如霍姆斯特姆（Holmstrom）1982 年的论文《团队的道德风险》］，对个人“搭便车”的动机做出了有趣的分析。然而，这些文献过于关注程式化的框架，对团队成员之间相互作用的各种形式缺乏相应分析。

结果，企业理论者的研究焦点与企业家的实践——如休利特和帕卡德、萨姆·沃尔顿和马文·鲍尔建立长寿企业的实践——之间似乎没有什么重叠。标准的企业理论教科书和戴维·帕卡德的回忆录《惠普之道》（*The HP Way*）或者萨姆·沃尔顿的《美国制造》（*Made in America*）之间也几乎没有什么共同之处。通常在分析委托一代理问题时，所有者和管理者之间的矛盾是固有的术语，这使得企业家促进成员合作和把企业目标“内在化”的努力无法引起人们的注意。惠普公司的野餐会（在《惠普之道》一书中占据了两页的空间）、萨姆·沃尔顿的草裙舞、在才能与“适合”团体的个性之间进行折中的聘用准则以及为了创造相互之间的责任感和忠诚感而向企业成员赠送礼物等做法，在企业理论中都找不到空间。企业理论根本没有考虑到个人目标的异质性和可塑性，它只是隐含地假设员工具有固定不变的偏好，团体的规范无法对其产生实质影响。

当然，所有的理论都是从现实、从许多问题中提炼出来的，“过度简单化”或许无关紧要。例如，牛顿物理学的众所周知的“不完备性”并没有阻止 NASA 的科学家使用该学科将人类发送到月球上去。不过，企业家的选择和推理表明，企业理论所忽视的变量对组织进行创新的能力具有重要的经济意义。例如，如果员工认同企业的目标，并且相信管理者不会利用其知识和技能的有限可转移性，他们就会更愿意将自己的人力资本投入到某个新项目中去。我们还注意到，长期以来，不论是大众的还是学术的管理文献都已经超越了最初对军阀式权威或者“X 理论”的关注。对于建立团队和忠诚的“Y 理论”原则，现代管理实践赋予它们与组织系统设计和员工行为监控相同的重要性。现代管理实践还认识到，过于关注对个人行为的控制可能会损害团体的团结和工作。

企业理论可以相对容易地将一些管理文献中的想法（例如对建立员工信任的投资）整合进来，将其他一些假设（例如员工偏好的可塑性）整合进来可能会损害分析的可控性。但是，就解释现实世界的经济现象而言，如果将现代管理实践排除在外，如同人体解剖模型只承认骨骼系统而忽视血液循环和神经系统一样，是有问题的。研究企业与市场的发展应该重视埃德加·沙因的公司文化理论，就像阿尔弗雷德·钱德勒研究商业史时对奥利弗·威廉姆森的交易成本模型非常重视一样。

对变革过程的理解要求关注一些特别的现象。经济学家应该像历史学家、进化论生物学家、心理学家和社会学家一样关注非正常现象。如果只关注“平均”事件，我们就会把新的利润流和新企业的创造归因于偶然，归因于换个角度看没有什么不同之处的幸运儿。为了系统解释此类例外事件，我们必须运用有关主流趋势的知识去考察那些明星企业的与众不同的特征。我们或许还注意到，大量的经济因素和经济事件提供了相当多的特殊案例——IBM 或微软的发展是不同寻常的，但是还不像革命或战争事件那样突出。

我相信，为了考察“卓越”企业家的心理因素，我们还需要特别的努力。熊彼特将这种心理因素置于其经济理论的核心地位，但是大多数现代经济学家却避免将个人品性上的差异视为解释性变量。下面这段经济学家费希尔的现身说法证实了学术界普遍存在的风气：

> 30 年前，我的一位老师［可能是卡尔·凯森（Carl Kaysen）］曾经说过，如果不知道哈维·费尔斯通（Harvey Firestone）是一位信奉削价的好斗之徒，就不能真正理解美国橡胶轮胎业的历史。或许果真如此。但是正如另外一个人［可能是莫迪凯·库尔兹（Mordecai Kurz）或肯尼斯·阿罗（Kenneth Arrow）］几年前对我说的，理论的任务是发现橡胶轮胎业到底具有什么样的特征，使得进攻行为有可能成为一种成功的战略。这绝对正确。如果拥有关于垄断的归纳性理论，我们就能够回答这个问题。⑤

出于某些在第 12 章讨论过的原因，我认为寻找使橡胶轮胎业更适用于进攻战略的内在特征不仅是不合情理的 *，也是枉费心机的。历史决定论者也有类似的情况，他们试图在不考虑俾斯麦（Bismarck）和加里波第（Garibaldi）的作用和性格的情况下对德国和意大利的发展做出解释。对单个企业家的忽视似乎是一种传统，正如萨顿所指出的：“在解释为什么事物会这样发展而不是那样发展时，我们总是迅速摆脱了当代经济学家研究的系统的、可测量的范围，而不可避免地陷入历史学家关注的偶然的与个人的范畴。”⑥我从萨顿的观点中得到的启示是，为了解释重要经济现象中的重大偏差，我们必须超越当代经济学家的研究领域，考察个人问题。

不过，我们能够也应该采取系统方法。仅仅指出是卓越的企业家推动了经济变革是不够的，与那些认为是偶然性导致了变革的理论相比，这并不能提供更多的见解。我们必须解析企业家在不同条件下的行为，并将特殊任务与特殊品性联系起来。幸运的是，“行为经济学”以及相关领域的研究让我们可以更深入地了解认识与决策的心理过程，使我们比熊彼特更进了一步，因而将任务与品性联系起来也更加可行。不过在这里，我们还是必须关注品性与性格上的差异，而不是集中趋势。行为经济学的许多研究集中于一般人的认识偏见，而我的分析表明，对模糊性的厌恶、自制力、对环境的敏感性等方面的差异在企业的形成与演进中起着关键作用。

最后，可能也是最重要的一点就是，我们必须为学术研究制定恰当的标准。经济分析的华丽语言（即便事实并非总是如此）似乎十分需要自然科学实验的规范，

---

* 作为一项思维试验，我曾试图把金属冶炼业的垂直结构与金属在元素周期表中的位置联系起来：氧化金属（如钠和钾）在元素周期表中的位置偏低，虽然能够发现大规模的矿藏，但是需要大量的能源才能将金属与氧分离开来。因此，附加价值集中在下游的金属冶炼而不是上游的采矿和探矿。我们沿着元素周期表上行（依次通过铝、铜、银和金），氧化物越来越少，但是氧与金属的分离越来越容易。相应地，经济活动从提炼逐渐转移到采矿和探矿。这是我能想到的**唯一**一个能把产业结构与其真正的内在特征联系在一起的例子。

虽然我们无法轻松地将后者运用于转瞬即逝的、不同寻常的变革过程。在这里，如果我们从历史、文学、人类学甚至推理性更强的物理学等领域借鉴分析模型，可能会有所帮助。分析莎士比亚作品或者试图解释第二次世界大战起因的学者，已经为研究和论文建立起较高的标准，尽管仍然有些衡量问题，也缺乏相匹配的样本。他们的标准包括推理的一致性、数据的完整性、以前人研究为基础等等，把这些标准整合进来，就能为经济学带来更应该有的声望，并能吸引最优秀、最聪明的学者来研究令人激动的现实世界的经济变革问题。

图书在版编目（CIP）数据

新企业的起源与演进/阿玛尔·毕海德著；魏如山，马志英译. —北京：中国人民大学出版社，2018.1

ISBN 978-7-300-25150-9

Ⅰ.①新… Ⅱ.①阿…②魏…③马… Ⅲ.①企业管理 Ⅳ.①F272

中国版本图书馆 CIP 数据核字（2017）第 287637 号

新企业的起源与演进

阿玛尔·毕海德　著

魏如山　马志英　译

Xinqiye de Qiyuan yu Yanjin

出版发行	中国人民大学出版社		
社　　址	北京中关村大街 31 号	**邮政编码**	100080
电　　话	010－62511242（总编室）		010－62511770（质管部）
	010－82501766（邮购部）		010－62514148（门市部）
	010－62515195（发行公司）		010－62515275（盗版举报）
网　　址	http://www.crup.com.cn		
	http://www.ttrnet.com(人大教研网)		
经　　销	新华书店		
印　　刷	北京密兴印刷有限公司		
规　　格	170 mm×240 mm　16 开本	**版　　次**	2018 年 1 月第 1 版
印　　张	21 插页 1	**印　　次**	2018 年 1 月第 1 次印刷
字　　数	428 000	**定　　价**	55.00 元